2021年第二屆屏東學學術研討會
（12月3日）

◀ 開幕典禮：屏東大學古源光校長致
詞，建議「地方學」可跟「地方創
生」連結，扮演更積極的角色，鑑
古知今，開創未來。

▲ 開幕典禮：與會貴賓合影

▲ 主題演講：國立故宮博物院吳密察院長主講「談『地方學』的基礎建設」，關注臺灣地方學的發展，提點中央應與地方分工，更有助於厚植各地方學的基礎建設。

▲ 主題演講：古源光校長（左）頒贈感謝狀，感謝吳密察院長（右）撥冗蒞校指導。

▲ 論文發表（一）：主持人為國立成功大學陳玉女副校長（中），發表人為洪健榮教授（海山學）、李瑞源教授、江大樹教授（水沙連學）、林寶安教授（澎湖學）、葉晉嘉教授、黃芃尋碩士生（屏東學）。（以上人名從右至左排列）

▲ 論文發表（二）：主持人國立屏東大學社會發展學系邱毓斌主任（中），屏東大學主任秘書陳永森教授及發表人謝國清校長（北投學）、劉煥雲教授（苗栗學）、管中祥教授（民雄學）、李謁政教授（地方學方法論）。（以上人名從右至左排列）

▲ 論文發表（三）：主持人國立臺南大學臺南學研究中心戴文鋒主任（中），發表人賀瑞麟教授（地方哲學）、廖淑娟教授（霧峰學）、林崇熙教授（地方學認識論）、鄭政誠教授（桃園學）。（以上人名從右至左排列）

▲ 論文發表（四）：主持人國立中興大學臺灣文學與跨國文化研究所廖振富榮譽特聘教授（中），發表人彭衍綸教授（花蓮學）、簡齊儒教授（蘭嶼學）、陳惠齡教授（竹塹學）、黃文車教授（屏東學）。（以上人名從右至左排列）

▲ 座談會：主持人為國立成功大學中國文學系陳益源特聘教授（中），主題
　「地方學的形塑與發展」，與談人薛曉華教授（地方學知識論）、王御風
　教授（高雄學在博物館）、劉燈鐘教授（金門學）、李錦旭教授（屏東
　學）。（以上人名從右至左排列）

▲ 閉幕典禮：主持人國立屏東大學人文社會學院簡光明院長感謝各界來賓參與會議，以及李錦旭教授與院辦團隊的籌辦。

▲ 閉幕典禮：國立屏東大學主任秘書陳永森教授致詞，期待凝聚力量，致力深耕地方學。

阿緱城文化地景踏查
（12月4日）

▲ 參訪阿緱城文化生活圈（一）崇蘭昌黎殿：感謝蕭珍記文化藝術基金會
協助規劃，透過蕭永忠董事長、蕭登峰執行長生動的解說，認識地方百
年家族的振興過程。昌黎殿結合文化、環保、科技建廟的設計理念，體
現文創新意，令人大開眼界。

▲ 參訪阿緱城文化生活圈（二）屏東圖書館總館：感謝屏東縣政府文化處
圖資科張關評科長，細說總圖空間設計的理念，以及打造一座親民化圖
書館的巧思。

▲ 參訪阿緱城文化生活圈（三）屏東民和國小：感謝教務處謝惠芬主任分
享學童的萬年溪上河圖，繪出早期溪邊庶民的故事，純真筆觸躍然紙
上，展現地方學在小學教育扎根的成果。

學術論文集叢書

大學地方學的形塑與發展
從發展史到認識論

2021年第二屆屏東學學術研討會論文集

李錦旭　主編

校長序

鑑古知今，開創未來

──屏東學對於全國地方學的參考意義

　　2004年8月屏東教育大學與屏東商業技術學院合併為屏東大學，本人從屏東科技大學校長卸任，擔任合校後的首任屏東大學校長。做為大學校長，在大學的治理上必須認清大學在國家社會發展上所負有的重大責任，因此大學角色的扮演上必須與時俱進，以符合快速的時代變化與科技發展的要求。個人認為大學不只是在傳授既有或舊有的知識，在人文知識與科技領域上必須有所創新研究，以促進整體國家之文化與產業發展，更必須善盡大學的社會責任，方能成為以「教學＋研究＋產學合作＋社會責任」為核心的「大學4.0」。

　　個人在上任之初就以「屏東大學扎根鏈結地方」作為辦學理念，鼓勵師生同仁將屏東大學發展成為善盡大學社會責任「大學4.0」之未來大學。這八年來，屏東大學已發展成為一所重視大學社會責任與地方創生的學校，以「屏東學」做為學校的發展主軸，關心屏東在地社會與文化的發展；校務整體發展以提升教學品質、推動大學在地實踐、落實大學社會責任、永續經營作為總體推動的策略。屏東大學對於屏東的發展，無論是政策推動、產業發展或文化扎根，均責無旁貸。

　　一所大學之所以精彩，在於校長提出辦學理念與願景後，學院及教授們的認同與支持，以學校發展的主軸，各自發展亮點。人文社會學院經過各學系的討論，以屏東學作為學院亮點，各學系從學術領域切入，豐富屏東學的內涵，已經形成地方學的特色，並蒐集學校師長們多年在南方論壇的精彩論

文，出版《邁向屏東學》和《屏東學概論》等專書。管理學院由賴碧瑩老師帶領管理學院教師合撰《屏東管理學》，介紹能善盡社會責任的在地企業，發展出屬於屏東特有的管理學文化。教育學院則繼承師範的傳統，探討屏東教育發展史，透過「朱雀先驅：屏東偏鄉三師共學模式」計畫，深入屏東縣佳冬、塭子、玉光、東海、大成、地磨兒民族實驗小學及佳義國小等七所偏鄉小學，了解偏鄉國小推展上的教育困境，推廣「三師」——大學教師、國小教師與師資生的共學模式，獲得成效。大武山學院設立「大武山社會實踐暨永續發展中心」，深耕在地；此外，博雅教育中心集合跨領域專業師資在全校共同選修課程開設「屏東學」，讓選修的學生了解屏東文化。大武山是排灣族、魯凱族及卑南族的聖山，屏東第一高峰，也是屏東的象徵地標，學院以大武山為名，也是本校「扎根鏈結地方」的最佳說明。

各學院在發展學術的同時，關心屏東在地發展，已經形成本校的特色。屏東縣政府與明華園戲劇總團所推出的史詩大戲《步月・火燒》，由孫翠鳳、郭子乾、劉瑞琪等演員主演，劇本就是由本校施百俊教務長依據屏東六堆客家地區發生之史實所編寫，動員屏東大學超過百位同學參與演出，本人與陳勝福總團長在排練現場向共同參與演出的同學們解說這齣戲劇的歷史脈絡與重要性，讓同學們對屏東文化有更深刻的體會。

經過多年的努力，「扎根鏈結地方」的理念有了具體的成果。本校與高屏在地13個鄉鎮區公所簽署「地方創生合作意向書」，並協助9個鄉鎮公所提案申請行政院國家發展委員會補助「地方創生計畫」，其中6個公所已順利爭取2.5億元經費，此項成績傲視全國。此外，本校參與在2021 TCAA「台灣永續行動獎」競賽，以具體行動致力於偏鄉教育、地方創生、社會實踐與在地關懷，四件均獲銀牌，獲獎的質與量位居全國大學前二名，成為實踐SDGs 最佳大學之列。上述成果在在都說明屏東學已經成為本校的 DNA。

人文社會學院推行屏東學有年，環繞學校發展主軸而形成學院的特色與亮點。為加速累積地方學的學術能量，2020年舉辦「第一屆屏東學學術研討會」，聚焦於「地方議題與跨領域對話」，會後精選論文出版《地方理論與社會人文對話：2020年第一屆屏東學學術研討會論文集》；2021年舉辦「第二屆

屏東學學術研討會」，以「地方學的形塑與發展」為主題，邀請全國各地大學地方學旗手，雲集本校民生校國際會議廳，相互交流對話，觀摩學習。早期的地方學研究，大多為有關在地的人文、史蹟、事件、族群、地理、風俗等過去文化發展的研究。其實，地方學的研究不能只有研究過去，還應該藉由研究過去的發展能夠去對應到現在，並且作為我們未來發展的策略。「地方學」這門學問可以用Regionology來指稱，把它與地方創生Rural Revitalization連結起來，不僅要研究區域的過去，更要研究區域的現在與未來，如此一來，地方學就能夠扮演地方發展更積極的角色，建議「From regionology to revitalization」，希望這門學問能鑑古知今，開創未來！

　　2022年8月1日，本人即將卸任校長，並從屏東大學退休。八年來，在屏東大學推動屏東學，帶領同仁走讀屏東——共同閱讀徐如林《浸水營古道：一條走過五百年的路》、劉還月《貫穿東西的歷史大道：琅𤩝·卑南道》等書，揮著汗水一起走過浸水營古道與琅𤩝·卑南道，參與各種屏東的地方創生與協助社區發展的活動，看著屏東學成長茁壯。適逢《大學地方學的形塑與發展：從發展史到認識論——2021第二屆屏東學學術研討會論文集》即將梓行，欣見以「屏東大學扎根鏈結地方」的辦學理念能夠落實，讓屏東學在全國地方學占有一席之地。期待屏東學在屏東大學能夠持續普及與深化，繼續在全國地方學發光發熱。

國立屏東大學校長

古源光

院長序
遍地開花的臺灣地方學

　　近幾年來，教育部推動高教深耕計畫，國家發展委員會推動地方創生政策，大學校院在這一波計畫的吸引下，投入更多人力探究在地文化，地方學的研究方興未艾。其實，在政府推動政策之前，在臺灣各縣市與離島地區，就已經有不少大學校院的學者、社區大學教師、地方文史工作者，深入探索自身所在地區的文化發展。在國家政策的推波助瀾，讓各地的地方學蓬勃發展，呈現臺灣豐富多元的文化樣貌。地方學各自發展本是常態，如果能夠觀摩其他地區的地方學發展，當能具有啟發作用——至少可以互相鼓舞，一群人走得更遠。「第二屆屏東學學術研討會」以「地方學的形塑與發展」為主題，邀請推動地方學的學者專家一起分享經驗和心得，基於上述的理念，也算是一項創舉。

　　一般而言，創舉往往源於自信與理想，沒有自信不敢嘗試，沒有理想不會浪費時間與精力去做。創舉的完成則需要一個團隊共同努力。

　　屏東大學邀集全國地方學學者在屏東大會師，正是基於推動「屏東學」的自信。在人文社會學院標舉「屏東學」的旗幟之前，社發系已經辦了十幾屆「南臺灣社會發展學術研討會」，中文系研究屏東文學已經有豐碩的成果。古源光校長曾經擔任屏東縣副縣長，陳永森主任秘書曾任建設局局長，對於屏東學的支持不遺餘力，邱毓斌主任「大學社會責任」（USR）計畫對於屏東社區的投入，文創系葉晉嘉主任對於屏東地方創生的經營，文化發展原住民專班對於排灣學的研究，李錦旭老師帶著師生共讀《屏東縣誌》已經成為校園的經典，他與賀瑞麟老師帶領跨院系教師共讀「地方學理論」與「地方哲學」的經典，加上人文社會學院近年推動屏東學的成果，讓我們對於「屏東學」在全國地方學的參考價值有信心。

　　理想源於對於價值與信念的堅持，李錦旭老師在臉書經營「屏東學是什麼？」社群，提供精心挑選的屏東大小事，也轉貼全國各地方學的活動，讓上千位社群成員了解屏東學以及各地的地方學。在林曉雯副校長帶領下，推動屏東學與地方創生的老師曾到日本姊妹校弘前大學參訪該校的地方創生，看到津輕學；人文社會學院到金門大學的交流，了解金門學豐富的內涵，吸取金門學作為金門大學全校必修的經驗，更發現地方學交流的重要性。李錦旭老師關心全國地方學發展，也應邀到各地分享推動地方學的經驗，大家具有共同的價值與信念，自然樂於到屏東來分享。

　　人文社會學院將「屏東學概論」列為全院必修課，由各學系教師負責授課，因此人文學與社會科學的學系均能將該學術領域與屏東學連結，有充分的學術人力，使會議的籌備相當順利。李錦旭老師串聯全國地方學，提升會議的層次，最為關鍵；林秀蓉副院長負責舉辦會議，從主題的構思、學者的聯繫、會議論文的催稿、會前的場勘、會議流程的掌握、踏查的規劃，到會議論文集的編輯，全程參與，是研討會能夠順利舉辦與論文集能出版的舵手；學院舉辦會議，不像學系有系所學會可以負責，辦公室行政團隊林欣眉、陳思雅與吳若語帶領工讀生舉辦會議，協助編輯，功不可沒。

　　本次地方學大會師，與會者都是全心投入地方學的學者，既能提出自己的洞見，也能看到他人的用心與巧思，自然可以發現其他地方學豐富精彩的風貌；而參訪阿緱城文化生活圈，飽覽景點，品嚐美食，達到理論與實地相互印證的效果，獲得不少肯定。本論文集的編印，具體呈現當前全國各地地方學的樣貌，期待未來全國地方學會議可以在各地輪流舉辦，藉由地方學遍地開花，展現臺灣豐富多元的在地文化。

國立屏東大學人文社會學院院長

簡光明

2022年6月30日

主編序
大學地方學，交流共榮

　　近幾年來臺灣各地許多大學都在推展地方學，屏東大學也不落人後，人文社會學院自從2017年9月開設全院大一學生必修「屏東學概論」課程以來，透過六個面向來推動「屏東學」：一是全院所有系所教師代表合寫《屏東學概論》教科書；二是規劃屏東學教師專業社群活動，舉辦演講、座談、走讀屏東；三是辦理地方學讀書會；四是到國內外大學參訪交流地方學；五是2020年開始創辦「第一屆屏東學學術研討會」；六是出版《屏東學學術叢刊》，彙集屏東學研究成果。此外，屏東大學新成立的大武山學院，也於2021年9月集合各學院教師代表，首開「屏東學」課程，供全校學生選修。

　　辦完「第一屆屏東學學術研討會」後，屏東大學人文社會學院簡光明院長隨即決定要辦理第二屆。然而，「第二屆屏東學學術研討會」要以什麼作為主題呢？如何讓屏東學更上一層樓？屏東學，還可以做些什麼？考慮到這些問題時，不禁聯想到如下三點：

　　首先，近幾年來臺灣各地許多大學都在推展地方學，也陸續收到一些師長鼓勵我們去邀請全國各地推展地方學比較顯著的大學來談談他們的經驗和心得。

　　其次，大學地方學是否能夠長久發展下去，除了各大學要自己努力以外，也需要各大學攜手一起創造出地方學的大氣候，才能相濡以沫、交流共榮。

　　第三，地方學不只是幾門課甚至一門課而已，地方學更是一種辦學、教學和研究的取向（approach），也代表一種在地實踐的願景。而各大學內部的生態及其所處的地理環境也各有特色，必有可以互相借鏡的地方。

於是，很快地，人文社會學院決定2021年12月3日（週五）在民生校區五育樓國際會議廳，首創國內先例，以「地方學的形塑與發展」為主題，舉辦「第二屆屏東學學術研討會」，廣邀全國各大學負責推動地方學的學者專家來撰寫相關的經驗和心得，並邀請國立故宮博物院吳密察院長擔任主題演講者。會議當天贈送《地方理論與社會人文對話：2020年第一屆屏東學學術研討會論文集》和《邁向屏東學：認識論、社會結構與社區營造》及其他屏東學文創產品，供與會者參考。隔天更由在地的財團法人蕭珍記文化藝術基金會與屏東大學人文社會學院合作，導覽與會的主持人和論文發表人參訪阿緱城文化生活圈，以收理論與實地相互印證的效果。

第二屆研討會發表21篇論文，發表者分別來自：北部淡江大學、臺北大學、國家教育研究院、北投社區大學、中央大學、清華大學、聯合大學；中部亞洲大學、彰化師範大學、暨南大學；南部雲林科技大學、中正大學、高雄科技大學、屏東大學；東部東華大學、臺東大學；離島澎湖科技大學、金門大學。

這21篇論文的內容性質，可分成四類：第一類各大學發展地方學的過程、成果和有待補強的地方，包括：臺北學、新北學、北投學、桃園學、苗栗學、彰化學、水沙連學、民雄學、金門學。第二類大學地方學的課程與教學，包括：大學發展地方學的機制（屏東學）、教學（霧峰學）、地方如何傳承他方記憶（屏東學）、評量（屏東學）。第三類大學地方學內涵的深耕與加廣，包括：離島如何生存（澎湖學）、考棚聚落（竹塹學）、博物館與地方學的關係（高雄學）、民間文學（花蓮學）、舟船文化（蘭嶼學）。第四類大學地方學的認識論和方法論，包括：大學地方教育學、地方哲學、地方書寫的方法論、如何在地。

為推廣會議研討的成果，會後經作者同意增修論文後，依上述內容性質分類，共收得18篇論文（含主題演講詞）正式出版成為本論文集。期待透過仔細閱讀，能夠深化全國地方學彼此之間的對話，拓寬、加深大學地方學的內涵，優化大學穩健發展地方學的機制，為臺灣各大學的在地特色奠定更深厚的基礎。

　　一個全國性學術研討會的舉行以及論文集的出版，首先得感謝來自各大學地方學學者專家慷慨答應撥空撰稿，其次必然需要強大的後勤支援，作為本研討會主題的發想者，我要特別感謝屏東大學古源光校長和人文社會學院簡光明院長對我的信任和支持，人文社會學院林秀蓉副院長、老師們、以及林欣眉等助理的通力合作。感恩！另外，由於會議規模的限制，還有一些推動地方學著有成效的大學，例如：成功大學、臺南大學等等，此次未能邀請撰稿，誠屬遺憾，盼望類似的研討會能夠長長久久舉辦下去，得到更多交流的機會。

李錦旭

2022年4月17日寫於國立屏東大學

人文社會學院社會發展學系

目次

活動剪影 ……………………………………………………………… i

校長序　鑑古知今，開創未來
　　　　——屏東學對於全國地方學的參考意義 ………… 古源光　I

院長序　遍地開花的臺灣地方學 ………………………… 簡光明　V

主編序　大學地方學，交流共榮 ………………………… 李錦旭　VII

主題演講　「地方學」的基礎建設 …………………………… 吳密察　1

第一篇　大學地方學的發展史

01　從臺北學到新北學 ………………………………… 洪健榮　13

02　大人小孩一起學北投的「北投無邊界學校」 ……… 謝國清　55

03　國立中央大學的桃園學研究：
　　兼論地方學的發展與期待 …………………………… 鄭政誠　85

04　論地方學與在地文化之發展：
　　以國立聯合大學苗栗學研究中心為例 ……………… 劉煥雲　121

05　建構地方學的一些思考：
　　以彰化學為例 ………………………………………… 林明德　145

06　埔博網絡與水沙連學之建構 ……… 江大樹、李瑞源、張力亞　165

07 我在「民雄學」學民雄：
   從課程到在地知識與網絡的建構⋯⋯⋯⋯⋯⋯⋯⋯⋯⋯ 管中祥 201

第二篇　大學地方學的課程與教學

08 霧峰學的教學實踐與創新：
   天然酵母烘焙文化之初探⋯⋯⋯⋯⋯⋯⋯⋯⋯⋯⋯ 廖淑娟 233

09 將他方聯結地方：
   東南亞家鄉記憶在屏東的調查與應用⋯⋯⋯⋯⋯⋯ 黃文車 263

10 建構地方學測量途徑之初探：
   以屏東學微學分實施成效為例⋯⋯⋯⋯⋯ 葉晉嘉、黃苨尋 287

11 透過「在地場域」實踐「人地共好」：
   一個大學耕讀學堂的課程行動研究⋯⋯⋯ 薛曉華、成虹飛 313

第三篇　大學地方學內涵的深耕與加廣

12 新竹考棚的歷史地景及其文化脈絡⋯⋯⋯⋯⋯⋯⋯ 陳惠齡 353

13 澎湖・群島：
   從舢舨漁業初步考察的一些反思⋯⋯⋯⋯⋯⋯⋯⋯ 林寶安 389

14 博物館與地方學：
   以高雄市為例⋯⋯⋯⋯⋯⋯⋯⋯⋯⋯⋯⋯⋯⋯⋯ 王御風 427

第四篇　大學地方學的認識論和方法論

15 如何在地⋯⋯⋯⋯⋯⋯⋯⋯⋯⋯⋯⋯⋯⋯⋯⋯⋯ 林崇熙 441

16　智慧之愛對地方之愛：
　　哲學與地方學的對話……………………………………賀瑞麟　473

17　理論化地方書寫之方法論：
　　以《重修屏東縣志（緒論篇、文化篇）》與《虎尾鎮志》為
　　中心的討論……………………………………………………李謁政　501

大學地方學的形塑與發展：
　　2021年第二屆屏東學學術研討會議程表……………………………527

主題演講

「地方學」的基礎建設

吳密察[*]

　　今天在座的，很多都是老朋友。但是早上在旅館吃飯的時候遇到謝國清老師，我竟然一時搞不清楚謝老師是北投社區大學，還是北投基金會的朋友。可見，我雖然跟兩者曾經都有一些互動，但因為逃兵太久，而將兩者混淆沒有分清楚了。對於社區營造、地方文史工作的事，在陳其南教授擔任文建會副主委的時候，我就響應並結合朋友到各處去幫著推廣了。至於社區大學（以下簡稱社大），我則是在黃武雄教授、張則周教授的領導下，參與了早期文山社大、永和社大、板橋社大的成立，並在這三個社大開了一陣子臺灣史的課。現在竟然連謝國清老師到底是北投社大的，還是北投基金會的，都分不清楚，顯然我脫隊太久了。

　　剛才有一位朋友對我說：「你現在到有氣質的地方去了」，讓我連忙辯解說：「不對、不對，我還是那個你熟悉的離草根不遠的人」。不過，似乎這也在提醒我：是不是也應該自我檢討反省一番了。其實，我是如假包換的「草地郎」，我的家鄉在臺南縣北門鄉，現在被歸類為「偏鄉」，即使大學起就到臺北讀書而住到臺北去，但心理上始終是個南部的鄉下人，應該不是腳不著地的「都市郎」。

　　大概30年了，臺灣各地開始出現「○○學」這樣的說法。我印象中當初好像是澎湖縣文化局的一個研討會以「澎湖學」為名，後來各地方也陸續標舉出了「○○學」，到了現在好像沒有「○○學」的縣市已經不多了。雖然

---

* 國立故宮博物院院長。

我對於動輒標榜「○○學」有一些保留，但卻也不能不佩服，並且支持大家對於推動、發展地方研究的熱情，畢竟這是建立鄉土認同很重要的一種工作。

至於說到我的「保留」，有一部分是來自知識論、方法論上的，有一部分則是關於基礎建設不足的反省。一般來說，既然稱之為「○○學」就應該有知識論上的、方法論上的基礎，而不是只簡單的在一個名詞後面簡單地加上一個「學」字就可以了。到底我們目前的「○○學」與「○○研究」是否不同呢？還是兩者其實是相同的呢？這就是一個很基本的疑問。例如，剛才校長致詞時也提到的，地方學的英文到底該怎麼說呢？不知道我們這個「屏東學」的英文是如何表示的呢？對於地方學是什麼、應該是什麼？每個人可能會有很不同的想法。今天我們這個研討會的目的，除了讓大家可以分享實際的實踐成果之外，應該也在於討論「什麼是地方學、地方學應該是什麼？」這樣的基本而重要的問題吧。

以下，姑且先不談對於「地方學」的挑剔性提問，而將「地方學」當成既有的事實。我想先來回顧一下歷史發展過程中，不同時代的「地方學」。

首先，我們可以舉出以修志為代表的「地方學」。歷史上各地方編修地方志，似乎也可以說是一種「地方學」。這種編修地方志的工作，甚至成為一種很強固的傳統，而於明清時代達到高峰。編修地方志，經常是由地方官，或是地方仕紳、耆宿所倡議推動的。這種編修地方志的工作，類似目前我們所說的「地方文史工作」，但也有所不同。最大的不同，應該是其直接的編修目的，來自地方官想要宣揚自己的政績，地方仕紳耆宿想要彰顯自己的成就、顯揚自己的家聲。倡議編修地方志的，雖然是地方官、仕紳耆宿，但就清代臺灣地方志的編修工作來看，實際修志的還是地方的學官（學政、教諭、訓導等），另外就是地方的進士、舉人，甚至是府縣學的生員、貢生、廩生等具有文字能力的一些人。另外，有時也特別延聘專門到各處編修地方志的「修志專家」來主持其事。清代編修地方志時，一般會進行田野調查（當時稱為「採訪」），我認為這是很有意義的工作。採訪工作，經常就是在地的仕紳耆宿、府縣學生員們所進行的。清末建省之後，於1890年代編修《臺灣通志》時所產生、存留下來的幾種采訪冊（例如，《鳳山縣采訪冊》、

《雲林縣采訪冊》等），讓我們可以看到這種工作的具體梗概。傳統的修志，可以說是一種「述而不作」的工作，它強調整理、彙編多於詮釋、評論。這也是我們今天可以利用清代方志所提供的內容（某種程度來說是data、史料）來做歷史研究的原因。我認為清代修志有兩個方面，可以給我們在今天作為重要的參考：首先是動員地方的仕紳耆宿、識字階層參與採訪、纂述工作；其次則是整理、調查、彙編地方文獻。例如，「藝文」、「文徵」的篇章就收錄了不少文字資料。

日本時代，「地方學」有了新的展開。日本原來也有類似明清時代編修地方志的傳統，但是到了近代，這種傳統地方志的撰述體裁衰落了，取而代之的是撰寫建立在近代歷史學基礎上的「地方史」。現在日本的都、道、府、縣、郡市町村各級地方自治體，幾乎都有以地方自治體為撰寫單位的地方史。這種「地方自治體史」不再是地理書，而已經是純粹的歷史書了。原本的明清地方志，在性質上與其說是歷史書，不如說是地理書。但是地理學在近代的發展有其更大的天地，似乎已經幾乎對方志不屑一顧了。但歷史學，即使到了今天，還將方志握著不放。其實，關於方志的性質如何，還有很多可談的，我們先說到這裡。

日本近代所編撰的地方自治體史，是以一個地方自治體的行政範圍為單位所撰寫的歷史書，它是建立在近代歷史學之基礎上的一種歷史研究成果，經常以通史的體裁表現。而且，大都由歷史學者執筆，只是因為幾乎每個府、縣都有大學，因此還多由地方的大學之學者參與撰寫工作。另外，一般來說還會將地方自治體範圍內的文化財（文化資產。包括考古材料、傳統藝能等）、古文書（主要是寺院文書、近世的藩文書、近代的行政檔案等）進行調查，編纂成史料集。所以，經常光是史料集就有很大的篇幅。

1895年（明治28年），日本來到臺灣時，在其國內已經完成了一連串的西化改革。其中，近代歷史學也已經在官學系統的帝國大學建立了起來。但是在統治臺灣的初期，日本還是先繼承了清末臺灣編修通志事業之基礎。1880年代晚期清帝國在臺灣建省後，依循以前增置郡縣時總是纂修方志的慣例，也展開編修《臺灣通志》的工作。但截至1895年改隸之際，《臺灣通

志》只完成部分文稿。日本領臺之後，便自然地接收或繼承這個已經啟動的修志工作。目前我們所知的《鳳山縣採訪冊》、《樹杞林志》、《安平縣雜記》等，應該都是纂修《臺灣通志》過程中的部分成果。即使後來日本統治初期出版而名為《臺南縣誌》（1897-1900）者，也有諮詢或動員清末書吏、耆宿之地方知識的痕跡，甚至有清末《臺灣通志》的影子。

1900年代，出現了以廳為單位的「廳誌」（例如，《臺北廳誌》〔1903〕、《桃園廳誌》〔1906〕、《新竹廳誌》〔1907〕）。這些「廳誌」在撰述體裁上，已經沒有地理書的性質，而純粹是歷史書了。1920年代實施新的地方制度以後，州、郡市、街庄成為穩定的地方行政單位，因此也出現一些地方史，而且也不再稱「誌」，而稱為「史」（例如，《臺北市史》〔1931〕、《臺中市史》〔1934〕）。街、庄則似未見有「史」或「誌」，多為簡要的介紹性「要覽」、「大觀」。相較於日本內地的地方自治體史，這些臺灣殖民地所編纂的地方史顯得規模較小，也都未另外編輯出版史料彙編。

雖然在日本時代已經從傳統的編修方志蛻變成為近代式的撰寫地方史，但1945年以後，卻又再度回到明清時代的地方志修纂傳統。1950年代以後，以修纂《臺灣省通志》為目標的臺灣省文獻委員會為首，各縣市也分別成立文獻委員會，展開修纂各縣市地方志的工作。但是明清時代達於頂峰的地方志體裁，是否仍然是適合呈現當代地方知識的好選擇呢？這樣的質疑，雖然在20世紀初期，就已經被提出來過了。但自1950年代以來，這種傳統的方志撰述體裁似乎在沒有太多懷疑、討論之下，就一直被承襲下來，一直到今天仍然健在。

現在回頭檢視1950年代展開的《臺灣省通志》編纂事業，不能不說當時並沒有做好編纂新時代之通志的知識準備，也沒有一個齊備的人力團隊可以來達成這個任務。傳統的地方志，是地方知識的百科全書。它的內容包羅萬象，舉凡山川地理、歷史沿革、人民族群、行政建制、官員人事、軍事部署、財政賦稅、經濟生產、技術工藝、禮儀習俗、名人鄉賢、藝文創作等等無不涉及。這在傳統時代或許還可由地方官員及識字階層等少數人所駕御，但在社會複雜化了的近代，這豈是一部通志可以容納得下的，當然它也不再

是一項可以由地方耆宿、識字階層等少數人就可以完成的撰述工作。即使改由學者主持其事，也不是單科學者就可以勝任的工作。

　　纂修《臺灣省通志》時，臺灣省文獻委員會擺出了一群著名學者（例如，傅斯年、李宗侗、楊雲萍等臺大學者）作為委員，但實際還是要有專人來實際執筆啊！就我所知，《臺灣省通志》的執筆者，幾乎動員了當時所有可以動員的專家了。例如，法律學者戴炎輝教授負責司法志，人類學者衛惠林教授負責同胄志，賴永祥負責外事志。但是，即使這些專家當年也未必是對該領域已經「成竹在胸」全盤在握了，或許他們也是像「瞎子摸象」那樣，知道多少寫多少吧。即使很基本的政事志之行政區域變遷，如果不是王世慶先生利用臺灣總督府的《府報》、臺灣總督府檔案等當時還很難得到的史料，可能也沒有辦法臚列出來吧。

　　雖然幾十年過去了，現在我們即使不是纂修涵蓋整個臺灣為範圍的通志，而是纂修縣市志（例如，《屏東縣志》），上述的知識準備與人力團隊應該還是很大的問題吧！也就是說，傳統的地方志體裁，現在已經不是簡單幾個人可以駕馭，同時它也已經容納不下現代社會如此廣泛的內容了。因此，基本上我不贊成在新時代再編修傳統式的地方志。但是，實際上對於傳統體裁之地方志採消極性態度，而終於讓它受到挑戰的，並不是像我上述所說的這種原因，而是來自另一種質疑。那是因為戰後的政府，將地方志視為一種特別的官書，規定其內容必須經過內政部的審查。而且，內政部所公布的纂修規範不但繁瑣，而且限制很多。甚至，不能稱「臺灣」而只能稱「本省」等等。因此，到了1990年代宜蘭縣政府便不再纂修「縣志」，而改為撰寫「縣史」。這樣，一方面可以避開內政部的審查，一方面也使撰述體裁自然地從傳統方志轉換成近代的地方史。宜蘭縣這種撰寫《宜蘭縣史》的模式，以後被高雄縣政府、臺東縣政府所仿效，而接著有《高雄縣史》、《臺東縣史》。但接下來似乎沒有被繼續推廣開來，很多縣市，甚至鄉鎮，還是因襲地繼續修纂方志。顯然，明清地方志的觀念，目前還是「深入人心」。

　　大約在1980年代中期之後，同時出現了對於社區、環境保護和地方文史的關心，於是有了一種具有民間社會運動性質的「地方學」。1990年代中

期，當時的政府（文建會）也趁勢推廣，並投入資源支持這種原來民間自發性的運動。於是，「社區營造」、「文史工作」和稍晚幾年開始的「社區大學」，成為當時臺灣社會中草根性質之文化運動中幾個很蓬勃的領域，而且彼此之間又經常有人的、內容的聯繫。今天在座的朋友，顯然就是在這樣的背景下，陸續加入這個有意義的時代潮流中的吧。今天回顧起來，從1990年代中期開始的大約10年間（其中插入了一段九二一震災之後的重建工作），還真是個我們臺灣之鄉土運動的「黃金時代」呢！

1998年，我接受陳板與楊長鎮之邀，一起執行當時臺灣省文化處的一個地方文史調查計畫。當時我們意識性地想要趁此機會，「做些不一樣的」。因此，我們將計畫取名為「大家來寫村史」。從計畫名稱，就可以看出這個計畫有幾個很明顯的意圖。

首先，它想要繼承、發揚、深化地方文史調查。地方文史調查，一定是「地方學」的基礎，因此任何時代、任何地方，都必須持續地做下去。「持續地做下去」，不但在於追求調查的深度與廣度，也在於透過不同時間的調查形成時間深度，了解其時代變遷。其次，它明確地將空間對象縮小到「村」。我們期待這樣會讓內容離開一般所關心的政治、經濟等大敘述，而自然地將焦點轉移到實際的具體生活領域。再者，我們也特別強調實際執行的不是個人、專家，而是「大家」。我們期待即使一般會仰賴專家的詮釋，也應該交給「大家」。所以，總的來說，「大家來寫村史」在各方面都想要「搞怪」（誇張地說是「搞革命」）。這樣的計畫目標經過說明之後，參與者先是半信半疑（真的可以這樣做嗎？），繼則有所不安（我們能夠這樣做嗎？），但最後則是興奮（那麼，就來玩更大的！）。我們邀來參與這個計畫的參與者，後來經過討論的結果竟然決定：既然這樣，村史就不一定要用文字來寫，可以用活動的方式（例如，辦理展覽、演出戲劇等）來「寫」吧！這真是當初我們始料未及的發展。「大家來寫村史」這個當初有些大膽的計畫，似乎算是成功。以後，「村史」成為一個定著了的詞彙，一些縣市也用各種方式繼續地寫村史。

2001年，我到文建會工作，也在「社區營造」、「地方文史工作」的脈絡

下，推出了「地方文化館計畫」、「鄉鎮圖書館強化計畫」兩個專案，讓以前大致上只停留在縣市層級的文化設施，再向下推進一層。不過，想要如此廣泛地在全國基層展開全面性的文化建設，對於政府的財政負擔畢竟太過龐大，而且也有違民間的自主性，不容易成功、持久、生根。於是，這兩個專案的執行方式都特別設計，採取導入民間社會能量的機制。讓人力、創意、知識都來自民間，政府只是提供空間（而且還是利用「閒置空間」）及少數經費。就這樣，幾年之內成立了100餘個「地方文化館」、活化了大約200個鄉鎮圖書館。

這樣講下來，各位朋友應該聽得出來我心中的理想了：與其依賴政府，不如依賴民間；與其靠學者專家，不如靠民間志工。西洋有一句話：「上帝的歸上帝，凱撒的歸凱撒」。文化顯然是歸上帝（社會）的，不應該期待凱撒（政府）介入太多。甚至，凱撒的介入還可能會帶來不良的後果呢！所以，我以下要說的「地方學」之基礎建設，雖然期待凱撒（政府）來做，但也想要盡量侷限在較小的程度，最重要的是想要透過思考上的轉換來做事。

從上面講下來，大致可以理解：活絡的「地方學」之先決條件，是要有人的資源（包括，數量、品質）和資料（包括，史料、data）的基礎。我認為基礎建設首先是必須準備好相當數量的夠品質的人。這裡所說的夠品質的人，不只是可以「生產」地方學產品（地方知識、地方認同感）的人，而且也包括有需求、可以欣賞地方學的人。我們如何準備這些夠品質的人呢？顯然，目前最主要靠的是學校。因此我們先從學校談起。

目前臺灣各地的「地方學」，似乎很多是由大學為主力來推動。這可能也是因為這幾年大學被引導著要有社會責任、要參與「地方創生」有關吧。但其實「地方學」不應該被收斂到大學裡面來而已，甚至應該要突破大學的範圍、超越學者專家的藩籬。我上面不是很強調學者、專家以外的一般人（「大家」）嗎？大學可能會有些學者從事與在地相關的研究，也開授了與在地相關的課程。美國在19世紀出現一種land-grant university，這種大學的學問內容多偏重理工農學科，同時也重視在地的需要。這種植根於在地的大學，應該是發展「地方學」的絕好教育機構。

不過，從更廣大的人力資源來說，如何將對地方知識有興趣、對地方認同感有共鳴的人也納進來，更是重要的課題。中小學的老師、學生，甚至公務員，只要有興趣便應該被納入。所以，應該建立一個將志同道合的各方面人士集合起來的組織。十九世紀中葉以後，美國全國各地方（例如，州、郡層級）紛紛成立「歷史協會」而建立起各地的認同感這件事，對於我們應該有所啟發。我期待臺灣各縣市都可以成立「歷史協會」，由這樣的民間協會來推動「地方學」，而不是全面由政府成立機關、編制人力來發展「地方學」。大學、研究機關裡的學者專家，固然不應該缺席，也不應該完全負擔（或壟斷）「地方學」，而是要由地方各種人所組成的民間協會去推動「地方學」。

我曾經在幾個美國的鄉下小鎮（行政層級大概是「郡」），看過他們的地方歷史博物館。這些地方歷史博物館，說起來類似我們的地方文化館，它並不是地方政府的機關，而是由地方政府提供場地（一般是有一些年紀的老建築），交由地方的歷史協會經營管理（我看過的幾個館，都是退休的中學老師為主組成的歷史協會管理），或許地方政府也會補助一些經費當作基本維持費用。這樣的地方歷史博物館，除了開放參觀（一般來說，參觀的人不多。偶而會碰到中小學生組隊來參觀），也定期舉辦地方史讀書會、地方史講座，甚至也發行通訊、刊物。它所推動的「地方學」雖然不是風風火火，但顯然對於培養地方意識也發生多少的作用。

從人的側面來說，我理想中的「地方學」還是一種民間的社會運動，由民間的協會擔任主體，而不是如現在的由政府發動、學者專家主導。政府應該做的，是釋放大部分目前文化局的文獻科業務（即使文獻委員會也可以廢除），改由民間的地方歷史協會來執行原來文化局文獻科、文獻委員會的工作，並且經營、管理相關的地方文化館。政府從第一線退居到第二線，以委託的方式將必要的工作釋放給民間協會去做，甚至將自己「去任務化」。

至於，資料的問題，則需要政府扮演積極的角色。「地方學」的資料，一方面來自田野調查所得，一方面來自政府釋放出各種「地方學」所需要而性質上屬於公眾的資料。前者（田野調查），因為每個研究者、調查者的問

題關心、興趣有異而有所不同,在此就不談了。但是後者(釋出資料),則是政府的義務。但截至目前為止,似乎政府不是很在乎這方面的基礎工作,民間也甚少督促政府應該積極作為。

首先,我想要談最近相對來說比較熱門的檔案問題。檔案開放的問題,因為最近推動促進轉型正義的關係,比較受到關心。其實,相對於先進國家動輒已於二百年前、一百年前就有檔案法令、檔案館,我們的檔案法一直要到21世紀初年才出現,目前也只有一個中央層級的檔案管理局。我擔任國史館館長時(2016.05-2019.02),曾經主張廢除民主自由先進國家所沒有的官方修史機構國史館,改而設立民主先進國家早就有的國家檔案館。但即使歷史學界似乎都有不少人不贊成我的主張,讓我很挫折。我認為,我們固然需要中央層級的國家檔案館,但是我們推動「地方學」時難道不也需要利用地方政府的檔案嗎?即使我們已經有了檔案法,中央政府的部分檔案也因促進轉型正義的需要而受到關心,但地方政府的檔案,似乎還一如既往地不受重視,遑論公開供人使用!政府檔案的公開程度,是政府施政透明的指標,民主國家都將公開檔案視為理所當然的義務。我們要發展「地方學」,當然就應該要求政府將檔案公開出來,讓大家可以使用。

但是,考慮到建立檔案館及其維運成本,我也不主張我們必須在每個縣市成立縣級的檔案館。但是政府的檔案(不論中央或地方的),必須根據檔案法整理並公開。至於,管理的工作則可以撙節經費的方式,交給既有的縣史館(例如,宜蘭縣史館、新竹縣史館)、博物館(例如,高雄市立歷史博物館)或圖書館(縣、市立圖書館)。

其次,我認為圖書館必須扮演更積極的角色。目前,國內在 L(圖書館)、M(博物館)、A(檔案館)三種文化設施體系當中,相對地整備的是圖書館體系。因此,應該擴大圖書館的功能,讓它積極扮演文化建設的角色。在推動「地方學」上,圖書館也應該是重要的設施。例如,原本屬於地方檔案館之功能,就可以由圖書館來補位。而且,圖書館也應該扮演「地方學」之資料中心的角色。但是,請問:現在的圖書館到底如何為「地方學」擔負資料中心的角色呢?對不起,我提一個不禮貌的問題:屏東大學現在雖

然提倡「屏東學」，但是屏東大學圖書館有多少屏東研究的相關圖書、資料呢？是否有屏東縣議會的議事錄、屏東縣政府的年度施政報告呢？

以目前臺灣的情況來看，我們不可能投注太多人力、物力，將先進國家都有的LMA，從中央到地方的每個政府層級，都整備齊全。因此，應該利用已經相對整備了的圖書館，來扮演更積極的角色，讓它發揮多方面的功能。首先，地方圖書館（縣市、鄉鎮層級）應該成為各該層級「地方學」的資料中心，齊全地收集各該層級地方政府的檔案、施政文獻、議會文書、官方出版品、地方文人與鄉賢著作、學校資料，甚至宗教、寺廟文獻。地方圖書館，也必須要有個地方文獻專區。「地方學」所需要的基本資料，並不是普遍在市面上流通（有ISBN）的圖書，而多是「灰色文獻」，所以圖書館員必須要有相當專業的地方圖書資料採訪能力。也就是說，我的理想是讓研究屏東的人，至少要到屏東圖書館走一趟；研究潮州的人，至少要到潮州圖書館走一趟。

我們社會一向習慣於「中央集權」，一切向「中央看齊」，「地方學」則應該帶領我們做一番換位性的思考。這種換位性的思考，包括各方面，當然也應該放棄一切仰賴政府的思考，所以我的很多想法都期待社會（民間）自己來做。雖然一般說到基礎建設，就會想到由政府出面來架橋、鋪路，經費龐大；但我以上所談的基礎建設，並不是想要政府花大錢、做大事，而是著眼於其往後延伸、可長可久的「基礎」性質。

最後，我要強調：我們正處在一個相對有利的時代，可以藉助數位、網路科技的幫忙而事半功倍。網路、數位科技，不但讓我們在整理、傳播、交換資訊或資料上更為方便，也讓我們發展出更加開放、更具有共享精神的心胸。我曾經在文化部的「國家文化記憶庫」諮詢會議上提議：為了在全國推動地方史研究，應該將全國各縣市、鄉鎮所編修出版的縣市志、鄉鎮志，以及文獻委員會、文化中心、文化局的出版品，掃描上網，並在各縣市架設網站形成資料庫，同時也可以聯合各縣市資料庫，彙整成一個全國性的入口。這樣就可以將幾十年來，花費納稅人稅金，動用許多專家學者的智慧與勞動之成果，可以被有興趣、有需要的人所共享。但不知現在進度如何了？如果有機會，希望大家一起來督促文化部這個發展「地方學」的基礎建設。

第一篇
大學地方學的發展史

01

從臺北學到新北學[*]

洪健榮[**]

摘　要

　　1990年代臺灣各地興起了地方學熱潮，由「宜蘭學」首開先例之後，「澎湖學」、「高雄學」、「南瀛學」、「臺南學」、「嘉義學」、「屏東學」、「彰化學」、「臺中學」、「南投學」、「桃園學」、「竹塹學」、「苗栗學」、「雲林學」、「基隆學」、「花蓮學」、「臺東學」陸續打響名號，北臺灣的「淡水學」、「北投學」以及「臺北學」也逐漸蔚成氣候，共同譜出大臺北地方知識學的交響樂。在2010年臺北縣升格改制為新北市之前，臺北縣立文化中心（臺北縣政府文化局）以及縣境各大學院校、地方文史工作者的地方學成果，通常被歸入「臺北學」的範疇。

　　2010年升格改制之後，以新北市政府文化局及其轄下新北市立圖書館、新北市立淡水古蹟博物館、新北市立鶯歌陶瓷博物館、新北市立十三行博物館、新北市立黃金博物館為中心，嘗試凝聚新北市境內各大學院校與地方文史工作者的能量，致力於建構「新北學」的知識架構、研究取向及其實踐客

---

[*]　本文的完成，最要感謝新北市政府文化局與新北市立圖書館提供寶貴的資料和訊息，尤其是王錦華館長近幾年為「新北學」的用心耕耘，以及對於國立臺北大學海山學研究中心與該館合辦國際學術研討會暨推動《臺北州檔案》等地方知識學研究的支持和協助。本文初稿宣讀於國立屏東大學人文社會學院主辦「第二屆屏東學學術研討會：地方學的形塑與發展」（2021年12月3-4日），承蒙主持人國立成功大學陳玉女副校長以及國立屏東大學社會發展學系李錦旭教授、國立中央大學桃園學研究中心鄭政誠主任等多位與會學者的指教，在此一併致謝。本文如有任何缺失，由筆者負責。

[**]　國立臺北大學歷史學系教授兼海山學研究中心主任。

體，透過跨學科之間的交流與對話以及多元學科觀點的借鏡與整合，進一步在臺灣遍地開花的地方知識學發展過程中，逐步開展一別出「臺北學」而另成格局的「新北學」。

關鍵字：地方學　淡水學　海山學　跨域研究　科際整合

一　前言

　　1980年代中期臺灣解嚴以後，由於本土意識的高漲，使得臺灣史研究逐漸成為「顯學」。再加上社區總體營造運動的興起，推促投入者透過社區歷史的掌握以打造社區文化，各地社區大學成立之後多將地方文史置入課程內容，而政府文化部門陸續成立之後，亦致力於結合學校與民間團體推廣地方文史研究。[1] 與此同時，由於鄉土教學的落實與「大眾史學」的倡導，強調以自己成長的土地或居住的環境作為認識的基點，擺脫過往大中國思維或大歷史觀念的鄉土史、社區史及村庄史寫作，開始獲得人們的重視。[2] 從上到下、從下而上的紛紛投入與相互共鳴，共同帶動了臺灣各地「地方學」的風氣。

　　在1990年代臺灣各地興起的地方學熱潮，由「宜蘭學」首開先例之後，[3]「澎湖學」、「高雄學」、「南瀛學」、「臺南學」、「嘉義學」、「屏東學」、「彰化學」、「臺中學」、「南投學」、「桃園學」、「竹塹學」、「苗栗學」、「雲林學」、「基隆學」、「花蓮學」、「臺東學」陸續打響名號，北臺灣的「淡水學」、「北投學」以及「臺北學」也逐漸蔚成氣候，異口同聲地譜寫出大臺北地方知識學的交響樂，並立下了承先啟後的典型。[4]

　　在2010年臺北縣升格改制為新北市之前，臺北縣立文化中心（臺北縣政府文化局）以及縣境各大學院校、地方文史工作者的地方學成果，通常被歸

1　王御風，〈地方學的發展與挑戰〉，《思與言》，49卷4期（2011年12月），頁31-55。

2　陳板，〈地方文史工作與社區營造──從「大家來寫村史」計畫出發的文史搜索運動〉，《臺灣文獻》，54卷2期（2003年6月），頁343-376。周樑楷，〈大眾史學：人人都是史家〉，《當代》，第206期（2004年10月），頁72-85。周樑楷，〈認識你自己──大家來寫村史與歷史意識的自覺〉，《當代》，第211期（2005年3月），頁52-61。楊翠，〈說地方的故事──彰化村史的書寫意義〉，收於國史館臺灣文獻館編輯組編，《方志學理論與戰後方志纂修實務國際學術研討會論文集》（南投：國史館臺灣文獻館，2008年），頁385-408。

3　詹素娟、陳文立，〈回看來時路──從區域研究到地方學的宜蘭經驗〉，《臺灣史學雜誌》，第13期（2012年12月），頁33-59。

4　張筑喻，〈戰後臺灣「地方學」的發展〉，花蓮：國立東華大學歷史學系碩士論文，2014年。

入「臺北學」的範疇。2010年升格改制之後，以新北市政府文化局及其轄下
新北市立圖書館、新北市立淡水古蹟博物館、新北市立鶯歌陶瓷博物館、新
北市立十三行博物館、新北市立黃金博物館為中心，嘗試凝聚新北市境內各
大學院校與地方文史工作者的能量，致力於建構「新北學」的知識架構、研
究取向及其實踐客體，透過跨學科之間的交流與對話以及多元學科觀點的借
鏡與整合，進一步在臺灣遍地開花的地方知識學發展過程中，逐步開展一別
出「臺北學」而另成格局的「新北學」。

　　本文為筆者近年來針對大臺北地方學之相關研究課題的延伸，[5]整體的
論述架構，首先回顧現今新北市轄境於過往成為學術客體的歷史脈絡，以推
展地方學的地方政府部門作為探討的主體，包括日治至戰後時期地方志的編
纂以及戰後臺北縣政府時期的耕耘為重點，最後將焦點投注在21世紀以後
「新北學」的開展，各立一章加以說明。

二　日治到戰後時期地方志的編纂

　　地方志書通常被視為地方學發展的起點與核心，由於其傳載著特定區域
政治、經濟、社會、文化發展的軌跡與風貌，因此也成為地方學研究進一步
轉譯及擴展的重要文獻資源。

　　美國學者麥斯基爾（Johanna Menzel Meskill）在其名著 *A Chinese Pio-
neer Family: The Lins of Wu-feng, Taiwan, 1729-1895* 的序言中指出：「在各方
面來說，臺灣是個很適合作地方史研究的獨特地區，地方史社團已經盡力勤
勉地補充舊的方志資料，並且臺灣的知識圈還保有對島嶼的過去十分熱切的
興趣」。[6]反觀從19世紀末以來逐漸躍升為全臺政治、經濟、社會、文化之首

5　洪健榮，〈大臺北地方學研究的回顧與展望──以地方志書與學位論文為中心〉，《輔仁
　　歷史學報》，第36期（2016年3月），頁285-333。洪健榮、林呈蓉，〈大臺北地區地方學
　　研究再探（1990-2013）〉，《臺灣史學雜誌》，第21期（2016年12月），頁87-131。

6　Johanna Menzel Meskill, *A Chinese Pioneer Family: The Lins of Wu-feng, Taiwan, 1729-
　　1895* (Princeton: Princeton University Press, 1979), p. 6. 譯文引自喬安娜‧麥斯基爾著，

善之區的大臺北地區，在日治及戰後時期也產出了相當可觀的修志成果，為臺北地方學的開展打下了深厚的基底。

（一）日治時期大臺北地區方志編刊概況

20世紀前期大臺地區地方志的編刊，廳級與州郡市級志書，涉及今天的新北市（臺北縣）轄區者，包括《臺北廳志》（1903、1919）、《桃園廳志》（1906）。其中，《臺北廳志》為日治時期全臺唯一重修過的縣廳志，1919年版亦是日治時期最後的一部官修縣廳志。[7]臺北廳長梅谷光貞於該版序言中指陳其編纂要旨云：「回顧過往歷史，參酌現在時勢，以作為將來施政的參考」。[8]雖屬官書性質，但也保存了相當豐富且難得的地方文獻，以資來者徵考。另有歷年度《臺北州要覽》、《新莊郡郡勢要覽》（1924）、《七星郡勢一覽》（1927、1928、1929）、《文山郡管內要覽》（1927、1931）、《海山郡（管內）要覽》（1929、1933、1938）、《文山郡勢一覽》（1930）、《淡水郡管內要覽》（1930）、《淡水郡勢要覽》（1934）、《基隆郡勢要覽》（1933、1934），多係摘錄行政轄區內最近的情勢，包括去年度或前會計年度為主的統計紀錄，以及最近相關的調查事項等，以方便瀏覽該區域現況概要。

而在街庄志的部分，自海山郡轄下《中和庄誌》於1932年刊行，首開20世紀前期大臺北地區乃至於全臺街庄志編纂風氣之先，全書綱目周全完備，為官修街庄志立下體例綱目的範本。[9]其後有《板橋街誌》（1933）、《鶯歌鄉土誌》（1934）、《三峽庄誌》（1934）、《金山萬里誌》（1936）、《樹林鄉土誌》（1938）陸續編刊問世，這些街庄志如同廳級與州郡市級志書，多是基

王淑玲譯，《霧峰宮保第：林文察家族拓荒史1729-1895》（臺北：蒼璧出版公司，2021年），頁16。

7　王世慶，〈日據時期臺灣官撰地方史志的探討〉，收於氏著，《臺灣史料研究（下冊）》（臺北：稻鄉出版社，2004年），頁227。

8　臺北廳編，《臺北廳志》（臺北：臺灣日日新報社，1919年），〈序〉，頁1。

9　王世慶，〈日據時期臺灣官撰地方史志的探討〉，《臺灣史料研究（下冊）》，頁235。

於施政參考、彰顯治績、振興地方或是凝聚愛鄉情懷而編刊。例如，板橋街長淀川喜代治於《板橋街誌》的序言中指出：「我們應設法去了解本街從過去到現在的變遷，更為未來發展構想適當的計畫。期望透過板橋街誌的編纂，作為建設理想樂土的參考，並與熱愛鄉土者相互勉勵」。[10]鶯歌庄長今澤正秋於《鶯歌鄉土誌》的序言中亦云：

> 今若欲圖謀村落之隆盛或更生，首先須從村落之成因探索其興替的軌跡，再次詳細考察目前的情勢，依此獲得豐富且確實的資料為基礎，以樹立促進繁榮或挽回頹勢的計畫，訂定具體的目標，然後，與村民同心戮力，為實現目標而努力。[11]

此外，再加上《中和庄勢一覽》（1929）、《鶯洲庄要覽》（1931、1932、1936）、《鶯洲庄庄勢一覽》（1932）、《新莊街要覽》（1933）、《臺北州海山郡土城庄庄勢一覽》（1933）、《（新店庄）管內概況》（1933）、《三芝庄要覽》（1933）、《內湖庄庄勢一覽》（1933）、《雙溪庄要覽》（1933、1936）、《北投庄勢要覽》（1934）、《士林街要覽》（1934）、《海山郡板橋街勢一覽》（1935）、《三峽庄勢一覽》（1935）、《鶯歌庄概觀》（1935）、《八里庄勢一覽》（1936）、《臺北州基隆郡貢寮庄勢要覽》（1936）、《基隆郡平溪庄要覽》（1937）、《五股庄勢一覽》（1937）、《臺北州淡水郡三芝庄勢一覽》（1937）、《基隆郡金山庄勢一覽》（1937、1939）等街庄要覽的刊行，內容大多詳近略遠，蔚成地方修志之大觀。[12]

前述各志書，共同奠下了20世紀前期大臺北地區地方學的基礎，也成為來者從事區域史研究的重要文獻資源。

---

10 淀川喜代治編，《板橋街誌》（臺北：板橋街役場，1933年），〈序〉，頁1。
11 今澤正秋編，《鶯歌鄉土誌》（臺北：鶯歌庄役場，1934年），〈序〉，頁1-2。
12 王世慶，〈日據時期臺灣官撰地方史志的探討〉，頁203-246。尹章義，〈臺灣地方志的數量、品質與方志學的發展——《臺灣地方志總目錄》試析〉，收於國史館臺灣文獻館編輯組編，《方志學理論與戰後方志纂修實務國際學術研討會論文集》（南投：國史館臺灣文獻館，2008年），頁29-33、45-51。

（二）戰後時期縣級志書的編修

到了戰後時期，臺北縣文獻委員會於1952年7月成立，專責《臺北縣志》的纂修工作，由盛清沂擔任總編纂，首先制定凡例綱目、中西日曆對照表，隨後於1953、1956年發刊《臺北縣文獻叢輯》一、二輯，作為縣志編修採證之資。全志於1960年刊行，共29冊，除卷首凡例綱目外，分列大事記、疆域、地理、史前、開闢、氏族、民俗、人口、行政、自治、社會、土地、財政、警察、軍事、衛生、水利、農業、林業、水產、礦業、工業、商業、交通、教育、文藝、人物等27志，「舉凡典章制度、經濟民生，莫不撮其綱領，銓次入篇，他如史前考古、氏族開闢，以及風物民俗、藝林詞藻等類，亦皆挈其大要，略具梗概」。[13]

《臺北縣志》問世之後，其體例嚴整、結構簡明且內容精實，普獲各方佳評，與臺南縣文獻委員會吳新榮等人編纂的《臺南縣志》（1957-1960），同被譽為當代臺灣學界的「模範志書」。[14]

《臺北縣志》問世三十餘年後，縣政府於1996年10月展開《續修臺北縣志》的編纂事宜，記錄1945年至2010年代臺北縣政治、經濟、社會與文化的發展與變遷，作為縣民生活文化的紀錄。全志委由國立中央大學歷史研究所、國立臺北大學歷史學系張勝彥教授擔任總編纂，計分大事記、土地志、住民志、政事志、社會志、經濟志、選舉志、文教志、藝文志、人物志共10卷，另有卷首與卷尾各1卷，各志下分篇則邀集專業學者專家合力撰述。[15]

《續修臺北縣志》自2002年10月《文教志》付梓之後，截至2013年底，各卷陸續定稿刊行（參見表一）。全志包羅萬象，提供鄉土認識、知識吸收

---

13 盛清沂等，《臺北縣志・卷首》（臺北：臺北縣文獻委員會，1960年），〈林興仁序〉，頁2a。

14 尹章義，〈清修臺灣方志與近卅年所修臺灣方志之比較研究〉，收於氏著，《臺灣開發史研究》（臺北：聯經出版公司，1989年），頁521-522。

15 張勝彥總編纂，《續修臺北縣志・卷首》（臺北：臺北縣政府，2010年），〈序〉，頁1-2。

的媒介以及縣務行政的指南與縣民交流的橋梁，[16]蔚為近年來臺北縣地方志書編纂的一大盛事。

表一 《續修臺北縣志》修纂概況

卷名	分篇名稱	編纂	撰稿	年度
卷首		張勝彥	張勝彥	2010
卷一大事記		戴寶村	高志彬	2013
卷二土地志	（一）地理 （二）氣候	洪敏麟	陳國川	2005
	（三）動物	洪敏麟	李培芬	2006
	（四）植物	洪敏麟	王震哲	2006
	（五）礦物 （六）災害	洪敏麟	陳慈玉 張勝彥	2006
	（七）勝蹟	洪敏麟	周宗賢、李乾朗	2005
卷三住民志	（一）人口	莊英章	溫振華	2005
	（二）語言	莊英章	洪惟仁、黃美金	2009
	（三）宗教	莊英章	蔡錦堂、陳茂泰	2005
	（四）禮俗	莊英章	謝宗榮、李秀娥 陳茂泰	2006
卷四政事志	（一）行政	張勝彥	黃秀政	2005
	（二）自治 （三）地政	張炎憲 張勝彥	張勝彥 朱柏松	2008
	（四）財稅	張勝彥	白裕莊	2005
	（五）役政 （六）戶政 （七）警政	張炎憲	張勝彥 陳純瑩	2005

---

16 張勝彥總編纂，《續修臺北縣志・卷首》，〈序〉，頁2。

卷名	分篇名稱	編纂	撰稿	年度
	（八）司法 （九）衛生暨環保	張勝彥	王泰升 陳秋蓉 周良輝	2007
	（十）建設（上）	戴寶村	黃蘭翔	2009
	（十）建設（下）	戴寶村	黃蘭翔	2009
卷五社會志	（一）社會行政 （二）社會福祉	賴澤涵	謝秀芬 莊尚武	2006
	（三）合作事業	吳文星	熊紹任	2010
	（四）社會團體 （五）休閒娛樂	吳文星	鄭梅淑 呂紹理	2007
	（六）社會變遷 （七）政治社會運動	賴澤涵 吳文星	蔡明哲 李明政 戴寶村	2007
卷六經濟志	（一）農業 （二）林業 （三）水產	戴寶村 陳慈玉	陳慈玉 張靜宜 劉嘉煉	2007
	（四）礦業 （五）工業 （六）商業	戴寶村 陳慈玉	陳慈玉 洪德俊 張美嬿	2007
	（七）金融 （八）交通	陳慈玉 戴寶村	白裕莊 張明宗	2007
卷七選舉志	（一）鄉鎮縣轄市民代表之選舉 （二）縣議員之選舉	黃秀政	戴寶村 張勝彥	2006
	（三）省議員之選舉 （四）中央民意代表之選舉	王啟宗	鄭　梓 吳文星、吳明勇	2006
	（五）村里長之選舉	黃秀政	戴寶村	2006

卷名	分篇名稱	編纂	撰稿	年度
	（六）鄉鎮縣轄市長之選舉 （七）縣長暨省長之選舉	黃秀政	張勝彥 鄭　梓	2006
卷八文教志		王世慶	王啟宗、趙祐志	2002
卷九藝文志	（一）戲劇	洪惟助	邱坤良	2009
	（二）美術工藝（上）	顏娟英	林育淳	2009
	（二）美術工藝（下）	顏娟英	李乾朗	2008
	（三）文學（上）	洪惟助	許俊雅	2008
	（三）文學（下）	洪惟助	許俊雅、洪惟仁	2008
	（四）音樂 （五）舞蹈	曾瀚霈 洪惟助	吳榮順、溫秋菊 江玉玲、蔡麗華	2010

（三）戰後時期鄉鎮級志書的編修

在鄉鎮志方面，自盛清沂總纂的《臺北縣志》於1960年出版之後，建立起臺北縣修志的優良傳統，各鄉鎮市志的編纂事業漸趨興盛。1960至80年代，由盛清沂與吳基瑞等人陸續完成海山地區（雙和、樹林、板橋）的系列志書首開風氣。而其中《中和鄉志》於1960年刊行，拔得臺北縣境與全臺鄉鎮市修志之頭籌，空谷足音，備顯得難能而可貴。

至1980年代初期，輔仁大學歷史學系尹章義教授編纂的《新莊志》系列志書開啟學院歷史專業學者修志的範例，而後《泰山志》（1994）、《新店市誌》（1994）、《五股志》（1997）、《林口鄉志》（2001）、《續修五股鄉志》（2010）落實其一貫的「方志個性化」的理論，成為尹章義師生團隊所秉持的「因地制宜」的修志風格。[17]如其在〈我們見證了五股的突飛猛進——

---

17 尹章義，〈地方志修纂的理論與實務——以新莊志、新店志、泰山志、五股志為例所作的說明〉，收於《中國現代史專題研究報告》第18輯（臺北：中華民國史料研究中心，1996年），頁139-206。林玉茹，〈知識與社會：戰後臺灣方志的發展〉，收於許雪姬、

《續修五股鄉志》感言〉一文中指出：

> 陸續完成《新莊志》、《新店市誌》、《泰山志》、《彰化發展史》、《五股志》、《林口鄉志》、……等志書，筆者一向主張「因地制宜」的原則，必須針對地域的特色來設計合宜的志書綱目和撰述方向。《續修五股鄉志》從體例安排、編纂形式到論述方式，也是筆者秉持「方志個性化」理論的具體實踐。[18]

　　此外，以國立政治大學歷史學系為主體所編修的《深坑鄉志》（1997）、《萬里鄉志》（1997），長期耕耘基隆河區域研究的唐羽所編纂的《雙溪鄉志》（2001）、《貢寮鄉志》（2004），漢皇廣告公司編纂的《蘆洲鄉志》（1993）、《土城市志》（1994）、《三重市志》（1996）、《板橋市志（續編）》（1997）、《平溪鎮志》（1997）、《新莊市志》（1998）、《汐止鎮志》（1998），中華綜合發展研究院應用史學研究所編纂的《中和市志》（1998、2005）、《永和市志》（2005）、《新店市志》（2006）、《蘆洲市志》（2009），概為大臺北地區方志編纂的主力（參見表二）。

　　近二十餘年為臺北縣轄區鄉鎮市級方志纂修的興盛期，至2006年《八里鄉志》出版之後，全縣29個鄉鎮市皆已完成地方志書的編纂。各鄉鎮市「無一不有志」的成果已是粲然可觀，更何況續修、三修乃至於四修的情形亦是所在多有。截至2010年代，《新莊志》、《鶯歌志》、《烏來志》、《蘆洲志》、《土城志》、《三重志》、《五股志》、《淡水志》已完成續修，《樹林志》、《板橋志》、《新店志》已完成三修。至於中和、永和則於1958年分治前後至2005年間，兩地區從鄉鎮志到市志，各自完成四修的壯舉。相較於臺灣其他縣市地方志編纂的情形，堪稱是無出其右者，亦寫下一世界性的修志紀錄，成果極為耀眼。

林玉茹主編，《五十年來臺灣方志成果評估與未來發展學術研討會論文集》（臺北：中央研究院臺灣史研究所籌備處，1999年），頁49-51。

18 尹章義、洪健榮等，《續修五股鄉志》（臺北：五股鄉公所，2010年），頁511。

　　另一方面，如以大臺北三大地理區域來觀察縣境修志的數量及頻率次數，則位居盆底平原及盆緣淺山地區的海山地區（永和、中和、板橋、土城、樹林、鶯歌、三峽）平均最高，新莊地區（新莊、泰山、五股、林口、蘆洲、三重）、文山地區（新店、深坑、石碇、坪林、烏來）次之，北部及東北部濱海地區（八里、淡水、三芝、石門、金山、萬里、瑞芳、貢寮）平均最低。各地區的修志頻率大致與其都市化程度相關。

　　在纂修旨趣方面，臺北縣早期志書多傳承過往將方志視為輔治、鑑戒之書的傳統觀念。如1965年版《永和鎮志》之〈凡例〉第一條指出：「為發揚鄉土文化，推求其因果關係，以作行政之參考，並供各界之研究與採資起見，是有本志之編纂」。[19]又如1979年版《鶯歌鎮誌》之〈編後記〉中開宗明義所云：「為鑑古觀今，檢討已往政治得失，策勵今後行政方針，鶯歌鎮公所有籌編鎮誌之議」。[20]到了1980年代中期以後，隨著臺灣社會民主意識的深化、人民史觀的昂揚與族群關懷的落實，晚近志書更強調其作為鄉土文化教材或是地方百科全書的功能，從而培養民眾的在地關懷及認同。如文崇一、蕭新煌於1990年版《烏來鄉志》的〈序言〉中指出：「我們希望透過鄉志所收集、編寫的各項內容，能夠提供給所有鄉民對本鄉的過去的歷史、現有的發展狀況，一個較完整而系統的資料，不但可增加瞭解，更可激發鄉民對本鄉的鄉土認同感」。[21]又如徐福全於1997年版《石門鄉志》的〈前言〉中強調：

　　　　處於今日而修鄉鎮志，絕對不可像封建時代站在士大夫統治階級的觀

19　盛清沂，《永和鎮志》（臺北：永和鎮志編纂委員會，1965年），頁9。總編纂盛清沂於該書序言中亦云：「舉凡疆域之更迭，庶政之因革，文物之消長，風俗之移易，均略具大端；庶後之為政者，有以藉鏡焉」（頁7）。類似的敘述，另可見於盛清沂、吳基瑞《樹林鎮志》（臺北：樹林鎮公所，1976年）之〈凡例〉所云：「為發揚固有文化，推求其因果關係，以作行政之參考，並供各界之研究起見，是有本志之編纂」。

20　黃景發，《鶯歌鎮誌》（臺北：鶯歌鎮公所，1979年），頁191。

21　文崇一、蕭新煌，《烏來鄉志》（臺北：烏來鄉公所，1990年），頁5。

點去浮誇政績，而應站在庶民百姓的立場去紀錄連續不斷在這塊土地
上活動的庶民，他們社會生活中之種種菁華，以為未來創新之參考；
因此，編修鄉志既是一種歷史工作、歷史教育，可以直接提供各級學
校鄉土教學之教材，它更是一種文化建設工作，藉此可以豐富百姓的
精神生活之內涵。[22]

　　邁入21世紀於2005年出版的《中和市志》，也標榜其「重現三百多年來
中和市的人文情境及生活的點滴，為中和市的發展史留下了重要的歷史見證
和註腳，也為所有中和市民開啟了一扇通往過去、連接未來的門窗」。[23]也
因此，涉及常民生活禮俗、多元族群文化、地方產經特色、文化資產專項與
觀光旅遊資源的篇章，在1990年代之後的方志書寫中益加受到重視。

　　此外，歷年來縣政府到鄉鎮市公所除了規劃完成地方志書的纂修事宜，
亦會委託地方文史工作者或學界人士撰文出版各種鄉政簡介、鄉土採風、旅
遊導覽、史蹟考察、田野筆記與鄉土教材之類的專書。此類出版品於近年來
如雨後春筍般地湧現，這個部分詳見本文以下章節的討論。

表二　臺北縣各鄉鎮市志修纂概況表

鄉鎮市名	題名	編著者	出版者	年度
中和	中和鄉志	盛清沂、吳基瑞	中和鄉公所	1960
	重修中和鄉志	盛清沂、吳基瑞、林德喜	中和鄉公所	1977
	中和市志	中華綜合發展研究院應用史學研究所	中和市公所	1998
	中和市志	中華綜合發展研究院應用史學研究所	中和市公所	2005

22　徐福全總編纂，《石門鄉志》（臺北：石門鄉公所，1997年），頁5。
23　中華綜合發展研究院應用史學研究所總編纂，《中和市志》（新北：中和市公所，2005
　　年），〈序〉，頁3。

鄉鎮市名	題名	編著者	出版者	年度
永和	永和鎮志	盛清沂	永和鎮志編纂委員會	1965
	重修永和鎮志	盛清沂	永和鎮公所	1973
	永和市志	吳學明	永和市公所	1986
	永和市志	中華綜合發展研究院應用史學研究所	永和市公所	2005
樹林	樹林鎮志	盛清沂、吳基瑞	樹林鎮公所	1976
	樹林市志	樹林市志編審及諮詢委員會編	樹林市公所	2001
	樹林市志	樹林市志編審及諮詢委員會	樹林市公所	2010
鶯歌	鶯歌鎮誌	黃景發	鶯歌鎮公所	1979
	鶯歌鎮志	張勝彥總編纂	鶯歌鎮公所	2010
新莊	新莊發展史	尹章義	新莊市公所	1980
	新莊志・卷首新莊（臺北）平原拓墾史	尹章義	新莊市公所	1981
	新莊志・卷三新莊政治發展史	尹章義、陳宗仁	新莊市公所	1989
	新莊市志	新莊市志編輯委員會、漢皇廣告事業公司	新莊市公所	1998
板橋	板橋市志	盛清沂、吳基瑞	板橋市公所	1988
	板橋市志（續編）	板橋市志編輯委員會、漢皇廣告事業公司	板橋市公所	1997
	板橋市志（三編）	尋俠堂國際創藝有限公司	板橋市公所	2009
淡水	淡水鎮志	白惇仁、申慶璧	淡水鎮公所	1989
	淡水鎮志	黃繁光等	淡水區公所	2013

鄉鎮市名	題名	編著者	出版者	年度
烏來	烏來鄉志	文崇一、蕭新煌	烏來鄉公所	1990
	烏來鄉志	許家華、劉芝芳	烏來鄉公所	2010
三峽	三峽鎮志	王明義	三峽鎮公所	1993
蘆洲	蘆洲鄉志	蘆洲鄉志編纂委員會、漢皇廣告事業公司	蘆洲鄉公所	1993
	蘆洲市志	中華綜合發展研究院應用史學研究所	蘆洲市公所	2009
泰山	泰山志	尹章義、閻萬清等	泰山鄉公所	1994
新店	新店市誌	尹章義	新店市公所	1994
	新店市志	中華綜合發展研究院應用史學研究所	新店市公所	2006
	增修新店市志	雞籠文史協進會	新店市公所	2010
土城	土城市志	市志編纂委員會、漢皇廣告事業公司	土城市公所	1994
	土城市志修編	尋俠堂國際創藝有限公司	土城區公所	2011
三芝	三芝鄉志	戴寶村等	三芝鄉公所	1994
三重	三重市志	漢皇廣告事業公司	三重市公所	1996
	三重市志續編	鄭懿瀛	三重市公所	2005
深坑	深坑鄉志	林能士、毛知礪等	深坑鄉公所	1997
	深坑鄉志（簡明版）	黃明和監修，林能士、毛知礪等	深坑鄉公所	1997
五股	五股志	尹章義、洪健榮、李逸峰	五股鄉公所	1997
	續修五股鄉志	尹章義、洪健榮等	五股鄉公所	2010
平溪	平溪鄉志	平溪鄉志編輯委員會、漢皇廣告事業公司	平溪鄉公所	1997

鄉鎮市名	題名	編著者	出版者	年度
石門	石門鄉志	徐福全、吳文星等	石門鄉公所	1997
萬里	萬里鄉志	薛化元、翁佳音	萬里鄉公所	1997
汐止	汐止鎮志	沈發惠、漢皇廣告事業公司	汐止鎮公所	1998
石碇	石碇鄉志	施長安、蕭百興	石碇鄉公所	2001
林口	林口鄉志	尹章義、葉志杰等	林口鄉公所	2001
雙溪	雙溪鄉志	唐　羽、簡華祥	雙溪鄉公所	2001
坪林	坪林鄉志	坪林鄉公所	坪林鄉公所	2002
瑞芳	瑞芳鎮誌	鍾溫清	瑞芳鎮公所	2002
金山	金山鄉志	王良行、葉瓊英、陳修平	金山鄉公所	2004
貢寮	貢寮鄉志	唐　羽	貢寮鄉公所	2004
八里	八里鄉志	李　平編	八里鄉公所	2005
	八里鄉志（完整版）	李　平編	八里鄉公所	2006

三　戰後縣政府時期對於「臺北學」的耕耘

　　戰後時期臺北縣級與鄉鎮市級方志的編纂與出版，地方政府相關單位往往扮演主導者或輔助者的角色。除了地方志書之外，針對大臺北地方學的園地，從1950年代臺北縣文獻委員會開始，到了1980至1990年代「臺北學」逐漸成名之際，臺北縣政府轄下臺北縣立文化中心（臺北縣政府文化局）實為當中要角，成為臺北市文獻委員會、臺北市政府文化局之外發展「臺北學」的主要推手，其中尤以相關期刊的編刊、文獻專書的出版為重點，茲分述如下。

（一）相關期刊的編刊

1950年代，臺北縣文獻委員會為配合《臺北縣志》的纂修，於1953年9月、1956年4月刊印兩輯《臺北縣文獻叢輯》，由該會編纂組盛清沂負責編輯。兩輯所刊載的文章內容，涵括開發史實、疆域沿革、地名考證、住民略述、先賢傳記、藝文學術、名勝古蹟、大事年表等有關於臺北縣的文獻資料，以便當時修志人員徵考，亦成為後來研究者檢視臺北縣域地方史的參考依據。

到了1980年代，縣政府文化單位關於地方學的期刊發行，首推縣立文化中心的機關刊物《臺北縣立文化中心季刊》，創刊於1984年6月，作為該單位推展社會教育及其與地方民眾雙向溝通的橋梁。[24]內容計有各類專欄，以及學者專家的新知理論評析、各項社教活動的介紹等。其中的「北縣文物」專欄，載有縣境名勝古蹟、藝文人物、傳聞軼事、地域開發或民俗信仰等文章，多屬於通論性質、介紹性質或推廣性質的散論，但仍有某些專論對於臺北學的研究具有相當程度的學術參考價值。1999年12月，因縣立文化中心併為縣政府文化局之故，該季刊發行至第63期之後，定名為《北縣文化》季刊。該期特規劃「文化局成立特輯」，以「對鄉土有情、對人民有愛，共創北縣文化新風貌」為期許，內容刊載縣長的話、歷屆主任感言以及東方潔兮〈見證地方文化——文化中心完成的歷史任務〉、歐陽滿〈文化希望工程歡喜接棒——文化局的未來與展望〉、杜文靖〈對成立文化局的一些想法〉等文。大致上，《北縣文化》季刊各期維持其前身《臺北縣立文化中心季刊》的內容風格，刊載較屬推廣性的專題論文或通俗化的鄉土報導為主，藉以讓文化藝術成為民眾生活的一部分。

《臺北縣立文化中心季刊》自第42期（1994年9月）至第62期（1999年9月），先後刊登茶、貢寮、三峽、新莊、淡水、蘆洲、鶯歌、海山、瑞芳、烏來、石門、八里、新店、大臺北古地圖考釋、三芝、板橋、鶯歌等17個

24　〈編言〉，《臺北縣立文化中心季刊》，創刊號，1984年6月。

「專輯」。《北縣文化》亦自第64期（2000年3月）至第91期（2006年12月），
先後刊登鶯歌、土城、板橋、陶與鶯歌、石碇、深坑、汐止、林口、平溪、
雙溪、十三行、八里、泰山、永和、三重、中和、金瓜石、五股、樹林、坪
林、萬里、躍動淡水河等20餘個區域「專輯」。在這些專輯中，內含特定地
區的研究專論、時事評議、報導文學或是史蹟調查、史蹟導覽之類的文章，
撰稿者包括學者專家、地方文史工作者或地方行政人員，例如，《北縣文
化》第66期（2000年9月）之「深坑」專輯，收錄周宗賢〈臺北縣第三級古
蹟深坑黃宅永安居調查研究〉、張震鐘〈深坑麻竹寮黃氏民宅建築特色解
析〉、高傳棋〈臺灣傳統文化產業的再造——以石碇鄉和深坑鄉為例
（上）〉、林旺〈在地人、在地情：深坑文史探源〉、翁彥筑〈深坑‧深情‧
山水情〉等文；第78期（2003年9月）之「永和」專輯，收錄李順仁〈尋訪
永和〉、卓克華、簡福鉎〈永和網溪別墅與楊三郎伉儷的藝術創作〉、曾信傑
〈永和地區宗教資源田野調查〉、何佳瑞〈世界宗教博物館的教育使命〉、謝
祝芬〈月光下的豆漿店〉等文。各專輯數篇專文兼具學術專業性與文教推廣
性，在大臺北地方學或區域史相關的研究課題上，頗具參考價值。

（二）文獻專書的出版

　　臺北縣立文化中心於1983年10月創立之後，致力於傳統文化特色的保存
與地方文教事業的推展，陸續舉辦不少地方文化藝術展覽、音樂會等藝文活
動，為北縣鄉里人傑杜聰明、施乾、馬偕等塑像，[25]並於1990年代陸續出版
臺北研究的各類專書，當中如「臺北縣文化叢書」系列聘請學者專家進行研
究撰述，主題涵蓋歷史、社會、產業、聚落、信仰、文化等面向，[26]舉凡
《大臺北古地圖考釋》（翁佳音，1998）、《淡水河流域變遷史》（溫振華、戴
寶村，1998）、《中心與邊緣：臺北盆地東南緣淺山地區的社會經濟變遷》

---

25 劉峰松，〈傾聽創作聲音　展現文化活力〉；東方潔兮，〈見證地方文化——文化中心完
　　成的歷史任務〉，《北縣文化》，第63期（1999年12月），頁14-15、18-21。
26 溫振華、戴寶村，《淡水河流域變遷史》（臺北：臺北縣立文化中心，1998年），頁5。

（李文良，1999）等著作，廣受學界人士的引用及討論。同為「文化叢書」系列的《鶯歌陶瓷史》（徐文琴、周義雄，1993）、《臺北縣移入人口之研究》（蕭新煌等，1993）、《臺北縣茶業發展史》（陳慈玉，1994）、《臺北縣的舊街》（王志鴻、周守真，1994），其編刊要旨係以鄉土心、歷史情為出發點，「針對臺北縣各種文化變遷及特色做完整的研究與記錄，希望藉由叢書的編纂，加強縣民對鄉土的了解，從而培養對鄉土的熱愛情懷，讓本土的根滋長於臺北縣，並怢其枝葉茁壯後能開花結果」。[27]

再者，同為學界看重而能雅俗共賞之「北縣鄉土與社會大系」的《黑金與黃金：基隆河中上游地區礦業的發展與聚落的變遷》（黃清連，1995）、《舉頭三尺有神明：中和地區的寺廟與聚落發展》（彭明輝，1995）、《信仰與社會：北臺灣的佛教團體》（康樂、簡惠美，1995）、《孤魂與鬼雄的世界：北臺灣的厲鬼信仰》（林富士，1995）、《東北角漁村的聚落和生活》（李明仁、江志宏，1995）、《臺北縣的佛寺與建築》（羅光等，1995）等專著，富有學術性，各在產業史、人口史、聚落史、宗教史、民俗史、社會史等臺北學研究領域中深具代表性。此外，為配合1999年臺北縣文化節「擺接枋橋情」在板橋舉行，委託地方文史工作者編刊《走踏臺北縣——親近板橋》，作為本次活動的導覽指引、遊賞指南及鄉土教材，計分歷史篇、親近社區篇、名勝篇、地方美食篇、藝文篇，介紹板橋的開發歷程、地方文化、人文故事及多元風貌。[28]

在文獻彙編方面，如1996年出版的「北縣歷史與人物叢書」系列中《阮的心內話：十位女性的生命告白》（楊雅慧）、《國共戰爭下的悲劇：臺灣軍人回憶錄》（鄭麗玲）、《衝擊年代的經驗：臺北縣地主與土地改革》（張炎憲、高淑媛）、《混亂年代的臺北縣參議會（1946-1950）》（張炎憲、高淑媛）、《慈善與宰制：臺北縣社會福利事業史研究》（李建鴻），於1995年出版

27　王志鴻、周守真，《臺北縣的舊街》（臺北：臺北縣立文化中心，1994年），〈縣長序〉、〈主任序〉，頁1、3。

28　王淑慧主編，《走踏臺北縣——親近板橋》（臺北：臺北縣立文化中心，1999年），頁4-8。

的《凱達格蘭族文獻彙編》（黃美英）、《乙未年海山地區抗日誌》（王昇文、林炯任），或是考古遺址、宗教現況及重大事件的調查報告，皆有助於臺北學相關研究領域的徵考。此外，於1998年譯刊的《臺北廳誌（大正八年版）》、《臺北州街庄志彙編》（含《板橋街誌》、《中和庄誌》、《金山萬里誌》、《鶯歌鄉土誌》、《樹林鄉土誌》、《三峽庄誌》）共七種，期以保存地方文獻史料並發揮鄉土尋根、鑑古知今的效益，亦得以嘉惠臺北學研究者。主編張炎憲教授於〈臺北縣的再發現——臺北縣地方誌的特色〉中點出其史料價值與學術意義云：

> 七種地方誌都詳細記載日本領臺之後的行政組織、警察治安、工商發展、社會教育、農林產業、交通衛生、宗教信仰、人物古蹟等，是今後研究上重要的參考資料。……回顧日治時代臺北縣地方誌修纂的成果，不僅能了解日本時代修史的動機、內容和價值，更能檢討數百年來，臺灣地方誌修纂的性質演變。[29]

到了縣政府文化局時期，於2000年起持續文化叢書的出版。其中較具代表性的專題論著，如區域史專論《清代新店地區社會經濟之變遷》（溫振華，2000），聚落調查研究專論《臺北縣眷村調查研究》（何思瞇，2001），家族史研究專論《蘆洲李氏家族變遷史》（陳在正，2002），客家調查研究專論《臺北縣汀州客尋蹤》（廖倫光，2006）、《雙和客家‧古往今來》（邱彥貴，2007）等。

史蹟、文化資產調查報告以及修護計劃類的專書之多，為這一時期的出版特色，其對象如樂生療養院、原英商嘉士洋行倉庫、深坑老街、新店獅仔頭山隘勇線、金瓜石勸濟堂、瑞芳四腳亭砲臺、淡水禮拜堂、滬尾偕醫館、淡水氣候觀測所、公司田溪程氏古厝、五股守讓堂、瑠公圳、樹林聖蹟亭、

---

29 張炎憲主編，古舜仁、陳存良譯，《臺北州街庄志彙編》（臺北：臺北縣立文化中心，1998年），〈主編序〉，頁4-5。

公司田溪橋遺蹟、淡水崎仔頂施家古厝、山佳車站、安坑孝女廖氏嬌紀念碑、金瓜石礦業圳道及圳橋、海山神社殘蹟、中和瑞穗配水池、滬尾礮臺、淡水日商中野宅等。古蹟、歷史建築等文化資產的調查研究多由專家學者主持，包括李乾朗、張勝彥、郭俊沛、賴志彰、徐裕健、簡後聰、蕭百興、李有豐、王慶臺、周宗賢、米復國、閻亞寧、徐福全、王惠君、林正雄、鍾心怡、符宏仁等人，其研究報告的專業性與學術性顯著。

縣政府文化局為能讓民眾認識縣境文化資產、重視古蹟保護並凝聚鄉土情懷，「讓古蹟與地方教育、文化認知與社區互動結合起來，成為活的歷史現場、活的鄉土教材」，於2000年出版《臺北縣古蹟導覽手冊》，內容首述臺北縣開發簡史、傳統建築關鍵名詞與臺北縣古蹟分布圖，其後為各鄉鎮市古蹟個點簡介，並附古蹟導覽圖暨交通指引，方便讀者按圖索驥以尋訪北縣古蹟。[30]於2003年出版由林孟君主編的《臺北縣橋的文化》，則屬田野調查資料彙編，集結了三角湧文史工作室、中和庄文史研究協會、臺灣新活力生活促進會、平溪文史工作室、奎山文史工作室、拳山堡文史工作室、煤礦火車戀橋會、滬尾文史工作室、樹林口文史工作室、霧裡薛溪工作室等單位的圖文敘述。[31]於2009年出版由生活文化事業有限公司編撰的《藝企呵成：臺北縣演藝團體特輯》，計分音樂、舞蹈、戲劇與綜合等類，分別介紹縣境立案的各表演藝術團體，以增進其與企業的合作機會以及與民眾的生活相連。[32]

在有形、無形文化資產相關的著述之外，另有為特定單位撰寫的專志，如2004年出版「臺北縣機關志」系列的《臺陽公司志》（黃智偉）、《樂生療養院志》（劉集成）、《三峽農會志》（林欣宜）、《臺北仁濟院附設安老所志》（陳逸雯）等。縣政府文化局除了藉以落實「文化立縣」的政策方針，亦為一整理、保存、研究地方珍貴的文獻資料，以及發掘縣境各鄉鎮市獨特歷史

---

30 黃嘉琪主編，《臺北縣古蹟導覽手冊》（臺北：臺北縣政府文化局，2000年），〈局長序〉、〈編者的話〉，頁2-3。

31 林孟君主編，《臺北縣橋的文化》（臺北：臺北縣政府文化局，2003年）。

32 生活文化事業有限公司編撰，《藝企呵成：臺北縣演藝團體特輯》（臺北：臺北縣政府文化局，2009年），頁8-9。

風貌的文化事業。

在文獻彙編部分，於2001年譯刊日治時期地方文獻資料《文山‧海山郡彙編》（含《文山郡管內要覽》、《臺北廳志（明治三十六年版）》、《海山郡要覽》、《我等の海山》）、《基隆‧淡水郡彙編》（含《基隆郡勢要覽》、《淡水郡管內要覽》、《淡水郡勢要覽》）等，「不僅是提供大眾認識鄉土歷史演變的管道，也是學者研究日治時期臺北縣各項建設傳承轉變的重要參考文獻」，[33]持續嘉惠臺北學研究者。

口述歷史系列叢書也陸續出版，這些「話說從前」的題材，涵括原住民耆老、藝文人士、礦工、寺廟匠師、學界人士等，呈現各行各業學有專精者的生命歷程與庶民百姓各自表述的文本紀錄，回溯過往文化生活的歷史軌跡，除了《臺北縣烏來鄉泰雅族耆老口述歷史》（陳茂泰，2001）、《黑金的故鄉猴硐》（周章淋，2009）之外，縣政府文化局於2001年起推動「臺北縣資深藝文人士口述歷史紀錄及影像計畫」，陸續出版美術類《許玉燕的藝術對話者》（廖瑾瑗，2002）、《張萬傳的淡水白樓》（李欽賢，2002）、《礦夫畫夢──蔣瑞坑》（李欽賢，2004）、《藝術探險──劉其偉》（鄭惠美，2003）、文學類《吳漫沙的風與月》（李宗慈，2002）、《廖清秀苦學與寫作》（莊紫蓉，2004）、傳統工藝類《藝師劉英宏與三峽祖師廟》（王慶臺，2005）、民俗藝術類《月明冰雪闌──有情阿嬤洪明雪的歌仔戲人生》（蔡欣欣，2008）、傳統藝術類《唸歌仔走江湖：楊秀卿的遊唱人生》（陳奕愷，2010）、文史類《九份臺陽江兩旺口述歷史專書》（羅濟昆，2009）、《臺北縣文獻與考古：吳基瑞先生口述歷史》（溫振華，2010）等專著，並有多部口述歷史影像紀錄片的發行。透過前述口述歷史紀錄及影像計畫的執行，藉以逐步建構地方學研究的系統資料與保存珍貴的文化資產，亦可使民眾了解資深藝文人士的生活經驗。[34]臺北縣立古蹟博物館於2009年出版由黃繁光編著

---

33 張炎憲主編，陳存良譯，《文山‧海山郡彙編》（臺北：臺北縣政府文化局，2001年），〈縣長序〉，頁3-4。

34 溫振華編撰，《臺北縣文獻與考古：吳基瑞先生口述歷史》（臺北：臺北縣政府文化局，2010年），〈局長序〉，頁4。

的《風起雲湧時──首位臺籍氣象官周明德生平所見所聞》，亦屬同類型的口述歷史專著。

　　縣政府文化局於2007年啟動「書寫北縣鄉鎮市」文化叢書出版計畫，以生動活潑的文學筆觸，深度旅遊介紹的散論形式，呈現轄區二十九個鄉鎮市的地理景觀、歷史沿革、產業文化、觀光資源、民俗信仰、人物群像及飲食特色，帶領讀者品味地方獨特的人文之美。執筆者多為藝文從業者，[35]如《一盞天燈一個希望‧品味平溪》（張景琦，2007）、《黃金的故鄉‧品味九份、金瓜石》（賴佳昀，2007）、《美麗與滄桑‧黃金山城的今昔》（賴舒亞，2007）、《尋幽石碇‧黑煤礦與石頭屋》（姚忠誠，2008）、《品味深坑‧老街吃豆腐》（闇驊，2008）、《茶香坪林‧單車漫慢遊》（賴佳昀，2008）、《金山‧禪意山水魚路泉》（俞伶，2009）、《萬里‧尋訪奇石秀海味》（邱和珍，2009）、《貢寮‧藍海青春後樂園》（楊語芸，2009）、《人文藝旅‧淡水行》（錢麗安，2010）、《水岸山城‧憶滬尾》（錢麗安，2010）、《千年左岸‧傳八里》（潘雅君，2010）。此外，另有《戀戀淡水河‧魅力新北縣》（方怡潔，2005），係配合「總統府地方文化展系列」的展覽專書，採取遊記的書寫風格，計分探路（從山河海探索北縣輪廓）、逛街（遊走博物館與特產美食）、穿巷（穿越時空廊道感受北縣古蹟與傳統建築）、尋弄（探訪社區營造點尋覓北縣傑出人物）等四大段落，展現臺北縣的人文特色與多元樣貌。[36]

　　作為臺北縣境之重要文化資產的林本源園邸，素有「北臺第一名園」之稱，亦出現了多部與其相關的文獻專書，如林本源園邸細賞系列叢書之《雕刻之美》（王慶臺，2003）、《匾聯之美》（徐麗霞，2006）以及《清明園林遊》（林秀美，2005）、《圖說枋橋城──尋找板橋的土地記憶》（高傳棋，2005）、《林昌德素描集》（文化局，2006）、《花與思俱新──第一屆林家花園徵文專刊》（楊宗哲，2006）、《是誰在唱歌？》（王鈴蘭，2007）、《林園深

35　賴舒亞等，《美麗與滄桑‧黃金山城的今昔》（臺北：臺北縣政府文化局，2007年），頁33-36。賴佳昀，《茶香坪林‧單車漫慢遊》（臺北：臺北縣政府文化局，2008年），頁21-24。潘雅君，《千年左岸‧傳八里》（臺北：臺北縣政府文化局，2010年），頁4-7。
36　方怡潔編，《戀戀淡水河‧魅力新北縣》（臺北：臺北縣政府文化局，2005年），頁4-5。

耕系列》（劉佳鎮等，2007）、《林園詩畫光圈：林園與詩、寫真的邂逅》（顏艾琳，2008）、《弄潮——2007林家花園徵書詩專刊》（顏雅玲，2008）、《爭渡——我們的故事：2008林園文學獎徵文專刊》（顏雅玲，2009）、《樓臺重起（上、下編）》（夏鑄九、許雪姬，2009）、《錦裝細琢——林家花園建築裝飾繪典》（王健旺，2010）、《風景的想像力——板橋林本源園邸的園林》（李瑞宗、蔡思薇，2010）等。

　　整體而言，在2010年之前，地方政府部門推動「臺北學」的主力包涵臺北市與臺北縣轄下文化單位，[37]然而，如同臺北縣有時被視為附屬於直轄市臺北市的周緣行政區域一樣，相對於臺北市文獻委員會、臺北市政府文化局在「臺北學」所擁有的代表性，臺北縣政府相關部門投入於「臺北學」的成果，往往被賦予一種從屬性。過往的努力遮蔽於臺北市的光芒之下，也是促成後來新北市政府力推「新北學」的背景動力之一。

四　21世紀以後「新北學」的開展

　　2010年12月，臺北縣改制升格為直轄市新北市，原轄區各鄉鎮市改置為區，臺北縣政府文化局隨之調整為新北市政府文化局，連同其轄屬新北市立圖書館、新北市立淡水古蹟博物館、新北市立鶯歌陶瓷博物館、新北市立十三行博物館、新北市立黃金博物館等單位，其間除了承繼縣政府時期關於地方學的編刊取向，後續亦有別出心裁的嘗試和創新，致力於建構新北地方知識學的系統架構與實質內涵，並發展出特色。

（一）編刊取向的延續與繼承

　　因應臺北縣升格改制為新北市之故，《北縣文化》發行至第107期後，改名《新北市文化季刊》，自2011年3月發行創刊號，迄2022年1月已發行第42

---

37 洪健榮、林呈蓉，〈大臺北地區地方學研究再探（1990-2013）〉，頁87-131。

期，其發行目的主要「以傳遞新北市文化薪火，記錄新北市人文風采，呈現地方藝文特色，報導在地藝文動態，分享藝文觀點，展現新北市多元豐厚文化內涵為出刊宗旨」。整體內容，多以新北市藝文活動、人文史蹟、自然地景、傳統工藝、文化資產、地方文創、美食特產、新北走讀與傑出人物的介紹為主，也會配合年節慶典或潮流時尚規劃相關的報導專題，並擬定該期的封面故事。例如，第33期為了搭配2019地方創生元年，該期的封面故事主題為「地方風和──發掘新北的美好日常」；後續如第39期的封面故事為「新北飲食滋味」、第40期為「在新北生活，到新北創作」、第41期為「尋找新北創作場景」、第42期為「新北好手藝，過年當伴手」，概多以輕鬆自在的軟性文筆，致力於引領讀者認識新北多元風貌並發掘地方能量，非以嚴謹的學術論述作為編刊訴求。

　　新北市政府文化局時期，持續口述歷史及影像紀錄、深度旅遊介紹、報導文學、林本源園邸文獻專書以及詩文別集的發行。在「新北市口述歷史」叢書系列方面，於2011年出版《民俗類：野柳神明淨港》（阮昌銳）、《傳統藝術類：戲海女神龍──真快樂　江賜美》（林明德、吳明德）、《臺灣史開拓者：王世慶先生的人生之路》（周婉窈），於2012年出版《傳統藝術類：鄉土戲樂全才　林竹岸》（施德玉）、《音樂類：漂泊生涯──奕宣的音樂之路　董榕森先生口述歷史》（施秋敏）、《宗教民俗類：鼓鐘于宮　黃清龍道長的生命史》（李麗涼），於2013年出版《傳統藝術類：剪紙藝師　李煥章》（蕭淑貞）、《民俗類：土城祀義塚　擺接慶中元》（謝宗榮），於2014年出版《民俗類：天籟樂土　燈火相傳》（吳敏惠）、《傳統藝術類：臺灣製墨藝師　陳嘉德》（吳明德、蕭淑貞）。此類深入淺出的口述歷史叢書連同影像紀錄，既有助於讀者瞭解境內各項文化資產與重要藝文人士，也可作為學術研究的基礎資料。[38]

　　「新北市藝術家地圖系列叢書」係接續縣政府文化局時期的《自然藝

38　周婉窈，《臺灣史開拓者：王世慶先生的人生之路》（新北：新北市政府文化局，2011年），〈局長序〉，頁3。

境：三芝、淡水》、《在水金九與藝術家邂逅》（2009）、《戀三鶯：藝染三峽》、
《戀三鶯：精粹鶯歌》（2010），於2011年起陸續出版《藝覽山水：新店溪軸
帶》（2011）、《藝豔新都：新莊、板橋》、《藝居雙和：中和、永和》（2012）、
《藝憩北岸：石門、金山、萬里》、《藝享悠境：汐止、平溪、雙溪、貢寮》、
《藝蘊鷺洲：三重、蘆洲》（2013）、《藝綻城林：土城、樹林》、《藝韻茗
鄉：深坑、石碇、坪林》（2014）、《藝觀左岸：八里、五股》、《藝登山林：
泰山、林口》（2015），聚焦於新北市各區共計數百位多元類型藝術家的生命
故事及其創作成果，建置出版圖完整而兼具深度與廣度的藝術資料庫。

　　同樣接續縣政府文化局自2007年起逐年出版境內2至3個區域的文化叢書
系列，於2011年起委託民間出版編輯部陸續出版《新店・城市中的山水》、
《烏來・歌舞的瀑布》、《雙溪・緩流的河岸》（2011）、《古蘊新象在板橋》、
《鼓動奇蹟在新莊》、《登高望遠在泰山》、《活躍蛻變在林口五股》（2012）、
《雙和・綺麗迷城》、《三峽・藍染老街》、《鶯歌・窯燒物語》、《樹林土城・
桐花沐林》（2013）、《汐止・古意灘音》、《三峽蘆洲・鷺洲新鄉》、《石門・
天海拔河》、《三芝・梯田山水》（2014）。此系列多採取旅遊文學的生動筆
調，來書寫新北市各區風土民情與人文特色，通篇詩情畫意且圖文並茂，頗
具可讀性與臨場感。

　　與國定古蹟林本源園邸相關的文獻專書，由於林園建築實體的精雕細
琢，雕刻、泥塑、剪黏、彩繪、漏窗、匾聯等裝飾藝術的精巧雅致，更兼池
亭倒影與林泉造景之美不勝收，整體展現出巧藝爭妍的百年風華，不斷成為
學術研究的焦點與市府文化局出版的重點，如「林本源園邸古蹟細賞系列」
之《雕刻之美》（王慶臺，2011）、《漏窗之美》（王慶臺，2011）、《匾聯之
美》（徐麗霞，2011）、《泥塑剪粘之美》（康若錫，2013）等著作。至於《前
世今生話林園——板橋林本源園邸的建造之謎與勝景分析》（李乾朗，
2013）一書，則針對林園建造的年代進行考證，並分析三落大厝、五落大厝
的建築特色與林園勝景的設計思維。除了建築美學之外，《板橋林家的生活》
（林寬裕等，2015）從食、衣、住、行、育、樂等面向，呈現各時期林家成
員的生活情景及其社會互動。《旅昔：板橋人說板橋事》（徐麗霞，2013）以

田野訪談的方式，挖掘出枋橋古城區的歷史、人文、信仰、民俗生活以及重要人物事蹟。

　　整體而言，在2010年代之後，新北市政府文化局所主導的專書出版品，大致銜接縣政府文化局後期的出版風格，除了局方和各館方委託專家學者所進行的文化資產、遺址、地景、產業、文物等調查研究報告，新北市立鶯歌陶瓷博物館出版的《鶯歌陶瓷史》（陳新上，2019）以及各類陶瓷專題研究，加上少部分人物傳記類、口述歷史類或展覽圖錄類專書較具學術底蘊之外，其餘多半講究雅俗共賞、導覽簡介、藝文推廣、觀光遊憩或是報導宣傳的功能。

　　例如，於2014出版的《新北市博物館遊學趣》，將新北市轄境區分為海山、重新、北海岸、土樹三鶯、大文山、東北角等六大文化生活圈，分別介紹其中的博物館和文化館舍，期以寓教於樂的方式，將各具地方特色的博物館串連文化觀光路線，使民眾體驗新北市博物館的多元資源與藝文天地，讓博物館與民眾的日常生活相互結合。[39]在2015年出版的《板橋古城玩很大》，也以主題玩樂、好遊板橋為導向，聚焦於林本源園邸以及古城區內外美食伴手、流行商圈、綠意休閒設施等觀光資源，「透過美食對古城的記憶，是這本書的精華所在，吃喝玩樂之餘，更提供賞心悅目的心靈之旅」。[40]其他如《新北文化風貌　改變看得見──從臺北縣到新北市的第一個四年》（2014）、《藝力非凡──新北市動人的30則藝術故事》（2017）、《玩味。老時光──新北市文化資產手冊》（2017）、《藝漫新北創作人生──四十位逐夢者的故事》（2017）、《新北文化風貌　打造城市新藝力──升格八年紀實》（2019）、《路遙知馬力──陳美珠、陳寶貴說唱藝術》（2021），或是如新北市立淡水古蹟博物館出版的《邂逅‧漫步‧淡水古蹟──淡水古蹟博物館導覽手冊》（2011）、《淡水尋寶記──博物淡水知識大考驗問答集》（2012）、《繪本裡的密碼──淡水28處文化資產的探訪紀錄》（2012）、《淡水不思

39　曹君武等編，《新北市博物館遊學趣》（新北：新北市政府文化局，2014年），頁3-11。
40　王之帆等編，《板橋古城玩很大》（新北：新北市政府文化局，2015年），〈序〉，頁1。

議——28個淡水文化生活圈成員帶你遊淡水》（2013）、《看見淡水：山河海的記憶》（2013）等。大體上，呈現出大眾化、生活化及休閒化的走向，學術研究的性質難免趨於淡薄。

（二）「新北學」的主體性建構

2010年改制以後的新北市政府文化局及其轄下各單位，一方面意識到當時臺北縣的升格不同於臺中市、臺南市的縣市合併模式（2014年升格的桃園市亦然），也有別於直轄市高雄市合併高雄縣的模式，係全區直接由縣級升格為直轄市級新北市，從此與臺北市形成「雙北市」的局面，理應有相庭抗禮、自成格局的思維與作為；另一方面，在臺灣各地地方學逐漸壯大聲勢的社會文化氣氛之下，也開始意識到如何以行政區域為主體，擺脫先前縣、市混合之「臺北學」的範疇及框架，進而揭櫫「新北學」旗號的必要性與急迫性。為此，文化局各單位嘗試構思新北地方學的系統架構、內涵元素、執行策略與連結網絡，而林本源園邸也試圖建構板橋地方學的要項。特別是在「宜蘭學」、「高雄學」、「澎湖學」、「屏東學」、「南瀛學」、「臺南學」、「彰化學」、「桃園學」、「竹塹學」、「苗栗學」等透過數量極為可觀的學術性系列叢書出版而建立品牌之際，相形之下，擁有全臺首善地位的雙北市針對大臺北地方學的學術強度，似乎顯得用力不足。

2015年5月，位於新北市三峽區的國立臺北大學正式成立校級海山學研究中心，致力於推展北臺灣區域研究，專責地方文史資料的徵集保存、教育推廣與學術研究等事務，進行各項教育文化及研究發展事務的聯繫、整合與推動，藉此強化學校本身與大臺北地區社教機構與文史研究團體的互動。[41] 在此之後，新北市政府文化局以及新北市立圖書館也嘗試與海山學研究中心洽商，致力於建構新北地方知識學，共同推動「新北學」研究與出版等學術

---

41 洪健榮，〈海山學研究中心與大漢溪流域地方知識學的開展〉，《在地》，第1期（2021年3月），頁114-119。

合作事宜，期以增進新北市區域研究之發展。其預期目標及效益如下：

1. 共同辦理學術研討會、工作坊等研究活動，開發多元化的學術研究課題，進行系統性的主題研究與出版，建立「新北學」成為全國地方學的典範之一。
2. 推動「新北學研究系列叢書」出版計畫，透過常態性及主題性叢書的出版，鏈結在地社會人文精神並深化民眾對於地方的認同與歸屬。
3. 奠定新北地方學基礎研究，促使新北市政府文化局與國立臺北大學海山學研究中心成為北臺灣地方學研究之要角，建立學術地位。

　　首先，針對學術研討會的舉辦部分，新北市政府文化局與海山學研究中心合作的契機，主要緣起於位在板橋區的新北市立圖書館特藏室典藏一批《臺北州檔案》（《鶯歌庄文書》），為目前所見最為完整的日治時期臺灣街庄基層行政文件，共計180餘冊，約6,000餘件，38,000多頁。此批檔案文獻為我們掌握日治後期臺北州海山郡鶯歌庄（1940年升格為鶯歌街，包括今新北市鶯歌區與樹林區）地方行政實態、產業發展、教育文化與社會實況的重要資料，近年來逐漸受到臺灣史研究者的重視。[42]

　　海山學研究中心自2015年起與日本拓殖大學臺灣研究中心合作，以《臺北州檔案》的研究與活用為計畫重點，提出跨國共同研究計畫，獲得日本公益財團法人東芝國際交流財團於2016年4月至2019年3月為期3年的研究補助經費，期間陸續邀請臺灣、日本、韓國、俄羅斯、香港等地專家學者組成的研究團隊，於2016年11月舉辦「秩序、治理、產業——近代東亞政經發展脈絡的再檢視」國際學術工作坊、2017年12月舉辦「地方文書與近代東亞殖民史研究」國際學術研討會、2018年10月舉辦「《臺北州檔案》與地方文書研究」學術工作坊。到了2019年3月，新北市政府文化局、新北市立圖書館與

---

42 玉置充子，〈「鶯歌庄文書」から見る日本統治期台灣の「地方自治」〉，《海外事情》，64卷1號（2016年1月），頁90-112。玉置充子，〈「臺北州檔案」：日治時期鶯歌庄行政文書之概要與史料價值〉，《臺灣史研究》，23卷1期（2016年3月），頁155-188。

海山學研究中心合作，共同主辦「《臺北州檔案》與文書運用」國際學術研討會，會議地點即安排在《臺北州檔案》原件的典藏單位新北市立圖書館，與會的臺灣、日本、韓國、香港、新加坡等東亞多國學者共計發表18篇學術專論，分別從地方治理、社會文教、地方社會等面向，深入探討《臺北州檔案》的涵蓋範圍及其相關研究課題，並以比較視野探索多元文書的運用，相互分享彼此研究成果，共商史料活化與後續數位檔案加值等議題。翌年5月，出版《《臺北州檔案》與文書運用國際學術研討會論文集》，作為見證這場從在地連結國際之學術盛會的成果。[43]

在此之後，新北市立圖書館與海山學研究中心共商後延續以《臺北州檔案》研究為核心的會議主題，嘗試與百年來臺灣歷史重大事件相結合，期能激盪出更為廣泛的知識迴響，強化其能見度和影響力。2020年10月的「臺北州建州百年紀念國際學術研討會」以及2021年10月的「臺灣文化協會百週年紀念國際學術研討會」，即是這項構思的具體實踐結果。其中，「臺北州建州百年紀念國際學術研討會」邀請臺灣、香港、中國、日本、韓國學者發表專題演講1場、專題論文17篇，共同探討臺北州建置之後的行政規劃、變遷與特色，兼以比較視野進行戰前東亞各國的基礎建設與近代化、統治政策與地方治理、社會文教、地方行政等跨域研究，不僅從區域探索、跨界整合等多元視角開發新議題，另於舊議題發掘不同的觀察與思考，以擴展臺灣學界與國外學者之間的對話與借鏡，並開展「新北地方學」的國際視野。隨後於2021年7月出版《臺北州建州百年——在地化與國際化的視角》論文集。[44]

為能讓新北市立圖書館這批珍貴的重點館藏發揮更大的學術研究與教育推廣效益，擴展其國際能見度，新北市政府文化局、新北市立圖書館與海山學研究中心將持續規劃於每年度舉辦國際學術研討會，近期亦擬共同出版

---

43 陳俊強、洪健榮主編，《《臺北州檔案》與文書運用國際學術研討會論文集》（新北市：國立臺北大學海山學研究中心，2020年）。

44 陳俊強、洪健榮主編，《臺北州建州百年——在地化與國際化的視角》（新北市：國立臺北大學海山學研究中心，2021年）。

《臺北州文書目錄檢索與文獻解題》，以資各國專家學者研究之便；同時應用現代科技，將部分研究成果影像化和虛擬實境化，呈現於海山學文物展覽館（位於國立臺北大學圖書館6樓），後續共同辦理《臺北州檔案》的各項聯展，以提升新北地方知識學建構的深度及廣度，並能為地方政府與大學學術資源的結合開創優質的範例。

圖一　以《臺北州檔案》為討論核心之會議海報（蔡博晏、鍾聿晴設計）

其次，關於「新北學研究系列叢書」出版計畫方面，目前由新北市立圖書館與海山學研究中心構思預想中，擬共同組織出版委員會，以新北區域為核心，每期訂定主題，邀請學界學者或是地方文史專家進行撰稿，規劃約一至二年出版3至5部學術類專著，逐期累積成新北地方學研究系列叢書。目前初步規劃的分期系列主題如下表三所示：

表三　「新北學研究系列叢書」主題規劃表

系列主題	具體課題
家族	如板橋林本源家族、板橋林秀俊家族、樹林張氏家族、南勢角游氏家族、三峽三老陳家族、三峽溪南四姓家族等
人物	如李梅樹、楊三郎、李石樵、陳應彬、吳海桐、黃龜理、張我軍、江文也、黃純青、王世慶、杜聰明等
族群	如平埔族各社原住民、泰雅族原住民、客家族群、新住民等
藝文	如美術、音樂、戲曲、文學、雕塑等
宗教信仰	如媽祖、觀音、王爺、保生大帝、清水祖師、三山國王、開漳聖王、神農大帝、土地公、大墓公信仰等
民俗祭儀	如三峽長福巖祭典、迎迓公、樹林濟安宮保生大帝祭、土城大墓公中元祭典、板橋接雲寺中元祭等
傳統產業	如藍染、茶葉、樟腦、煤礦、陶瓷、紅麴等
水利設施	如大安圳、張厝圳、劉厝圳、十二股圳、隆恩圳等
文化資產	古蹟、歷史建築、聚落建築群、考古遺址、文化景觀、古物、自然地景等有形文化資產 傳統表演藝術、傳統工藝、口述傳統、民俗等無形文化資產
公共政策	如公共行政、都市計畫、土地政策、住民政策（原住民與新住民）、社會福利政策、環境保育政策等
聚落發展與社會變遷	如社會型態、城鄉差距、教育事業、族群關係、人口與家庭結構轉型、地價及不動產、GIS地理資訊系統的應用、休閒遊憩事業、治安防治等

期望能透過本出版計畫的構想和執行，達成科際整合與跨界合作，同時結合在地研究成果與課程教學，持續從事地方學等相關系列專書的編刊工作，讓新北地方學成為民眾了解家鄉、認識在地的知識場域，並與斯土斯民產生深厚的情感連結。目前這項學術出版計畫仍屬規劃階段，期待能於不久的將來因緣俱足，逐步加以實現。

　　新北市政府文化局於2017年至2021年間配合執行「文化部國家文化記憶庫計畫」，與學者專家、地方文史工作者、社區大學、社造團體合作，以「礦業」、「移民」、「地方文史」為主題，深入新北市各區域蒐羅珍貴的老照片、研究資料、口述訪談等常民記憶，以統整建構「新北市文化記憶庫」，將文史資材數位公共化，提供使用者從事歷史研究、文學創作、藝術應用等用途，進而活絡新北地方能量並活化地方文化底蘊，致力於「新北學」的建立。[45]前述計畫成果後來建置於新北市政府文化局「典藏新北學」網站，其中包括關於新北學、再現礦山（礦業）、遷徙新北（移民）、前進地方（地方文史）、記憶漫遊等要項，各附相關人事景點照片和詮釋說明，藉以梳理「新北學」的知識內涵並強化其推廣效能。該網站首頁對於「什麼是新北學」開宗明義如下：

　　　　新北學是一種觀看新北的方法，

　　　　藉由爬梳歷史脈絡，瞭解這座城市的前世今生，

　　　　將在地生活經驗加以蒐集，讓各區域的地方知識得以傳承，

　　　　連結多元族群經驗，並讓跨族群、世代間得以對話，

　　　　新北市是一個迷人的所在，新北的學問，等待你我一起來發掘。[46]

字裡行間，扼要地點出「新北學」的視野，包涵此區域歷史、土地以及住民、族群、世代的生活經驗和多元互動，蘊生出新北迷人之處，還待有志者加以探索。

　　另外，作為《臺北州檔案》典藏地點的新北市立圖書館，於2016年8月在三峽分館、2018年9月在鶯歌分館設置「在地知識學專區」，[47]此後陸續於

45　新北市政府文化局「典藏新北學」網站https://ntpc.culture.tw/ntpc/zh-tw/aboutnewtaipeicity。

46　新北市政府文化局「典藏新北學」網站https://ntpc.culture.tw/ntpc/zh-tw/aboutnewtaipeicity。

47　新北市立圖書館新聞稿，2016年8月12日、2018年9月18日。新北市立圖書館提供。

新北市轄區樹林、石碇、新莊中港、蘆洲長安、平溪、新店、江子翠、瑞芳、金山、汐止大同、貢寮、八里等分館建置完成同樣專區，以保存日文舊籍、檔案文獻、老照片等地方珍貴文史資料，期能進一步結合地方各級學校和文史單位，共同建構系統性的在地知識學習網絡。2021年間，新北市立圖書館規劃於板橋區總館9樓建置「新北學典藏中心」，其空間設計結合新北學簡介、相關研究議題、新北市29區意象icon（展現新北各區豐富多元的人文特色），以及地方知識學文物之保存、維護與展示，亦將前述新北學相關研究課題包括家族、人物、族群、藝文、宗教信仰、民俗祭儀、傳統產業、水利設施、文化資產、公共政策、聚落發展與社會變遷等納入規劃。「新北學」書籍依八大出版來源（包括新北市政府、新北市政府文化局、鶯歌陶瓷博物館、淡水古蹟博物館、十三行博物館、黃金博物館、坪林茶業博物館、其他出版者）分區典藏，總計有2,300餘冊。該館館藏查詢系統，目前可查詢新北學典藏中心所有書籍資料，另亦提供「新北學」熱門服務連結，可直接瀏覽典藏中心專區書單。讀者可以透過館藏查詢，於新北學典藏中心內閱覽。[48]「新北學典藏中心」的建置，具體顯示新北市立圖書館用心推動新北地方知識學的努力。

五　結論

　　自2010年以來，新北市政府文化局多方與學校單位以及地方文史團體合作，致力於建構「新北學」的主體性與獨特性，逐步拓展多元學科跨界對話與相互借鏡的場域，以發展出相對於先前「臺北學」的特色，開創出地方學研究的成果及其文創推廣的成績，期使其從原本的研究概念轉變成具體的學術專有名詞。

　　中央研究院臺灣史研究所許雪姬教授於〈臺灣學・地方學・桃園學〉

---

48 新北市立圖書館提供。另參見新北市立圖書館「新北學典藏中心」網頁https://www.library.ntpc.gov.tw/htmlcnt/9375400c807742c5be44987b0b0436f4。

（《桃園文獻》第2期）中賦予地方學如下的八個指標，並指出只要具有四個
指標以上，稱作地方學即可當之無愧：

1. 定期召開不同主題的地方學研討會，並有論文集出版。
2. 陸續設定主題，由地方政府委託研究，將其成果以文化叢書出版。
3. 發行代表性刊物，作為累積成果的出版品。
4. 設置地方學學程，作為社區大學的課程。
5. 開辦地方史研習營、史蹟考察隊，吸引本地、外地的愛好者。
6. 展開村史的纂修。
7. 有政府單位、基金會及在地大學的支援。
8. 在地有一個至數個地方文史工作室。[49]

根據許教授提出的指標，來評量目前正處於現在進行式的「新北學」，雖然自
2010年迄今歷時10年餘才剛起步不久，仍屬一持續構築中的地方知識學系
統，但已具有其中四個以上的指標，當可視為一名實相符的「地方學」。

　　臺北縣立文化中心時期銳意經營文化叢書的出版，主要是秉持「歷史的
觀察不是短時間就能得到結論，文化的推展也不是短時間就能見到結果；臺
北縣政府之所以持續投入文化叢書的出版，就是因為體認到很多事情都不是
一瞬間可以釐清，必須透過許多年的研究與積累，才能讓我們對過去建立真
正的瞭解，對未來建立共同的願景」的初衷。[50]誠然，學術性專書從醞釀、
撰述到出版，確實需要花費較長的時間才能看得出成果，但只要是論證嚴
謹、基底雄厚的著作，往往也較能禁得起時間的考驗。從縣政府文化局時期
於21世紀之後分別啟動的「文化叢書」、「口述歷史叢書」、「新北市藝術家地
圖系列叢書」編刊計畫，開始趨向旅遊文學及藝文散論的風格，期能讓地方

49 許雪姬，〈臺灣學・地方學・桃園學〉，《桃園文獻》，第2期（2016年9月），頁15-16。
50 李文良，《中心與邊緣：臺北盆地東南緣淺山地區的社會經濟變遷》（臺北：臺北縣立
　　文化中心，1999年），〈縣長序〉，頁2。

文史大眾化與普及化，在強調深入淺出及雅俗共賞之訴求的同時，仍是具有相當程度的學術文化底蘊在支撐其出版品質。近期新北市立圖書館與國立臺北大學海山學研究中心共同規劃「新北學研究系列叢書」的出版計畫，也是基於傳承文化叢書的成就而能細水長流的理念。展望未來，期望政府文化單位能結合大專院校及學術機構的力量，持續編刊各類文化叢書、鄉土與社會、機關志、客家志等系列專書，並開展「新北學研究叢書」、「新北學文獻叢刊」之類的出版計畫。

　　另一方面，「新北學」作為一多元開放的知識空間，隨著網際網路資訊流通的便捷，科際整合、跨界合作不應只侷限於圈內不同專業領域的對話，亦在於學界人士與地方文史工作者的交流。回顧過往地方文史工作者與學院學者的互動模式，如學術研討會的集思廣益、地方志書編纂與史蹟調查研究的相互配合，或是如社區大學的運作方式，將地方學的研究成果與課程教學結合起來。除此之外，如《新北市文史百科全書》廣邀學者專家與文史工作者共組編輯團隊的合作模式，也值得加以借鏡。[51]

　　文化局所主導統整的新北學發展脈絡，在發掘在地文化的共相（常）與殊相（變）以建構地方學的系統架構之際，亦可多方考量市政府內部跨局處之間的協調合作。2010年代中後期，新北市政府教育局透過在地中小學、政府機構以及文史生態團體的合作，編印了轄境各區一系列的文史生態區域課程專書，[52]逐步為各個分區建構出一個完整的在地文化課程系統，期許學子

---

51 黃驗主編，《新北市文史百科全書》（臺北：遠流出版公司，2010年），頁6-9。

52 包括《故事新店──新店文史生態區域課程》、《新莊‧新妝──新莊文史生態區域課程》、《吟擺接遊板土──板橋土城文史生態區域課程》、《茶陶麴賞三鶯樹──三峽鶯歌樹林文史生態區域課程》、《走趣三貂堡‧悠遊平雙貢──平溪雙溪貢寮文史生態區域課程》、《萬濤石嵐慢遊情──萬里石門文史生態區域課程》、《古重蘆‧新橋都──三重蘆洲文史生態區域課程》、《歷史變遷‧雙和競秀──中和永和文史生態區域課程》、《瑞芳山河海交響曲──瑞芳區文史生態區域課程》、《磐石如碇──石碇淡蘭文史生態區域課程》、《芝蘭堡‧山河海‧新視野──淡水三芝地區文史生態區域課程》、《看見泰五林──泰山五股林口文史生態區域課程》、《走讀水返腳‧汐說山河戀──文史生態區域課程》、《1510八里走讀──人文生態故事輯》。

能認識在地特色，涵養鄉土情懷，進而開闊視野、放眼國際。[53]

　　近期由於教育部108課綱的實施，全國各地原先發展的地方學成為提供各級學校「探究與實作課程」的重要素材。2021年8月，國立臺北大學響應教育部「大手牽小手」計畫，與新北市政府簽署「新北大教育計畫合作意向書」，承諾將善盡大學責任，與區域內其他學校共同合作，培育具備在地區域關懷且能符合教育潮流所需的未來人才；同月，並出版《海山大觀：國立臺北大學海山學研究中心簡介》一書，由海山學研究中心團隊將地方學研究內涵加以轉譯彙整成編，提供各級學校機關作為校本課程及地方教育使用。海山學研究中心執行教育部大學社會責任（USR）萌芽型計畫的同時，於2021年下半年起，邀請新北市轄境海山地區各級學校社會科教師與地方文史工作者，共同規劃「認識海山」校本課程，預計將合力編纂《認識海山》、《海山學概論》、《海山學研究指南》等地方鄉土教材、文史地圖並發展教學共備，提供國高中端作為108課綱「探究與實作課程」之參考。[54]十二年國教的啟動，相信對於後續「新北學」的發展，亦將帶來推波助瀾的效益。

　　如果說所有的歷史都是「地方」的歷史，所有的歷史知識也皆有其「地方性」，多是在特定群體或特定時空脈絡下所產生的內涵，因此，當地方學的成果融入各級學校教學課程之際，無疑也為臺灣史教學創造了更具體直接的社會實踐場域，促成了歷史文化知識「接地氣」的學以致用。[55]

　　近年來新北市政府文化局、新北市立圖書館與國立臺北大學海山學研究中心針對《臺北州檔案》的相關課題，連續舉辦的數屆國際學術研討會，主

53　陳玄謀總編，《茶陶麵賞三鶯樹——三峽鶯歌樹林文史生態區域課程》（新北市：新北市政府教育局，2014年），頁4-6。

54　國立臺北大學永續網頁https://esdg.ntpu.edu.tw/?p=2312。

55　洪健榮，〈從地方學看臺灣史研究〉（「吳三連臺灣史料基金會30週年系列活動：民間史學與臺灣史研究座談會」紀錄），《臺灣史料研究》，第58號（2021年12月），頁173-182。大學端的社會實踐教學，值得借鏡的案例，可參見張泓斌、梁家祺，〈從USR計畫到在地多元文化課群：元智大學、桃園學與地方認同之研究〉，收於蔣竹山主編，《物、空間與歷史記憶：2020桃園學》（桃園：桃園市政府文化局，2021年），頁391-426。

要是期許在建構「新北學」的主體性並發展出特色的同時，透過跨學科與跨地域的視角，進行既微觀且通觀的專題分析與整合探索，從地方學的探索與實踐，開創出臺灣本土史學的學術脈絡。在關注當地與他方的互動交流之際，更能從在地連結國際、從國際反思在地，未來能積久功深，構築出地方學研究的理論架構與詮釋模式，開創出堅實的研究典範與學術傳統。行文至此，香港科技大學人文學部廖迪生教授於〈文化人類學與華南研究〉中的一段話，頗值得我們玩味再三：

> 狹窄的地域觀念只會束縛學術研究的成果，我們需要超越觀念上的限制，將華南變成為研究的起點，以華南的個案去了解地方與國家的關係，與鄰近地區，以至世界各地相關連社群的關係，與不同地方和學科的理論對話，去尋求研究上的突破。[56]

他山之石，可以攻錯。新北市轄區是「新北學」研究及實踐的起點與焦點，而不是窠臼或界線；凡有志者，亦當若是！[57]

---

56 廖迪生，〈文化人類學與華南研究〉，收於華南研究會編，《學步與超越：華南研究會論文集》（香港：文化創造出版社，2004年），頁43。

57 在2021年12月由金門縣文化局、桃園市政府文化局主辦的閩南文化國際學術研討會，承辦單位為國立臺灣師範大學國際與社會科學學院以及國立金門大學人文社會學院、國中央大學中國文學系、歷史研究所、桃園學研究中心，整場會議以「跨境閩南‧文化連結：金門及桃園視角的全球過程與移民記憶」為題，試圖透過金門、桃園兩地的移民經驗與文化累積的梳理，匯聚不同研究主題，以促成閩南文化研究的國際化、學術化、多樣化與應用化。主辦單位結合「金門學」、「桃園學」研究社群以及境外學者的跨域對話，頗值得借鏡。金門縣文化局、桃園市政府文化局主辦，《跨境閩南‧文化連結：金門及桃園視角的全球過程與移民記憶（會議手冊）》（2021年），頁2-3。此種兼具跨領域構思、地域性整合與國際觀訴求的地方學教研內涵，亦可參見陳奇中編著，《金門學概論》（臺北：臺灣東華書局，2017年）。

參考文獻

一　專書

方怡潔編，《戀戀淡水河‧魅力新北縣》，臺北：臺北縣政府文化局，2005年。

今澤正秋編，《鶯歌鄉土誌》，臺北：鶯歌庄役場，1934年。

尹章義，《臺灣開發史研究》，臺北：聯經出版公司，1989年。

尹章義、洪健榮等，《續修五股鄉志》，臺北：五股鄉公所，2010年。

王之帆等編，《板橋古城玩很大》，新北市：新北市政府文化局，2015年。

王世慶，《臺灣史料研究》，臺北：稻鄉出版社，2004年。

王志鴻、周守真，《臺北縣的舊街》，臺北：臺北縣立文化中心，1994年。

王淑慧主編，《走踏臺北縣——親近板橋》，臺北：臺北縣立文化中心，1999
　　年。

文崇一、蕭新煌，《烏來鄉志》，臺北：烏來鄉公所，1990年。

生活文化事業有限公司編撰，《藝企呵成：臺北縣演藝團體特輯》，臺北：臺
　　北縣政府文化局，2009年。

李文良，《中心與邊緣：臺北盆地東南緣淺山地區的社會經濟變遷》，臺北：
　　臺北縣立文化中心，1999年。

李乾朗，《前世今生話林園——板橋林本源園邸的建造之謎與勝景分析》，新
　　北市：新北市政府文化局，2013年。

林孟君主編，《臺北縣橋的文化》，臺北：臺北縣政府文化局，2003年。

林寬裕等，《板橋林家的生活》，新北市：新北市政府文化局，2015年。

徐麗霞，《旅昔：板橋人說板橋事》，新北市：新北市政府文化局，2013年。

金門縣文化局、桃園市政府文化局主辦，《2021閩南文化國際學術研討會
　　跨境閩南‧文化連結：金門及桃園視角的全球過程與移民記憶（會議手
　　冊）》，2021年。

周婉窈，《臺灣史開拓者：王世慶先生的人生之路》，新北市：新北市政府文
　　化局，2011年。

徐福全總編纂，《石門鄉志》，臺北：石門鄉公所，1997年。

淀川喜代治編，《板橋街誌》，臺北：板橋街役場，1933年。

國史館臺灣文獻館編輯組編，《方志學理論與戰後方志纂修實務國際學術研討會論文集》，南投：國史館臺灣文獻館，2008年。

許雪姬、林玉茹主編，《五十年來臺灣方志成果評估與未來發展學術研討會論文集》，臺北：中央研究院臺灣史研究所籌備處，1999年。

張炎憲主編，古舜仁、陳存良譯，《臺北州街庄志彙編》，臺北：臺北縣立文化中心，1998年。

張炎憲主編，陳存良譯，《文山‧海山郡彙編》，臺北：臺北縣政府文化局，2001年。

張勝彥總編纂，《續修臺北縣志‧卷首》，臺北：臺北縣政府，2010年。

陳玄謀總編，《茶陶麴賞三鶯樹——三峽鶯歌樹林文史生態區域課程》，新北市：新北市政府教育局，2014年。

陳奇中編著，《金門學概論》，臺北：臺灣東華書局，2017年。

陳俊強、洪健榮主編，《《臺北州檔案》與文書運用國際學術研討會論文集》，新北市：國立臺北大學海山學研究中心，2020年。

陳俊強、洪健榮主編，《臺北州建州百年——在地化與國際化的視角》，新北市：國立臺北大學海山學研究中心，2021年。

陳慈玉，《臺北縣茶業發展史》，臺北：臺北縣立文化中心，1994年。

盛清沂等，《臺北縣志》，臺北：臺北縣文獻委員會，1960年。

盛清沂，《永和鎮志》，臺北：永和鎮志編纂委員會，1965年。

盛清沂、吳基瑞，《樹林鎮志》，臺北：樹林鎮公所，1976年。

曹君武等編，《新北市博物館遊學趣》，新北市：新北市政府文化局，2014年。

黃景發，《鶯歌鎮誌》，臺北：鶯歌鎮公所，1979年。

黃嘉琪主編，《臺北縣古蹟導覽手冊》，臺北：臺北縣政府文化局，2000年。

黃驗主編，《新北市文史百科全書》，臺北：遠流出版公司，2010年。

喬安娜‧麥斯基爾著，王淑琤譯，《霧峰宮保第：林文察家族拓荒史1729-1895》，臺北：蒼壁出版公司，2021年。

溫振華、戴寶村，《淡水河流域變遷史》，臺北：臺北縣立文化中心，1998年。

溫振華編撰，《臺北縣文獻與考古：吳基瑞先生口述歷史》，臺北：臺北縣政府文化局，2010年。

臺北廳編，《臺北廳志》，臺北：臺灣日日新報社，1919年。

蔣竹山主編，《物、空間與歷史記憶：2020桃園學》，桃園：桃園市政府文化局，2021年。

賴佳昀，《茶香坪林・單車漫慢遊》，臺北：臺北縣政府文化局，2008年。

賴舒亞等，《美麗與滄桑・黃金山城的今昔》，臺北：臺北縣政府文化局，2007年。

Meskill, Johanna Menzel. *A Chinese Pioneer Family: The Lins of Wu-feng, Taiwan, 1729-1895*. Princeton: Princeton University Press, 1979.

二　論文

尹章義，〈地方志修纂的理論與實務——以新莊志、新店志、泰山志、五股志為例所作的說明〉，收於《中國現代史專題研究報告》第18輯，臺北：中華民國史料研究中心，1996年，頁139-206。

王御風，〈地方學的發展與挑戰〉，《思與言》，49卷4期，2011年12月，頁31-55。

玉置充子，〈「鶯歌庄文書」から見る日本統治期台灣の「地方自治」〉，《海外事情》，64卷1號，2016年1月，頁90-112。

玉置充子，〈「臺北州檔案」：日治時期鶯歌庄行政文書之概要與史料價值〉，《臺灣史研究》，23卷1期，2016年3月，頁155-188。

東方潔兮，〈見證地方文化——文化中心完成的歷史任務〉，《臺北縣立文化中心季刊》，第63期，1999年12月，頁18-21。

周樑楷，〈大眾史學：人人都是史家〉，《當代》，第206期，2004年10月，頁72-85。

周樑楷，〈認識你自己——大家來寫村史與歷史意識的自覺〉，《當代》，第211期，2005年3月，頁52-61。

洪健榮，〈大臺北地方學研究的回顧與展望——以地方志書與學位論文為中心〉，《輔仁歷史學報》，第36期，2016年3月，頁285-333。

洪健榮、林呈蓉，〈大臺北地區地方學研究再探（1990-2013）〉，《臺灣史學雜誌》，第21期，2016年12月，頁87-131。

洪健榮，〈海山學研究中心與大漢溪流域地方知識學的開展〉，《在地》，第1期，2021年3月，頁114-119。

洪健榮，〈從地方學看臺灣史研究〉（「吳三連臺灣史料基金會30週年系列活動：民間史學與臺灣史研究座談會」紀錄），《臺灣史料研究》，第58號，2021年12月，頁173-182。

許雪姬，〈臺灣學・地方學・桃園學〉，《桃園文獻》，第2期，2016年9月，頁9-24。

張筑喻，〈戰後臺灣「地方學」的發展〉，花蓮：國立東華大學歷史學系碩士論文，2014年。

陳　板，〈地方文史工作與社區營造——從「大家來寫村史」計畫出發的文史搜索運動〉，《臺灣文獻》，54卷2期，2003年6月，頁343-376。

詹素娟、陳文立，〈回看來時路——從區域研究到地方學的宜蘭經驗〉，《臺灣史學雜誌》，第13期，2012年12月，頁33-59。

廖迪生，〈文化人類學與華南研究〉，收於華南研究會編，《學步與超越：華南研究會論文集》，香港：文化創造出版社，2004年，頁41-43。

02
大人小孩一起學北投的
「北投無邊界學校」

謝國清[*]

摘　要

北投具有豐富多元的文化歷史及生態環境。

1994年北投國小的一場鄉土校外教學，發現形同廢墟的北投公共浴場後，學生們在老師的協助下，寫陳情書給市長，希望保存歷史古蹟及空間再利用，而促使公共浴場重建，並以「北投溫泉博物館」之名重新開放使用，從此，北投人也非常重視鄉土教育並具備強烈的公民意識，而鄉土教育也成為博物館及公民團體的重要使命。

創立於2003年的北投社區大學，則從成立之後，每年舉辦「北投學學術研討會」，提供獎學金獎勵碩博士生撰寫與北投相關的論文，2012年進一步以課程融入的概念，鼓勵北投社區大學講師將北投特色融入各類型課程，這些課程被稱為「北投學課程」，藉此讓更多師生學習北投，目前不論課程數或選課人次，每學期約有三成的「北投學課程」。

為使北投人從小到大更有系統地學習北投，在教育部準備實施108課綱前，北投社區大學即串連博物館、公民團體及中小學，提出以北投學為本，108課綱為軸，連貫統整各級學校的北投學課程，歷經近三年討論與合作，而形成「北投無邊界學校」的共識。

關鍵字：北投公共浴場、北投溫泉博物館、北投社區大學、北投學、北投學課程、北投學學術研討會、北投無邊界學校、108課綱

---

* 　臺北市北投社區大學校長。

一　北投無圍牆博物館

　　「北投地區早在距今6,500年前已有人類居住，目前已發現的新石器時代史前文化遺址共有15處，文化內涵豐富，從最早的大坌坑文化，到芝山岩文化、圓山文化、植物園文化，以及距今最晚近的鐵器時代十三行晚期文化，另外，也有可能為平埔族舊社的遺址。

　　北投區平埔族凱達格蘭族主要社群，包括北投社、唭哩岸社、嘎嘮別社。北投社人在17世紀西荷時期已開始以硫磺與外人交換日用品。唭哩岸社在1654年的紀錄中顯示已有相當程度的發展，嘎嘮別社亦見於1654年地圖中。隨著漢人入墾，該二社清治時期應已併入北投社。

　　清康熙52年（1713）鄭珍、賴科、朱焜侯、王謨等人，以「陳和議」戶名，請墾北投庄、海山庄、坑仔口，漢人開始大規模拓墾北投。雍正、乾隆年間，七星墩圳、八仙圳與唭哩岸圳等水利設施開鑿，乾隆年間唭哩岸街發展成淡北最早的街肆，是北投的政治、商業中心。石牌地區於雍正、乾隆之初，漢人墾民與平埔族人因土地問題時起爭端，乾隆年間淡水同知曾曰瑛於埔漢交界處立界碑，以絕埔漢爭域，遂有石牌地名。嘎嘮別（關渡）地區於清康熙54年（1715），通事賴科鳩集北投住民，將天妃廟（今關渡宮）易茅以瓦，可知康熙末年漢人已開墾淡水、關渡一帶有成。北投地區早期漢人移民祖籍地及區域分布，在平原地帶漳泉移民混雜，但又以泉州同安人為多；山區頂北投、竹子湖區域，則以泉州安溪移民為多。

　　北投區在荷西與鄭氏時期，荷蘭設置半自治型態的『地方集會』之中，境內的唭哩岸與北投二社，屬『淡水集會區』管轄；鄭氏時期則設置天興縣，並以『上淡水通事』管理臺北地區。」[1]

　　從上述北投區公所網站的描述，北投本就具有豐富、多元且歷史悠久的文化，加上硫磺等天然礦產及靠近水域的便利，很早期就吸引許多外來文化

---

[1] 摘錄自「北投區公所」官網中「認識北投」下「歷史沿革」的「一、族群、住民及拓墾的沿革」，網址為：https://btdo.gov.taipei/cp.aspx?n=C253E3483E1646C6。

及拓墾。此外，交通便利及優良溫泉，促使日本統治時期大力發展溫泉文化，並衍生出更多元豐富的文化與產業，北投可以說是兼具人文、歷史、產業與生態環境的小城鎮。

　　不過，不止以上所描述的人文史地，北投人的公民素養及對鄉土教育的重視，才是讓北投文化與環境資產得以馳名並永續發展的關鍵。

　　「北投溫泉博物館前身為『**北投公共浴場**』，由日治時期的臺北廳長井**村大吉**下令擘劃，總督府建築設計師**森山松之助**監造，完工**於**1913年（大正二年）6月17日，為和洋折衷風格的雙層建築，亦為當時東亞最大的溫泉公共浴場。

　　……

　　第二次世界大戰後，公共浴場曾作為中山堂、臺北縣議會招待所、民眾服務處、民防指揮部與光明派出所等使用，因管理單位更迭而終至荒廢。直到1994年，一群北投國小師生在鄉土校外教學的過程中，發現形同廢墟的北投公共浴場。為保存古蹟及空間再利用，這群孩子、社區居民及文史工作者一同發起連署陳情書，希望保留浴場。歷經不斷的溝通與協調，北投公共浴場終於在1997年經內政部公告為三級古蹟（現為市定古蹟），1998年10月31日在地方熱心居民與臺北市政府的斥資整修下，以『**北投溫泉博物館**』之名正式重新開放使用。」[2]。

　　前面這段摘錄自北投溫泉博物館官網中的文字，有關於「北投國小師生因鄉土校外教學而讓『北投公共浴場』重生，並蛻變為北投地標——北投溫泉博物館」的故事，一直是北投人津津樂道的重要事件，而這個事件也促使日後北投公民組織的蓬勃發展，以及更重視鄉土教育的態度。

　　以「北投溫泉博物館」為例，開放使用後，在地方公民團體的努力下，為了避免朝向商業化方向發展，不但讓臺北市政府維持公辦形式，且成立以民間為主的管理委員會，訂定「北投溫泉博物館義務服務暨經營管理委員會

2　摘錄自「北投溫泉博物館」官網中「本館簡介」下的「歷史沿革」，網址為：https://hotspringmuseum.taipei/cp.aspx?n=CF879A073D6F9FC2。

作業要點」[3]，管理委員會成員除了文化局指派之代表二人外，還有里長二人、北投溫泉博物館志工隊代表、北投區公所代表及社區代表九人，其中社區代表則包含學校代表，多年以來除了北投社區大學為委員外，北投國小、復興高中及中正高中等三校也都是固定成員，藉此鼓勵學校每年積極參與博物館活動，此外，為了延續北投國小因鄉土教育而與社區居民展開浴場保留行動的情懷，每年與北投國小合作，讓三、四年級學生以「每週一擦」的活動，將溫博館的故事與精神流傳下去[4]。

　　另一個重要案例則為「新北投車站」，在北投區公民團體歷時十幾年的努力下，透過公私協力而最後終於從彰化縣臺灣民俗村搬回北投，並由臺北市政府隆重舉辦慶祝活動，隨後在歷經數次公聽及激烈討論後，乃矗立於新北投捷運站旁，而成為光鮮亮麗的新北投入口新景點，在新館籌備時期，文化局即積極邀請在地公民團體討論訂定組織章程（如圖一）[5]，於組織章程中明訂保留兩席學校代表擔任管理委員會委員；此外，新北投車站每年於館慶期間，固定邀請30位小學生，透過「護木油擦拭活動」來認識「新北投車站」[6]。

3　詳見「臺北市法規查詢系統」，網址為：https://www.laws.taipei.gov.tw/Law/LawSearch/LawArticleContent?lawId=P31A2050-20170503&realID=31-01-2050&lawArticleContentButton=。

4　詳見「北投溫泉博物館」粉絲頁2019年3月21日的報導，網址為：https://www.facebook.com/BeitouMuseum1913/posts/2341888589164261/。

5　摘錄自「新北投車站」官網中「關於車站」下的「組織章程」，網址為：https://www.xbths.taipei/about.php#menber。

6　見2021年4月13日公共電視PEOPO公民新聞網報導，網址為：https://www.peopo.org/news/526944。

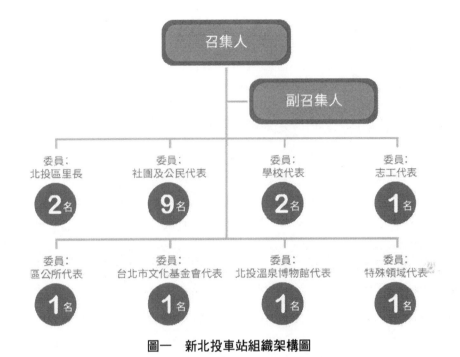

圖一　新北投車站組織架構圖

　　回顧北投的發展，不論是人文歷史、自然生態、地貌景物以及社區意識，北投有如一座開放的大地博物館，因此在80年代，北投溫泉博物館的搶救及古蹟恢復過程中，激起了社區居民對於在地文化特色以及生活環境的關注，使居民自覺開啟「北投生態博物館」的構想，以傳承自然、歷史與前人的智慧，透過公民參與的途徑，整合鄰近的名勝古蹟、歷史遺址、紀念建築、歷史街區、生態環境、地理景觀、植物景觀、溫泉資源、工藝工坊、民俗藝術、特色產業等資產，使生態博物館的藍圖逐漸形成，成為北投長期發展的願景與方針。

　　經過二十幾年公私協力的努力與累積後，目前臺北市政府藉由文化部「再造歷史場景」計畫，以「北投無圍牆博物館」之名進行館舍整合，並企圖重新塑造北投生態環境園區的藍圖。[7]

7　詳見「臺北市──療、浴、北投──生活環境博物園區」計畫，網址為：https://rhs. boch.gov.tw/index.php?inter=project&did=1。

在臺北市政府及文化部資源注入後，北投區各博物館及公民組織的活動變得非常頻繁，以至於公民組織、博物館、學校、政府部門以及特色商家間的連結也就更加緊密與頻繁。

二　北投區各級學校積極開設北投學課程

除此之外，北投區許多學校也積極將在地特色納入學校課程計畫，形成學校的校本位課程，以筆者寫稿時上網查看的課程計畫為例，小學部分就有「逸仙國小」在「學校課程願景與架構」中的「七、學校課程願景圖象化」，提到「107學年度本校參與12年國教前導學校，將上述內容（指臺北市逸仙國小戶外教學架構表）結合本校在地特色：溫泉、陽明山，並與學校全校徵件票選出校園吉祥物：松鼠→逸逸、仙仙共同創出此圖。整體造型有著船隻航向未來之感，並透過扎實的四大主題軸課程鞏固本校課程願景（溫泉池），並且蒸發出學校願景內涵（蒸氣），用以支持學生（學校吉祥物：逸逸、仙仙）背後十二年國教自發、互動、共好展現」[8]；「北投國小」則把「鄉土」放在「課程願景」的第一個位置，並且在「課程內涵」中直接列出「北投學」，包含「探究實作」的「文化巡禮」、「創新卓越」的「親山健走」、「人文美感」的「傳統藝術」及「公民行動」[9]；「清江國小」則在「建構學校教育圖像」中列出兩點，分別是「悠悠、清境、納百川：彰顯本校教育特色」及「日出、奇岩、樓丹鳳：彰顯本校生態特色」[10]，其中，清江國

8　摘錄自「臺北市北投區逸仙國民小學110學年度國民小學課程計畫」，詳見https://drive.google.com/file/d/1nTAVN8VdzO7B309FYxlivOegxKXwiA-9/view。

9　摘錄自「臺北市北投區北投國民小學110學年度國民小學課程計畫」，詳見http://www.ptes.tp.edu.tw/ezfiles/0/1000/img/33/738198945.pdf。

10　摘錄自「臺北市北投區清江國民小學110學年度國民小學課程計畫」，詳見https://www.cjps.tp.edu.tw/campus/sites/www.cjps.tp.edu.tw/files/110%E5%AD%B8%E5%B9%B4%E5%BA%A6%E5%B8%82%E7%AB%8B%E6%B8%85%E6%B1%9F%E5%9C%8B%E5%B0%8F%E8%AA%B2%E7%A8%8B%E8%A8%88%E7%95%AB%28%E5%AD%B8%E6%A0%A1%E6%95%B4%E9%AB%94%E8%A8%88%E7%95%AB%29.pdf。

小即位於奇岩社區旁，以及丹鳳山腳下；而鄰近關渡平原的「桃源國小」則在「課程計畫」中的「課程願景落實策略」第一項提到「結合生態教學、環保意識與生命教育」及「結合生態教學、經建教學與鄉土教育」[11]。

　　至於升學壓力強大的國民中學亦不遑多讓，努力的將在地特色納入學校發展願景，其中，「北投國中」的學校願景是「融合科技與人文、推展多元與創新、建立國際觀鄉土情」，而「課程願景」第三點則提到「鄉土情、國際觀：發展學校本位課程，做好各科的聯絡統整，「教育不只是今日，亦在教未來」，應培育學生具有鄉土的情懷，並具有國際觀」，並進一步在「課程目標」中指出應「針對本校社區資源、學生背景開發教材，落實學校本位課程學習」[12]；「關渡國中」在「學校願景」中寫下「為因應十二年國民基本教育，推動108課綱學生素養課程及教學，落實教育專業自主、規劃學校本位課程與發展學校經營特色，在考量學生需要、家長期望、社區特性與教師專長後，106-110學年階段，學校以達成「多元適性、體驗創價，培育全球意識好公民」為學校願景，引領全體成員對學校發展的共同期望與欲實現的美好景象。」其中把「社區特性」納入學校本位課程的內涵，更進一步將社區特性規劃在彈性學習課程中，並以社區議題為導向，回應學校願景中的「培育全球意識好公民」[13]。

　　再來看北投區的兩所公立高中，「復興高中」將「北投學」列為高一校訂必修兩學分課程[14]；位於「士林北投科學園區」的「軟橋文化」則是「中

11　摘錄自「臺北市北投區桃源國民小學110學年度國民小學課程計畫」，可從底下網址下載課程計畫：https://drive.google.com/drive/u/1/folders/1_gA-1UdwBuSJLOks8etnzHyC1GYRaZj5。

12　摘錄自「臺北市北投國民中學110學年度學校課程計畫」，詳見https://www.ptjh.tp.edu.tw/wp-content/uploads/doc/b001/110%E5%AD%B8%E5%B9%B4%E5%BA%A6%E5%AD%B8%E6%A0%A1%E8%AA%B2%E7%A8%8B%E8%A8%88%E7%95%AB%E7%B8%BD%E9%AB%94%E6%9E%B6%E6%A7%8B.pdf。

13　摘錄自「臺北市北投國民中學110學年度學校課程計畫」，詳見https://drive.google.com/drive/folders/1iAQBQSlIounCVDTWN7WaexR2kdbqhOxi。

14　摘錄自「復興高中課程計畫」中的「高一課程地圖」，詳見https://drive.google.com/file/d/1T48iaVLtFUNgHi3QvKiqeeRAlW5hHoeB/view。

正高中」長期關注的議題[15]，而且設計「從在地預見未來」作為各班群的校訂必修課程。

另外，屬於成人學習體系的「北投社區大學」，自創校以來即將「北投學」作為最重要的課程發展方向，除了每年舉辦「北投學學術研討會」外，並於民國102年進一步訂定「臺北市北投社區大學學習認證辦法」（如表一），鼓勵北投社區大學所有講師將北投特色融入課程中，也透過各類型課程融入北投特色，一方面讓更多師生認識北投，一方面也進行北投特色創新，此類課程稱為「北投學課程」，而「北投學課程」也從每學期不到10門課逐年增加，110春季班達到72門課，占全部課程數201門課的35.8%，而選讀「北投學課程」的學員則有1,221人次，占總選課人次3,818人次的32.0%，110春季班「北投學課程」如表二所示。

表一　臺北市北投社區大學學習認證辦法

臺北市北投社區大學學習認證辦法

民國103年9月30日　北投社區大學課程發展委員會通過修訂

民國103年5月12日　北投社區大學課程發展委員會通過修訂

民國103年1月13日　北投社區大學課程發展委員會通過修訂

民國102年9月25日　北投社區大學課程發展委員會草擬訂定

第一條　為鼓勵學員積極學習之成就，並引導學員修習北投多元領域課程，以開拓視野，提升終身學習之品質，特依據本校課程發展委員會設置辦法第二條訂定本辦法。

第二條　本校為推動特色學習，得設置四類學習認證：第一類為「北投學學程認證」，第二類為「專業認證」，第三類為「終身學習認

---

15 見中正高中優質化網站：https://sites.google.com/a/webmail.ccsh.tp.edu.tw/99sap/5-qi-ta/5-1-yi-yi-yu-zhui-xun-ruan-qiao-jiao-xue-zi-yuan-zhong-xin。

證」，第四類為「榮譽學位授予」，各申請者經課程發展委員會審查通過後，除頒行證書，以資肯定。通過「北投學學程認證」者，給予次一學期一門免費課程之優惠，通過「專業認證」者，則可由講師推薦其為班級助教。

第三條　申請「北投學學程」認證者，至少應修畢不同課程共24學分，且至少應具社區大學認可之社區活動、公共服務或公共論壇18小時公共參與時數。提出申請的課程不得填列前次申請前所選讀過課程，亦即提出申請並通過認證後，其申請前的所有課程於下次申請時須全數歸零。申請認證時，需同時繳交600字學習心得或其他可資認定學習成就之作品為附件。通過者，給予次一學期一門免費課程之優惠。「北投學學程」課程，係指經本校指定為北投學之相關課程。

第四條　申請「專業認證」者，應修習課程滿48學分，並修習指導老師五門課以上，且經指導講師推薦且公開發表學習成果，同一講師之課程最多採計36學分，始得提出申請。

第五條　申請「終身學習認證」者，應修習滿100學分，或80歲以上學員連續春秋兩季修習達2年以上，始得提出申請。

第六條　本校課程發展委員會每年得推薦對北投或北投社區大學有具體重大貢獻者，依類別授予北投社區大學榮譽學位。每年最後一次課程發展委員會得受理明年推薦名單。有關「榮譽學位授予」，應另訂授予執行細則辦理之。

第七條　本辦法若有未盡事宜，應由課程發展委員會召開會議討論之。

第八條　本辦法由課程發展委員會訂定，由校長公布實施，修正時亦同。

表二　臺北市北投社區大學 110 年春季班　北投學學程列表

學群	課程名稱	教師姓名	學群	課程名稱	教師姓名
生活百科	影片賞析與基礎製片	朱增有	美學與藝術表演藝術類	成人芭蕾（A）	洪儷今
	有趣的電氣修復DIY	曹永煌		成人芭蕾（C）	洪儷今
	居家水電維修DIY—進階	曾光山		大家來玩日本舞	賴麗明
	小資創藝家電DIY	洪進生		日本舞踊文創	宋小琴
自然與生態	野訪生態攝影遊	林柏昌		成人芭蕾（B）	洪儷今
	地質學初探——石話實說	李思根		主持人應用與實務培訓—A	陳文萍
	微笑單車美好溪行	陳建志		主持人應用與實務培訓—B	陳文萍
	微笑單車美好溪行B	陳建志	美學與藝術音樂歌唱類	臺灣歌快樂唱A	程偉珊
	永續農法～香草與時蔬共榮	侯務葵		臺灣歌快樂唱B	程偉珊
	認識臺灣國家公園之美	吳銀水		北投社區大學合唱團——為愛而唱	溫淑玲
社會與文化	北投文化英文導覽培訓	魏子良		向日葵合唱團——找一種生活	溫淑玲
	中華陶瓷公司文物研究	陳新上		牽手合唱團——生命如花籃	溫淑玲
	泰國美食與文化之旅	陳怡君		那卡西現場伴奏教唱A	賴錦華
	臺北文史趴趴走	郭平和		那卡西現場伴奏教唱B	賴錦華
	鐵道文藝走讀古蹟歷史	羅文德	美學與藝術視覺藝術類	繪畫創作輕鬆學～多元媒材	邱美玉
	跟唭投郎來場不一樣的旅行	李庚霖		精彩的速寫生活日記	鐘婉綺
	世界旅讀：遺產節慶酒文化	汪淑媛		就愛畫水彩（A）	溫　牧
	鐵道訪古探今自由行　進階班	劉莉娟		和諧粉彩好好玩	闕美麗
	鐵道訪古探今自由行　初階行	劉莉娟		生活插畫——水性蠟筆	奚遠緣
	北投印象手機輕鬆拍	陳高鐏		美麗禪繞畫	闕美麗
	走遊北投文化寶藏	林錦燁		拿起筆就能畫（速寫）	溫　牧
	文化散步趣　B	蔡文賓		水彩速寫風景小品	莊宏哲
	文化散步趣　A	蔡文賓		旅途上的點點滴滴街景水彩	羅彩菱

學群	課程名稱	教師姓名	學群	課程名稱	教師姓名
美學與藝術手工藝類	版畫與手工藝術（B）	蔡義雄	美學與藝術視覺藝術類	就愛畫水彩－B	溫　牧
	版畫與手工藝術	蔡義雄		幸福在筆尖──禪繞繪生活	彭毓涵
	好花好心情──中華花藝	何淑娥		手機拍出好照片	閔其慰
	歐風彩繪玩樂過生活2	曹淑女		電影人生正能量	林政賢
	北投陶藝文化與創作	徐兆煜		手機APP創意拍照	周政敏
	色鉛筆結合彩繪玩變化	曹淑女	健康養生	餐桌上的饗宴──美味晚餐篇	吳小黛
	靚北投──再現北投藍染	朱孝慈		點心時光	林惠端
	歐式花藝生活美學	劉宇涵		快樂烘焙坊	吳小黛
	玩皮──烙刻繽紛生活	游碧琴		美味烘焙世界─進階	鄭淵均
	樂在作皮包	吳湘嵐		新手也能變大廚	周承俊
	植物染工藝手作	王昭華		西點的烘焙坊	吳小黛
	擁有健康好肌手工皂	吳羚禎	語言文化	輕鬆學日語	周世宇
	帽子編織	黃瓊瑩			
	時尚帽子──快樂編織	黃瓊瑩			

　　最後，即便是以嬰幼兒為主要照顧對象的「北投親子館」，也在粉絲頁的說明第四點，提到「文化探索、關心世界」[16]，顯見北投區各級學校對「北投學」的關注與重視，並落實在活動與課程中。

三　北投人期待學校的鄉土教育應該更深更廣

　　由於各級學校對於「北投學」的重視，因此，經常會在北投區各個角落，看到學校老師帶著學生參觀各博物館或進行古蹟／生態導覽，或是受邀參與博物館館慶活動以及社區舉辦的活動。然而許多北投人還是認為不夠，

16　取自「北投親子館」粉絲頁：取自「北投親子館」粉絲頁：https://www.facebook.com/educare201208/。

譬如在北投溫泉博物館管理委員會開會時，經常會有公民團體提出增加學校學生鄉土教學的期待，復興高中代表曾經在會後詢問筆者，他說他們學校本來就有北投學課程，而當聽到委員所提出的期許後，也想要多做一些，但實在不清楚還能夠怎麼做；另一方面，也常會聽到博物館館員提到，博物館志工年齡偏高，平常雖然做了許多導覽培訓，但遇到不同年齡層的學生，特別是當對象是小學生或幼兒園的孩子時，還真不知道該如何導覽，而即便曾經有學校培訓小小導覽員，但也隨著學生的流動而無法持續太久；還有一個更深刻的問題是，如果小學生、國中生、高中生來到博物館所聽到的導覽內容都一樣，那各級學校有必要一直帶學生到博物館嗎？或者即便帶學生到博物館，對於聽過多次內容差不多的導覽，學生也會意興闌珊。

還有，多數學校老師普遍對北投不夠了解，因此當要傳授北投知識給學生時，部分還是得透過博物館導覽志工的協助，部分則是透過從網路上所查詢到的資料轉譯給學生，也有部分老師會到北投社區大學選讀相關課程，以充實自己的知識與技能。譬如，教育部於「2019憶起教師節」活動中，為了拍攝敬師影片，特地訪問一位為了學校的北投學課程，專程到北投社區大學選讀藍染課的北投復興高中邱老師[17]。另外，也有極少部分老師會邀請社區組織或社區達人協助學校相關課程的講授。

2019年暑假期間，北投社區大學與北投國小合作辦理一場「快樂學習北投行〔北投限定〕教案設計工作坊」[18]，目標是「加深北投區各級學校老師對北投特色的認識，以社會、藝術及語文領域為主，設計單一或跨領域在地特色素養教案為目標，激發學生對在地的關心與認同。」因此，參加的對象以國中小老師為主，以及對這個議題有興趣的北投社區大學講師。籌備會議時，北投社區大學特地邀請一位國中校長、一位國小校長及活動中會造訪的三間博物館館務人員，剛開始討論時，博物館館務人員不斷表達，他們針

---

17 詳見「教育家部落格」，網址為：詳見「教育家部落格」，網址為：https://teachersblog.edu.tw/video/1891。

18 詳見由北投社大負責設計的網站，網址為：詳見由北投社區大學負責設計的網站，網址為：https://www.btcc.org.tw/service/12edu/page1/index.html。

對國小學生在導覽時所遭遇到的困難，而學校校長則耐心的說明，館務人員只要將相關知識讓學校老師了解，學校老師則會透過他們的專業設計教案，如此，不但不需要館務人員負責導覽工作，學生的學習與將更深入。

由此可見，北投各級學校雖然積極於北投學課程的開發，然而許多北投人認為還有加強的空間，但卻長期存在「學校老師對北投學的不了解，以及社區組織對學校教育的不理解」的問題，這個問題如果不解決，則將一直困擾著學校與社區組織。

四　108課綱讓學校與社區更緊密進行鄉土教育的合作

為了推動12年國教，教育部於民國102年訂定「高級中等教育法」，其中，第七章「課程及學習評量」的第43條第一項條文為「中央主管機關應訂定高級中等學校課程綱要及其實施之有關規定，作為學校規劃及實施課程之依據；學校規劃課程並得結合社會資源充實教學活動。」[19]此外，民國103年頒布的「十二年國民基本教育課程綱要總綱（以下簡稱總綱）」第柒章「實施要點」的第四節「教學資源」第一段文字為「教學資源包括各種形式的教材與圖儀設備，研究機構、社區、產業、民間組織所研發的資源，以及各界人力資源。」[20]兩段文字分別提到「社會資源」、「社區、產業、民間組織所研發的資源」、「各界人力資源」等，這意味著實施108課綱時，教育部透過法制鼓勵各級學校可以比照「技術型高中」或「附設專業群、科之普通型高中」或「綜合型高中隻專門學程」遴聘業師協同教學[21]。只不過108課綱的推動千頭萬緒，如何能讓學校放心地引進「業師」？恐怕還需要許多配套才能順利進展。

不過，雖然在法規上賦予引進「業師」的空間，但「業師」可以在哪些課程給予學校老師實質上的協助，而不至於只是擔任校外教學的導覽員，值

---

19 摘錄自「高級中等教育法」。

20 摘錄自「十二年國民基本教育課程綱要總綱」。

21 詳見「教育部國民及學前教育署補助高級中等學校遴聘業界專家協同教學作業要點」

得進一步探究108課綱的設計。

　　108課綱與之前課綱最大的差別在於強調「核心素養」，總綱第四章花了很大篇幅描述「三面九項核心素養」，而在「核心素養滾動圓輪意象」圖中（圖二），除了明確列出「三面九項核心素養」外，中心的「終身學習者」以及外圍的「生活情境」則是108課綱的最主要的理想與實施策略，也就是設計符合「生活情境」的課程，引起學生學習興趣，以達成培養「終身學習者」的理想。然而如何設計出符合「生活情境」的課程，恐怕是大多數對在地特色不夠了解且習慣於配合教科書授課的學校老師所面臨的困難；反之，對於許多社區老師來說，設計出符合「生活情境」的課程並不是一件困難的工作，可是社區老師卻對於三面九項核心素養不夠了解，也難以設計出契合不同學習階段學生需求的教案。

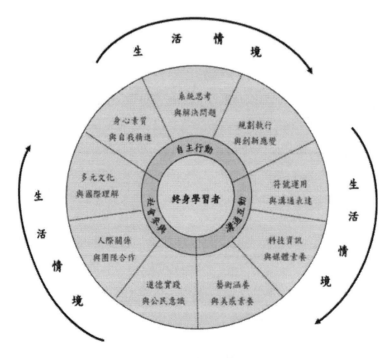

圖二　核心素養滾動圓輪意象

　　除了前述「三面九項核心素養」外，跟學校及學校老師最直接相關的是「課程架構」（如表三）。108課綱將課程分為「部定」及「校訂」兩大類型，國中小的「部定課程」是指「領域學習課程」，也就是學校老師所熟悉的「語文」、「數學」、「社會」、「自然科學」、「藝術」、「綜合活動」、「健康與體育」等七大領域及國中新增的「科技領域」，「校訂課程」則又稱為「彈性學習課程」。「彈性學習課程」可包含「跨領域統整性主題／專題／議題探究課程」、社團活動與技藝課程、特殊需求領域課程。

　　至於「高級中等學校（包含普通型高中、技術型高中、綜合行高中及單科型高中）」的「部定課程」是指「一般科目」及讓學生獲得職業性向發展的「專業科目」與「實習科目」。這些也是過去學校老師所熟悉的課程，而「校訂課程」則包含「校訂必修課程」、「選修課程」、「團體活動時間」及「彈性學習時間」等，其中「彈性學習時間」可安排「學生自主學習」、「選手培訓」、「充實（增廣）／補強性課程」及「學校特色活動」等。

表三　各教育階段課程類型

課程類型　　　　教育階段	部定課程	校訂課程
國民小學	領域學習課程	彈性學習課程
國民中學		
高級中等學校　普通型高級中等學校	一般科目 專業科目 實習科目	校訂必修課程 選修課程 團體活動時間 彈性學習時間
技術型高級中等學校		
綜合型高級中等學校		
單科型高級中等學校		

　　從以上說明，顯見不論國中小或高中，「校訂課程」是學校可以依據學校未來發展特色而規劃的課程，國中小的「彈性學習課程」，總綱第11頁的

說明為「由學校自行規劃辦理全校性、全年級或班群學習活動，提升學生學習興趣並鼓勵適性發展，落實學校本位及特色課程」；至於高級中等學校的「彈性學習時間」，則在總綱的第14頁說明為「依學生需求與學校條件，可安排學生自主學習、選手培訓、充實（增廣）／補強性教學或學校特色活動等。」。相較於學校老師已經非常熟悉的「部定課程」，「校訂課程」顯然是這一波課程改革的重點，且呼應「核心素養滾動圓輪意象圖」中「生活情境」與「終身學習者」的概念。然而，學校如何設計出理想的「校訂課程」？筆者曾經聽過一所108課綱前導國中的校長提出底下疑問：「每週多達3~6節的彈性學習課程，相較於其他領域課程比例相對高，但彈性學習課程並非師培項目，學校老師怎麼可能在短期內設計出理想的彈性學習課程？」。同樣的也聽到許多高中校長、老師及家長對於「學生自主學習」的困難，譬如，多數老師及家長並不具備自主學習的概念，如何能引導學生自主學習？可見「校訂課程」相當程度造成學校的龐大壓力，而即便法規賦予學校規劃課程「得結合社會資源充實教學活動」的空間，但學校要規劃如何規劃校訂課程？以及如何找到適合的社會資源？還有更重要的是如何能讓學習得以永續發展？都不是容易可達成的工程。

事實上，「校訂課程」強調「跨領域統整性主題／專題／議題探究」等精神，但對於習慣於單科教學的學校老師，跨領域教學已經非常困難，更何況必須找出合宜的主題或專題或社會議題，因此，對學校老師而言確實有相當大的困難，反之公民團體則習慣於議題式的探討，譬如極端氣候、溪流整治、文資保存、食安、食物里程等，不但充滿各式議題或專題，同時也必須借助跨領域的合作，然而，公民團體卻難以了解學生在每個學習階段的需求及其學校課程內容；此外，不論是為了符合「生活情境」而需要更多戶外課程，或是為了提升學生「自主學習」能力而必須增加學生的討論時間，以目前學校習慣安排的每一門課每週一節共18節，而每節課僅40-50分鐘的時間，要設計出一門理想的「校訂課程」絕對很難辦到，因此，最好能夠將2-3節彈性課程連排在一起，然而，課程時間調整對學校而言，可說是牽一髮動全身的困難，如果沒有足夠的動機與資源，大多數學校依然會按照過往的

習慣排課,所以,「校訂課程」立意雖然很好,但還需要有更充分的配套措施,以及更多有心的民間資源投注才有辦法落實執行。

五　北投社區大學長期關心學校教育

　　北投社區大學長期關心基礎教育,主張孩子從小就應該進行多元且符合生活情境的學習,並藉此認識社區特色,同時也將教育視為規模最大的公共議題。此外,也主張在高齡少子化時代,應該促進跨齡學習的機會,除了減少代間差異,也能提升學習動機。因此,不但在2018年「社區大學發展條例」修法過程中,力主取消社區大學學員18歲的門檻,也在臺北市社區大學自治條例修法時積極遊說取消18歲的限制。同時也與北投區學校展開密切合作,從2012年開始,就協助媒合適當的社區大學講師在國中小開設社團課程,譬如,協助新民國中成立戲劇社及英文導覽社等。

　　2015年北投社區大學則透過自辦的全國第一場參與式預算,支持由學員發起的「友善步道彩繪北投」計畫,呼籲各級學校重視校園周遭的通學步道。隨後連結北投區高國中小學校組成「北投區學區安全聯盟」,每年藉由北投社區大學的期末成果展,結合聯盟的學校舉辦「北投行人安全日」活動,一方面呼籲政府重視行人權益,一方面進行交通安全教育。因此,曾經分別在關渡國中、清江國小、桃源國小及北投國小等學校辦理,活動形式除了透過傳統的展演以匯聚眾多社區民眾參與外,也舉辦封街遊行(如圖三)及兒童彩繪大地(如圖四、五、六),以進行參與式的學習活動並吸引政府部門及家長的關注。

圖三　遊行

圖四　彩繪大地 1

圖五　彩繪大地 2

圖六　彩繪大地 3

　　在臺北市柯文哲市長就任後，所推動的幾個重要政策中，「田園城市」乃藉由「小田園」計畫在各級學校進行扎根工作，北投社區大學由於長期支持「縮短食物里程」概念，除了成立小農社團定期在北投社區大學經營小農市集外，也開設農業種植課程，因此，也順勢支援北投區學校的小田園計畫，包括新民國中、桃源國中及復興高中等；而柯市長的另一項重要政策為「參與式預算」，從2016年起透過各區區公所全面展開，為了順利推動，臺北市政府在各行政區成立官學聯盟，由於北投社區大學舉辦過全國第一場參與式預算，因此也受邀請擔任北投區的官學聯盟成員[22]，協助北投區公所推動參與式預算。推動過程中，北投社區大學認為如果能讓參與式預算進入校園，將有助於學生的公民教育，因此，2017年協調新民國中，針對國中生舉辦參與式預算初階教育訓練及模擬住民大會[23]，隨後也進入復興高中、桃源國中等學校辦理。2019年起臺北市政府民政局正式與教育局合作，在高中職實施參與式預算，並從2020年開放高中職學生進行提案[24]，北投社區大學自然也積極協助區公所在北投區兩所市立高中辦理參與式預算。

　　2017年年初，也就是108課綱實施前兩年，時任教育部次長蔡清華銜潘文忠部長之命拜會「社區大學全國促進會（簡稱全促會）」，當時全促會理事長乃為北投社區大學謝國清校長，蔡次長的拜會目的，乃是為了能順利推動有重大變革的108課綱，尋求社區大學的支持並能在各地協助推動工作，因而促成從2018年起至今的全促會「社區大學與12年國教」計畫。主要的工作方向有二：「尋求社會共識」以及「促進教育公共化」，前者試圖讓更多人理解並支持108課綱，後者則力主教育不僅是學校與家長的教育，而是社會上所有

---

22 詳見「臺北市政府公民提案參與式預算資訊平台」下的「官學聯盟」，網址為：https://pb.taipei/News_Content.aspx?n=06E2A6EBECB400D9&sms=65798D7D91D648B2&s=CA8B25295A42FFA2

23 詳見「公民齊參與　不能沒有你：臺北市參與式預算」臉書粉絲頁，網址為：https://www.facebook.com/pb.taipei/posts/1109184529227248

24 詳見臺北市政府民政局新聞稿，網址為：https://ca.gov.taipei/News_Content.aspx?n=080D7D061A30C74B&sms=72544237BBE4C5F6&s=E05D3759EB12CFF4

人必須共同承擔的教育，北投社區大學自然也成為第一波參與此計畫的社區大學之一。

六　促進北投區學生多元學習推動聯盟

北投社區大學在承接「社區大學與12年國教」計畫後，旋即邀請北投區10所高國中小校長、八所公私立博物館館長及公民組織代表成立「促進北投區學生多元學習推動聯盟」，其實多數成員在社區多少都有接觸，甚至有相互合作的經驗，只是彼此間鮮少有深度對話的機會。因此，組織「推動聯盟」乃是希望透過對話加深彼此的理解，讓博物館及公民組織夥伴理解108課綱與學校教育後，能成為學校實施鄉土教育的後盾，再則讓學校體系的夥伴可以對社區資源有更多理解，同時也讓各學習階段的學校，相互了解彼此在北投學課程上的努力狀況。

更明確的說，「促進北投區學生多元學習推動聯盟」具有「橫向串連、縱向統整」（如圖七）的功能，也就是串聯社區內不同組織以協助學校北投學課程的發展，讓不同學習階段的學校，可以針對北投在地知識設計出符合該階段學生所需要的課程，同時也契合108課綱的精神。

過去社區組織除了因為感受不到學校對北投學的熱誠外，以及透過一致性導覽活動無法滿足各階段學生需求而感到有所焦慮；反之，學校端除了不了解要如何滿足社區需求，也認為應該解決學生在不同學習階段到社區博物館參訪所獲取知識內容差異不大的問題。此外，多數學校老師不夠了解社區資源及地方知識，因此，即便透過有限的書籍及網路知識設計課程，也很難深入探討社區議題，學生學習也會顯得枯燥乏味。所以，北投社區大學企圖透過「推動聯盟」解決上述這些問題。

經過多次共識會議，最後決議比照「北投無圍牆博物館」的概念，以推動「北投無邊界學校」的理想，讓北投區大大小小的居民一起學習北投。

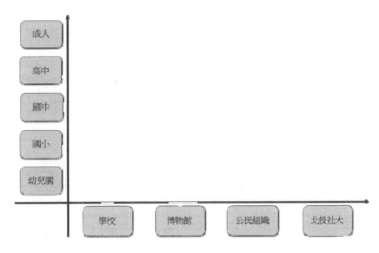

圖七　「橫向串連、縱向統整」示意圖

　　2020年3月4日，北投社區大學邀請臺北市立復興高中劉桂光校長，帶領「推動聯盟」成員，包含北投親子館、六所博物館、北投中心新村、北投說書人、北投文化基金會、中華民國社區營造學會、北投普羅旺斯烘焙坊、四所國小、兩所國中、一所高中及北投社區大學講師等，進行一場為時3小時的共識會議。先是針對博物館及公民組織所熟悉的「北投知識內容」進行分類，接著在各級學校代表的協助下，針對各學習階段學生適合學習的知識內容進行盤點，而產出如表四以座標圖方式呈現的「縱向統整」結果：

表四　各學習階段知識內容「縱向統整」學習內容

	日常生活	不只是溫泉	好山好水	世代傳承
成人	社區意識、交通議題、多元樣貌、參與制度	產、官、學及民間的協力	生態環境、自然環境	北投博物館、文化、音樂藝術
高中	居住品質、生活步調Slowly、社區意識、打破鴻溝	溫泉（女科學家、產業）、科技園區、開發與保護	地景、生態環境	人文、電影、陶業、音樂藝術

	日常生活	不只是溫泉	好山好水	世代傳承
國中	居住品質、社區意識、參與制度	溫泉（化學成分、女科學家、產業）、產業發展跨域合作、打破鴻溝	生態環境、自然環境	建築、音樂藝術
國小	市場、人情味、交通、參與制度、社區意識、打破鴻溝	溫泉（泡溫泉）、農業	自然環境、生態環境	歷史、博物館、建築、古蹟、音樂藝術
幼兒	北投美食	北投溫泉	北投公園	博物館（建築、音樂）

　　透過不同學習階段的學校體系以及熟悉北投知識的非學校體系夥伴，以集思廣益的方式探究北投知識內容時，除了區分出不同學習階段的學習內容外，也讓原本直線式的單調知識轉化為更為廣泛的平面座標式知識。譬如，許多人只知道北投溫泉充滿硫磺味，卻不知道原來北投溫泉因為「化學成份」而具有三種不同種類的溫泉水；許多人知道北投石是全世界四千多種礦石中，唯一以臺灣命名的礦石，且北投是全世界唯二的產地，但卻忽略了北投石所含的化學元素——鐳，乃是由獲得兩次諾貝爾獎的「女性科學家」居里夫人所發現，而居里夫人正是108課綱中探討性別議題的代表人物，因此，北投溫泉及北投石正好可以成為學校老師在自然領域與社會領域教學的最佳現地教材。再進一步發現臺北市政府正在積極規劃北投士林科技園區，因此，北投石以及這幾年因為綠能需求而引起許多研究的溫泉地熱，未來也許會成為科技園區的重要元素。此外，在日常生活中，除了大家所熟悉的食衣住行外，「參與制度」剛好也是現代公民日常必備的素養，當然也是北投公民參與的重要元素，加上臺北市政府這幾年積極推動的「參與式預算」，絕對是公民課的重要教材，而進一步的從公民組織的角度來看，就會發展出「公私協力」的需求。

　　有了知識內容後，接著探討各學習階段學生所必須培養的「能力素

養」、「態度」及授課老師可採取的「教學方式」，這部分涉及到108課綱的實踐，也是各級學校代表的專業，然而透過共同討論，博物館及公民組織代表也能體認到108課綱的精神、學校老師的專業以及對學生學習的影響，而促進非學校體系成員參與這項工作的正當性與合理性，經過逐一討論後，統整出如表五之共識結果：

表五　各學習階段應具備能力表

學習階段	能力素養	態度	教學方式
幼兒	認識自己、生活教育、歌唱律動、美學與藝術	相互尊重、生活禮儀、尊重大自然、美感	
國小	自我照顧與關懷他人、觀察力、參與制度、美學與藝術、環境探索、資料搜集、性平教育、表現、展現與表達能力、系統思考，解決問題	同理心、公民意識、尊重大自然、自我認同、美感	**情境教學** **戶外教學**：探索、踏查、社區地圖 **體驗學習**：吃喝玩樂 **服務學習**：校內 **校內課程**：校內教學、專題演講、親子
國中	科學探究、性平教育、多元樣貌、民主與參與制度、美學與藝術、資料搜集、表現、展現、表達能力、自我照顧、國際比較	公民素養與公民意識、同理心、國際觀、美感、尊重大自然、溝通、自主	**情境教學** **戶外教學**：觀察、紀錄、社區地圖 **體驗學習**：分享、對話 **服務學習**：社區、掃地讀書會
高中	服務學習、民主與參與制度、反思能力、資料搜集與發表、表現、展現、表達能力、自我照顧、多元文化與國際理	公民素養與公民意識、同理心、國際觀、尊重大自然、美感、自主、溝通、共好、反思	**情境教學** **戶外教學**：專題研究、社區地圖 **體驗學習**：分析、歸納 **服務學習**：大臺北地

學習階段	能力素養	態度	教學方式
高中	解、訪談與討論、創作、專題製作		區、志工、淨溪 他國案例
成人	多元樣貌、反思、志工與民主、跨域合作、表達與溝通、美學與藝術、藝術創作	公民素養與公民意識、同理、美感、自主、溝通、共好、反思、國際觀	工作坊 種子教師 北投志工網絡（祖父母） 親職教育

　　這個階段的整理，無疑是把前述平面化的知識給立體化，其中「能力素養」及「態度」是108課綱的重要元素，而「教學方式」則是學校教育的專業。因此，在這個階段的討論過程中，博物館及公民組織成員剛好藉此機會理解108課綱及學校教育的內涵，而學校體系夥伴也在「第三者」的腦力激盪下能產出更深更廣的內容，同時也區別不同學習階段學生的需求，這對於未來學校體系與非學校體系的合作，以及非學校體系面對不同學習階段學生的學習，都將產生巨大影響。

七　北投無邊界學校

　　有了前述「知識內容」、「能力素養」、「態度」及「教學方式」的討論結果與共識後，有沒有可能如同「北投無圍牆博物館」所指涉的「北投就是一座博物館」概念，形成「北投是一間什麼樣的學校」的未來願景？2020年7月8日我們以「北投虛擬學校」做為發想起點，邀請推動聯盟成員擔任「北投虛擬學校」的共同創辦人，分四組展開未來願景討論。

　　第一組成員希望能從關心周邊生活開始，連結當代美學並融入教育現場，進一步發展連結進行資源共享，最後以人文藝術為基礎，深耕在地文化，希望能形成「我北投我驕傲」的理想，第一輪討論結果整理如下。

　　第二組成員希望學習是有趣且兼具素養，以個人為導向的學習方式，彈性、社群並能自主組課，進入場域及實踐的學習，兼顧「生活、生計與生命」，具有公民道德、藝文氣息，讓學習永不停止。

　　第三組成員則從產學合作切入，藉由北投豐富的人文藝術及自然生態，活化北投的觀光，使其具經濟規模且炙手可熱，因此，希望能以「民主學校、自我實現、尊重多元」為主軸，使這所學校的能量可以從在地擴展到國際。

　　第四組成員則以全齡學習為範疇，以行動及與產業連結進行社會實踐，希望不受空間限制，以互助及共構資源的學習方式，達成知識、生活的交換與交流。

　　綜整四組的討論結果，全體參與者在復興高中劉桂光校長的協助下，進行概念整合如下：

跨越時間與空間上的限制，開拓共學的新氣象
無邊界學校：包含「尊重多元、無邊界（圍牆）」的概念，打破學校之間的分野，以整個北投地區甚至是與其他地方連結的方式，促成學習的多元場域。
未來學校：在實踐方案上面希望以「民主學校、在地到國際（姊妹校）」為出發點。
資源整合：臺北市政府文化局有無圍牆的博物館的構想，加上社區大學、學校等其他資源，希望達到各個不同單位「資源共享、融入教育現場」的願景。
永　　續：學校在辦學上，應具有「永續」的考量，不論在經營方面，或者是對於社區的回饋與產業的發展，都希望是「有趣」的，能夠吸引不同的能量進駐一同效力，並具備建立不同「素養」的過程。
大眾顯學：這所學校所教的事情，不應該只有少數人關注，希望這個學校提倡到大眾都認為至關重要，並藉此能夠「活化觀光」。 回應當下生活及發展。
社會實踐連結產業、生計：行動方案、生活生計生命、實踐觸發與省思、社區營造、深耕在地文化。

兼具多元包容、追求自我實現
互 動 性：不同的組織或單位間擁有的想法、人力或物資不盡相同，但是透過資訊交流的方式，以及互相認可，搭建起「共構資源」的網絡，在「互助」的前提之下，達成「社區共融」的目標。
北投人學：在北投生活的人有許多不同的職業與個性，在每個人身上都有不同的故事及技能，以學校作為媒介，可以形成共學及共同教學的「社群」，並以促進交流為目的，交換每個人身上的無形資產。
自我實踐：共同打造好的生活環境，是每個居民一起共同完成的，參與應該是「全齡」的，能夠活得更加有價值，可以透過「社會實踐」的方式。也希望能培養居民的「公民道德」，促進個人的「自我實現」。此外，這些學習可以對應到「產業與生計」層面。
一個都不能少：每個人的家庭背景與經濟狀況不同，被社會的接納程度也不同，有些在學校遭受到霸凌或者有不愉快經驗的「拒學學生」，或者在體制外的「自學學生」，處於社會上的「邊緣人」，應該在「尊重多元」的情況下獲得不同的支持系統。
以生活、人文及自然為主題的學習系
人文藝術：營造北投「藝文氣息」，可以從「音樂」、「建築」、「陶藝」、「歷史文化」、「電影」方面著手，此外，亦可發展淡北古道鄉土文化。
自然生態：北投擁有許多綠地與溪流，適宜騎乘單車，發展友善「低碳交通」，也很適合發展「親山親水教育」。
生活交流學：不同年齡層及在社會中所扮演的角色不同，例如照顧孩子或長輩、報稅等眉角，並不是每個人都熟悉，因此需要「互通知識」，建立「生活經驗交換與交流」的良善平台。

　　最後，大家在「北投是一間什麼樣的學校」願景思考中，透過四組的討論，將上述概念收攏如下：

　　第一組：一所成就每個人實踐自我、相互理解、資源共享、快樂學習的「北投無邊界學校」，讓你成為生活實踐家、生命達人。

　　第二組：一所提供給任何年齡的學習者，以有機的、有趣的、跨界的、結合生活的、互助的、實踐的、行動方案式的理念與方式，打造未來嶄新學習、參與社區發展、「從在地到全球永續的學校」。

第三組：一所所有人都可以參與，上學開心、有成就感、被關心包容、好山好水、處處皆教室、三人行必有我師，在自然、人文、社會、藝術、生活領域傾注北投所有資源，以「成就「你／妳」的學校」。

第四組：一所全齡、全人在生活和知識交流中認識自己到自我實現，與北投人事物、環境持續相互交流學習、傾聽、分享進而完成社會實踐，形成永遠充滿樂趣，「有北投溫度的無邊界學校」。

八　結論

教育乃是百年大計，但百年來在科技的演進及社會的變遷下，我國從九年國民義務教育，延伸為十二年國民基本教育，現在則進一步提倡終身學習教育，傳統教育模式已不足以面對未來的變化，更無法滿足學生未來的需求，而學習也不再受年齡、時間與空間的匡限。因此，「學習個別化」及「個別化學習」乃成為現今教育的主流，也是108課綱的重要精神，雖然，學校多數都能體認到這些現實，然而以學校的現況與資源，實在很難在短時間內達成108課綱所揭示的精神，然而外在的改變卻不會停歇。

另一方面，以終身學習為主軸的社區大學，經過二十年的經營與成長，不但深耕社區與社會資源，也匯聚了龐大的人力資本，而在高齡化及少子化的嚴重衝擊下，跨齡學習愈來愈受到重視。2018年蔡英文總統所公布的「社區大學發展條例」，對於社區大學學員的年齡已經沒有任何限制，因此，各地社區大學也有愈來愈多18歲以下的學員，然而這對於體制內學生的學習影響實在非常有限，一方面是學生的在校學習時間已經夠長也夠忙碌，很難在課餘時間到社區大學學習另一種技能，另一方面是社區大學講師對於108課綱的陌生，也很難達成108課綱所揭示的精神。

因此，北投社區大學企圖以「同村共養」的概念，喚起學校外的社區達人或社區大學講師參與學校教育的意願，從組織「促進北投區學生多元學習推動聯盟」到形成「北投無邊界學校」的過程中，建立彼此的認知與共識，接著就開始擴大與學校的合作。

　　2020年9月起，北投社區大學與北投區的新民國中及關渡國中合作彈性學習課程，前者計有七年級與八年級各三個班各兩門課，合計12門課，後者則有七年級三個班各三門課，合計9門課；位於陽明山腳下古蹟區的新民國中，希望讓孩子就近認識豐富的自然生態與文化古蹟，並進一步運用所習得的素材學習文化創意；至於位在眾多溪流匯聚出海且面臨商業開發問題的關渡平原的關渡國中，一方面讓學生認識關渡平原的文化歷史與溪海生態，一方面則帶領學生探究關渡米興衰與關渡平原的開發議題；而為了支持兩所國中的課程，北投社區大學除了社區大學講師外，也邀請博物館、公民組織等總共近二十位社區達人，投入與國中老師協力共備與教學。

　　此外，北投社區大學也協助復興高中的自主學習課程，面對一群自我放棄且也幾乎被師長放棄的高二生，透過逆風劇團[25]與社區大學講師一學年的陪伴，原定高三持續的陪伴課程，卻在孩子們表達要準備學測的驚奇中放棄，逆風劇團與社區大學講師除了接續陪伴高二的新班級學生外，還利用例假日帶領原來高二升高三的學生進行社區服務。

　　北投社區大學與高國中學校的合作課程，看似是引進社區資源協助學校的單向付出，實際上，進入體制學校的社區達人，也在學習108課綱的精神以及學校的教學模式，相信對於日後其他場域的教學也將有所助益；另一方面，社區達人也必須更精進地方學的專業，以面對與過去完全不相同的學習族群，而社區大學則需要培養更多地方學人才，才能隨時並充分支持龐大的教育體系。

　　因此，「北投無邊界學校」的概念，促使北投區大人小孩一起學北投，而且是在「自發、互動、共好」的氛圍下一起學習。

25　逆風劇團（againstwind），官網網址為：https://www.afighter2020.com/。

參考文獻

北投國小百年校史與社區，臺北市北投國小老師　蔡麗美：《北投學彙編——地方知識與社區營造》，臺北：開學文化事業股份有限公司，2018年

臺北市政府文化局：「臺北市政府文化局北投溫泉博物館義務服務暨經營管理委員會作業要點」，2017年頒布

〈北投生活環境博物園區的建構與展望〉，《北投社》第二期，1996年

林冠宏：〈運用「公益信託」模式　推動新北投車站風華重現運動〉，臺灣環境資訊協會網站，發表日期：2010年8月18日

〈百年新北投車站　民國105年回娘家〉，公視新聞網，發表日期：2013年8月8日

臺北市北投區市立逸仙國民小學：「臺北市北投區市立逸仙國民小學110學年度國民小學課程計畫」，2021年

臺北市北投區市立北投國民小學：「臺北市北投區市立北投國民小學110學年度國民小學課程計畫」，2021年

臺北市北投區市立清江國民小學：「臺北市北投區市立清江國民小學110學年度國民小學課程計畫」，2021年

臺北市北投區市立桃源國民小學：「臺北市北投區市立桃源國民小學110學年度國民小學課程計畫」，2021年

臺北市北投國民中學：「臺北市北投國民中學110學年度學校課程計畫」，2021年

臺北市市立復興高中：「臺北市市立復興高中普通型課程計畫書」，2021年

臺北市市立中正高中：「臺北市市立中正高中普通型課程計畫書」，2021年

王世燁：〈推薦序：與北投土地對話〉，王世燁等著：《北投學彙編——地方知識與社區營造》，開學文化事業公司，2018年

教育部：「高級中等教育法」，2013年

教育部：「十二年國教課程綱要總綱」，教育部，2014年

教育部：「高級中等學校遴聘業界專家協同教學實施辦法」，教育部，2016年

謝國清：〈社區大學參與推動12年國教說帖〉，2014年

蘇岱崙：〈重建「同村共養」的美好〉，《親子天下雜誌》第70期，2015年

希拉蕊：〈同村協力　教育兒童〉，《天下雜誌》第27期，1999年

03

國立中央大學的桃園學研究：

兼論地方學的發展與期待

鄭政誠[*]

摘　要

　　臺灣自1987年解嚴後，隨本土化追求的浪潮，各縣市政府積極推動地方學，甚至成立相關單位主其事。此外，各文史團體與社區大學也因長期經營地方，加以1994年文建會開始推動社區總體營造，遂舉辦相關認識地方之課程，導覽或研習活動，並積極參與公共議題，成為執行地方學之重要單位。至於在大學端，以桃園學為例，位於桃園市的國立中央大學由於設有歷史研究所與客家學院，在重視區域研究的學術訓練下，無論是學生的碩士論文，抑或是教師們的研究計畫、學術論著甚或是教學內容等，不少課題皆圍繞在桃園地區，也因而奠下桃園地方學之研究根基。此外，自2017年開始，因教育部推動「大學社會責任實踐計畫USR」，鼓勵大學發揮專業知識功能，培育學生對在地產生認同並創造價值，成為地方永續發展的協力者，是以如位於桃園市的中央大學、元智大學與中原大學，更設計推廣地方學之課程與計畫，藉此強化學校與所在地城市的連結。

　　臺灣各地的地方學發展因設立時程不一，成效亦多有差異，唯多朝向定期舉辦研討會、出版文化叢書、發行地方刊物、開設學程、舉辦研習營與開展村史纂修等六個指標發展。至於此後的發展，或應界定地方學之「學

---

*　國立中央大學歷史研究所教授兼桃園學研究中心主任。

知」、「學能」與「學派」三層內涵，即先透過學術研究將地方知識產出，成為能禁得起考驗的實證研究成果；其次透過各種轉譯、教學、宣傳與推廣，將各種「學知」落實，成為大眾「學習」的方式與管道。最後，則是標示各地具特色、代表性之課題，將其深化研究推廣而成「學派」，如此則可畢地方學之功。

關鍵字：中央大學、桃園學、學知、學能、學派

一　前言

　　自1987年解嚴後，一方面出於鄉土熱愛與認同，加以各地政府成立專職文化事業之局處，欲積極建構所屬地方特色。另方面，隨各鄉鎮市對方志的編纂，各地的社區大學、博物館與文史機構也相繼成立，更因新資料的出土與數位化等，[1]臺灣各地的地方學乃逐漸開展。至於2014年底方改制為直轄市的桃園市，近年來雖因人口激增，各項現代化設施多所齊備而享有「國都之門」的美譽，然因過往夾於臺北、新竹二大古城間，長期發展較不受重視，相關研究亦較晚起步，加以並無重要史料或遺址出土，是以降低大眾對該地研究的興趣。[2]但可貴的是，身為桃園唯一的國立大學——中央大學（以下簡稱中大），自1993年成立歷史研究所之後，無論是學生的碩士論文，抑或是教師們的研究計畫、學術論著甚或是教學內容等，不少課題皆圍繞在桃園地區，也因此奠下開展桃園地方學研究之根基。

　　時至2003年8月，隨國人對客家族群的重視，桃園地區又是臺灣客家族群分布之重鎮，為此，中大又成立全球首創之客家學院，致力於客家語言、社會文化與政治經濟之研究。是以，中大也開始接受桃園市政府或客家委員會所補助、委託之各種在地客家文史研究，更加擴大桃園學研究的內涵，也因而積累不少地方學的研究成果。中央研究院臺灣史研究所所長許雪姬曾對2004年至2017年發表於專書、期刊雜誌、碩博士論文與口述歷史等70種有關桃園文史資料與研究成果進行歸納統計，發現其中由中大師生所發表者就占了四分之一，可說是桃園文史研究的主力。[3]透過許雪姬對桃園研究成果的歸納與查找，也可知悉大學的學術研究能量相較於社區大學、中小學老師甚或地方文史團體，確實較為豐沛，加以中大為配合教育部執行「大學社會責

1　許雪姬，〈地方學的檢討與願景〉，《臺灣學通訊》，59期（2011年11月），頁14-15。

2　陳家豪，〈建構中的「桃園學」研究〉，《臺灣學通訊》，58期（2011年10月），頁14-15。

3　許雪姬，〈桃園研究的建立與實踐〉，收於李力庸主編，《經緯桃園：2018桃園學》（桃園：桃園市政府化局，2019年7月），頁25。

任實踐計畫」，簡稱USR（University Social Responsibility）計畫，自2018年成立社會責任辦公室之後，更與桃園市政府合作，致力開展桃園地方海岸環境與人文發展、社區文化保存等永續發展計畫。[4]面對時機的成熟，中大文學院與客家學院多位老師乃於2020年3月商議籌設屬院級單位之桃園學研究中心，並於同年10月正式掛牌營運。

　　本文利用中大人文領域既有之桃園研究成果，並就個人在中大服務多年之認知見聞，論述大學端如何承載地方學知識產出的使命與責任，又已產出何種成果？此外，大學的地方學教研單位又如何與公部門或民間單位合作，進行研究發展、課程規劃、教育推廣，並成為地方知識學的交流平臺。本文除援引實例說明外，另方面也提出大學端設立地方學研究中心的一些困境與侷限，期能就教各專家學者，借鏡他山之石，以修訂桃園學研究中心未來執行方向與策略。

二　中大的桃園學研究歷程

　　座落於桃園市中壢區的中大，原為清末設於南京的三江師範學堂，後歷經南京高等師範學校、國立東南大學、國立第四中山大學等階段，最終於1928年5月定名為國立中央大學。戰後於1962年在臺復校，初期校址設於苗栗縣二坪山，名為「國立中央大學地球物理研究所」，1968年遷於中壢雙連陂現址並改名為「國立中央大學理學院」，1979年正式復名為「國立中央大學」。[5]

　　1993年中大新設歷史研究所（以下簡稱中大歷史所），隸屬文學院轄下，專任教師包含由中央研究院中山人文社會科學研究所借調之首任所長賴澤涵，及原本在中大共同科任教的齊茂吉、吳振漢、戴寶村、張勝彥等。其中如賴澤涵因時任行政院二二八事件與白色恐怖研究報告總主筆，致不少學生慕名

4　國立中央大學社會責任辦公室，《2018國立中央大學社會責任年度報告》（桃園：國立中央大學，2019年），頁2。

5　國立中央大學，《國立中央大學簡介》（桃園：國立中央大學，2020年11月），頁5。

前來學習。此外，如戴寶村以臺灣海洋史、產業史、志書編纂專攻聞名；張勝彥則為臺灣政治社會史與日治時期臺灣史專攻。創所兩年後（1995），再聘任原在國立中正大學歷史系任教，專攻臺灣宗教社會史之康豹（Paul R. Katz）。此外，為擴充課程的多元性，創所所長賴澤涵還特別聘請同任職於中央研究院專攻臺灣史之同仁，如提倡臺灣島史的曹永和（1920-2014）、專攻臺灣文獻之王世慶（1928-2011）、臺灣政治史的張炎憲（1947-2014）、臺灣家族史的許雪姬、臺日關係史的朱德蘭及國立臺灣師範大學歷史系專攻臺灣學術教育史之吳文星等研究員與教授，相繼前來該所兼任。一時之間，中大歷史所的臺灣史名師如雲，在全臺尚未設立臺灣史研究所之前，可說是臺灣史研究的重鎮。

此後，因2001年張勝彥轉職到新設的國立臺北大學歷史學系，康豹則於2002年轉職到中央研究院近代史研究所，2003年創所所長賴澤涵屆臨退休（轉為榮譽教授），戴寶村也於2004年轉任到新設的國立政治大學臺灣史研究所就職，一時之間，中大歷史所的臺灣史師資嚴重不足。為補強師資，另方面也為因應2003年新設之碩士在職專班授課所需，是以該所攸關臺灣史領域之教師職缺，乃分別聘任原在國立臺南師範學院鄉土文化研究所任職的吳學明（2002年起，專攻臺灣開發史、臺灣文化史、臺灣客家移墾史）、同校社會科教育學系的鄭政誠（2004年起，專攻臺灣近代史、區域研究、歷史教育）與原任職於萬能科技大學通識中心的李力庸（2005年起，專攻臺灣農業發展史、臺灣社會經濟史）擔任，同時也在2003年聘任原在國立中正大學歷史系任教，專攻中美關係史與教會史的王成勉加入，藉此強化該所的師資陣容。至2019年為因應退休教師的缺額增補，與文學院新設學士班的授課需求，又相繼聘任專攻大眾史學的蔣竹山與醫療史的皮國立到中大歷史所任教。[6]

由於中大歷史所的師資結構中，專攻臺灣史領域的教師占有相當比重，

6　相關國立中央大學歷史所師資的介紹，可參閱該所官網，http://140.115.197.43/zh_tw/Introduction/Faculty。

是以無論從課程傳授，公私部門計畫承接，甚或學生的論文主題，乃多與桃園地域產生連結。在碩士論文部分，由於中大歷史所除每年錄取13名研究生外，為因應中小學教師進修及社會人士攻讀碩士學位需求，在2003年另外成立碩士在職專班，每年招收30個名額，是以選擇桃園在地研究的碩士論文更為擴增，從下表一歷屆畢業生相關桃園研究的碩士論文中，也可看出中大歷史所對桃園地區研究的梗概。就碩士生研究的地域而言，包含桃園市下轄之桃園、中壢、大溪、龍潭、楊梅、蘆竹、觀音、復興等八區。就課題而言，則包含移墾開發、族群互動、信仰與祭祀圈、教育、農田水利、鐵路、河運、政治事件、企業、原民政策等；就機構組織而言，則有學校、農田水利會、寺廟、教會、石門水庫、鐵路公司、企業公司等。由於中大歷史所幾乎每年都有桃園研究的論文產出，也可說為桃園學的研究奠下一定根基。

表一　國立中央大學歷史所相關桃園研究之碩士論文一覽

畢業年度	學生姓名	論文題目	指導教授
87	陳世榮	清代北桃園的開發與地方社會建構（1683-1895）	康　豹
89	游振明	當客家遇到福佬 ——中壢地區的社會變遷研究（1684-1920)	吳文星
91	陳雪玉	桃園閩客族群與地方政治關係的歷史探討 （1950-1996）	戴寶村
92	陳建宏	公廟與地方社會 ——以大溪鎮普濟堂為例（1902-2001）	康　豹
93	梁顯曦	日治時期大溪紳商之研究	吳振漢
93	田金昌	臺灣三官大帝信仰 ——以桃園地區為中心（1683-1945）	吳學明
94	游映嫻	黑松企業文化之研究	賴澤涵
94	楊紫瑩	陸軍第一士官學校教育之研究 ——以常備士官班為例（1965-1985）	齊茂吉

畢業年度	學生姓名	論文題目	指導教授
95	詹嘉雯	中壢事件與臺灣政治轉型	賴澤涵
95	陳家豪	日治時期桃園輕鐵的經營與發展（1903-1945）	賴澤涵、康　豹
96	廖文欣	聚落與宗教發展之研究：以桃園縣觀音鄉為例（1684-1990）	吳學明
96	陳雪娟	中壢十三庄輪祀網絡之研究（1826-1945）	吳學明
97	楊雪青	寺廟與地方社會的發展——以桃園景福宮為例	賴澤涵
98	許美玲	終戰前北臺灣轉運河港之研究——以桃園縣龍潭鄉三坑仔為例	吳學明
98	劉曉明	戰後桃園農田水利會組織之探討（1945-2002）	李力庸
99	鄧佩菁	美援與石門水庫之興建——以經費、技術為中心（1956-1964）	李力庸
99	張益和	終戰前楊梅地區社會經濟發展研究	吳學明
99	趙英之	從傳教到醫療企業化——桃園天主教聖保祿醫院之研究（1960-1999）	李力庸
99	吳靜宜	臺灣山林與開發——以大漢溪中上游流域為例	吳學明
100	李雯芩	石門水庫教會之研究	王成勉
100	陳彥君	寺廟與地方社會之研究——以桃園蘆竹鄉五福宮為中心	賴澤涵
100	王美芳	桃園縣觀音鄉保障宮研究	王成勉
101	胡博荏	日治時期桃園龍潭公學校之研究	鄭政誠
101	施桂婷	桃園地區開漳聖王信仰之研究——以大溪仁和宮為例	吳學明
102	鍾惠菁	中壢仁海宮與地方社會的發展	賴澤涵
102	仰崇明	日治時期「新竹州」之發展與演變（1895-1945）	賴澤涵

畢業年度	學生姓名	論文題目	指導教授
103	劉子瑛	桃園市新坡國民小學之研究（1923-2013）	鄭政誠
103	徐美娟	傳統客家知識分子的變與不變 ——以桃園市觀音區徐輝為例	吳學明
103	林宏德	臺灣基督長老教會桃園客庄宣教研究	吳學明
103	張靜芳	民間信仰與地域社會：以桃園大園仁壽宮為例	吳學明
105	王婉怡	臺灣山地保留地政策的制訂與執行 ——以復興鄉為例（1945-1966）	李力庸
106	程麗文	臺灣戰後水利興建與工業 ——以石門水庫為例（1945-1980）	李力庸
106	陳昭良	戰後臺灣水力發電廠的發展與困境 ——以石門發電廠為分析中心	鄭政誠
106	黃綉穎	黃日炳派下家族與桃園地區的拓墾及發展	賴澤涵
107	鐘博宇	戰後山地原住民地方性選舉的實施與影響 （1954-1987）——以復興鄉為例	李力庸
109	陳政一	陸軍士官之學校教育 ——以新制常備士官班為例（1986-2005）	賴澤涵

（資料來源：據中大歷史所各期所刊《史匯》整理而成。）

除歷史所的碩士論文外，另值得一提的是，因應客家族群文化長期處於隱性位置，各界也開始積極呼籲設立客家行政單位與學研機構的必要性，尤其中大所處的平鎮、中壢地區更是客家群族的主要分布地。為此，中大乃創全臺之先，於1999年底成立客家研究中心，除開設相關客家文化課程、舉辦各種客家文化活動與學術研討會之外，還創辦《客家文化研究通訊》，介紹各種客家論著、研究計畫、田野調查、書評、會議、客家社團等。[7]此後，

---

7 賴澤涵，〈臺灣「客家學院」成立的經緯〉，《傳記文學》，114卷5期（2019年5月），頁126-132。

又於2003年成立客家學院，先後設立客家社會文化、客家語文與客家政治經濟三個研究所與客家研究碩士在職專班等，繼續強化客家歷史文化之研究與推廣，並訓練不少學生從事桃園客家文史調查研究，進而撰寫成碩士論文，其相關文史論著可參閱下表二所示：

表二　國立中央大學客家學院相關桃園文史研究之碩士論文一覽

畢業年度	姓名	論文題目	指導教授
96	陳欣慧	「詩」的權力網絡：日治時期桃園吟社、以文吟社的文學／文化／社會考察	吳學明
96	張秀琪	日治時期新屋范姜家族社會領導階層之探究	周錦宏 楊聰榮
96	范佐勤	中壢客家的福佬化現象與客家認同之研究	丘昌泰
96	陳倚幼	探討宗教社群的組織活動與信仰特色：以中壢慈惠堂為例	呂玫鍰
97	湯永銘	客家漁港社會網絡變遷之研究：以桃園縣新屋鄉永安漁港為例	江明修
99	許翹庭	客家地區宮廟與祭祀圈發展之研究——以楊梅錫福宮為例	江明修
100	林恩銘	當前客家宣教之分析：以中壢地區客家教會與信徒為對象	張翰璧
100	沈玉燕	乙未年桃園客家地區抗日事件之研究	李世暉
100	徐靜蘭	清代臺灣北部霄裡地區客家七姓移墾之研究	邱榮裕
101	鄭忠烜	桃園縣平鎮市三官信仰與聚落發展之研究	周錦宏
101	陳依珣	寺廟與客家聚落關係——以桃園縣觀音鄉甘泉寺為例	劉阿榮
102	范鉅昌	客家地區的「隱形化」發展歷程：以中壢為例	張翰璧
102	胡鳳珍	龍潭地區茶產業變遷之研究	周錦宏

畢業年度	姓名	論文題目	指導教授
102	黃清蓉	原客通婚與族群認同——以復興鄉前山為例	邱榮裕 張翰璧
102	丘臺興	客家社區發展與宗教組織 ——平鎮市雙連坡社區與福明宮網絡關係	江明修
103	游素美	區域拓墾與祠廟之關係： 以溪南楊梅伯公岡集義祠為例	羅烈師 周錦宏
103	劉金花	龍潭客庄詩社社群發微：以陶社、龍吟詩社為例	江明修
105	羅銀環	桃園陂塘與客家發展之研究——以龍潭大池為例	陳定銘
105	鄭婕宇	宗族發展與文化保存 ——以楊梅鄭氏「道東堂」為例	呂嵩雁 姜貞吟
107	王湯秀春	中壢傳統客家詩社以文吟社研究	黃菊芳
108	徐靖亞	臺灣社會神豬祭祀爭議之研究： 以桃園市平鎮區褒忠祠義民祭典為例	石慧瑩

（資料來源：臺灣博碩士論文知識加值系統，https://ndltd.ncl.edu.tw/cgi-bin/gs32/gsweb.
　　　　　cgi/ccd=kuHPXD/search#result。）

就上表二所述，可知中大客家學院在桃園文史議題的碩士論文產出，主要聚焦在拓墾、祭祀圈、寺廟、祠堂、宗族、詩社、產業、族群互動等議題，地界則觸及中壢、平鎮、觀音、楊梅、新屋、龍潭等以客籍為主之鄉鎮市，與歷史所的碩士論文課題相較，範圍雖小但聚焦，且與前者多有相同議題，二者數量總計也已超過五十種以上，可謂對桃園學的研究挹注不少成果。

　　要言之，中大的桃園學研究奠基，可謂是歷史所與之後加入的客家學院，雙方在授課教師強化學生專業研究訓練，佐以文獻材料蒐羅、實地田野調查與口述訪談，並帶領學生走出校外，進行實際在地接觸與交流後的結果。此後，隨臺灣各地政府對在地議題的更加重視，各種強化在地知識積累與教育推廣的計畫案持續湧現，大學端所承載的區域研究任務乃更加多元且重要。

三　中大與地方學接軌的策略與模式

　　除碩士論文的產出外，大學端與地方文史領域的接軌，甚或是地方研究的論述產出，主要仍以地方志書編纂、各種文史調研計畫、地方文獻刊物創生與舉辦地方學術研討會等為主要內容，此亦為中大人文領域對桃園地方學知識產出的主要策略與模式，以下即依此等項目分別論述。

（一）桃園地方志書的編纂

　　中大除歷史所與客家學院產出攸關桃園在地知識的碩士論文外，教師群或師生合組的桃園地方志書編撰成果，也是桃園學研究的重要能量來源。今桃園市（1950年至2014年底前為桃園縣）從戰後1945年迄2014年底所出版的縣志計有4種，屬縣轄市時期之鄉鎮市志書則有28種，[8]由於方志篇幅浩大，編纂耗工費時，且為地方的百科全書，若無稱職之編纂團隊為之，則恐難達成具體成效。中大歷史所在2000年時，即受桃園縣大溪鎮公所委託，由時任所長吳振漢帶領多位碩士班研究生上山下海蒐羅資料，實地田野調查與口述訪談，共同編寫出《大溪鎮志》三冊，並於2004年出版，[9]由於採學術規格書寫，內容豐富詳實，且增補各種新研究成果與新史料，故廣受各界好評。在2004年《大溪鎮志》付梓之際，中大歷史所剛屆退休之齡的賴澤涵教授又接受桃園縣政府委託，邀集中大歷史所專攻臺灣史教師與校外多所大學教師共同編寫《新修桃園縣志》，並動員中大歷史所多位研究生協助進行，後於2010年出版總計15志30篇之重要地方文獻。[10]其後為因應桃園縣在2014年底

8　鄭政誠，〈戰後桃園各地志書對日治時期初等教育的書寫分析〉，《臺灣文獻》，67卷4期
　　（2016年12月），頁100-101；鄭政誠，〈戰後桃園縣各鄉鎮市志編纂的特色與侷限〉，收
　　於李力庸主編，《經緯桃園：2018桃園學》（桃園：桃園市政府文化局，2019年7月），
　　頁37-68。

9　吳振漢，〈編者序〉，收於吳振漢總編纂，《大溪鎮志》（大溪：大溪鎮公所，2004年），
　　頁3。

10　賴澤涵總編纂，鄭政誠編，《志首》（桃園：桃園縣政府，2010年9月）。

改制為直轄市，不少鄉鎮市公所為保存青史，留存改制前之紀錄，亦廣邀各專業團隊編纂鄉鎮市志，是以2014年初由鄭政誠擔任總編纂之《續修桃園市志》，亦邀請中大歷史所與校外多名教授共同編寫，計含歷史、地理、社會、政事、經濟、教育、宗教、文化禮俗、體育藝文與人物等十篇內容之地方文獻，同樣採學術規格方式編寫，最後於2014年11月出版。[11]

雖然中大歷史所師生僅負責《大溪鎮志》、《新修桃園縣志》與《續修桃園市志》三種，在舊制桃園縣含13個鄉鎮市，總計為32種的志書中並不算多，但若就桃園縣在2001年之後所出版的地方志書而言，則僅有縣志1種，鄉鎮市志14種（詳下表三），故中大歷史所承接的比率並不算低。而透過在編纂地方志書時，對桃園各地資料的尋找搜羅，並親踏縣內地域，佐以田野調查與口述訪談等，產出的結果對桃園學的建構無疑也產生一定效能。

表三　戰後桃園縣（市）各年代地方志書出版數量與百分比

年代	縣志	鄉鎮市志	合計	百分比（%）
1961-1970	2	---	2	6.25
1971-1980	---	3	3	9.38
1981-1990	1	4	5	15.63
1991-2000	---	7	7	21.87
2001-2010	1	6	7	21.87
2011-2016*	---	8	8	25.00
總計	4	28	32	100.00

*說　　明：《續修蘆竹市志》在2016年4月出版，為桃園縣轄市時期最晚出版之地方志書，唯該書內容仍僅記載至2014年改制為直轄市之前。

（資料來源：筆者自行整理而成。）

---

11 鄭政誠總編纂，《續修桃園市志》上冊（桃園：桃園市公所，2014年11月），頁6-7。

（二）桃園文獻的創刊

　　除地方志書的編纂外，由於地方文獻具保存地方史料、凝聚地方共識、了解地方歷史發展之功，故自1950年以降，臺灣各縣市政府也多成立文獻委員會開始地方文獻刊物的編纂。據張圍東的統計，自1951年起至1983年，臺灣各地總共發行21種文獻刊物，可惜最後因人才難覓、經費不足，加以不受重視，各地文獻刊物乃時斷時續，至2007年時僅剩《臺北文獻》、《臺南文化》與《南瀛文獻》等三種文獻刊物較具學術價值。[12]

表四　臺灣各縣市文獻創刊時間、形式與出版單位

刊物名稱	創刊時間	形　　式	出版單位
基隆文獻	1991	專書	基隆市政府民政局
宜蘭文獻雜誌	1993	雙月刊	宜蘭縣史館
	2004	季刊	
臺北文物	1952		
臺北文獻	1962	季刊	臺北市文獻委員會
臺北文獻直字	1967		
桃園文獻	2016	半年刊	桃園市政府
竹塹文獻雜誌	1995	年刊	新竹縣政府
苗栗文獻	1981	不定期	苗栗縣政府文化觀光局
	2001	季刊	
臺中文獻	1988	專書	臺中市政府文化局
中縣文獻	1955	不定期	臺中縣政府
彰化文獻	1954	僅出過1期	彰化縣政府文化局
	2000	不定期	

12　張圍東，〈地方文獻刊物發展概述〉，《全國新書資訊月刊》，105期（2007年9月），頁41-43。

刊物名稱	創刊時間	形　式	出版單位
雲林文獻	1951	年刊	雲林縣文獻委員會 雲林縣政府
嘉義縣文獻	1961	年刊	嘉義縣政府
嘉義市文獻	1982	年刊	嘉義市政府
南瀛文獻	1953	季刊	臺南縣政府
南瀛文獻（改版）	2002	年刊	
臺南文化	1951	季刊	臺南市文獻委員會
臺南文獻	2012	半年刊	臺南市政府文化局
高雄文獻	2011	每年3期	高雄市立歷史博物館
	2019	半年刊	
屏東文獻	2000	年刊	屏東縣政府文化處
花蓮文獻	1953	僅出4期	花蓮縣文獻委員會
臺東文獻	1997	半年刊	臺東縣政府
臺東文獻復刊	2013	年刊	
咾咕石季刊	1995	季刊	澎湖縣政府文化局

（資料來源：據各文獻期刊資料整理而成。）

　　桃園縣政府雖早於1950年即已設立，且設有文獻委員會編纂過《桃園縣誌》等，但相較於各地文獻委員會多籌辦地方文獻刊物，桃園縣文獻委員會卻不甚積極，直至桃園縣政府在2014年底改制為直轄市後，桃園市政府方委託時任中大歷史所所長的李力庸執行「104年度桃園文獻期刊編印計畫」，[13]並由該所吳學明與鄭政誠二位教授協同，規劃及編寫桃園首部地方文獻，並經由主事單位桃園市文化局文化資產科與多位專家學者合組之編輯委員共商討論，最終決定內容包含「專題論文」、「史料文獻」、「桃園古今」、「話說桃園」與「歷史人物」等五大類，並依學術規格編寫，自此為《桃園文獻》定調。

13　〈市長序〉、〈編輯誌言〉，《桃園文獻》，創刊號（2016年3月），頁1-5。

　　《桃園文獻》自2016年3月創刊後，以半年刊形式出版，每期皆訂有主題，如「開發與經濟」、「社會與生活」、「環境與文化」、「政治與族群」、「交通與建設」、「宗教與信仰」、「學校與教育」、「家族史」、「公衛與醫療史」等，收錄相關論著研究、文獻材料與口述訪談多篇，隨期數的增加與內容的積累，可看出《桃園文獻》在擴充桃園學的成果上也漸形重要。

表五　《桃園文獻》各期專題、主編與出版時間一覽

期別	專題	主編（服務單位與職稱）	出版時間
1	開發與經濟	李力庸（中央大學歷史所教授）	2016.3
2	社會與生活	李力庸	2016.9
3	環境與文化	李力庸	2017.3
4	政治與族群	戴寶村（臺北教育大學臺文所兼任教授）	2017.9
5	交通與建設	戴寶村	2018.3
6	宗教與信仰	戴寶村	2018.9
7	學校與教育	詹素娟（中研院臺史所副研究員）	2019.3
8	文化資產	戴寶村	2019.9
9	建州百年	鄭政誠（中央大學歷史所教授）	2020.3
10	文學與人生	李瑞騰（中央大學中文系教授）	2020.10
11	家族史I	洪健榮（臺北大學歷史系教授）	2021.3
12	家族史II	洪健榮	2021.9
13	公衛與醫療史	皮國立（中央大學歷史所副教授）	2022.3

（資料來源：依《桃園文獻》各期資料整理而得。）

　　原由中大歷史所負責編纂的《桃園文獻》，一創刊即深受各界青睞，評價頗高，但因桃園市文化局對此採標案方式進行，加以人事問題與經費不足等因素考量，第四期之後改由其他民間機構承攬，惟民間公司並無法掌握學術語彙與學術人脈，故每期仍需借重文史學界的大力協助，故如中大歷史所

李力庸仍持續擔任該刊物的編輯委員，而同所鄭政誠、皮國立也曾擔任過第9期與第13期的主編工作等，由此可見大學端在地方文獻刊物上所起的作用與貢獻度。

（三）桃園在地研究計畫的執行

除方志編寫與文獻刊物出版為各縣市政府的主要文化業務外，自1987年解嚴後，隨本土化追求的浪潮，各縣市政府更積極推動地方學，甚至成立文化局主事文史調查研究與推廣，然因人力不足與專業問題，各縣市政府多以標案、補助案或委託案等方式，徵求專業團隊進行在地研究，期能於短期之內看出成果。中大歷史所的教師們除歷來進行的科技部計劃外，也因教學研究所需，加以公部門的請託及社會參與的責任與使命感等，乃著手進行各種桃園調研計畫，諸如戴寶村在中大歷史所任職時曾主持過「龍潭聖蹟亭：兩甲子的歷史風華」（1995）、「走尋南崁的地名歷史」（1997）及「口述歷史：說古到今話桃園」、「口述歷史：細說從前懷舊時」（2000）等計畫，[14]透過史蹟考察與口述歷史，建構桃園、蘆竹南崁與龍潭聖蹟亭的故事。

其他有關桃園社會經濟與水利發展的調查，中大歷史所李力庸也做出不少貢獻，如執行過科技部的「石門水庫與桃園地區的社會經濟變遷」（2011-2012）、「石門水庫與桃園地區的社會經濟變遷（II）：水與糧食」（2012-2013）等計畫。此外，李教授在跨域研究方面也有不俗表現，諸如執行「中壢地區歷史與產業發展智慧型語音查詢資料庫之建置」（2008-2009）、「大溪龍潭人文地理語音資訊系統之設計」（2009-2010）等，還承攬過桃園農田水利會的「會史編纂暨史料調查整理計畫」（2009-2010），並在擔任中大圖書館館長時獲教育部補助，執行「部落書香學堂：復興區泰雅閱讀增能計畫」（2019），進行閱讀推廣工作，最後編整成《閱讀‧泰雅》一書。[15]

---

14 陳世榮，〈桃園區域研究刊物的編纂與發行〉，收於李力庸主編，《經緯桃園》（桃園：桃園市政府文化局，2019年7月），頁72、78。

15 李力庸主編，《閱讀‧泰雅》（桃園：國立中央大學圖書館，2018年）。

　　近年來，更因全國文資調查、文物普查與國家文化記憶庫的啟動等，中大歷史所的教師也開始進行桃園地區的文化記憶與歷史文物調查工作，諸如鄭政誠的「108-109年桃園市市定古蹟（祠堂類）文物普查登錄建檔計畫」（2019-2020）、「國定古蹟李騰芳古宅活化計畫——李騰芳古宅及月眉資源調查研究綜整案：李金興家族生命史」（2019-2020）等，甚至開始與地方廟宇進行歷史文化對話連結，執行「南崁五福宮與北桃園發展專書編寫計畫」（2021-2022）等。此外，2020年方新聘到中大歷史所的皮國立也參與執行「109年桃園市國家文化記憶庫航空城遷徙故事蒐集案」（2020），共同為桃園地區的文化資產、文物調查與文化記憶努力。

　　除中大歷史所師生對桃園地區的調研外，中大在2003年8月所新成立的客家學院，初創之際也以「南桃園」客家鄉鎮為其主要耕耘場域，如吳學明因兼任客家研究中心主任之故，曾擔任客家委員會「南桃園客家研究」大型計畫召集人（2006-2008），分就中壢、平鎮、新屋、觀音、楊梅、龍潭等六個地區，進行貫時性與系統性的調查，如吳學明主持「從傳統到現代：中壢、平鎮的客家歷史變遷」計畫，客家學院其他教師也分別加入執行各項子計畫，諸如丘昌泰與劉阿榮的「中壢市的族群關係：以客家人為主體」；羅肇錦的「整理桃園地區客家民間故事及令仔收集編纂計畫」；張翰璧的「客家如何記憶」；呂玫鍰的「宗教儀式與歷史記憶：探討觀音新屋地區客家認同的文化建構」；傅寶玉的「水圳、信仰與社群關係：南桃園傳統水圳人文歷史調查研究計畫」；黃萍瑛的「桃園平鎮市客家二次葬習俗調查研究」等。

　　此後，吳學明仍持續接受客家委員會的委託，進行過「客家地域社會研究：楊梅地區的歷史與宗教」（2007）、「經濟、宗教與教育：桃園地域社會研究」（2010-2012）等以桃園客家族群為主的客家文史調查。中大歷史所的李力庸與鄭政誠皆同時參與子計畫，其中鄭政誠也曾單獨接受客委會補助，執行過「日治時期臺灣地方志中的客家論述——以桃竹苗地區為例」（2005）計畫，就桃園地區進行客家族群、人口之討論，皆成就桃園學之量能。

（四）桃園學學術研討會的舉辦

欲成就桃園學之效能，且讓更多民眾參與，舉辦研討會應是重要的選項內容，位於桃園市中壢區的萬能科技大學，其通識中心早在2002年即成立桃園工作室，致力於桃園地區的文史資料研究保存與鄉土文化交流工作，可說是大學端最早啟動桃園學之單位，並曾經在2002年12月與2003年3月，分別舉辦過第一、二屆桃園鄉土文化學術研討會，共收錄包含桃園移墾開發、寺廟、水圳埤塘、農業、祭祀公業、社教機構、文學、藝術、文資課題在內之18篇論文，此後並於2003年7月將兩次研討會的論文經修訂出版為同名論文集。[16] 此後因主事之李力庸於2005年8月轉職到中大歷史所，其後由該校新聘教師劉明憲轉為舉辦「戀戀桃仔園——桃園文學與歷史研習會」，持續辦理至今，[17] 唯並非採用學術研討會之形式。

事隔多年，隨政府大力推動社區營造，由於社造精神與地方學相似，是以各社造團體對地方學的推展也多有興趣，為此，桃園縣文化局曾在2008年3月21-23日與中華民國社區營造學會，共同於中原大學舉辦「建構桃園學」之研討會，此研討會雖設有九種主題，但每一主題僅有1篇論文，且為桃園縣文化資產保存與推廣等實務經驗的討論，與文史調研為基底的桃園學內涵不甚相同。[18] 由於學術研討會多為大學端啟動之工作，地方團體礙於經費、學術人脈與專業問題，本就不易籌辦處理，加以建構地方學僅單以文化資產課題處理，恐也過於單薄。王御風認為此乃當時桃園縣政府在塑造桃園學時，有意與社區結合概念的展現，[19] 但或許成效未如預期，時至2015年，桃園市文化局再度借重歷史學者，商請時任中大歷史所所長的李力庸主其事，

---

16 李力庸主編，《樂聲揚起：第一、二屆桃園鄉土文化學術研討會論文集》（中壢：萬能技術學院，2003年7月）。

17 參見「萬能教師網——劉明憲」，https://teacher.vnu.edu.tw/activity_cm_lms228，點閱日期：2022年4月26日。

18 〈「建構桃園學」研討會〉，2008年5月14日。參見https://sanlin0911.pixnet.net/blog/post/232516175——「建構桃園學」研討會，點閱日期：2022年4月26日。

19 王御風，〈地方學的發展與挑戰〉，《思與言》，49卷4期（2011年12月），頁47。

籌辦第一屆桃園學學術研討會，最終定名為「天光雲影：桃園地方社會」，並於2016年5月20日假中大文學院國際會議廳召開。該回研討會共邀集校內外專家學者齊聚一堂，課題分成「開發與族群」、「政治與社會」、「城市與階層」等三大主題，每一主題皆包含3篇論文，內容則為隘防、閩客互動、公學校、武德會、中壢事件、城市地景、地方士紳與桃園客運等課題，唯多屬歷史學者之作。[20]

　　不到半年時間，桃園市文化局再度邀請中大歷史所吳學明籌辦桃園研究論壇，繼續讓桃園學在各界發酵，吳學明在盛情難卻下，於同年10月9日假桃園市文化局團體視聽室舉辦「2016桃園研究論壇：歷史文化」，唯因籌辦時程過短，除邀請戴寶村進行「桃園歷史文化研究的回顧與展望」專題演講外，主要以上、下午兩場工作坊的方式呈現，每場各收錄6篇文章，上午場主題為「桃園歷史與文化」，涵蓋桃園拓墾、族群、水利課題之歷史文化專論，下午場則為「桃園歷史文化記憶與書寫」，側重歷史記憶與歷史書寫之實務討論。[21]

　　隨第一屆桃園學研討會與桃園研究論壇引起關注，翌年（2017）桃園市文化局改請臺灣大學社會科學院前副院長邱榮舉籌辦「第二屆桃園學研討會」，由於邱榮舉身為桃園客家子弟，責無旁貸，加以欲成立桃園學研究協會，故接受委託，於12月2日假其母校武陵高中舉辦。本次研討會除邀請臺灣史研究會理事長尹章義主講「桃園學的成就與展望」及資深媒體人黃森松主講「美濃經驗與編撰桃園歷史文化」外，共分成兩個主題，即「桃園歷史與政治」、「桃園社會與文學」。前者收錄有關抗日故事、桃園議會與桃園當代族群等3篇論文，後者則收錄桃園拓墾、內壢社區研究、桃園客籍男女作家等4篇論文。[22]據事後報紙報導，該研討會的主題為如何加強「桃園研究」，

---

20 國立中央大學歷史研究所主辦，《天光雲影：桃園地方社會學術研討會會議手冊》，2016年5月20日。

21 國立中央大學歷史研究所主辦，《2016桃園研究論壇：歷史文化論壇手冊》，2016年10月9日。

22 桃園市立圖書館，「12/2第二屆桃園學研討會」，https://www.facebook.com/typlib/posts/1985170258431059，點閱日期：2022年4月26日。

進而共同建構「桃園學」，主事者邱榮舉更特別呼籲桃園市民要拿起紙筆、相機與手機，一起書寫桃園各鄉鎮市街的歷史，並希望藉由這個機會邀約有志之士，共同籌組桃園學研究協會，以利桃園研究能夠迎頭趕上，再創高峰。[23]

圖一　第二屆桃園學研討會海報

（資料來源：桃園市立圖書館，「12/2第二屆桃園學研討會」，https://www.facebook.com/typlib/posts/1985170258431059。）

---

23 楊芳伶，〈倡議本土文化研究　「桃園學」研討會明登場〉，《新頭殼newtalk》，2017年12月1日，https://newtalk.tw/news/view/2017-12-01/105662，點閱日期：2022年4月26日；黃駿騏，〈第二屆　「桃園學」研討會　12/2武陵高中登場〉，《臺灣好新聞》，2017年12月1日，http://www.taiwanhot.net/?p=522212，點閱日期：2022年4月26日。

　　隨各回桃園學研討會舉辦後的迴響，翌年（2018）桃園市文化局再度邀請承辦桃園學術研討會頗有經驗的李力庸主持，故此回舉辦學術研討會的重責大任再度落在中大歷史所身上，唯因此時李力庸已升任中大圖書館館長，故改以中大圖書館之名承接該案，並於2018年10月12-13日假中大光電大樓國際會議廳舉辦「經緯桃園：2018桃園學研討會」，會中除邀請中央研究院臺灣史研究所所長許雪姬主講「桃園研究的建立與實踐」外，並邀集含中大歷史所教師、校友在內之校內外專家學者發表14篇論文，並將所有論文區分成五大主題，即「方志與文獻」、「制度與社會」、「金流、物流與人流」、「生活與美學」、「文化與實踐」等，[24]藉此探討桃園的志書編纂與出版品、地方治理與社會階層、工業化中的稻作、產業與金融、人口流動與住宅市場、桃園國際機場的地標象徵、外省族群與東南亞移民、埤塘水圳景觀及復興區泰雅族的文化調查等。值得提出的是，此回學術研討會有關歷史課題僅占一半篇幅，其餘多為當代地景、族群、人物的討論，甚至進入到社會實踐層面。此後，除部分文論外，其餘經修訂於2020年6月以研討會同名之《經緯桃園：2018桃園學》論文集出版。[25]在研討會舉辦過後，各篇文論經修訂後出版以饗各界，也成為未來承辦桃園學研討會的模式。

24　國立中央大學圖書館主辦，《經緯桃園：2018桃園學研討會會議手冊》，2018年10月12-13日。

25　李力庸，〈導言〉，收於李力庸主編，《經緯桃園：2018桃園學》，頁7-16。

圖二　經緯桃園：2018桃園學研討會

（資料來源：葉志成，〈2018桃園學研討會登場　凝聚在地人的學問〉，《臺灣好新聞》，
2018年10月12日，https://today.line.me/tw/v2/articl/ozVWkN。）

　　由於舉辦桃園學學術研討會已成為桃園市文化局的重要工作之一，在
2018年舉辦過「經緯桃園：2018桃園學研討會」並獲得廣大迴響後，翌年
（2019）桃園市文化局再度情商中大歷史所續辦桃園學研討會，最後由前後
任所長鄭政誠與蔣竹山承接，並委由新任所長蔣竹山主持。此回研討會以大
眾史學觀點出發，並配合國家文化記憶庫，強調歷史物件、空間與記憶，故
以「物、空間與歷史記憶」為2020年的桃園學研討會定名。該研討會在2020
年10月16-17日假中大地球科學院秉文堂辦理，除規劃兩場專題講座，分別
邀請逢甲大學歷史與文物所教授王嵩山主講「物、空間與歷史記憶：地方學
與地方知識的再思考」及臺北市立大學圖書館館長張弘毅主講「文化記憶與
桃園年輕世代的未來想像」外，並邀集含歷史學者、地方文史工作者及作家
在內之專家學者發表13篇論文，主題也擴及至六大主軸，其分別為「國家文
化記憶庫與桃園學」、「空間與歷史記憶」、「制度與社會」、「物質文化與日常

生活」、「環境與歷史」與「桃園學實踐、歷史記憶與地方感塑造」等，課題更涵蓋桃園眷村、齒科診所、獨立書店、街屋、公共災害及新住民生活等城市議題，[26]讓桃園學更增添地方獨有的歷史記憶。

　　此次研討會如同前回「經緯桃園：2018桃園學研討會」一般，在研討會上所發表的論文經修訂後，最終於2021年3月以《物、空間與歷史記憶：2020桃園學》為名出版，[27]此後研討會論文需修訂出版與每兩年舉辦一次桃園學研討會，自此也成為桃園市文化局設計研討會採購案的「標規」。

圖三　物、空間與歷史記憶：2020桃園學研討會海報

（資料來源：國立中央大學歷史研究所。）

---

26 國立中央大學歷史研究所主辦，《物、空間與歷史記憶：2020桃園學研討會會議手冊》，2020年10月16-17日。

27 蔣竹山主編，《物、空間與歷史記憶》（桃園：桃園市政府文化局，2021年3月）。

從上述各種桃園學知識的產出與桃園學學術研討會的舉辦，可知中大歷史所扮演極為重要的角色，而有感於桃園學研究的重要性與刻不容緩，為此，中大歷史所全體教師與中大文學院的中文系、藝術學研究所、學習研究所與客家中心的多位教師，乃共同於2020年3月籌設屬院級單位之桃園學研究中心，歷經校內所、院、校三級會議的通過，最終於同年10月19日掛牌營運，自此，繼續往桃園文史藝術調研與推廣教育交流之路前進。

四　地方學開展所面臨的困境與期待

戰後臺灣地方學的發展隨著1990年代政治環境的鬆動，各種強調本土性、鄉土性為主體的聲浪不斷增高，不惟學界開始探索、研究自身鄉土文化與所居地之歷史文化，各地文史工作者也紛紛成立工作室、工作坊或協會等團體，舉辦相關認識地方之課程、導覽或研習活動，並積極參與公共議題。[28]各地政府部門，也從既有的修志及創辦文獻專刊等地方學業務，擴展到舉辦地方學術研討會、創辦地方專業刊物、展開地方文史資源調查等，尤其是各縣市政府成立文化局處之後，其經辦之地方學業務乃更形多元。另方面，因1994年文建會開始推動社區總體營造，包括建立社區文化、推廣鄉土教育等，地方學也因勢發展。[29]其中「社區大學」因長期經營社區，以實踐「在地知識」為目的，乃普遍開設諸如地方文史、生態、族群等等之「地方學」課程，並積極參與地方公共事務，藉此讓民眾走入社區、強化在地認同，近而形塑出一股從認識地方到關懷地方的力量。[30]最後，自2017年開始，因教

---

28 王麒銘、曾令毅，〈建構地方學　深耕在地文化〉，《臺灣學通訊》，37期（2010年1月），頁12-13。

29 張筑喻，〈戰後臺灣地方學的發展〉，國立東華大學歷史學系碩士論文，2014年2月，頁20。

30 蔡素貞，〈大眾史學的應用與實踐——社區大學的地方學與地方知識建構〉，收於國立臺灣師範大學歷史學系主辦，《2013應用史學理論與實踐學術研討會會議手冊》，2013年6月22日。

育部推行USR計畫，鼓勵大學發揮專業知識功能，培育學生對在地產生認同並創造價值，並成為地方永續發展的協力者，是以各大學與所在地城市的連結乃更為緊密。

　　無論是大學端、政府部門、地方文史團體，抑或社區大學，可說都是推展地方學的主要分子，但因為地方學涵蓋的領域廣泛，諸如歷史學、民俗學、管理學、人類學、社會學、建築都市學、博物館學、傳統工藝學、美學等皆涵蓋在內，且由於各執行地方學的單位，側重或選定的範疇與角度不同，或特別強調文史調研，或特別重視教育推廣，或以社區保護為重，是以對地方學「系譜」的認定多有差異，加以啟動時間的早晚等，也導致各地的地方學發展多有懸殊。中央研究院臺史所所長許雪姬曾認為臺灣各地地方學的發展程度，可用是否有「定期舉辦研討會」、「出版文化叢書」、「發行代表性刊物」、「開設地方學學程」、「開辦地方學研營」與「展開村史纂修」等六個面向，做為評量發展指標，若符合上述四項以上指標者，即可視為是穩定發展階段。[31]

　　針對上述六大指標，國立東華大學歷史系的研究生張筑喻曾將其套用在2013年以前臺灣各地的地方學發展情況，得出如下表七的結果。以全臺最早啟動地方學的宜蘭縣而言，其自1992年即開始辦理各種攸關地方學的活動，在三十年的發展下，早已達成六項指標。除宜蘭外，2001年方啟動的澎湖學與2002年的北投學，也已達成六項指標，顯然三處地方學在各單位的合作下頗具成效。其餘達成四項指標者也有多處縣市，諸如新竹、屏東、金門、雲林、北投、彰化、苗栗、臺北、臺中、臺東等，依許雪姬之標準，均可視為穩定發展者。至於僅達成三項指標者，則有基隆、馬祖、花蓮、南投跟桃園，至於僅達兩項指標者，則有甚早即啟動的淡水學。雖然此一評量的時間點僅落在2013年之前，未能討論近十年來各地地方學發展有無增減，但誠如表內所述，各地對地方學的側重本就不一，甚或多處皆未能舉辦地方學的研習營等。

---

31 許雪姬，〈地方學檢討與願景〉，《臺灣學通訊》，59期（2011年11月），頁15。

表七　臺灣各地地方學發展內容一覽

地方學	起始年	研討會	叢　書	刊　物	學　程	研習營	村　史
宜蘭學	1992	●	●	●	●	●	●
新竹學	1996	◎	●	●	●	◎	●
淡水學	1998	●	◎	●	◎	◎	◎
屏東學	2000	◎	●	●	●	◎	●
基隆學	2000	◎	●	◎	●	◎	●
馬祖學	2001	●	●	◎	◎	◎	●
金門學	2001	●	●	●	●	◎	●
澎湖學	2001	●	●	●	●	●	●
雲林學	2001	●	●	●	●	◎	●
北投學	2002	●	●	●	●	●	●
高雄學	2002	●	●	●	●	◎	●
南瀛學	2003	●	●	●	●	◎	●
彰化學	2003	●	●	●	●	◎	●
苗栗學	2004	●	●	●	●	◎	●
臺北學	2004	●	●	●	●	◎	●
嘉義學	2005	●	●	●	◎	◎	●
臺中學	2005	●	●	●	●	◎	●
花蓮學	2006	●	●	◎	◎	◎	●
臺東學	2008	●	●	●	●	◎	●
南投學	2008	●	●	◎	◎	◎	●
桃園學	2008	◎	●	◎	●	◎	●

說明：●代表符合，◎代表不顯著

（資料來源：張筑喻，〈戰後臺灣「地方學」的發展〉，頁76。）

　　有關戰後臺灣各地的地方學發展，無論學界或民間均不乏討論介紹，臺灣圖書館甚至在2010-2011年，在該館《臺灣學通訊》中，特闢「臺灣地方學」專欄，以每月刊出一期方式，計刊出24期，分別介紹各地地方學的發展梗概，最後並對地方學提出檢討與展望未來。在2011年底該通訊最後一期有關臺灣地方學專題介紹中，前國史館館長張炎憲（1947-2014）曾提出四個地方學特色與五個地方學未來發展方向，四個特色分別為：（一）透過口述、田野調查與搜尋史料，重建地方特色。（二）採跨學科合作，以不同視野探討人文與自然景觀，呈現當地特色。（三）各相關單位需支持與投入，為促成地方學的動力。（四）中小學老師需投入地方學的調查工作，為鄉土教育扮演最穩定的力量。至於未來的五個發展方向則為：（一）需建立各地地方學的特色。（二）須讓民眾瞭解不同族群的文化內涵。（三）需凝聚地方學為形塑臺灣主體的學術基礎。（四）需進行族群、文化、社會與國家的跨國比較。（五）需中央政府的全力支持。[32]

　　上述張炎憲對地方學的期許與展望，涵蓋基礎文史地景調研、跨域合作、鄉土教育發展、臺灣主體性追求、跨國比較，甚或各級政府的奧援支持等，即包含材料、方法與實踐方式在內之各種企求。此等言說距今已逾十年，或許也可藉此檢視十餘年來臺灣各地的地方學發展是否達成或超出他的期許。但筆者認為探究地方學或應先有齊一之認定標準，方能整合各單位，得出更大的地方學效益。簡而言之，就是先拆解地方學的「學」字，個人認為「學」字至少應該包含三層涵義，最底層的是「學知」（Academic Knowledge），也就是透過學術研究的態度、精神與方法，將地方知識產出，成為能禁得起考驗的實證研究，有大量材料為立論依據，當然，若往後有新材料與新成果的出土，還是會有持續修訂的空間，不可能是唯一定論。此一層次最為迫切與重要，如果沒有積累一定的學術研究能量，是無法向大眾輸出正確訊息，所以也得仰賴更多研究者進行查考探究，除大學端之外，無論是社區大學、地方文史團體或個人，只要是對該地有高度興趣或感懷者，均應積

---

32 張炎憲，〈展望臺灣地方學的未來〉，《臺灣學通訊》，第60期（2011年12月），頁15。

極探索學知。

　　第二層次是「學能」（Transfer and Practice），即包含「學知」的輸出與輸出方式，也就是說在學術研究產出各種地方知識後，透過各種轉譯、教學、宣傳、推廣，而成為大眾學習的方式與管道，落實成各種地方知識。而學習之道，就是要利用各種方法、媒介、平臺將這些內容推廣出去，諸如設計課程，舉辦演講、工作坊、研討會，現地導覽，編製教材、宣傳手冊、專書專文介紹等，藉此讓更多民眾學習瞭解，並願意投身於內，此層也是目前全臺各地推動地方學最主要的部分。舉桃園市的桃園神社為例，由於桃園神社為全臺保存最完整的神社，雖然其性質已多同全臺各地的神社在戰後改為忠烈祠，祭拜為國犧牲奉獻或捨生取義者，且其空間場域現今也多為民眾休憩、拍攝新人照與舉辦同仁誌角色扮演（Cosplay）之所，然其歷史建築、神社布局、人文故事，甚或結合周遭的自然環境，皆是桃園學中可供研究與介紹的課題之一，是以另所位於桃園的中原大學團隊，長期耕耘於該課題，不但蒐羅重要文獻材料，口訪相關人物，且整合相關歷史、建築與文資領域的研究成果，最終設計成涵蓋時代意義、歷史變遷、地方記憶、文資教育在內，可供志工導覽所用與民眾學習的手冊與導覽專書，[33] 且未來還將配合桃園神社周遭的自然景觀植被，結合學校新課綱中的素養導向取徑，續行設計可供中、小學生學習使用的課程教材等。

　　至於第三層，也是最難的一步，即呼應前述張炎憲館長未來地方學發展的首要，即建立各地地方學的特色，但要如何建立特色，其實不甚容易，但筆者覺得不妨以期許自身成為一種「學派」（Local Specification）入手發想。什麼叫學派，中國大陸百度百科當中的解釋頗為有趣，說古希臘的貴族和男性自由民在「閒暇」時，喜歡吟詩、作曲、繪畫、聽音樂、健身、打獵，甚或探討自然科學和哲學，以相互討論學問和辯論真理為時尚，因而成為古希臘人創造思想、學術和文化的基本前提條件，古希臘的學派便是在這

---

33 林曉薇主編，《認識老朋友：桃園忠烈祠暨神社文化園區》（桃園：桃園市政府孔廟忠烈祠聯合管理所，2020年8月）；林曉薇主編，《彼時→此刻：桃園忠烈祠暨神社文化園區歲月記事》（桃園：桃園市政府孔廟忠烈祠聯合管理所，2020年8月）。

種有利於身心健康的「休閒」活動而產生。[34]這是古希臘各種學派創立的背景與方式，當然現在的我們已沒有貴族與奴隸的尊卑之分，眾人皆可透過相互分享交流知識或理念，進而創造出某種學派，臺灣各地的地方學「學派」說，似乎也可比照辦理。

舉桃園學為例，雖然在2013年以前，依前述許雪姬訂定的標準，桃園學並未達到四項指標，因此可被視為非穩定發展期。桃園學若欲穩定發展，則除了持續實踐既有的三項指標外，還要儘速達成另外三項指標，即舉辦研討會、地方學研習營與創辦地方刊物等，其實自2013年以來，透過各官界、學界與地方文史團體的努力，誠如上言所述，桃園學事實上已舉辦過多場桃園學研討會、並創辦《桃園文獻》刊物，舉辦桃園歷史文化論壇、研習營等，照理說至今應該已經達成六項指標，應視為是穩定發展期。但我們不禁要追問的是，在各地的地方學都達成六項指標後，接下來的發展是否就繼續沿襲這六大指標，有無可能再深化地方學的發展。答案當然是肯定的，就筆者個人的觀察與經驗而言，此後就是應該往「學派」之路邁進。

地方學是一門整合之學，需要靠各單位持續努力經營，各地的地方學即使達成上述六大指標，也僅是技術性的輸出，或是型態的產出，最重要的內涵或核心卻未得出，亦即有無可能發展或建構出有別於其他地區之地方學特色，變成讓大眾可以學習借鏡之處。舉上述桃園學的桃園神社為例，由於全臺各地仍有不少神社，但如何介紹神社，介紹哪些課題，或許桃園神社的各種輸出就可成為各地學習的範本。另外，就桃園地景而言，移墾早期因缺乏水利灌溉，埤塘之多也是一大特色，此外，族群之多元，原、新、陸、客、閩所共構的桃園市也是一大亮點，桃園具有全臺相當數量的客語人口、外省眷村，甚或是移工與新住民等，凡此，也可大力研究深化此等課題，採用新觀點方法，甚或建構理論等，以成為「學派」自居，當然這一切目前還在摸索與進行中。

---

34 百度百科，「學派」，https://baike.baidu.hk/item/%E5%AD%B8%E6%B4%BE/658793，點閱日期：2022年4月26日。

　　再舉其他各地為例，如桃園市鄰近的新竹市，無論是清朝的新竹縣抑或是日治時期的新竹州，數百年來可謂是掌管北臺灣的行政要地，其政制與文化資產的重要性不言自喻。又如清末以來即位居臺灣南北兩大玄關的高雄與基隆，是否可透過港市機能，定位發展成港都之學。又如臺南、金門二地古蹟甚多，是否也可以用古蹟或文化取向來定調當地的地方學。當然金門曾為戰地，亦可往「戰地學」發想，甚或與澎湖同就「離島學」思考，意即從人與島嶼、人與海洋之互動定調。又如南投學可以茶葉與林業的發展定調地方學，花東地區則可以日治時期的移民村、山林資源與原民學等，為該地的地方學定調。要之，各地應舉措最自豪或全臺最具特殊性、代表性者，進行該等項目之深度研究與推廣，慢慢建構出一種屬於自身地方學特色的「學派」。

五　結語

　　位於桃園市中壢區的國立中央大學，自1993年創立歷史研究所後，因該所臺灣史師資的強化，曾產出為數不少有關桃園地域課題的碩士論文。此後，隨1999年底該校客家研究中心成立，2003年客家學院成立，客家社會文化研究也成為當時側重主題，中大師生的桃園文史研究乃更加豐沛。繼之，隨桃園市政府積極推動文化事業，舉凡圖書館、美術館、客家事務局，甚或專職的文化局等，皆相繼承辦各種桃園文史業務，國立中央大學也因此承接各種桃園方志的編寫、《桃園文獻》刊物的創辦，桃園學研討會或工作坊、論壇的舉辦等，因而產出不少桃園學研究成果與教育推廣功能。

　　此外，自2017年教育部推展USR計畫後，位於桃園之多所大學也利用此一計畫，結合校內可用資源與人力，對桃園各地進行住民口訪、建構歷史記憶及各種社區創生計畫，不但在校內開設各種與桃園地方學接軌的課程，[35]更創立專職的地方文化經營團隊，如中央大學除設立專責的社會責任辦公室

35　如中大歷史所就在蔣竹山所長任內推動「認識桃園與地方社會」的課程，並利用教育部敘事力計畫經費，帶領修課學生認識桃園與舉辦各項走讀活動等。參閱該所官網，http://140.115.197.43/zh_tw/history/Courseobjectives，點閱日期：2022年4月27日。

外，還另設有學習服務中心，均以強化在地認知與文化記憶輸出為主要目的，雖然取徑與文史基礎調研的「學知」方式不同，卻是以「學能」的角度，以舉辦演講、工作坊、活動等方式，強化學生對在地的服務、學習及參與，一方面讓學生參與社會實踐，另方面也可凝聚當地居民向心力，重啟大眾對社區或在地的認知與尊重，並可發現不同於官方記載或學界說法的它種聲音。[36]

　　除中央大學外，同位於桃園市的元智大學也配合USR計畫，積極推動桃園地方學的「學知」與「學能」工作，在2017年7月於該校通識教學部設立「桃園文化廊道工作隊」，帶領學生專職進行桃園地區人民生活、語言、風俗、文化的探索，且相繼編寫出包含桃園地區寺廟祠堂、水圳埤塘、公有建築、地景藝術的《桃園文化廊道》[37]與側重小區域歷史查考的《桃園文化廊道（歷史篇）》[38]等踏查導覽專書。而中原大學通識教育中心也善盡地方社會責任，在2017年秋天以深碗課程2＋1學分形式推出「桃園學」課群，除規劃小班制教學外，也帶領學生走出校園，親身體驗桃園人事物與空間：並配合USR計畫，除走踏社區、邀請專家學者演講外，更集眾人之力，共同編寫出探索桃園的「學知」、「學能」專著《桃李成蹊──桃園文史藝術與社會研究》。[39]雖然這些學校並未設立相關文史系所，但仍在各校通識教學單位內，配合教育部的USR計畫，善盡推廣地方學之責。

　　綜上所述，地方學一方面除了由學界等專業人士的細緻研究外，諸如地方人士、文史團體、中小學教師因鄉土教學或新課綱素養導向的規劃等，也應包含在內，意即「學知」的產出需透過眾人對各種基礎實證研究而得。至

---

36 有關中央大學USR計畫的成果，可參閱孫瑋主編，《2020國立中央大學大學社會責任年度報告》（桃園：國立中央大學社會責任辦公室，2021年6月）。

37 梁家祺總編輯，《桃園文化廊道》（桃園：元智大學通識教學部，2017年12月）。

38 梁家祺總編輯，《桃園文化廊道（歷史篇）》（桃園：元智大學通識教學部，2021年3月）。

39 何彩滿、魏立心主編，《桃李成蹊──桃園文史藝術與社會研究》（桃園：中原大學通識教育中心，2021年12月）。

於在「學能」方面，無論是透過公部門的計劃輸出、社區大學的課程規劃或大學地方學的推動與USR計畫等，亦即需透過各種方式管道去宣傳、推廣、演繹「學知」，握有經費主權的地方政府甚或學校高層，更應積極重視此一課題，多加支持，甚或整合各種資源共創新機，如與商業結合，以地方學為藍本，製作新媒體影片、實境解謎、桌遊、繪本或VR、AR虛擬實境之產品內容等，藉此擴大地方學之影響範圍與實用性，使其更受民眾喜愛。至於最後「學派」的得出，則需在各地方學積累一定實力與成果後，再以地區獨特性或全國稀有性進行考量，專攻深化某項或某些議題，使其成為該地的地方學特色，而為國內外所標舉與學習，如此，則可高度成就地方學。最後，期許全臺各地的地方學發展，皆能早日進入到「學知」、「學能」與「學派」的真正地方學系統。

參考文獻

王御風，〈地方學的發展與挑戰〉，《思與言》，49卷4期，2011年12月，頁31-55。

王麒銘、曾令毅，〈建構地方學　深耕在地文化〉，《臺灣學通訊》，37期，2010年1月，頁12-13。

何彩滿、魏立心主編，《桃李成蹊──桃園文史藝術與社會研究》，桃園：中原大學通識教育中心，2021年12月。

吳振漢總編纂，《大溪鎮志》，大溪：大溪鎮公所，2004年。

李力庸主編，《經緯桃園：2018桃園學》，桃園：桃園市政府化局，2019年7月。

李力庸主編，《樂聲揚起：第一、二屆桃園鄉土文化學術研討會論文集》，中壢：萬能技術學院，2003年7月。

李力庸主編，《閱讀・泰雅》，桃園：國立中央大學圖書館，2018年。

林曉薇主編，《彼時→此刻：桃園忠烈祠暨神社文化園區歲月記事》，桃園：桃園市政府孔廟忠烈祠聯合管理所，2020年8月。

林曉薇主編，《認識老朋友：桃園忠烈祠暨神社文化園區》，桃園：桃園市政府孔廟忠烈祠聯合管理所，2020年8月。

孫　瑋主編，《2020國立中央大學大學社會責任年度報告》，桃園：國立中央大學社會責任辦公室，2021年6月。

國立中央大學，《國立中央大學簡介》，桃園：國立中央大學，2020年11月。

國立中央大學社會責任辦公室，《2018國立中央大學社會責任年度報告》，桃園：國立中央大學，2019年。

國立中央大學圖書館主辦，《經緯桃園：2018桃園學研討會會議手冊》，2018年10月12-13日。

國立中央大學歷史研究所主辦，《2016桃園研究論壇：歷史文化論壇手冊》，2016年10月9日。

國立中央大學歷史研究所主辦，《天光雲影：桃園地方社會學術研討會會議手冊》，2016年5月20日。

張炎憲，〈展望臺灣地方學的未來〉，《臺灣學通訊》，60期，2011年12月，頁14-15。

張圍東，〈地方文獻刊物發展概述〉，《全國新書資訊月刊》，105期，2007年9月，頁41-46。

張筑喻，〈戰後臺灣地方學的發展〉，國立東華大學歷史學系碩士論文，2014年2月。

許雪姬，〈地方學的檢討與願景〉，《臺灣學通訊》，59期，2011年11月，頁14-15。

許雪姬，〈臺灣學‧地方學‧桃園學〉，《桃園文獻》，2期，2016年9月，頁9-24。

陳世榮，〈桃園區域史方法論與研究觀點之分析〉，《桃園文獻》，創刊號（2016年3月），頁9-44。

陳家豪，〈建構中的「桃園學」研究〉，《臺灣學通訊》，58期，2011年10月，頁14-15。

黃駿騏，〈第二屆「桃園學」研討會12／2武陵高中登場〉，《臺灣好新聞》，2017年12月1日。

楊芳伶，〈倡議本土文化研究「桃園學」研討會明登場〉，《新頭殼newtalk》，2017年12月1日。

蔡素貞，〈大眾史學的應用與實踐——社區大學的地方學與地方知識建構〉，收於國立臺灣師範大學歷史學系主辦，《2013應用史學理論與實踐學術研討會會議手冊》，2013年6月22日。

蔣竹山主編，《物、空間與歷史記憶》，桃園：桃園市政府文化局，2021年3月。

鄭政誠，〈戰後桃園各地志書對日治時期初等教育的書寫分析〉，《臺灣文獻》，67卷4期，2016年12月，頁91-124。

鄭政誠總編纂，《續修桃園市志》上冊，桃園：桃園市公所，2014年11月。

賴澤涵，〈臺灣「客家學院」成立的經緯〉，《傳記文學》，114卷5期，2019年5月，頁126-132。

賴澤涵總編纂，鄭政誠編，《志首》，桃園：桃園縣政府，2010年9月。

04

論地方學與在地文化之發展：

以國立聯合大學苗栗學研究中心為例

劉煥雲[*]

摘　要

　　二十一世紀全球化時代，各種文化的頻繁接觸和資訊的快速成長和流通，使得大學的學術研究必須做更前瞻性的調整與地方的連結。大學教育除專業教育之外，在地教育或通識旨在培養學生成為有教養、有品德、格局廣大、具思辯能力、識兼古今的現代知識分子，以及具備現代社會領導人的前瞻能力，以造福個人及社會。而大學在地研究課程之規劃與教學目標，即是落實上述之教育理念，使學生透過課程，學會思索自我、思索人類的過去與未來，建構長遠而恢弘的人生價值觀。因此，地方學課程是要讓學生修讀之後，能認識地方、涵養人文精神，培養多元文化的國際視野，及理解國際事務的能力，且能積極適應社會快速變遷，掌握社會、國際局勢。不僅如此，今日世界各國都重視在地文化之復興與研究，臺灣更已經注意本土文化式微之危機，在通識課程中，開始開設在地文化之課程，希冀大學資源能與地方共享，大學之學術研究能與地方結合，以培養學生在地關懷意識，認識在地之山水風情，營造在地化的學習風氣，讓學生關懷週遭生態、人文環境，落實抓地力之「在地化」學習。本文以國立聯合大學苗栗學研究中心為例，其成立之目標即在於積極推動在地文化之研究，為宣揚苗栗在地文化特色，培

---

[*]　國立聯合大學客家研究學院苗栗學研究中心主任。

養學生在地關懷意識，認識苗栗之好山、好水、好風情，體驗苗栗豐富之人文與產業環境，營造在地化的學習風氣，讓聯大學生喜愛苗栗，真實走入苗栗全境，體驗苗栗風土人情，關懷週遭生態、人文環境，增進學習與人文素養，落實抓地力之「在地化」學習，達到提升二十一世紀臺灣國家形象的積極意義，實現活力聯大、活力苗栗之目標，並促進聯大以「立足苗栗」、「邁向國際」成為全球著名之大學為目標。

關鍵字：地方學、在地化、苗栗學研究中心、立足苗栗、邁向國際

一　前言

　　二十一世紀是全球化的時代，隨著資訊科技的加速發展，全球化浪潮更是蓬勃發展，繼續對全球之政治、經濟與文化上帶來深刻的衝擊。全球化的概念在不同學科領域學者有不同的界定，有人認為，全球化是世界系統中，各個不同國家與社會之間在互動的過程中，相互關聯與交互連結的一種跨空間的多面向發展（A. Amin: 1997, pp.123-127及 Henry, W.C. Yenng: 1998, pp.291-309）。紀登斯（Anthony Giddens）則認為，全球化是一種「現代性」（modernity）的後果，可以從現代性制度、民族國家體系、世界軍事秩序及國際勞動分工等四個方向去綜合理解（田禾：2000，pp.61-68）。J. Tomlinson認為，全球化是一種隨時影響現代社會生活，發展快速且日趨緊密，在各個層面相互依存並彼此關聯的現象（鄭棨元、陳慧慈：2003，p.2）。P. L. Knox則把全球化分為產業的全球化、金融的全球化和文化流動的全球化等三方面（P. L. Knox,: 1995, pp.28-35）。Hirst and Thompson指出：全球化理論是對國際經濟的一種全新觀點，它把國家層次的流程納入國際經濟體系，並將把國家貶為從屬的地位（朱道凱：2002，p.6）而且全球化之下，全球經濟產業鏈必將重新解構，形成新的國際分工關係。麥金泰則從人文理念出發，他指出全球化時代人的品德或德行實踐不光是義務，而是社會和諧及人自我成就所不可或缺的要素，人必須重視德行之陶成（A. MacIntyre: 1984, pp.7-13）。

　　無論學者們對全球化的影響其觀察內容有何分歧，二十一世紀的社會，將繼續苦嚐著全球化所帶來之惡果，如地球資源之衰竭、因爭奪資源而引發的戰爭、氣候異常、全球款化、溫室效應、毒品氾濫……等等。就大學教育而言，如何在全球化之下，全球各大學經由教育體系之改革，提昇大學通識教育中相關課程之學習成效，或針對全球化時代的之需求，從通識或相關課程中開設在地研究課程，從課程學習中，提供現代大學生在全球化時代建立一個安身立命之道。事實上，全球化之際，一股「本土化」的力量也正在興起，它雖然不能與歐美強勢文化相抗衡，至少也是全球化中的一股支流，可與歐美文化交互輝映。全球化與本土化「Localization」是相輔相成的，全球

文化如果沒有本土化的過程，則是一種文化帝國主義，不但不容易被各國人民所全盤接受，甚至會引起排斥與反抗。反之，本土文化若欠缺全球化的宏觀視野與規劃，則很容易封閉與落伍，甚至形成自我中心的偏狹態度，不利於本土文化的永續發展。

全球化與本土化的互動性，使得「全球本土化」（glocalization）和「本土全球化」（loglobalization）的概念產生。人人均知：大學理念有其理想，而大學教育更有其現實面有向，必須符合時代發展需求、掌握時代脈動，甚至引領時代走向動態和諧之發展。在二十一世紀全球化的今天，大學有其社會責任，或引領地方發展；大學生之教育也必須具備符合時代發展需求、掌握時代脈動之知識，甚至引領時代走向動態和諧發展之健全品德。

二 大學本土研究與「地方學」之興起

大學是整個社會的一部分，大學的發展必須符應社會的需求，大學的科系設立與新系所之成立，也必須順應社會的脈動。然而，現代教育自「五四」以來，即是以科學為本位的思想，也可以說是科學主義、實證主義。「五四」以來所提倡的科學，是對一切事物都採取科學的態度與方法，就是牛頓、歌白尼以來對自然的態度（余英時：1995，p.182）。臺灣的教育過去也常被稱為「科技掛帥」，重理工而輕人文。解嚴之後，臺灣許多大學的人文與社會學院，為了順應科技發展分殊化之需要，並為了符合臺灣人文社會科學研究風氣的勃興與社會典範的轉移，紛紛成立許多新的相關系所，探求臺灣或全球社會勃興的社會知識經濟。大學中各學科系所，或各自有不同的研究方法與方法論，各學科的理論結構、理論功能、理論語言、理論的成立亦各有其邏輯、概念和方法論。

從方法論我們可以看出一個文化或社會中的學術精神，也可以衡量某一學科領域發展上的成熟程度。臺灣當代的社會科學家絕大部分是採取西方的理論，做為了解臺灣社會現象的依據。余英時認為，人文、社會科學畢竟和自然科學不同，新說未必全是而舊說未必盡非；人文與社會科學的領域最易

受到意識形態的侵蝕（余英時：1995，p.182）。過去臺灣多數學者採取西方的社會科學理論，研究臺灣的社會現象，讓臺灣的大學和研究機構在社會科學方面，變成西方研究的延長。1970年代，有識之士提倡「社會科學研究的中國化」，認為臺灣文化有其獨特之處，應該有其文化主體和價值方向，應該兼採其他文化裡的資料，建構概念架構（楊國樞、文崇一：1992，pp.15-26）。二十世紀後期，西方哲學思潮已經從知識論的角度，對於近代西方知識傳統作一徹底的反省。這種反省應使我們察覺到西方社會科學在認識的觀點上、方法上、意識形態上，以及價值上皆不是普遍而客觀的。從這樣的角度來思考，作為一個臺灣的人文社會學研究者，必須對西方社會科學家、哲學家們對其自身所作的反省有所省視，而有必要透過批判反省後，將西方研究典範融入與轉移到臺灣社會文化的研究上。

楊國樞在〈人文學與社會科學研究的臺灣經驗〉一文中指出，臺灣學術界社會及行為科學研究的中國化運動，其實是一種學術本土化（indigenization）運動，是以運用適當理論與方法，有效研究臺灣社會文化現象。過去三十年來美國社會科學各種學術典範轉移到臺灣頗為活絡，這種典範革命的目的與精神，已經刺激臺灣年輕一代的學者，加速他們在研究上能具有自我懷疑、自我批判的學術革命性（楊國樞：1987，pp.10-11）。1990年代，臺灣開始採用本土化政策，臺灣的人文與社會科學漸漸重視本土研究，逐漸走回文化傳統，從事臺灣特有的實際經驗實證的研究，以建構具本土性之「理論」。要達到此種目標，唯有多門學科共同合作，學術才可能有多元競爭的發展機會。

「本土化」研究，在認識論的課題不是以研究對象、主題、方法策略，或概念架構是否為純本地為判準，而是在本土的社會、文化與歷史脈中，促進臺灣人文與社會科學的健全發展（葉啟政：2001，p.121）。當前臺灣以培育重點大學追求學術卓越的方式，建立自己學術社群與文化的自主性，是本土化的基本目標，本土化不是故步自封，而是讓本土面對世界，並與全球接軌的「創新性本土化」（鄒川雄：2006，3）。今日臺灣大學中之學術研究，是要研究者能立定腳根，重新肯定自己，透過對西方知識傳承的反省與批

判，得以從各樣形式的意識型態解放出來，重新在臺灣的歷史文化脈絡中，尋找到一條適合臺灣學術研究發展的道路。人文與社會科學的發展與應用，目前在臺灣還是有相當的潛力；在引進西方人文與社會科學理論與方法時，加以批判吸收，而不至於盲目跟隨或引用。黃光國在〈建立學術研究的主體性〉一文中主張，運用「多元典範的觀點」（multi-paradigdm perspectives）來從事本土心理學研究，所謂「多元典範的觀點」，一方面主張「什麼都行」（anything goes），一方面主張採用一種研究典範，同時也要採用該一典範的判準，以建立臺灣學術實踐的主體性（黃光國：2003，pp.145-147）。

臺灣在解嚴後進行教育改革，大學數量遽增至一百六十多所，對臺灣人文與社會科學影響很大。就客觀層面而言，過去許多大學院校或研究機構中不能開設或探討的課程，紛紛解禁，被爭相研究；大學中紛紛成立與本土研究相關的人文與社會系所。就主觀面而言，人文與社會科學研究者，可以盡情研究，不必像過去一樣，顧慮某些政治禁忌，國科會與教育部亦開始重視臺灣人文與社會科學研究成果之知識積累。而人文與社會科學之研究者，已經體認到人文與社會科學之間有相互助益之處，不能再像過去抱著「唯我獨尊」與「獨善其身」的態度，而是以「兼容並蓄」的多元典範，在研究上必須採取科際交流、合作及整合的觀念與做法，形成科際溝通與合作的有利趨勢，增進學科之間的互動與滲透（蕭新煌：1987，p.377）。換言之，解嚴後近三十年來，臺灣之人文與社會科學各學科內日益分化，形成了研究議題、方法論及理論的多元化現象，使得人文與社會科學的進入動態發展的階段，每個學科內不僅研究課題及範疇大為增加與擴展，研究的方法及理論也不斷的更新與轉換，造成學科的多樣化與多元化。過去臺灣的許多人文與社會科學研究者，習慣學習、套用、接受西方人文與社會的理論與方法，或將西方學派之間的相互爭論與批判原封不動的搬到臺灣，缺乏自己的理論與方法（楊國樞：1987，pp.25-27）。

臺灣自解嚴前後，經歷了前所未有的社會文化典範轉移，如：從威權體制到民主典範轉移、從省籍矛盾到族群和諧典範的轉移，從了無民間發展空間到民間社會力典範轉移、從盲目追求成長到永續發展典範的轉移等（蕭新

煌：2002，pp.1-19）。也就是說，解嚴後面對臺灣諸多社會文化變革與典範的轉移，臺灣人文與社會科學學者紛紛以臺灣本土發展經驗作為研究課題，採用科際整合的研究途徑，期能將研究成果與知識建構獲得更大的學術成就，在各學科中成為全球學術的重要貢獻。從這個角度看，屬於自然、人文與社會科學範疇內的通識教育學術研究的勃興，實符應了科際整合研究的歷史趨勢。

三　地方學研究方法與科際整合之反思

　　自從西方學術上人文科學、社會科學、自然科學鼎足三分、各自發展之後，各個學科也日益分殊化，隨著全球化知識經濟的興起，自然科學的方法論雖然被擴充到社會科學與人文科學，形成了一種科學研究以及社會進步的主流典範。然而，二十世紀末社會科學界有「主流典範崩毀」之說，就知識論而言，自然科學以理論來宰制經驗資料，忽略了社會科學所處理的是活生生的人以及瞬息萬變的社會現象；社會科學與人文科學研究者，不但需要學得一套方法，更需要具有一種深刻、成熟的人文心靈。自然科學講求工具理性，忽略目的本身所蘊含的價值理性及意義問題。如果把人當成客觀化的研究對象，會喪失人在社會主體意義。申言之，人文社會科學的本質終究與自然科學不同，人文社會科學的研究對象是人，人類是一種感情豐富的動物，有其獨立的思考、判斷與價值信仰，彼此因緊密互動而交織成富有意義的網絡關係，進而構成多元而又複雜的人文世界。而人文現象終非如同自然世界一樣，可以物化（reification），不宜將自然世界的研究品質，強加於人文社會的研究之上。

　　人類可以積累自然科學知識，但是人文社會科學的知識也是科學知識的一部分，研究它們的研究方法逐漸形成新的典範，不再以自然科學研究方法為尊。於是，典範轉移的現象發生，學科的邊際也日益模糊，研究方法的整合與互動日益需要，科際整合（interdisciplinary intergration）的趨勢越來越明顯。

（一）科際整合研究的需要

　　隨著當代自然科學界中之相對論、量子力學與渾沌理論的相繼出現，使得傳統牛頓物理學典範遭遇到空前的挑戰；相對地，對承襲自牛頓典範的社會科學的主流典範——實證主義——也造成前所未有的震撼；其不僅打破科學主義、價值中立的迷思，使得知識的類型不再侷限在所謂的「科學知識」，賦予社會科學方法與方法論之典範轉移（李文志：2003，pp.105-106）。在整個當代學術研究的發展過程中，前述主流典範的崩解是最為明顯的。過去無論人文科學、社會科學或自然科學所遵奉的主流典範，可稱之為「實證主義典範」，基本上是建立在自然科學的方法論與理趣上，採取實證主義的概念框架，並且將此一框架強加於人文與社會科學之上（沈清松：2002，pp.52-53）。這種主流典範，在科學研究上採取自然科學方法論，其所蘊含的理性世工具理性與算計理性。在二十世紀初期遭受動搖，當時興起的現象學、存在主義、批判理論等，都對之質疑。到了六、七十年代，主流典範宣告崩解，對實證主義主流典範之批判與反省，深深影響了英美分析哲學與歐陸所興起的各種學術理論。

　　沈清松認為當時整個科學研究領域興起了值得注意的兩點現象：一為科際整合研究的趨勢，自1968年以降，科際整合成為多種學科研究領域中必要的研究方法，例如：文化研究成為多種學科，像史學、哲學、文學、社會學、傳播科學等。又如認知科學的研究，也是在科際整合的方式下進行。二為在人文與社會科學領域中，產生科際整合的潮流，使得舊日學科之間邊際逐漸崩解、模糊，促使研究趨向走向不同學科的會通，意即學科的互動與整合興起（沈清松：2002，pp.53-54）。甚至，綜合數種學科的較大領域的研究方向和思想趨勢正在匯集。同時，一些新興的、獨特的、分殊化的研究領域，也日亦受到重視。換言之，科際整合的趨勢，使得人文與社會科學循求典範轉移的研究途徑，科學研究在方法與方法論上加速了學科的互動與整合。主要原因在於人文社會中問題不斷產生，沒有任何學科能夠單獨與予解決，需要不同學科來共同探求解決之道。

　　科際整合的研究，英文為interdisciplinary research，本來interdisciplinary
的原意是「學科彼此之間的互動」或「學科際的互動」，中文多了「整合」
的含義。「整合」意謂著把各種科學的方法和成果納入一個統一的體系。這
是一種哲學觀念，就西方科學而言，科學都是從哲學產生並發展出來的。然
而，科學哲學盛行之後，所有科學裡面又含有哲學觀念，需要各種學科自己
去反省，甚至需要以哲學作為進一步發展底基。過去學術發展從哲學分殊出
各門科學，整個科學發展是理性化的結果，學科越來越分殊化。各個分殊化
的學科越來越感覺到自己的限制，因而需要和其他學科彼此進行互動；或者
某個學科越往前研究，越發現自己和其他學科有相通之處，進而擴充到其他
取多學科，需要一種整合性的研究方式。

　　為何近數十年來科學研究會有趨向既分工又產生整合性的研究方式，在
於學科的互動與整合的嶄新要求，並不是一種純粹的學術性問題而已，而是
由於現實問題所造成的必要性。當前全球化之科技社會，無論是政治、經
濟、社會、人文或是工業與高度科技發展所產生複雜的問題，都不是可以由
單一的學科來解決的；學術分工的結果，沒有一個單一學科可以單獨解決問
題。現實社會的複雜性，使得許多學科不得不共同集合起來，一起合作解決
一個問題。然而，學科之間補此的互動又有層次上的差別問題。一是科際合
作，一是科際共同研究，最後是科際整合（沈清松：2004，pp.52-53）。以
下分為三方面來說明：

1　合作研究（interdisciplinary cooperation）

　　科際整合就是合作研究，由幾個不同的學科從各個不同的角度來合作解
決一個問題。但是，各個學科的方式，是在本科範圍內提出某種解答，由不
同學科一起共同探求知識，解決問題。合作研究中並不討論方法上能否合作
的問題，也沒有知識論的策略，只求能夠共同解決問題。這是最低限度的互
動（minimum interdisciplinary interaction）。

2 協同研究（interdisciplinary coordination）

協同研究稍具知識論的意義，但沒有知識論的策略，只是把不同的知識片段拼湊起來。例如區域研究（area studies），從不同的學科角度切入，為了建構所研究地區的完整圖像，各學科間互相合作。區域研究涉及範圍和學科很廣，除了政治、經濟、社會以外，甚至還有文化、歷史、哲學……等等，所以必須由許多學科一起研究，做知識的整合。

3 哲學上的整合

古往今來許多學派，或是偉大的思想家，他們都是多重知識整合者。整合實際上是哲學的理念，哲學是真正思考整合知識或學科統一，如邏輯實證論提倡科學統一運動，想建立一套統一的語言，以便走上科際整合。亞里斯多德的《形上學》第四書中，他提出一個以存有本身為研究對象的科學，即所謂的存有學（Ontology）。他認為現存的其他科學，都只是把存有分割起來作為研究的對象；研究對象的割裂，產生了專家，專家都是一曲之士，所建構的知識是不完整的，通盤的知識是智慧，需要理論的整合，也需要實踐上的智慧。亞氏的存有學是一個整合的觀念，他的形上學（Metaphysics）是一種從事科際整合的學科。這種思想到了中世紀時，進一步延伸，中世紀時的思想家更有整合的觀念，整合理性、哲學、神學、信仰等理念。

近代西方學術比較重視科學（science），專門講科際整合，如笛卡爾的《方法導論》和《形上學沉思》書中，都在討論如何把各種學科綜合到哲學裡面，他的哲學觀念就是把各種科學知識、方法和成果的整合；亦即「以哲學整合全體科學」的觀念（沈清松：2004，pp.54-55）。胡塞爾的現象學，採用現象學本質直觀方法，想建立哲學作為嚴格科學，他認為哲學不能只是某種學科的活動，而應該穿透各種知識方法，打破預設觀念，尋求最後基點以整合其他學科已經獲得的成果（沈清松：2002，pp.140-142）。但是他晚年放棄此種觀念，在他《歐洲學術危機與先驗現象學》書中提到，所有的科學，無論是自然科學、人文科學、社會科學，甚至藝術與人文活動，都是人

理性尋求自我了解的方式。他是在人「理性的自我了解」這個觀念上，來綜合其他科學；徹底的理性自我了解就是哲學。所以說，這是一種科際整合的哲學理念。

上述哲學的科際整合，促使許多科學哲學家紛紛建構自己的科學哲學理論。也就是建構科際整合所需要的知識論策略，架構不同學科間的橋梁，以促進科學知識的發展。無論是合作研究的科際整合，或是協同研究與科學的科際整合，都說明了科學知識的增長，需要不同學科間研究方法的互動與整合。

（二）學科的自律性與科際的關聯性──學科的互動與整合

從哲學上來看要講科際整合，必先肯定每一個學科（interdiscipline），先有學科，才能進一步發展出科際互動（interdisciplinary），也就是每個學科先要有自己的自律性（autonomy），然後在建立各學科間的關聯（relativity）；有就是從單一學科（uni-discipline）出發，走向多元的學科（multi-discipline），多元學科彼此互動，產生互動的學科際（inter-discipline），才能邁向整合的境地。

學術上任何學科皆有自己的研究對向與研究方法，每個學科都有相當的獨立性和自律性；然而，各個學科彼此之間又有所關聯。每個學科在發展過程中，研究者必須對自己的研究對向和方法，有相當程度的自覺，由自覺而產生自律。學科的發展一定會涉及一種學科科際間的互動，此互動即前述之關聯性。每個學科不但有學術上的自律性，又有學術上的關聯性。前述孔恩提及常態科學觀念，認為一門學科就是一門常態科學，常態科學有其典範，典範一形成，該學科的研究者，會在典範的指引之下，從事研發覺事實與建構理論的工作。一直到後典範時期，發現舊典範已經不適用，就會對典範產生疑問，最後發生典範上的轉移與變革，然後提出新典範，再重新進入一個新的常態科學階段。孔恩認為研究者在研究過程中，必須接受學科矩陣（disciplinary matrix）的訓練；學科本身有自己的矩陣，這些矩陣包括四個

部分：一是這門學科發展重中最根本的發現，二是這門學科中至今仍被接受的理論；三是使這些理論得以證實的方法；四是包含一些標準的實驗程序（沈清松：2004，pp.58-59）。

照孔恩的看法，一門學科要能成立，必須要是一門常態科學，有其典範，另外還要包含一些科學的矩陣。每一個單一學科應明白其自律性，掌握自己的學科矩陣才能發展。在發展過程中，進而覺察到本學科的限制，須進一步向其他學科合作，走向多元的學科，只有經過多元學科才能進一步談整合。而多元學科合作有一定的模式，叫做「多元中心模式」，按照問題性質的不同，以不同的學科作為核心，來處理這種多元學科的互動，才能達到真正的整合。上述孔恩的說法，過去比較適合自然科學。但是越來愈複雜的人文社會，更需要進行典範轉移，將自然科學的典範轉移到人文與社會科學的研究上。

在人文與社會科學越來越興盛之下，進行科際整合的研究過程，為了建構研究對象的完整知識圖像，沒有一門單獨學科可以宰制任何其他學科，必須依照研究對象的不同面向與不同的研究性質，進行不同的研究組合，不同的主從關係，採用學科的互動與整合研究型態。近代科學研究在大學的設置以及其他研究機構中被制度化，大學被視為是理性具體而微的形象（沈清松：1992，p.119）；大學中有各種不同的科系，各個學科致力於個別發展，而且產生互動、產生整合的地方。也就是說，大學就是具體的實現科際整合這個哲學理念，它需要長時間的發展過程，典範的不斷轉移，研究方法與知識論上的反思與激盪，是非常必要的。學科有其自律性，又有其關聯性，在在說明科際整合的趨勢。

大學教育用來為社會培育人才，專業教育的目標是用之於外，人文教育的目標是成之於內，前者是用，後者是體。全球化時代，所有臺灣之大學，其學術研究不僅要國際化，也要注重本土研究，研究方法更要符應上述之科際整合研究趨勢。換言之，二十一世紀全球化時代，大學通識教育也面臨許多新挑戰。

四　國立聯合大學苗栗學研究中心的成立

　　國立聯合大學（National United University），簡稱聯大，是一所位於臺灣苗栗縣的國立大學，原為經濟部指派地方仕紳籌設「私立聯合工業技藝專科學校」，於1995年由董事會捐贈予中華民國政府並改隸為國立學校，後於2003年改制為大學並更為現名。「苗栗學研究中心」的成立乃國立聯合大學在地化研究與學習之一大特色。除負責苗栗地區之基礎資源與文化資產調查研究工作外，與校內外教學和服務緊密結合是為最大特點。研究地域範疇除山線客家族群文化特色外，苗栗地區之海線閩南與原住民族群亦屬研究與探索範疇。

　　臺灣本是多元族群之海島，苗栗更是多元族群生活之場域，相互間的文化交流與衝擊融合之軌跡，確實值得在地研究工作者深入詮釋與探究。苗栗學研究中心成立以來，積極營造在地研究之特色，進行蒐集苗栗地區拓墾歷史史蹟文物、族群歷史、節慶典故、自然景觀與生態、產業發展、人文藝術、社區營造、宗教民俗信仰、地方教育等資料，作為教學與研究苗栗地區自然、人文、藝術、歷史、地理、宗教、商業、教育等相關領域研究之資料庫中心。苗栗學研究中心中心設立宗旨，乃在於深化苗栗多元族群在地文化探索與研究，開設聯大「在地文化」課程，辦理苗栗文化學習之旅。協助推動與辦理國立聯合大學「人文與客家季」、「客家週」活動。舉辦學術專題演講、推動社區文化產業研習活動、客家山歌演唱及通識教學戶外研習活動……，也陸續辦理苗栗「客家文化活動列車」活動與苗栗「客家學術專題演講」活動。

　　要進行苗栗在地研究，須先了解苗栗的歷史。在臺灣歷史上，苗栗舊稱貓裡（貓裏），清領之初，將臺灣劃為一府三縣，隸屬福建省。一府為臺灣府，三縣是臺灣、鳳山、諸羅。貓裡屬於諸羅縣管轄。雍正元年，增設彰化縣及淡水廳，淡水廳附彰化縣，苗栗屬彰化縣轄下九年。雍正九年，淡水廳改為與一般府縣制同，苗栗改屬淡水轄治。後在於光緒元年（1875）改隸新竹縣。一直到光緒十一年（1885）十月，清政府將臺灣改設為行省，首任巡

撫為劉銘傳。劉銘傳於到任後，以改革地方政制及展開建設為要務，於光緒十三年奏請允許苗栗單獨設縣。其奏文曰「新竹苗栗街一帶，扼內山之衝；東達大湖，沿山新墾荒地甚多。擬分新竹西南各境添設一縣，曰苗栗縣。」（黃鼎松：1998，p.26）。後來，清廷准許苗栗設縣，轄有原新竹的竹南二堡（後改為苗栗一堡）、竹南三堡（後改通霄二堡）、竹南四堡（後改大甲三堡），並派首任知縣林桂芬於光緒十五年到苗栗上任，縣治設在貓裡街。當時，丘逢甲曾賦詩一首，描寫苗栗縣：「田制奇零畝，溪流淺急聲。亂山多近市，新縣未圍城。土瘠遲官稅，民貧長盜萌。眼前無限感，過客此孤征。」（丘逢甲：2001，p.133）。由詩中可見當時苗栗縣是相當貧瘠之地，可想見客家先民來此披荊斬棘，開荒拓墾之辛勞。

光緒十七年，由沈茂蔭繼任知縣，曾聘請地方名儒舉人謝錫光、謝維岳，生員黃文哲、李鍾萼、郭鏡清，恩貢生杜式桂、附貢生曾肇楨、廩生黃肇儒等人，編撰《苗栗縣志》。全書有圖、封域志、建置志、賦役志、物產攷、古蹟攷、風俗攷、祥異攷、學校志、典禮志、武備志、職官表、選舉表、列傳、文藝志、志餘等十六卷，詳述苗栗之一切，成為第一部較完備記載苗栗拓墾史之書。

上述苗栗縣志的記載內容，都是研究苗栗、開展苗栗在地研究中要的項目。聯合大學苗栗學研究中心，為了要落實大學抓地力「在地文化」之研究，讓學生了解在地，期對苗栗地區獨有豐物的歷史、地理、人文，能有一完整之了解，因此開創在地研究的「苗栗學」研究中心，讓在地苗栗研究走入聯合，再從聯合創造苗栗，結合地方產官學界，共同發展苗栗、發揚苗栗特點，共創地方共存共榮之特點。聯大校地所處地理位置為縣治中心的苗栗市，至各鄉鎮距離不致過遠，而且面山臨海，山水相遙。山海線鐵路、高鐵及公速公路及縱貫線貫通，海岸線也完整，北自崎頂海水浴場向南延伸至通霄苑裡地區。東面山區有著名之雪霸國家公園、泰安溫泉等山地氣候，氣候兼具山海型，自平原丘陵山地層巒疊嶂，孕育出各式獨特風貌。族群方面則兼具臺灣四大族群，包括海線閩南族群、山線客家族群乃至平埔族、原住民族群、外省族群皆融其間，其中原住民賽夏族矮靈祭為其著稱者。族群人數

以客家籍為首，特點乃在客家族群之集中與文化的保存較完善。

　　其實，苗栗各群之文化都值得進行深化研究與保存，在地產業人文地理之田野調查與深化探究工程，是必須積極進行的。因此，聯大於民國九十二年四月二十二日校務會議通過成立「苗栗學研究中心」，期於日後能將在地研究結合到教學乃至回饋地方，真正在地落實讓苗栗與聯合共存共榮、讓苗栗以有聯合為光，聯合以能紮根苗栗為基。可以說，苗栗學研究中心是聯合大學注重在地研究之具體作法之一，具文化發掘與整理傳承之使命，漸次促進苗栗發光發熱，成為大學教育與地方發展融合之典範。

五　苗栗學研究中心的研究發展

　　苗栗學研究中心成立至今，為落實在地文化研究之推動與發展，苗栗學研究中心之執行成效如下：

（一）辦理解說員培訓

　　本著社團理念；「學校的校風，學校精神之建立，不在乎成文的校規，亦不在乎校長或教授先生的訓詞，而在乎這學校學生的自覺。學校校風的建立，學生是責無旁貸的」。希望透過一系列對在地之歷史、人文、建築以及教育理念等各方面課程安排，來培訓校園解說員，以期學長之原有精神，能隨不同時代的蛻變，再延續到今日年輕人的身上，並以承續者為榮。苗栗學研究中心重視學生「抓地力」的培養，推動優秀新故鄉與「在地化」文化解說員之培訓，並建立多國語文解說資料庫，用多國語言解說苗栗文化之美。解說員的培訓基本上可造就出一位優秀的導覽人員，為新鮮人解說校園特色，使新生們對聯合歷史、教育理念，以及建築特色，有粗淺的概念，加深其對聯合「根」的認同；為在校同學和畢業校友解說服務，喚醒大家的使命感，使大家有做一輩子「聯合人」的抱負和驕傲感、為社會人士和其它機關團體解說服務，使其溶入校園生活，愛護校園環境。

（二）建置文化學習景點[1]

　　過去苗栗學研究中心推動「學習護照」制度，在中心網站內建置縣內百點文化學習景點，俾利學生認識苗栗風土人情，關懷學校週遭生態、人文環境，增進學習思考空間，凝聚聯合人與苗栗地方共同意識，增進學生與苗栗地域的情感交流。藉由辦理苗栗文化學習之旅，幫助行銷苗栗之好山、好水、好風情，舒解學生身心壓力，讓苗栗成為聯大學生最引以為傲的學習點。

　　依據文獻考察、田野調查、座談會等方式選定苗栗文化點學習踏查的學習點，希望藉由一定機制，篩選出苗栗的學習點讓聯合大學的師、職、生、苗栗人及認同苗栗的人士，可以深入認識苗栗這片土地，進而推展苗栗人與聯合人相互成長與互動，帶給大家苗栗的新氣象。苗栗文化學習點同時也是規劃成為聯大學習護照的必修課。設計苗栗學習六大主題方向分屬苗栗地區豐富的各項資源，分別為：文化歷史、人文藝術、社區營造、產業資源、宗教意念、自然生態、以及聯合大學校內博物館等主題。透過學習護照的催化使聯合大學的每位師生能除了平時專門的課程學習之外，尚能經由學習護照的使用，不只認知校內的歷史發展、願景，並能在課餘時間來認識苗栗的一切真、善、美，將美好的時刻留存在護照之中，增加苗栗珍貴的記憶。

（三）辦理苗栗學論壇[2]

　　為能提供更多綜合性建言與彼此間之交流互動機會，特別是能以聯合大學為論述中心，進一步在苗栗學研究議題與領域能建立更多相互交流與激盪之資料庫，並能討論出優先研究方向與存量評估。落實以大學資源引領與提

1　苗栗學研究中心網站學習護照區已經建置100個文化學習景點：http://miaoli.nuu.edu.tw/

2　苗栗學研究中心曾經舉辦過四次苗栗學論壇，時間分別為：2004年12月28日，94年11月17日，2007年3月23日，2008年3月14日。苗栗學論壇座談會結案報告書已編寫完成，完整資料已建置於中心網站內。

升苗栗之學術、科技與人文發展，讓苗栗鄉親肯定聯大融合苗栗之努力，期許與聯大共同成長為。

徵集訪談耆老、另邀請相關學者專家以及苗栗學研究中心諮詢顧問等齊聚一堂，以探討苗栗為主軸，辦理苗栗學論壇。利用座談方式相互交流提出建言；提供聯大發展方向與意見，增進在地認同，為日後進一步研究之工作奠下基石、為未來方向勾勒宏偉遠景。

為能有效達成苗栗學論壇之首要目標，先執行耆老訪談，於訪談中，將其經歷與對苗栗之貢獻，娓娓道來，一一述說，令親身訪談的第一線人，瞻仰其高節義行，欽佩不已。過程中讓人讚嘆苗栗實是塊瑰寶之地，到處臥虎藏龍、奇人異事，所在多有。這些耆老之芳華貢獻，需要及時訪談，為文報導，為日後留下口述歷史資料庫，編織起苗栗地方完整之人文資料庫。苗栗諸多耆老，亟需吾人與時間賽跑，不斷發掘與深入基層訪查。蓋人文研究之根，就在基礎資料之建立完備上。苗栗學研究中心彙整所有座談會之討論資料並編寫完成座談會結案報告書，將其相關資料建置在苗栗學研究中心網站供愛好與關懷者參閱與探討。

（四）舉辦「苗栗學」相關之學術研討會

為奠定「苗栗學研究」之學術基礎，以在地學術研究之視角，由大學提供一公開論述之平臺，推動「在地化」文化之探討，發展地方文化特色，詮釋苗栗豐富之多元文化風情，整合與累積苗栗學研究成果。以期從多元文化視域，對大苗栗地區做多層面深度的探討與研究，為苗栗學與相關研究，開拓亮麗美好的未來。苗栗學研究中心於2003年4月設置以來，便積極結合地方與學校資源，為地方學術研究成果整合與開發。為期能結合地方產官學界，共同學習苗栗、發揚苗栗特點，共同為苗栗把脈，以學界立場提供對地方理性建言。於2005年7月開始，陸續舉辦第一到四屆之「苗栗學」學術研討會，為苗栗學之研究與發展正式啟蒙並絮下深穩的基礎，成為地方學術研究之典範。每屆在地相關研究研討會，都有論文集出版，開啟在地研究與社

會教育意義。[3]

　　以2016年為例，2016年舉辦了「文化節慶與在地觀光行銷學術研討會」，會中除舉辦專題講座及發表論文外，並舉辦難得的「客家龍脈空拍圖像展覽」，與會學者專家看好苗栗客庄豐厚的文化底蘊，建議結合節慶、特色產業加強行銷，帶動觀光效益。客家大老、苗栗縣鄉土文化學會榮譽理事長陳運棟，特別指出：探討苗栗在地節慶文化管理與行銷、客家風水學與文化觀光、後龍溪流域伏波將軍信仰研究、客家陶瓷工藝創意化發展、桐花祭節慶文化行銷等內容時，除了做為公部門研擬觀光發展政策參考之外，苗栗縣推動民俗節慶結合產業發展觀光，主要目的還是在於行銷苗栗觀光產業，活絡客庄經濟。而苗栗學研究中心謝文正研究員，也發表新書《台灣守護龍神》專書（謝文正：2016），書中精選臺灣各地近百處名山大廟，運用現代空拍科技解析其真龍形象與風水格局。這些苗栗客家龍脈空拍圖像，也展出一週，其中有頭屋天象山玉衡宮、墨硯山曲洞宮、苗栗三臺疊翠、大湖鄉觀音山法雲寺等10多幅空拍圖，吸引許多人前來觀賞。謝文正也持續協助辦理「浪漫台三線地景藝術祭——東勢展區：漫遊大茅埔——尋龍探圳水圳文化探索體驗」，擔任共同策展人與辦理導覽活動。

　　再以2020年為例，2020年11月2日苗栗學研究中心與苗栗縣政府、苗栗縣政府文化觀光局、聯合大學文化觀光產業學系（以下簡稱文觀系）、育達科技大學、元培醫事科技大學等單位，合辦「2020苗栗陶藝術節——學術論壇」。2020年11月5日又與苗栗縣政府、苗栗縣政府文化觀光局、聯合大學文化觀光產業學系、育達科技大學、元培醫事科技大學合辦「2020苗栗陶藝術節——工作坊」。2021年也執行「客家山水祭」相關祭典活動及「2021苗栗燈龍」節慶活動。此外，也繼續協助聯合大學客家研究學院文觀系成立龍隊，為學校爭光，提升聯合大學龍隊知名度，塑造師生榮譽感。[4]像2022年

3　研討會論文經由評審審查後，編成論文集，有國立編譯館ISBN出版文號，第一屆論文集共收錄39篇論文，ISBN986-003283-1，第二屆論文集共收錄37篇論文，ISBN978-986-008752-9。一直到第四集。

4　聯大文觀系龍隊，是由設系第一屆及第二屆系主任林本炫教授堆動於2015年成立至今。每年都參加苗栗市公所舉辦之元宵節燈龍節慶活動，屢屢獲得佳績。

春節期間，文觀系龍隊參加苗栗市《2022苗栗火旁龍系列活動》，不僅由聯合大學大家長李偉賢校長，親自進行2月9日在苗栗市玉清宮前廣場「祥龍點睛」活動，林本炫院長及苗栗學研究中心劉煥雲主任，也參與2月11日「民俗踩街」及12日「燎龍之夜」活動，不僅獲得苗栗市邱鎮軍市長好評，也獲得客家委員會楊長鎮主委之肯定。

（五）推動社區營造

推動社區營造，協助社區撰寫計畫、爭取經費，期盼聯合大學能發揮其人力與資源，幫助地方產業之創新與發展，以學術引領地方經濟之成長，提升苗栗之學術、科技與人文發展。[5]苗栗學研究中心與苗栗縣轄下各鄉、鎮公所合辦，藉此能與各鄉鎮相關人員意見交流、經驗分享，並集思廣益，共謀地方特色文化加值產業如何發展之道，同時將聯大創新育成中心與苗栗研究中心帶動地方學術與產業發展之理念，與地方政府及各級人員共同營造社區之發展。社區影灶也結合導覽解說課程，投入地方史蹟導覽解說。

（六）建置苗栗學研究中心網站

在電腦網路資訊發達的時代，充分利用網路來傳達訊息是每位知識分子皆可為之事。設計屬於苗栗學研究中心之網頁內容，除了可以讓進入苗栗學研究中心之人士可以認識本中心的創立與研究目的，也能不斷增新屬於苗栗各個領域所特有的訊息。同時配合學習護照，使每位參與苗栗地區各領域的師生能有保留下來的紀念，並且讓想臺灣其他地區想認識苗栗的人士也有增加認知與共同交流的園地。

5　本中心推動社區營造，協助社區推動各種文藝活動，如桐花祭活動、客家文化活動等；並曾參加兩岸公民社會與社區營造論壇，並發表論文。詳見苗栗學報報一、二、三、四期。

（七）建置苗栗學資料庫

建置苗栗學資料庫之目的，旨在建立聯大圖書館典藏特色，持續蒐集苗栗地區拓殖歷史史蹟文物、族群歷史、節慶典故、自然景觀與生態、產業發展、人文藝術、社區營造、宗教民俗信仰、地方教育等文獻館藏資料，作為教學與研究苗栗地區自然、人文、藝術、歷史、地理、宗教、商業、教育等相關領域研究之資料庫中心。也能提供學生借閱，以認識苗栗在地多元面向之學習興趣，結合學習護照，珍惜族群關係，促進與地方結合之教育目標。此一苗栗學資料庫，能與縣政府及十八鄉鎮市公所、苗栗社區大學等單位之圖書館聯結，擴充在地研究與客家研究相關圖書館藏文獻史料。

（八）出版客家或在地研究專書

直至2021年底為止，苗栗學研究中心之成員，持續給聯大學生開設學習客語的相關課程，也有出版客語教材。像葉昌玉研究員（也是文觀系薦任專業助理教授），即自2007年起至2021年，持續開設客語薪傳班，並親自授課，傳承客語。2015年8月因教學認真，指導多位文觀系學生，參加客語認證考試初級及中級、中高級，獲得合格。其中還指導一位閩南籍貫的陳楡薪同學，從初學客語到參加客語認證中高級考試，獲得滿分第一名，成績優異。當時臺中市客家委員會主委劉宏基，還專程從臺中來到聯大，親自頒發獎狀及獎金給陳楡薪，聯大客語教學之成效，獲得各界肯定，更是葉昌玉老師的殊榮，激發了葉老師不顧年齡與體力限制，更積極在聯合大學及苗栗縣內，透過各種教學機會，促進客語之傳承。後來苗栗市及苗栗縣政府所設的各種客語學習班，都請葉昌玉老師去任教，許多地方政府官員，特別母語是閩南語的官員，都參班跟隨葉昌玉老師學習客語，並且經過學習班結業之後，參加客語認證考試都獲得通過。

在客語教材方面，葉昌玉除自編教材外，因深覺有必要由自己來編寫客語教材，方能符合客語教學之需要。因此，她積極編寫教材，於2017年12

月，同時出版了《學習客語很簡單——四縣腔編寫》（葉昌玉、吳萬隆：2017）及《文化觀光客語》（葉昌玉：2017）。其後，又於2019年11月出版了《文化觀光客語——導覽篇》（葉昌玉：2019）。2020年張旭英研究員也出版了第一本兒童啟蒙文學《幼學瓊林》，且加以錄音出版。2021年苗栗學研究中心也出版了《臺灣客家伙房的建築文化巡禮——以客家公廳的傳統陳設與文化內涵為例》專書（劉煥雲‧聞健：2021），以及《離散與重現——臺灣客家文化研究》乙書（劉煥雲：2021）。未來苗栗學研究中心將持續出版地方或客家研究之專書。

（九）協助地方藝文展覽及其他活動

　　苗栗學研究中心研究員，除推動地方客語初級認證教學活動之外，也協助聯合大學客家週舉辦客語三字經吟唱藝文活動及客語沉浸式教學、客語生活學校、全國口說藝術等藝文活動。研究員之藝文也在苗栗縣或外地展出，如2020年9月，在西湖吳濁流藝文館展出「客家人的故事」立體紙浮雕作品展，2020年客家研究學院客家週也展出「陶藝作品、立體紙浮雕展出、空拍龍脈圖像」展覽。此外，也協助聯大教務處執行深耕地方計畫活動，執行苗栗縣「十八鄉鎮產業發展地方計畫」活動，進行客家學院年終春聯書寫與自主學習活動，還有「臺灣客家夥房與建築特色——臺中石岡地區客家傳統建築文化與石岡地區客家移民文史」演講，以及「石岡地區七大夥房的建築文化」現場導覽。

　　還有林麗華研究員及陳俊光研究員，他們分別在西湖吳濁流藝文館，展出「客家藝術陶瓷個展」，也在新竹縣文化局展出「〈我在，故我作X美的夢境〉陶藝、油畫展覽」、「極光臻傳」陶墨創作展、「新竹縣優秀客籍藝術家陳俊光薪傳展」。陳俊光也協助聯大學生參觀甕之鄉（駿窯）陶藝館，解說苗栗陶瓷產業的興衰及解說客家擂茶與陶瓷的關係並讓聯大學生實際參與客家飲食文化擂茶，增進大學生與地方產業之互動、體驗。研究員張旭英也擔任頭份市私立瑪奇兒幼兒園客語陪伴員，該園榮獲2019學年度客語沉浸式教

學特優、客語生活學校特優、全國口說藝術兒童組第一名殊榮。

六　結論

　　在地文化研究之推動與發展，可以達到下列大學與在地連結的各種成效，促進大學師生對在地文化研究之風氣與水準。臺灣的大專院校全面推動在地研究已有多年，多年來已經逐漸蔚成風潮，在地研究逐漸成為大學教育的重點方向之一。大學教育的終極目標，除培有專才之外，也是要培養品德健全、人品高尚的、具有在地關懷意識的「士君子」。許多臺灣的大企業家，在求才之際，更呼籲大學教育在地與通識教育的重要，培養具有專業倫理的企業所需人才，懂得尊重生命、有人文精神與企業倫理、有良好的領導統御能力等；大學畢業生應該追求一種有意義的生活，將其所學貢獻給在地社會，增進社會的道德福祉（moral welfare）。期待聯合大學苗栗學研究中心，能繼續深化在地相關產學研究與合作，行銷苗栗之好山好水。

　　總之，現代大學之在地研究，必須隨時代之進步而調整，奠定時中與一貫、與時俱進的學習態度。正如海德格說：「一個人成熟只要二十五年，可是一個大學成熟卻需要三百年。」聯合大學苗栗學研究心在地研究要趨於圓滿與成熟，還有一段很長的路要走，但卻具有重大之歷史意義。大學教育之終極目標，是要使人走上一條「人文化成」的道路，如《中庸》所說，由「盡己之性，到盡人之性，到盡物之性，到參贊天地之化育。」或如《易經》所謂：「各正性命，保和太合」，讓周遭成為充量和諧的社會。地區研究一向是地方文化紮根最重要之基礎工作，大學在地研究之理念與目標，應該因應在地化之潮流，除積累研究成果之外，也透過在地課程之教學，以培養學生在地關懷意識，認識在地之好山、好水、好風情，體驗在地豐富之人文與產業環境，並營造在地化的學習風氣，讓學生關懷週遭生態、人文環境，增進學習與人文素養，讓大學成為帶動在地進步的動力。「全球在地化」，可說是「地方學」的宏遠目標，唯有在地化，固本生源，才是大學教學與研究並重的教育意涵。

參考文獻

一 中文部分

《丘逢甲集》，2001，長沙：岳麓書社。

田 禾譯，Anthony Giddens著，2000，《現代性的後果》，南京：譯林出版社。

朱道凱譯，Hisrs P. and Thompson G著，2002，《全球化迷思》，臺北：群學出版社。

李文志主編，2003，《社會科學在台灣》，臺北：元照出版社。

沈清松，1992，《傳統的再生》，臺北：業強出版社。

沈清松，2002，《對比、外推與交談》，臺北：五南圖書公司。

沈清松，2004，《大學理念與外推精神》，臺北：五南圖書公司。

林安梧，2005，《孔子的六藝之教就是通識教育——世界最早的通識教育家》，刊於通識在線創刊號，臺北：通識在線雜誌社。

余英時，1995，《中國文化與現代變遷》，臺北：三民書局。

唐君毅，1979，《中國人文精神之發展》，臺北：學生書局。

楊國樞、文崇一主編，1992，《社會及行為科學研究的中國化》，臺北：中央研究院民族學研究所。

葉昌玉、吳萬隆，《學習客語很簡單——四縣腔編寫》，臺北：南天書局，2017年12月）

葉昌玉，《文化觀光客語》，臺北：南天書局，2017年12月。

葉昌玉，《文化觀光客語——導覽篇》，臺北：桂冠圖書公司，2019年11月。

劉煥雲‧聞健，2021，《台灣客家伙房的建築文化巡禮——以客家公廳的傳統陳設與文化內涵為例》，臺中：文學出版社，2021年9月。

劉煥雲，2021，《離散與重現——臺灣客家文化研究》，臺北：南天書局。

劉兆玄，2005，「何謂通識——新世紀通識教育的目標」，刊於《通識在線》創刊號，臺北：通識在線雜誌社。

賴澤函主編，1987，《三十年來我國人文及社會科學支回顧與展望》，臺北：東大圖書公司。

葉啟政，2001，《社會學和本土化》，臺北：巨流圖書公司。

鄒川雄，2006，《通識教育與經典詮釋》，嘉義：南華大學教育社會研究所。

黃俊傑，1995，《全球化時代大學通識教育的新挑戰》，臺北：中華民通識教
育學會。

黃鼎松，1998，《苗栗的開拓與史蹟》，，臺北：常民文化出版社。

黃光國，2003，《科學哲學與創造力》，臺北：立緒文化事業公司。

謝文正，2016，《台灣守護龍神：形勢派風水學之理論與驗證》，臺北：桂冠
出版公司。

蕭新煌，2002，《臺灣社會文化典範的轉移》，臺北：立緒出版社。

鄭棨元、陳慧慈譯，J. Tomlinson著，2003，《文化全球化》，臺北：韋伯文
化事業公司。

二　英文部分

Amin, A. "Placing globalization", in *Theory, Culture & Society* 14 (2) (1997)。

Keer Clark et. Al., *Higher Education Cannot Escape History: Issues for the Twenty-first Century* (Albany: State University of New York Press, 1994)。

Knox, P. L. "World cities in a World-system", in P. L. Knox & P.J.Taylor (eds), *World Cities in a World-system, Cambridge,* UK: The Cambridge Univ. Press (1995),。

MacIntyre, A. *After Virtue- A Study in Moral Theory* (Univesity of Norte Dame Press, Indiana, Second Edition 1984)。

Yenng. Henry, W.C. "Capitals, state and space: contesting the borderless world", in *Transaciton Institute of British Geographers*. 23 (1998)。

05

建構地方學的一些思考：

以彰化學為例

林明德[*]

摘　要

一九七七年，臺灣掀起一場鄉土文學論戰，針對過度西化現象進行批判與反思。一九八〇年代，後殖民思潮蔚為趨勢，主體意識逐漸浮現，引起一些學者諦視在地人文，積極搶救瀕臨滅絕的民俗藝術。臺灣解嚴（1987），各縣市政府紛紛提出文化策略，以凸顯其區域特色。於是，金門學、宜蘭學、臺南學、花蓮學、竹塹學、屏東學、彰化學……相繼推出，成為顯學。

　　本文特別列舉彰化學，一窺其建構地方學的用心。從一九七〇年代迄今，仍在進行的文化工程，範疇涵蓋宗教、歷史、地理、民俗、文學、傳統建築、傳統表演藝術、傳統工藝美術與飲食文化等面向，相當程度詮釋了彰化三百多年來，豐饒多元的文化資產底蘊。

　　個人覺得，為尋找地方學的永續經營，將資源回饋地方，並轉化為社區總體營造的活力，以彰顯地方學的積極意義，是值得思考的議題。

關鍵字：彰化學叢書、彰化傳統工藝美術、彰化縣文化地圖

---

* 國立彰化師範大學臺灣文學研究所兼任教授。

一 前言

一九七七年，臺灣掀起一場鄉土文學論戰，針對過度西化現象進行文化批判與反思。一九八〇年代，後殖民思潮蔚為趨勢，整個社會受到激盪，主體意識逐漸浮現，遂引起一些學者開始諦視斯土斯民的人文底蘊，並積極投入搶救瀕臨滅絕的民俗藝術。

臺灣解嚴（1987）後，各縣市政府紛紛提出文化策略，以凸顯其區域（在地）特色。例如舉辦藝文活動、慶典，整理文獻、出版，設置文學獎項，……以打造地方意象，提高能見度。這些文化措施，的確發揮了文化保存的效果，甚至將在地特質轉變為文化資源，成為促進觀光、活絡產業，吸引國際交流的珍貴能源。

於是，金門學、宜蘭學、臺南學、花蓮學、竹塹學、屏東學、彰化學……相繼推出，一時成為顯學。

二 彰化學建構歷程

彰化學從一九七〇年代迄今，仍然還在進行的文化工程。一九七八年，許常惠教授（1929-2001）開風氣之先，發起「民族音樂調查」，帶領學生到彰化、鹿港拜訪百年曲館梨春園（北管）與聚英社（南管）；次年，展開「彰化縣鹿港鎮南管音樂之調查與研究」；一九八一年，在鹿港舉辦「國際南管音樂會議」，有系統積累地方文化資源，也為民俗曲藝爭取學術上的一席地位。

一九八四年，他雙管齊下，進行為期一年的彰化縣民俗曲藝之田野調查、南管音樂曲譜蒐集與整理。一九八六至一九八八年，同時規劃彰化縣立文化中心之「南北管音樂資料中心」與彰化「南北管音樂戲曲館」硬體。一九九七年，許常惠《彰化縣音樂發展史》出版。這一系列計畫，軟、硬體兼施，都由許常惠教授及其創辦的「財團法人中華民俗藝術基金會」（1979-　　）執行。

一九九四至一九九六年，清華大學中文系胡萬川教授主持《彰化縣民間

文學集》正式推出，包括歌謠篇、故事篇、諺語謎語篇等十冊，印證民間文學的多樣與豐富。一九九七年，施懿琳、楊翠合撰《彰化縣文學發展史》出版，涵蓋三百餘年，討論作家一百多人，全書四篇十六章，約七十萬字，充分說明彰化優美的文學傳統[1]。

　　一九九六年，我從服務二十五年的輔仁大學退休，獲聘彰化師大國文系教授，此一職業生涯的改變，引發個人對學術事業的重新思考，在教學、研究之餘，雖然繼續民俗藝術的田野調查，卻開始規劃幾項長遠的文化工程。一九九九年，個人接受彰化縣文化局的委託，進行為期一年的飲食文化調查研究，帶領四位研究生進出二十六個鄉鎮市，訪問二百三十多個飲食點與十多位總舖師，最後繳交三十五萬字的《彰化縣飲食文化》。我曾說：往昔，有一府二鹿三艋舺的符碼；今天，飲食文化見證半線的風華。長期以來，透過訪查、研究，逐漸發見彰化文化底蘊的豐美[2]。

　　彰化縣位於東經120.4818度，北緯23.99297度，人口127萬多人。

　　彰化一帶，舊稱半線，是來自平埔族「半線社」之名。清雍正元年（1723），正式立縣；四年（1726），創建孔廟，先賢以「建學立師，以彰雅化」（清乾隆24年（1759），〈彰化儒學重修碑記〉）期許，並命名為「彰化縣」。在地理上，彰化位於臺灣中部，除東部邊緣少許山巒外，大部分為平原，濁水溪流過，土地肥沃，農業發達，稻米飄香，夙有「臺灣第一穀倉」之稱。長期以來，彰化族群多元，人文薈萃，並且積累許多有形、無形的文化資產，其風華之多采多姿，令人目不遐給。二十五座古蹟群，詮釋古老的營造智慧。各式各樣民居，特別是鹿港聚落，展現先民的生活美學；戲曲彰化，多音交響，南管、北管、高甲戲、歌仔戲與布袋戲，傳唱斯土斯民的心聲與夢想；民間工藝，巧奪天工，雕刻、陶瓷、編織、金工及其他齊聚，在在流露生活的餘裕與巧思；而人傑地靈，文風鼎盛，舊新文學引領風騷，而

1　見施懿琳‧楊翠合撰：《彰化縣文學發展史》（上、下），彰化縣立文化中心1997年版，歸納統計。又彰化縣文化局自一九八四年以來，共出版八百六十九種；一九五四年曾發行《彰化文獻》一期一卷，二〇〇〇年復刊，迄今共有二十期。

2　見林明德：《彰化縣飲食文化》，彰化縣文化局2002年版。

且成果斐然。至於潛藏民間的文學，活潑多樣，儼然是活化石，代代訴說彰化人的故事[3]。

　　這些都是彰化文化底蘊的元素，它們內聚成為一顆堅實、燦爛的人文鑽石。四十多年來，我跡近彰化，探勘寶藏，證明其人文內涵的豐饒多元，在因緣俱足下，正式推出「啟動彰化學」的構想（包括：課程、田調、學術會議、叢書出版），在地文學家康原，不僅認同還帶著我到處拜會地方人士、企業家。透過計畫的說明、遊說，終於獲得一些仕紳的贊同與支持，為這項文化工程奠定扎實的基礎。二〇〇七年，我們先成立編委會，擬訂系列子題，例如：宗教、歷史、地理、民俗、文學（民間、古典、現代）、傳統建築、傳統表演藝術、傳統工藝美術與飲食文化，同步展開，並敦請學者專家分門別類選題撰寫，其終極目標是挖掘彰化文化內涵，出版彰化學叢書，以積累半線人文資源。目前已出版五十冊，當中，文學有二十九冊，包括民間文學二冊（編號：13、31）、古典文學五冊（編號：8、14、24、46、49）、現代文學二十二冊（編號：1、2、3、4、5、6、9、10、12、16、17、18、19、20、22、25、26、29、32、42、48、50）；民俗曲藝七冊（編號：34、35、37、38、39、40、41）；工藝美術三冊（編號：15、23、30）；繪畫五冊（編號：28、43、44、47、48）；歷史三冊（編號：27、33、45）；地理二冊（編號：7、11）；書院二冊（編號：21、36）。[4]

　　規劃即將出版的十冊，包括：傳統建築（寺廟、民居）、書法、水利、歌謠、動漫畫與百年老店等。

　　彰化學內蘊多樣元素，歷經挖掘、整合，不僅重現其圖像，更釋放無限的魅力與價值。倘能進一步的活化、應用，對社區總體營造[5]將可發揮不少

---

[3] 林明德〈啟動彰化學——共同完成大夢想〉，蕭蕭：《土地哲學與彰化詩學》，晨星出版有限公司2007年版，第2-5頁。

[4] 彰化學叢書預計十二年六十冊，自2007年至2016年，已出版五十冊。

[5] 「社區總體營造」為政策性名詞，首見於1994年，由文建會主委申學庸向立法院提出施政報告時所提出，以「建立社區文化、凝聚社區共識、建構社區生命共同體的概念，作為一種文化行政的新思維與政策」為主要目標；其目的乃在整合「人、文、地、景、產」五大社區面向。

的作用，這裡特舉四個案例加以說明：

（一）期待一座彰化縣文學館

　　我親近彰化四十多年，長期探勘寶藏，在點、線研究上，也繳交一些成果。二〇〇七年，在因緣俱足下，正式推出「啟動彰化學」的文化工程。其中值得注意的是在彰化學叢書裡文學，幾乎占了一半之譜，足以證明彰化文學的獨特與豐美。

　　彰化文學涵蓋民間、古典與現代文學，體裁分漢詩文、民間文學、現代詩、散文、報導文學、小說與兒童文學；自一六八三年迄今，歷經清代、日治、戰後到現代，約有一百多人，其著作富含磺溪精神，獨樹一幟。吳晟、蕭蕭、康原與我曾多次在文化局的文學委員會建議成立彰化縣文學館，並做成決議：請縣府正視、落實文化立縣的政見。

　　二〇〇八年，政府推動擴大內需以振興經濟，縣府為了配合地方文化館的設置，特別提出申請，並以「彰化縣文學館」為訴求，希望幾年內能在文化局三樓開館以展示多采多姿的文學景觀。我臨急受命，接受文化局委託，進行全縣文學家與作品的普查，以建構文學館的軟體元素，不過，期程短促，僅有三個月。我帶領工作小組八人（彰師大國文所與臺文所研究生），積極投入，奔波鄉鎮市，並繳交一份不俗的成果，還獲得文化部的獎勵。

　　這個計畫以年代為經、作家作品為緯，敦請國立中興大學廖振富教授整理彰化文學三百年大事紀，我則同步推出古典文學與現代文學十多人，內容分為：作家生平、作品、相關研究資料、訪談紀錄、參考資料與數位錄影等六個面向，《親近彰化文學作家》（2011）列舉先行、中生、新生三代十三人可視為成果的平面展覽；並錄製彰化文學家七人，包括：八卦山下的詩人──林亨泰、白色煉獄的詩靈──曹開、臺灣末代傳統文人──施文炳、土地哲學與彰化詩學──蕭蕭、吟唱土地聲音的詩人──康原、魔幻寫實主義的小說──宋澤萊、散文的眼睛──石德華；同時邀請彰化師大美術系陳世強教授規劃文學館的硬體工程。經多次與文化局討論，決定將文化局三樓

空間加以整合，使之成為動線流暢的展示空間。我建議宜與一樓圖書館連結，方便營運與管理。其實，這種軟、硬體的思考，是在走訪臺南「臺灣文學館」、賴和紀念館、鍾理和紀念館與南投文學館後，斟酌實際條件所提出的可行方案。

二〇〇九年，我獲頒彰化縣第十一屆文學獎・特別貢獻獎。典禮上，從縣長手中接下獎牌與十萬獎金支票。我致辭時，表示一個感謝、一個要求。感謝的是這個獎的肯定，十萬則轉送彰化師大作為助學金；要求的是，希望縣長推動彰化縣文學館，以文學彰化拓展國際的能見度。縣長聽了感動、點頭又鼓掌，深表同意，臺下觀禮者更是一片掌聲與喝采。

二〇一一年，我屆齡退休，以高級志工身分繼續總策劃彰化學叢書，越發現彰化文學的富美，就越感慨彰化縣文學館，彷彿是一座空中樓閣。

二〇一二年，府城成立葉石濤文學紀念館；二〇一三年，彰化市在市立圖書館設置彰化市文學館……，各縣市爭相規劃文學館舍以積累資源，發揮文學的境教功能。反觀半線，忽視豐美的文學軟體，表現毋寧過於消極了。文學是斯土斯民的知感結晶，文學館則是典藏、展示、研究與推廣的平臺；我們期待一座文學館，讓大家見識彰化縣的文學奇蹟[6]。

（二）鹿港家族史的範例

鹿港在臺灣開發史上占有相當重要的地位，諺語云：「一府二鹿三艋舺。」可為例證。清乾隆、嘉慶年間是鹿港的全盛時期，萬商雲集，人文薈萃，因此，由「商業的鹿港」轉型為「文化的鹿港」。長期積累的無形、有形文化資源，既豐厚且多元，堪稱閩南文化的活化石。

鹿港三百多年的歲月裡，有幾家值得注意的家族，例如：日茂行林家、慶昌行陳家、謙勝行莊家與丁協源丁家等，他們都是以「船頭行」發跡，集

6　見林明德〈期待一座彰化縣文學館〉，《人間福報》（The Merit Times），2013年11月26日，第5版。

商人、仕紳與地主於一身，並從商業家族蛻變為書香門第，開枝散葉，延續旺盛的生命力。

在總策劃《彰化學叢書》時，個人非常留意彰化史的諸多面向，例如：書院、家族、工藝和建築等，其中的家族史特別邀請李昭容博士用心耕耘。她是鹿港子弟，國立中興大學歷史學博士，主要研究領域為臺灣史、家族史與文化史，著有《鹿港丁家之研究》、《慶昌家族調查報告》等。我仔細閱讀後，建議將有關鹿港的兩種研究加以統整、修訂，並以《鹿港丁家大宅》（2010）與《鹿港意樓——慶昌行家族史研究》（2011）出版。這種結合歷史、建築與圖說呈現的方式，深受好評，允為學術通俗化的佳例。前者探索丁家開臺祖丁樸實（1763-1843）安居鹿港後，以「丁協源」商號創造事業的高峰；光緒年間，其後代漸由商業之家轉型為書香門第；日治時期，「新協源」後代以讀書晉升仕紳，並與鹿港辜家、基隆顏家聯姻，氣勢非比尋常。作者透過「丁家大宅」分析有形與無形文化資產，逐一解開丁家歷史之謎。後者為陳懷澄（1877-1940）所購置，與十宜樓同列入鹿港八景、十二勝。但時過境遷，隨「慶昌行」的興衰起落，意樓幾乎成為廢墟，因俊美食品李俊德夫婦購得並費心整修，得以再現風華。我曾指出這座自費修復的意樓，是「歷史建築修復的新典範」。二〇〇七年，作者因受邀加入修復團隊，並撰寫慶昌家族的調查報告，長期追溯陳家的歷史與意樓的遞嬗歷程，完成慶昌行家族史研究，為區域史顯影，其努力值得肯定。

二〇一二年，作者幫忙規劃慶昌故事館，陳家後代聞風相繼返回鹿港尋根，並細讀《鹿港意樓》。在長期與陳家後人接觸，並獲得充分信任，得以進入他們不設防的世界，透過訪談，從斷簡殘編，點點滴滴地重建慶昌行家族史的全貌。特別是與陳啟洲的對話，又獲得陳威儒修訂的族譜，讓她以古蹟追蹤歷史的路徑，有了更確切的依據。

二〇〇四年，鹿港十宜樓被登錄為歷史建築。其主人陳祈（1842-1893），乃鹿港重要商號的分子，而「宜琴、宜棋、宜詩、宜酒、宜畫、宜花、宜月、宜博、宜煙、宜茶」的十宜樓是他與知名仕紳交際的場域，騰傳一時。相較於「意樓」的風華再現，「十宜樓」似乎有逐漸消褪的現象。作者訪耆

老，搜舊聞，追蹤陳家後代，蒐集各方史料，在《鹿港意樓》一書的基礎
上，再探慶昌家族史。全書五章十萬字，圖片二百餘張，以圖說歷史的方式
來呈現，增加不少的可信度與趣味性。

陳祈的十宜樓是鹿港八景的「宜樓掬月」，陳懷澄的「意樓」則為十二
勝的「意樓春深」，作者採歷史、建築並進的觀點，雙寫其縱深的歷史，成
為「慶昌行家族史續探」。我建議將書名為《宜樓掬月意樓春》，以凸顯陳家
建築雙璧，並帶出一種悠遠的歷史情懷[7]。

（三）彰化百年老店

一九八〇年代，我開始投入民俗踏查，深入臺澎金馬，也陸續繳交一些
成績。然而當中最讓我注意的是，各地兀自閃爍光芒的百年老店，總是抱持
謙虛的心態，誠摯的叩訪。因為它們都是臺灣歷史的見證者，也是臺灣文化
最堅實的部分，往往集宗教、民俗、歷史、文化於一身，展現珍貴的無形文
化光采。

一九九六年，我獲聘彰化師大國文系，似乎是冥冥註定，與彰化結下了
深緣。一九九九年，接受縣府委託，進行彰化縣飲食文化調查研究，為期一
年。我與四位研究生，奔波於各鄉鎮，訪問兩百三十多個飲食點，為彰化飲
食地圖顯影，也理出飲食文化的特色。

二〇一一年，我開始帶領研究生踏查彰化百年老店。

參與踏查的研究生都選修了「文化詮釋與批判」這門課，除了上課傳授
相關理論與實例外，行前特別介紹田調要領，文獻資訊的蒐集，參與觀察、
交互訪談的運用，同時參證《味在酸鹹之外——臺灣飲食踏查》一書。這些
百年老店都是我認識多年的，但為了消除訪談者與被訪談者的心理距離，我
特別電話溝通、隨行訪視，以取得信任，讓受訪者放心，在知無不言、言無

7　林明德〈深耕鹿港家族史的範例〉，李昭容：《宜樓掬月意樓春——鹿港慶昌家族史續
　　探》，晨星出版有限公司2015年版，第32-34頁。

不盡的情況下，建構百年老店的家族史、作品譜系、工序，與經營策略，並藉著圖以說跡近老店的世界。

十年五階段踏查了二十多家，既例證彰化人文底蘊的豐厚，也發現它們都是立足生活圈、信仰圈、文化圈的重心，為常民文化帶出令人驚豔的光采。難能可貴的是，各店家都遵循古法製作，保留原味，忠厚傳承家業，且能與時俱進，注重品管，努力研發、創意，秉持「歷史的意識」，讓老店展現無窮的魅力。例如：寶珍香引領風騷的桂圓蛋糕、巧成真的史艷文木偶、三角埔仙草的獨特風味、陳萬能的錫藝、施至輝的粧佛、阿振肉包的人間美味、朝和餅舖的傳統漢餅、阿義的手工麵線。

我們的叩訪，打開百年老店的門扉，並經過多次的深入訪談、記錄工序、圖說現場，才如實呈現每家老店的真相。

百年老店歷經時間的淘洗、社會的變遷、產業的衝擊、消費的挑戰，與人事的更替……種種考驗，宛如火煉的真金，閃爍著傳統的光輝。基本上，百年的區域傳統產業，是斯土斯民的共同記憶，也是歷史的重要史頁，更是文化史上的美麗風景；它們內含豐富的無形文化資產，是臺灣的瑰寶，值得我們去正視。

（四）彰化縣的工藝美術

一九九五年，黃志農執行《彰化縣民間工藝人力資源調查》，為傳統工藝留下珍貴的紀錄。一九九六年，臺灣省工業研究所出版《鹿港工藝資源手冊》，共調查訪問一五三位鹿港工藝家。二〇〇六年，康丁源「彰化縣傳統工藝美術普查推廣計畫」之修訂普查資料中，登錄有九十位工藝家。歷經十年，彰化傳統工藝也產生相當的變化，例如：有些工藝瀕臨消失邊緣、傳承中斷、中生代工藝家的處境、傳統工藝與現代社會的聯結、因應策略……等問題。

二〇一六年，縣政府推出「彰化縣傳統藝術──傳統工藝美術普查案」，期望在上述基礎上，進行踏查、檢核，切實反映傳統工藝現況，為文

化資產提供最新資訊，以作為文化政策的參考。本計畫由我主持，依彰化縣「八大生活圈」之傳統工藝美術的普查登錄工作，尋找尚未被發掘、登錄的珍貴人文資源。普查對象包括：

一、針對《彰化縣傳統工藝美術普查推廣計畫普查表結案報告書》（2006）內容重新修訂普查資料九十人。

二、針對彰化八大生活圈新增普查對象至少四十八人（團）。彰化縣包括二十六個鄉鎮市，整合為八大生活圈，即：

  1. 彰化生活圈：彰化、芬園、花壇。

  2. 和美生活圈：和美、伸港、線西。

  3. 鹿港生活圈：鹿港、福興、秀水。

  4. 員林生活圈：員林、大村、永靖。

  5. 溪湖生活圈：溪湖、埔鹽、埔心。

  6. 二林生活圈：二林、大城、芳苑、竹塘。

  7. 北斗生活圈：北斗、田尾、溪州、埤頭。

  8. 田中生活圈：田中、社頭、二水。

調查結果，全縣共有十三類一百三十五人，統整如下表：

工藝＼生活圈	彰化	和美	鹿港	員林	溪湖	二林	北斗	田中	總計
1.木工藝	4	-	32	3	-	4	-	-	43
2.粧佛工藝	-	-	7	-	1	-	-	-	8
3.剪黏工藝	-	-	-	-	1	-	-	-	1
4.竹籐工藝	-	-	3	-	1	-	-	-	4
5.陶瓷工藝	2	1	1	1	1	1	2	1	10
6.玻璃工藝	-	-	-	-	-	-	-	-	0
7.金屬工藝	-	-	7	-	-	-	-	-	7

工藝＼生活圈	彰化	和美	鹿港	員林	溪湖	二林	北斗	田中	總計
8.玉石工藝	-	-	1	2	-	-	-	7	10
9.彩繪工藝	-	3	6	-	-	-	-	-	9
10.漆工藝	1	-	-	-	-	-	1	-	2
11.纖維工藝	-	1	4	1	-	1	2	-	9
12.紙屬工藝	-	-	1	-	-	-	1	-	2
13.針線工藝	1	-	4	-	-	-	-	-	5
14.泥作工藝	-	-	-	-	-	-	-	-	0
15.其他	3	3	14	1	2	-	-	2	25
總計	11	8	80	8	6	6	6	10	135

　　令人遺憾的是，二〇〇六年的普查表九十人，已有九人往生，當中有五家父傳子或師傳徒，其餘皆中斷。

　　從上表可知，工藝美術十五類中，缺玻璃工藝與泥作工藝，而當中剪黏工藝、竹籐工藝、漆工藝、紙屬工藝、針線工藝等，也極為薄弱。

　　顯然的，全縣傳統工藝美術聚焦古城鹿港，包括十一類八十人（團），證明了「鹿港工藝」涵藏的潛在力。

　　傳統工藝美術在現代社會正瀕臨危機的處境，這是不爭的事實，但我們也發現民間守護常民文化智慧的努力，與政府對文化資產的關心，讓傳統工藝美術能維繫一線命脈於不墜。例如：二〇〇四年，由臺灣工藝研究發展中心推動的「臺灣工藝之家」（2004-2012）共徵選一四四人，彰化就有十四人獲得授證並且正式掛牌[8]。這毋寧是對工藝家的一種鼓勵與肯定，此其一；二〇一一年，鹿港三大工藝家施至輝、陳萬能、施鎮洋，二〇一八年，李秉

8　獲得二〇一五年彰化縣「臺灣工藝之家」認證的共有十四位工藝家：鹿港地區的吳敦厚、陳萬能、施鎮洋、李秉圭、黃媽慶、施至輝、許陳春、施金福、黃紗榮，田中地區的蔡龍雄、董坐，二林地區的許宗煥，田中地區的葉志誠和埔心地區的柯錦中。其中吳敦厚已於二〇一七年辭世。

圭分別榮獲重要傳統藝術，戴上「人間國寶」的桂冠，且展開傳承計畫，此其二。至於民間藝人傳承家業的更是不乏其人，例如：傳統彩繪——和美陳穎派之於陳文俊、陳敦仁；石硯雕刻——二水董坐之於董嘉靖、董嘉豪。

值得一提的是，影響深遠的「鹿港魯班公宴」，乃工藝界為巧聖先師魯班公誕辰（農曆五月七日）所舉辦。該活動創辦於一九九六年，二〇〇八年獲彰化縣政府登錄為「無形文化資產——民俗及有關文物信仰類」。每年祀典儀式，由朝陽鹿港協會辦理。在統一渡假村鹿港文創會館集會堂隆重舉行，是鹿港最具文化內涵的活動，祀典儀式有主祭、陪祭，執事人員包括禮讚生、五寶侍者、十大護法等，皆由彰化縣知名工藝家擔任；祀典中有獻五寶儀式，主祭官依傳統習俗獻上班門五寶「文公尺、墨斗、斧頭、大鋸、規矩」，呈現肅穆感人的祖師崇祀氛圍。

鹿港魯班公宴，主要內容為「工藝作品宴祖師」，以傳統民間信仰宴神的「看桌」形式，邀集臺灣各地知名工藝家，提供木雕、漆器、陶藝、燈籠、錫藝、女紅等作品共一〇八桌約五〇〇件。邀請的工藝家，包括：人間國寶、國家工藝成就獎、薪傳獎、傳統工藝獎等大師級的作品。

這個活動連續二十多年，既積累豐厚的經驗與資源，也鼓舞了不少傳統工藝美術家，讓大家共同斟酌於傳統與現代，尋覓新路向[9]。

（五）彰化縣文化地圖

一九八〇年代，個人投入田野踏查，並在每個專案建構地圖，如：彰化縣飲食地圖、臺灣傳統工藝地圖、臺中市飲食地圖……等。並且從中思索結合人、文、地、景、產（涵蓋有形、無形文化資產），重新建構豐饒多元的文化地圖，彰化縣，成為試驗的對象，多年來，我帶領研究生投入踏查、搜尋、討論，終於繳交一些成果。例如：

9　林明德主持《「彰化縣傳統藝術——傳統工藝美術普查」案成果報告書》（未出版），財團法人中華民俗藝術基金會2017年，第639-654頁。

　　彰化縣（如下圖，共2市、6鎮、18鄉）將行政區劃分成八大生活圈，分別為：1.彰化生活圈（彰化、芬園、花壇）、2.和美生活圈（和美、伸港、線西）、3.鹿港生活圈（鹿港、福興、秀水）、4.員林生活圈（員林、大村、永靖）、5.溪湖生活圈（溪湖、埔鹽、埔心）、6.二林生活圈（二林、大城、芳苑、竹塘）、7.北斗生活圈（北斗、田尾、溪州、埤頭），及8.田中生活圈（田中、社頭、二水）。

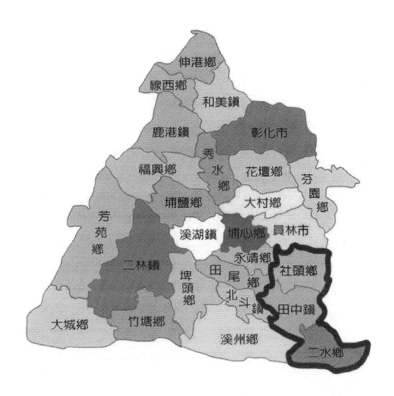

　　其文化地圖以文化生活圈分八區，這裡特以8.田中生活圈（包括：田中、社頭、二水）為例：

No	項目／鄉鎮	社頭鄉	田中鎮	二水鄉
1	歷史地理（面積、由來、氣候、地理特色）	36.1449平方公里。因洪雅族大武郡社之頭首或頭人居住於此，因而得名。	34.6056平方公里。清道光16年（1836）周璽的《彰化縣志》就出現此地名「田中央」，日治時期一直沿用，大正9年（1920）田中庄役場成立，改名為田中。	29.4449平方公里。輪廓形似菱角，古地名為「二八水」，清代建置行政區劃時亦將莊名定為「二八水莊」，日治初期仍沿用，1920年街庄改制，簡化為「二水」。
2	族群（人口數、大姓）	42,322人（2021年3月調查）。平埔族原住部落名為「大武郡社」，蕭姓為鄉內最大宗。諺語云：「鹿港施一半，社頭蕭了了。」	40,532人（2021年4月調查）。福建漳州（超過80％）陳、蕭姓氏為大宗。	14,642人（2020年），彰化縣人口最少的鄉鎮。在漢人大量遷入以前，二水屬於平埔族群原住民巴布薩族東螺社的活動範圍。諺語云：「二林洪半天、二林洪不讓。」陳姓多於洪姓（2019年7月）。
3	宗教	輝山堂主祀中壇元帥哪吒太子。	清朝時已建有沙崙仔街乾德宮（悅興街新社宮）、太平順天宮、內灣德安岩、龍潭龍門宮（新興宮）等祠廟，其中乾德宮是田中鎮的信仰重鎮。日治時期，在傳統信仰上僅興建少數祠廟，較為特殊的是結合鸞與齋堂的「修善	佛教、道教、天主堂、基督長老教會。林先生廟，二水唯一官辦廟宇，傳說主祭幫助施世榜建八堡圳的林姓人士。1834年的《彰化縣誌》〈水利篇〉與〈人物誌行誼篇〉均有相關的記載。

No	項目／鄉鎮	社頭鄉	田中鎮	二水鄉
3	宗教		堂」，為儒教神宗、齋教發展的核心。另有道教、天主教、基督長老教會。	
4	古蹟（國定、縣定、歷史建築）	縣定古蹟：蕭氏斗山祠。 歷史建築：同仁社、蕭氏鋤經堂、月眉池劉氏古厝、社頭劉氏家廟芳山堂、張厝土地公廟（永安宮）、泰安宮石頭王公廟、泰安岩、清水岩、八堡圳。	縣定古蹟：清朝秀才陳紹年故居「壽山堂」。 歷史建築：蕭氏斗山祠、蕭氏書山祠。	歷史建築：鄭氏古厝（三進三院八護龍）、二水分駐所（所長宿舍及升旗臺）、宏和醫院、謝東閔故居、開臺國聖王紀念碑。
5	傳統表演藝術	社頭枋橋頭七十二庄迓媽祖。		明世界掌中劇團（1955-迄今）。
6	傳統藝術工藝（產業）	百年老店新和春漬物醬油工廠（1921-迄今）。 勝利織襪廠（1945-迄今）。 力士西服（1978-迄今）。 「芭樂多，襪子多，董事長多。」。	寶豐香皂（1947-迄今）。 泰山企業（1950-迄今）。 維力食品公司（1970-迄今）。 華新醫材（1974-迄今）口罩。	董坐石硯藝術館。 濁水溪螺溪石硯。 二水螺溪石藝館。 彰農碾米廠（1964-迄今）現改為彰農米糧商行。
7	飲食	百年老店肉餅榮。 水晶芭樂、珍珠芭樂享譽全臺，有「芭樂王國」之稱。	田中老店筒仔米糕（70年）。 炎獅切仔麵（超過40年）。 龍吉高麗菜飯（30	三義泉和德醬園（1948-迄今）。 大明火燒麵。 和信養蜂龍眼花蜜。 龍眼乾。

No	項目／鄉鎮	社頭鄉	田中鎮	二水鄉
7	飲食		年）。 寶大食品（1973-　）蜜麻花。 再源油廠（70年）。	白柚、帝王香水柚。
8	當地代表作家（人物）	1.翁鬧（1910-1940）小說家及詩人，以日文寫作。 2.邱家洪（1933-　）小說家。 3.潘榮禮（1938-　），農民作家，作品豐富多元，有評論、小說、散文，還會寫鬼故事。 4.蕭蕭（1947-　）本名蕭水順，作家、詩人，曾以《太陽神的女兒》散文集獲新聞局優良圖書金鼎獎、吳三連文學獎。 5.邱翊安，小說家。	1.陳朝寶（1948-　）漫畫家及當代繪畫藝術創作者。 2.任賢齊（1966-　）歌手、詞曲作家和演員。 3.劉耀經博士（1956-　），曾任美國國家農業圖書館館長，現任美國農業部農業研究署副署長，曾榮獲2018美國傑出公務員總統獎。	1.王白淵（1902-1965）新詩詩人，日文世代作家，著有詩集《荊棘之道》。 2.謝東閔（1908-2001）原名謝進喜，第六任副總統。 3.鄭衍基（1954-　），阿基師，現為福容大飯店行政總主廚。 4.王美花（1958-　）現任經濟部部長。
9	民間故事（歌謠或念謠）	楊本縣敗地理、臭頭仔洪武、土地公治病、詹九、埤斗村的風水傳說、許厝寮、十八幹仔由來、仙蛟蹄、絲線吊銅鐘、查某鬼糾糾纏、鬼厝、人頭擴、邱罔舍。	虎姑婆。	林先生、金鴨母合銀塗蚓、龍仔頭獅仔嶺、二水佮二八水。

No	項目／鄉鎮	社頭鄉	田中鎮	二水鄉
10	工藝家	蕭國武（1944-　），獅頭製作。現任同義堂堂主。	1.賴郭絲（1944-　），草編鞋。 2.劉順智（1956-　），石硯雕刻。墨池藝術工坊，內有劉順智臺灣螺溪石硯作品集。 3.葉志誠（1970-　），陶藝。建立全彰化第一座「柴燒穴窯」的陶藝家。	1.董文平（1940-　），石硯雕刻。擅長松柏樹木的雕工，是一位硯雕家。 2.蔡龍雄（1943-　），石硯雕刻。被稱為二水硯雕界的奇葩，年逾五十才接觸螺溪硯，第一次參加比賽即獲得國立臺灣工藝研究所硯雕銀獎，並且代表國家赴日參賽得到最榮譽–東京都知事賞首獎。 3.董坐（1953-　），石硯雕刻。家傳以螺溪石製硯，1992年成立董坐石硯藝術館，1994至2002年相繼出版五本專輯，名為《董坐螺溪石硯精品輯》。 4.張銀賢（1955-　），石硯雕刻。臺灣螺溪硯天下負責人。 5.董嘉靖（1977-　），石硯雕刻，董坐長子。現為董坐石硯藝術館負責人。

No	項目／鄉鎮	社頭鄉	田中鎮	二水鄉
10	工藝家			6.董嘉豪（1981-　），石硯雕刻，董坐次子，與董嘉靖都受父親董坐啟蒙、感召，立志薪傳硯雕技藝。
11	其他	清水巖（1728-　）。	私立文興高級中學（1969-　）。	跑水節。

（林明德、國立彰化師範大學臺灣文學研究所王妤涵製表）

三　結語

　　一九七〇年，許常惠教授開風氣之先，揭開彰化地方文化工程的序幕，迄今已有五十多年。二〇〇七年，彰化學叢書誕生，從無到有，歷經十多年，真是不尋常，也不可思議，它充分說明了這是一項艱辛的文化工程。

　　一九八〇年代，個人投入田野踏查，並在每個專案建構地圖，如：彰化縣飲食地圖、臺灣傳統工藝地圖、臺中市飲食地圖……等。並且從中思索結合人、文、地、景、產（涵蓋有形、無形文化資產），重新建構豐饒多元的文化地圖；彰化縣，成為試驗的對象。我帶領研究生投入踏查、搜尋、討論，終於繳交一些成果。

　　但這些都是階段性的任務，為了深化地方學，仍有待專案的持續踏查研究。透過系統的積累，整合、活化，為地方學尋找永續經營的大方向，學術資源回饋地方，並轉化為社區總體營造的活力，以彰顯其積極意義，恐怕是值得我們去思考的議題。

重要參考文獻

施懿琳、楊翠合撰：《彰化縣文學發展史》（上、下），彰化縣立文化中心
　　1997年版。

林明德：《彰化縣飲食文化》，彰化縣文化局2002年版。

林明德：《彰化學叢書》，自2007年至2016年，已出版五十冊，晨星出版社。

林明德主持：《「彰化縣傳統藝術──傳統工藝美術普查」案成果報告書》，
　　未出版，財團法人中華民俗藝術基金會2017年版。

06
埔博網絡與水沙連學之建構

江大樹[*]、李瑞源^{**}、張力亞^{***}

摘　要

　　本文從地方知識的生產與建構出發，論述埔里生活生態博物館網絡（簡稱：埔博網絡）作為一個中介組織，對水沙連學的意義、作用及其推動歷程。因此，內文首先聚焦於埔博網絡的時空背景、組織架構和行動策略，結合大學與在地的知識社群能量，以地方文本為經、知識應用為緯，共同描繪地方知識演化的軌跡與學理創發取向，並嘗試在各專業領域行動研究中，逐步型塑水沙連學的紋理與特色。

　　埔博網絡表面上是自發性探索在地人文社經發展議題的民間組織，實則為因應新型態知識內涵、探究過程和行動方法的時代環境產物。一方面承繼前人累積豐厚的地方經驗基礎，另方面開展地方知識社群的議題研究；最終，期待在多方位交互影響與賦能的動態過程中，以集體行動力孵育一個在地知識生產平臺。本質上，埔博網絡乃是屬於當代的、跨域的社會群體生活紀錄和觀照，在地知識社群共創以地方為本、蘊含新生與新意的水沙連學。要之，埔博網絡直接或間接地刻化了水沙連學對於在地知識的描繪、運作和

---

* 國立暨南國際大學公共行政與政策學系特聘教授兼水沙連學院院長、水沙連人文創新與社會實踐研究中心主任。
** 國立暨南國際大學水沙連人文創新與社會實踐研究中心博士後研究員、通識教育中心兼任助理教授。
*** 國立暨南國際大學通識教育中心助理教授兼社會組組長、水沙連人文創新與社會實踐研究中心協力治理組組長。

輸出；而埔博網絡與水沙連學，二者在對位關係上彼此成為相互建構與型塑的交織客體，並且在思辨及反饋過程中愈加成型與成熟化。

關鍵字：地方學、水沙連學、埔博網絡、中介組織、地方公民社會

一 前言──地方從「志」到「學」

　　地方志，或地方史，過去常被不假思索地歸類為史學範疇一部分，因為在概念上，是處理不同向度的時間與客體發展議題，面對的是歷時性歷史發展，配合研究方法併行文獻資料蒐集、口述歷史採集，只要書寫素材夠扎實充分，要寫出客觀中肯的地方史研究或呈現地方史圖像就不是難題。然而，這類史學地方志的書寫，某種程度來說，是帶著上位思考與特定觀點的存在，本質上將歷史視為靜態鏡像，研究者不熱衷參與、投入或介入當代地方活動，甚至刻意與地方人群保持距離、冷靜觀看，真正在乎的是「有用資料」的擷取和分析解讀；並且，鄉志、縣志的地方志內容也經常被化約為標準形式，無論是地質、考古、政治、社會、教育、水利、經濟發展等專業科目領域，一律交給專擅處理歷史題材的文史學者或文史工作者，似乎成了鞏固史學地盤的角頭勢力。由此延伸而來的區域研究，以特定地理空間進行跨學科研究整合為特色與方法，強調區域內部的有機連動性格，多數仍以人文社會學科為基礎範疇。

　　不同於地方志特意與「地方」保持觀看距離，地方學在立意上似乎反其道而行，有意識地將自身鑲嵌進當代地方脈絡，俾利共構多面向互動的學習網絡，形成「地方學、學地方」的基本態度；將地方視為地方文化知識的載體，注重共時性動態發展歷程與歷史觀點書寫，並以跨科際社群共學的集體視野和行動整合，參與地方當代進程，同時也成為地方一分子。然而，儘管「向地方學習」有著美好想像以及知識解放的藍圖，但「參與地方」從來不是一件簡易單純之事，所謂知易行難，這過程既存太多有待嚴肅以對的階段性推動難題。

　　跟其他縣市鄉鎮的地方學相較，在南投埔里發展水沙連地方學起步算晚，2014年才萌生「水沙連學」地方意識，且和多數鄉鎮地區類似，都由在地大學肩負地方學研究之集成（江大樹、張力亞，2021）。在埔里，國立暨南國際大學（以下簡稱：暨大）揭竿倡議水沙連學的社群研究，暨大儘管起步較晚，卻有長期與地方交往的深厚基礎，特別是經歷1999年921大地震的

洗禮，清晰目睹大學與地方間巨大裂痕，花費近20年時光才慢慢填補癒合；在這不短的期間，暨大將學術視野轉向地方深耕，學習著謙卑、學習地方經營、更學習自我救贖之必然（暨大歷史系，2020）。

從暨大持續參與地方社會實踐的角度來看，地方學堪稱是一種新型態地方社群研究和在地知識的整合，在不同時期、針對不同議題，不僅需要對接式的跨學科專業組合，更需要某種中介組織的存在。事實上，後者扮演極重要的發動機角色，透過長期陪伴、認識地方紋理、掌握關鍵課題，才有能力提出具體的地方文化知識架構，或是帶動解決公共議題的方法與途徑；另一方面，面對社群組織內部，也需要專業媒合、積極溝通、議題串連和行動研究等等，可說一個地方學的誕生，中介組織能長期且積極推動實屬關鍵因素所在。

本文著眼於地方學推動過程之中介組織的運作經驗書寫，在暨大，此中介組織即2016年創設的「埔里生活生態博物館網絡」（簡稱：埔博網絡），其定位為大學與地方的社群溝通和連動介面。本文一方面回顧埔博網絡的生成脈絡與在地關係，另一方面則聚焦近年來埔博網絡作為一個在地社群媒介，如何發揮組織力的方法及其綜效，並以建構水沙連學為願景目標，呈現階段性實作經驗的成果與省思。

二 水沙連區域和水沙連學

在探究水沙連學之前，有必要先對水沙連的地理空間或特定稱謂用法進行說明。事實上，水沙連一詞的被使用，多數並無特定地理位置或對象，反倒多指涉中部內山番界以外地區，常隨著番界線的浮動而游移。整體而言，約略有幾種意涵：一、特定對象：狹義而言，指住居日月潭一帶的邵族村社，即水社（或稱沙連社、水沙連社）；二、邵族傳統領域：廣義而言，包括今名間、中寮、集集、水里、信義、魚池、埔里、仁愛、國姓等地，皆曾為邵族統轄地區；三、番界外的非統治地區：屬概念性番界，以「內山水沙連」統稱界外廣大地理空間，散布眾多村社，在歷史文獻上以濁水溪、烏溪

流域中上游為界，劃分南港、中港、北港三區，其中水沙連六社位於中港地帶（水社、頭社、貓蘭、審鹿、蛤里爛、眉社，今埔里、魚池一帶）（整理自簡史朗，2005：16-19），清代嘉慶年間郭百年事件之後，官方新立南、北路界碑（集集風崆口、國姓龜仔頭坪），同樣屬此概念範疇。

對此，可知水沙連一詞在歷史上的指涉對象和地理空間變化，但這方面的細究並非本文原意，本文冠上「水沙連」，毋寧取其內山區域社會經濟生活圈之意涵，一方面帶有歷史延續性的區域連動脈絡，一方面則彰顯當代內山鄉鎮的特殊地方感，簡言之，即以埔里做為中介城鎮的內山區域鄉鎮關係網絡（參見圖一）。

圖一　埔里地理水系圖示

（資料說明：埔里盆地鳥瞰圖，可清楚看出盆地內地理水文形勢〔截圖自 Google Earth〕）

說明水沙連一詞用法後，接續考察「水沙連學」在埔里的階段性發展，從埔里研究進程和研究者社群屬性來看，約有三個不同時期的書寫面向。第一個時期，個人地方志書寫：1951年3月，時年28歲的劉枝萬先生，自力獨資出版《臺灣埔里鄉土志稿》，採取鋼板刻字油印方式複印100套，內容以清代中部平埔族群遷徙埔里、開山政策議論和設置大埔城等重大歷史事件為主軸，向來被視為水沙連學嚆矢，開啟水沙連研究的新頁。

　　第二個時期，社群區域史研究：1995年，暨大在埔里設校，對應埔里多元族群集聚設有歷史學系和人類學研究所，成為水沙連研究的堡壘和學術社群，特別是族群研究，譬如2005年由暨大歷史學系承辦「百年的遺落與重現：南投縣平埔族群文化研討會」是為一例；2008年10月18-19日，為慶祝劉枝萬先生85華誕，暨大人類學研究所結合臺灣打里摺文化協會、新故鄉文教基金會，以劉枝萬為名共同舉辦「水沙連區域研究學術研討會：劉枝萬先生與水沙連區域研究」，表彰劉先生對水沙連學的極大貢獻。本次於研討會發表的多篇論文，2014年結集成書《劉枝萬與水沙連區域研究》，除少部分為劉枝萬先生的研究成果與學術貢獻外，多篇仍以水沙連地區為題進行各領域學術研究，計有考古學、語言學、歷史學、人類學、民俗宗教學等等，研究社群有來自中央研究院、暨大校內老師、外校大學老師、地方文史工作者，多為研究者個人長期鑽研的學術研究成果。當時，係以「區域研究」涵蓋水沙連區域的綜合型研究，其研究領域、類別和學理方法，可對應一般類型的地方志內涵，其特色則是以人文社會學科為大宗、多聚焦過往歷史文化題材，帶有單打獨鬥、隨機分散、無系統性和靜態觀點的地方史書寫性質。

　　第三個時期，組織型地方學研究：2013年7月，暨大獲得行政院國家科學委員會的「人文創新與社會實踐研究計畫」補助，設立水沙連人文創新與社會實踐研究中心（簡稱：人社中心），積極建立大學與地方的夥伴關係，並於隔年2014年6月20日舉辦「第一屆水沙連學研討會」，正式將「水沙連學」搬上學術檯面，其代表意義是，以水沙連地域為範疇，投入在地大學師生的研究能量，透過行動方案實作和經驗分析，勾勒水沙連地方知識的當代內涵；當時研討會設定「公共議題及公民參與、再現文化小鎮、生態城鎮轉型、社會關懷與綠色經濟」四項議題場次，標舉系統性、整合型的地方學時代已翩然臨至。本次於研討會發表的多篇論文，2017年結集專書《大學與地方的協力治理：方法、議題與行動設計》，留下摸索階段的水沙連地方學足跡。

　　時隔6年，2020年9月28日，人社中心再度續辦「第二屆水沙連學研討會：地方連結與社會實踐」，邀請校內執行科技部人社計畫及大地計畫的團隊、三個有執行教育部USR計畫的學院（管院、科院、教院）團隊共同發

表，彰顯暨大在社會實踐方面的集體行動力；該項研討會當時訂立「社群治理與地方創生、社區互助與文化保存、地方產業振興、大學教育翻轉」四項議題場次，共同型塑具備多元層次的水沙連學。本次研討會所發表的多篇論文，後續於2021年結集專書《建構水沙連學：暨大人文創新與社會實踐的行動研究》，成為暨大近年來建構水沙連學的階段性推動成果。

組織型地方學研究有幾項特點，像是多元性社群網絡、多學科理論應用、跨領域共學機制、系統性地方知識建構和動態觀點的地方發展論，這些都是讓水沙連學能獲得更全面觀照且持續進行有機連鎖反應的重要養分。以上三階段水沙連區域研究書寫型態的演進，詳如圖二所示。

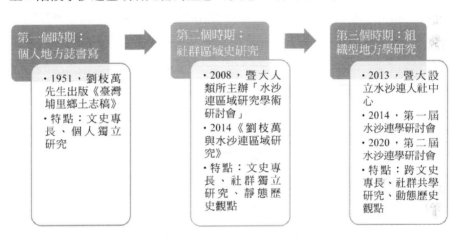

圖二　水沙連學發展脈絡與其特點

（資料來源：作者自行繪製）

三　埔博網絡的緣起、運作與願景

埔博網絡的概念來自生態博物館（Eco-museum），生態博物館有其自我生成的階段性歷史發展脈絡；在臺灣，最早倡議的是宜蘭「蘭陽博物館」，標舉著「蘭陽是一座博物館」而遠近馳名，更創立蘭陽博物館家族以串連縣境公私立地方產業文化館，帶動從全縣到全國的文化學習風氣，興盛一時。

生態博物館有幾個要素：在地資源整備與調查、促進社區參與、振興地方經濟，然而如何操作必須配合在地發展需求和適當社會條件，譬如公私部門的資源挹注、協力社群網絡成型、社區自主能力等等；在一個以天空為屋頂的博物館底下，權衡最有效的人力和資源組合，會是生態博物館中融合自然環境和社會人文的最好詮釋（李瑞源，2017：5）。

埔里生態博物館的倡議，可溯往連結到埔里進行社區總體營造的歷史經驗，從1995年元旦成立的「新埔里發展委員會」伊始，曾經有過一段輝煌時期，這股來自民間社會的豐沛能量直到遭遇921地震才沉寂下來，轉進煙塵瀰漫的921重建期。值得一提的是，1998年，當時成立展顏工作室的廖嘉展（今新故鄉文教基金會董事長），為參與競標埔里鎮公所的「埔里形象標案計畫」，曾結合雲林科技大學黃世輝老師共同提案，提出「生態博物館」嶄新構想，驚險以一票勝出，但卻隨即被莫名撤案，只留下對埔里重振觀光形象的理念與基本原則等令人遺憾的書面紀錄。

第二次倡議埔里生態博物館，已是2016年，距離第一回足足18年之久，這中間經歷許多人事更迭，特別是921重建以來的幾波關鍵運動：桃米生態村轉型（2000-迄今）、再現埔里蝴蝶王國（2010-迄今）和打造宜居城鎮（2013-迄今）。從單點社區營造、城鎮環境美學推廣到宜居城鎮的願景，希望透過複製成功轉型的桃米社造經驗，以生態環境保育為方法，擴散埔里各鄰里社區。這期間的主要串連發動者，震後初期一直都是新故鄉文教基金會，十年之後才逐漸交棒給近年加速與地方連結的國立暨南國際大學身上；隨著大學與地方的友善互動頻率增加，加上客觀情勢環境的成熟化，2016年廖嘉展董事長重掀昔日埔里生態博物館的藍晒圖，邀請暨大水沙連人社中心、大埔里觀光發展協會等夥伴們共同倡議，強調自發性的民間公民運動，嘗試從環境生活者的在地視野，型塑宜居城鎮的價值和內涵。在地大學的到位，象徵著釋放學院知識殿堂的力量，迴向予地方城鎮的當代需求，並能吸收地方文化知識反饋自身教研工作，且以城鎮生活者的切身感，與地方環境形構生命共同體的共存感知。對此轉變有著深刻感受的廖嘉展董事長，明確提及：

在歷經1999年921地震與2009年88風災之後，原本從事文史工作的朋友，大都已筋疲力竭；另外，網路訊息量大增，文史工作、社區工作者已不復初期的受到重視。原本發揮很大影響力的社區總體營造政策，也走入疲乏的時期。這時候，同時面對少子化與人口快速老化的問題，……希望藉由大學參與社會實踐，一方面調整大學的價值體系，藉由社會參與，協助解決社會發展的困境（廖嘉展，2021：13）。

關於埔博網絡的組織建置情況，籌備初期的成員背景，有服務於暨大的教職員、第三部門NGO組織者與成員、退休公務人員、藝術公司負責人等等，主要以兩位召集人：暨大江大樹副校長、新故鄉廖嘉展董事長為首的跨域聯盟組織。江副校長當時兼任教務長，多能接觸並熟悉各院系所教師群與其專業領域，有利招攬有志趣者、議題領域相關者成為埔博網絡協作夥伴，形成校內顧問群像而擴大教師參與度；廖董事長當時身兼大埔里地區觀光發展協會理事長，致力推動有文化質感的埔里觀光，且向來與臺灣藝文界、社造界有深厚交往，遂邀請幾位社造界摯友為埔博網絡把脈建言，形成校外顧問群像而擴大外部社會連結，更充實埔博網絡人力資源陣容。

埔博網絡以一個月聚會一次的穩定頻率維持運作，初期考量埔里特色資源成立了文史、生態、產業和藝術四組，外掛兩個任務編組的宣傳推廣、資訊組。每組各推選一名組長，組長人選皆由特定領域具備高度社會聲望、專業能力與熱心長期投入的理想對象擔任，每位組長背後都有相當程度的社會資本和社群人際網絡，能倡議更多友善理念、活動發起和公共論壇，邀請更多人的加入和促進世代傳承，如同1995年新埔里發展委員會的組織形式；因此，待各組人馬就位後，陸續確認組織架構、主軸願景、行動論述、方法論和中長期規劃，也盡可能開創組際橫向串連的整合機會，透過各組行動議題捲動社會各階層參與，探討宜居城鎮的可能性，關心在地正在發生的社會環境議題。

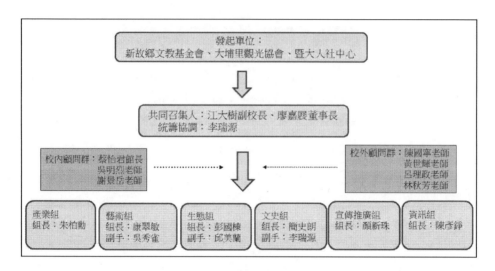

圖三　埔博網絡組織圖

（資料來源：作者自行繪製）

　　初期埔博網絡將近一年多的運作重點，是各組進行節點基礎調查、資源盤點、召開地方諮詢會議等先備工作，擇定優先推動的議題和區域，進行初步的社區或議題擾動，一方面與地方的歷史經驗連結延續，一方面開展新議題向前推進，譬如文史組優先於愛蘭台地（又稱船山）規劃執行船山講古系列活動、生態組進場蜈蚣社區推動生態解說員培訓課程、藝術組以茄苳腳的水資源議題為主軸、產業組籌劃小鎮品味的埔里生活創客市集。

　　上述優先推動的地方，在船山，過去有新故鄉基金會深度耕耘的社造經驗，尤其是鐵山社區；在蜈蚣社區，雖是新進場社區，但組長彭國棟老師擁有豐富社區解說訓練，有整合埔里生態系統一體化的能力；埔里生活創客市集，以獨特的夜間遊程設計，串連地方藝文展演和在地特色農業銷售平臺，是嶄新的創意發想；茄苳腳的水資源議題，扣緊水文意象，從南村里的水文化著手認識人與水的長期依附關係。上述各項構想與活動規劃，從學術研究角度來看，各組已就特定主題展開行動研究的肇始，同時呈現著「水沙連學」踏步前行的起手式（參見圖四）。

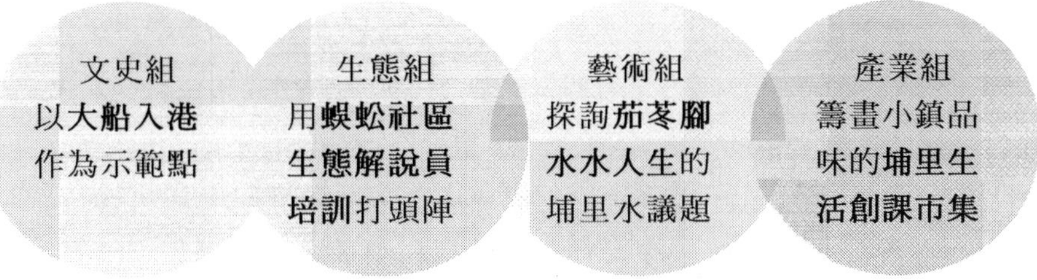

文史組	生態組	藝術組	產業組
以大船入港 作為示範點	用蜈蚣社區 生態解說員 培訓打頭陣	探詢茄苳腳 水水人生的 埔里水議題	籌畫小鎮品 味的埔里生 活創課市集

圖四　埔博網絡初期各組優先推動議題

（資料來源：作者自行繪製）

　　不諱言地，這些議題、課程與活動的籌劃執行，皆需要校內／外適當經費支持，除文史組船山講古、藝術組水資源議題尋求人社中心內部資源外，當時恰逢教育部自2016年規劃大學社會責任計畫（USR），2017年試辦，2018-2019年第一期正式啟動，在人社中心積極橋接大學和地方諮詢對談、引導提案方向和陪伴計畫書寫下，力促暨大四個學院順利申請到計畫補助（1A、2B、1C）；其中，也適時鏈結埔博網絡已奠定基礎的生態、產業組加以串連：（一）結合科技學院計畫與埔博網絡生態組的能量，共同導入相關課程和經費資源，如邀請科院計畫教師楊智其在通識中心開設「綠色工法」課程，以及委由彭國棟組長執行社區生態解說員培訓課程，齊力帶動社區的學習成長，至今已成為蜈蚣社區在生態解說人才和環境資源特色之優勢；（二）結合管理學院與埔博網絡產業組的能量，由朱柏勳組長負責籌備埔里生活創客市集，發揮其在觀光、產業界的社會網絡，連結日月潭國家風景區管理處、埔里鎮公所和農會，不僅帶動山城藝文表演，更邀請在地手創業者、小農社群齊聚，創發富有埔里特色風情的夜間創客市集，持續至今不輟。

　　綜觀上述各組發展情形，可理解到埔博網絡一詞，之所以取「網絡」之名，乃有跨域連結及介於虛實之間，具備彈性的策略操作，強調地方社群的合作治理與共創能力，而其精神與實質作用，如同前國立臺灣歷史博物館館長呂理政的指點：

要提醒的是，不要太執著於博物館三個字，生態博物館基本上是從制
度型的博物館，到擴散型的博物館，它是振興地方的工具，這是它的
原始定義。因此，生態博物館是一個地方與其資源，還有最重要的是
與在地居民共生互動的關係。所以，生態博物館是一種開放性的思考
方式，也是一種工具，它是一種演化型的定義與架構（呂理政，
2017）。

　　兼容在地住居者與外來訪客的埔博網絡，核心價值定調在共好共學、相
互對話理解和生活關懷的宜居城鎮，於此脈絡開展的行動論述，定位為個
人、社區到埔里區域發展的集體社會運動，促使個人學習成長與地方活化進
步。埔博網絡追求埔里整體性發展，以提升鎮民生活素質為推動進程，目標
設定為地方公民意識的養成、由下而上的文化造鎮運動、型塑山城生活美學
和價值。

四　暨大的在地實踐與建構水沙連學

（一）從國際轉向在地的暨大

　　國立暨南國際大學於1995年7月1日奉教育部核准設校於南投縣埔里鎮，
設校之初，即優先設置東南亞研究中心，積極推展僑教任務與國際學術交
流，打造國際化大學特色，且初期因師資來源多屬「借調化」與「年輕
化」，致使學校與埔里在地社群的連結度較為薄弱；爾後，更因1999年921地
震引發「學校北遷」的重大爭議，造成暨大與埔里在地社群的高度緊張。幸
賴後續暨大重返埔里，逐步持續性的投入在地諸多公共事務，例如：與新故
鄉文教基金會一同推動桃米生態村與埔里蝴蝶鎮之社造；陪伴南投縣長青服
務協會關懷菩提長青村弱勢老人照護，開展社會經濟創新運作模式；參與良
顯堂社會福利基金會執行飛行少年陪伴增能；接受教育部委託執行南投縣偏
鄉數位機會中心學習方案等，暨大與埔里地方社群雙方互動日益密切（江大

樹、陳文學、張力亞，2014）。申言之，歷經1999年921大地震的洗禮與災後重建的經驗，暨大深知身為南投縣唯一的國立大學，對於在地社會的關懷與參與，不僅是專業服務的提供，更能從中獲取教學與研究的珍貴養分，因而持續展開諸多社區營造與地方振興的網絡連結與協力治理工作。

　　2010年以來，暨南大學陸續透過相關計畫，將學院巨塔的觸角轉向地方拓展，形同一棵樹將氣根伸向地方汲取養分──「向地方學習」；在此轉折階段，主要引導型計畫先後有教育部「公民素養陶塑計畫（2011-2014）」、「大學學習生態系統創新計畫（2015-2017）」和科技部「人文創新與社會實踐計畫（2013-2021，第一、二、四期）」。前者在教育部計畫項下設置「水沙連行動辦公室」，開設社會參與式課程，開始有教師帶領學生走出校園、進入地方，重新思考知識學習邊界和型塑無邊界大學的可能性，並規劃R立方學程、設置R立方學堂，以地方為師、培力留鄉／返鄉青年的社會資本，營造與地方共伴共學的學習場域；後者在科技部計畫項下設置「水沙連人文創新與社會實踐研究中心」，除延續地方經營主軸外，2016年從院級升格校級研究中心，積極運作校內制度革新（含教師多元升等）、育才留才規劃、組織教師專業社群，鼓勵投入地方社會實踐，並讓表現優異者有獲得教師升等的管道與機會。簡言之，在外部厚植地方實力、內部建立友善制度底下，「深耕水沙連」已成為暨大全力發展的重要辦學特色之一，更以此健全體質，對地方鄉鎮協力地方創生輔導提案，並且在教育部大學社會責任計畫中屢獲佳績，暨大在地化進程詳見表一。

表一　暨大在地化社會實踐的階段進程（1995-2021）

階段	年度	重要事蹟
草創時期	1995	暨大在埔里設校，除肩負「僑教」任務（主辦海外僑生聯合招生）外，同時強調「平衡區域發展」（南投縣唯一國立大學）。
	1999	921大地震，校舍受創嚴重，因緊急北遷復學引發地方人士批評，導致校長僅上任五個月即辭職下臺。

階段	年度	重要事蹟
規劃時期	2005	執行教育部「教學卓越計畫」，開設公益服務學習課程（全校必修），並結合地方資源推動划船、射箭、空手道等多項特色運動，招收運動績優生。
	2006	成立「原住民文化教育暨生計發展中心」，辦理原鄉部落之輔導事宜。
	2008	設立「觀光休閒與餐旅管理」學系，培育地方觀光與文創產業人才。
發展時期	2011	執行教育部「公民素養陶塑計畫」，設置水沙連行動辦公室，開授社會參與式課程。
	2013	成立「水沙連人文創新與社會實踐研究中心」，執行科技部2013-2016第一期人社計畫，盤點城鄉發展議題，以公共論壇方式掌握地方現況。
	2014	設立「原鄉發展跨領域學士學位學程」，培育原民部落發展人才；第一屆水沙連學研討會，暨大師生發表14篇水沙連相關領域論文。
	2015	執行教育部「大學學習生態系統創新計畫」（104-106年），以打破大學／地方學習邊界為主軸，設計無邊界大學之學習模式，強調培養知識青年返鄉／留鄉能力。 執行科技部「大學與地方政府合作推動地方人文發展與跨域治理」專題研究計畫，建立暨大與南投縣政府協力小組，設置「跨領域橋接創新學院」。
整合時期	2016	設立「水沙連區域合作推動委員會」，橋接地方之公共社群議題平臺； 執行科技部2016-2019第二期人社計畫，展開校內制度變革、地方議題擴散連結； 創設「埔里生活生態博物館網絡組織」，推動大學與地方的公共議題行動研究。
	2016	
	2017	針對大埔里地區水資源再利用、休閒產業升級、社區長照系統、偏鄉兒少教育等問題，分別由科技、管理、人文與教育學院，籌組跨

階段	年度	重要事蹟
整合時期		專業團隊申請教育部大學社會責任（USR）計畫，獲得1C、2B、1A共四項計畫獎助（2017-2019）。
	2018	設置「地方創生與跨域治理」聯合辦公室，整合校內外人力與資源效能集中。
地方創生時期	2019	執行科技部2019-2022第四期人社計畫，積極輔導鄰近鄉鎮的地方創生提案（埔里、國姓、仁愛、名間、草屯）。
	2020	執行教育部第二期USR計畫：科院「深耕水沙連×開拓東南亞×邁向SDGs」（深耕型）、教院「建構鄉村教育協力隊網絡平臺與行動策略」（萌芽型）、管院「地方產業創生與永續發展」（國際連結）（2020-2022）。 第二屆水沙連學研討會，暨大師生發表17篇水沙連相關領域論文。
	2021	籌備水沙連學院、開設「地方創生與跨域治理」碩士學位學程。

（資料來源：作者自行製表）

　　隨著地方發展的演進與議題的跨領域化，2010年以來暨大師生針對水沙連區域課題研究，已逐漸走出地方文史框架，朝向多元性議題探究與發展，例如：社區營造、震災重建與公害防治、地方教育、產業發展、社會福利服務、地方政治等；其中部分議題不僅止於單純的學術研究，轉而採取行動研究途徑，歷年主要方案含括：埔里環境清潔運動（2014-2015）、空污減量行動（2015-2018）、部落振興（2015-迄今）、埔里茭白筍產業燈罩改善方案（2016-迄今）、地方產業創生（2016-迄今）、社區防災整備與培力（2016-迄今）、社區老人長照（2017-迄今）、偏鄉教育（2017-迄今）、平埔文化復振（2017-迄今）、友善市場（2018-迄今）等等。在推展上述諸多行動方案後，各研究團隊也將社會實踐經驗轉化為學術論文書寫的素材，並陸續發表相關學術論文，例如：〈從社區營造到社群營造——以埔里生態城鎮的營造為例〉（廖嘉展等，2016）、〈大學協力下的部落治理——以暨南大學參與眉溪部落為例〉（陳文學等，2017）、〈船山風雲：以故事力打造大學和社區的共同體〉（李瑞源，2018）、〈在地空氣品質物聯網推動經驗〉（戴榮賦

等，2019）、〈大學培力社區防災自主能力的行動研究：以社參式課程為例〉
（張力亞等，2020）、〈建置社區型巷弄長照站的培力與治理策略：水沙連區
域的行動研究〉（江大樹等，2020）（引自江大樹、張力亞，2021：27、
29）、〈水沙連學經驗初探：以愛蘭船山的地方知識建構為例〉（李瑞源，
2020）等等。

　　若僅從暨大人社中心計畫團隊的學術研究發表量來看（2013-2021，參
見圖五），自2016年伊始，以文章內容判定為核心高度相關或低度相關的社
會實踐類研究論文，核心與相關性文章的總和數為15篇，開始占據高比例產
出量，往後曲線明顯向上提升，2021年來到最高峰30篇，平均1年增加3篇發
表量，穩定持續書寫和發表，這些研究內容皆可視為每一年度地方動態演
變、現況發展和研究積累進程；而2016年正是埔博網絡的啟動年分，由此中
介組織所媒合、帶動、牽引的相關行動研究，特別是透過埔博團隊所設定的
議題社群網絡，積極孵化校內社會實踐團隊與尋求各院USR計畫的結合，與
上述總體研究量能的爆發有正面影響關係。

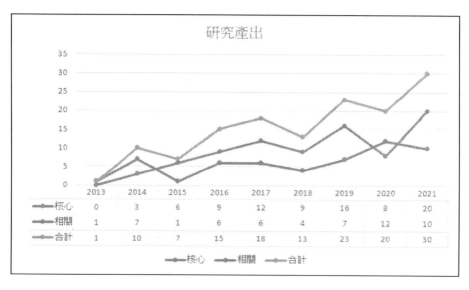

圖五　暨大人社中心計畫團隊的歷年研究產出

（資料來源：作者自行統計）

　　除了學術研究外，從另一面向觀察，自2010-2019年近10年間，隨著暨大與埔里地區的交往漸趨頻繁，促使地方對大學愈加信任和託付期待，此現象可由暨大透過申請公部門特定計畫管道，來面對地方發展課題並尋求解決途徑看出端倪（參見表二），統計件數高達158件之多，量體相當可觀。

表二　2010-2019 暨大承接政府部門委託「水沙連區域議題研究」統計表

議題類別	委託研究（件數）	百分比（%）
震災重建與公害防治	46	29.1
產業發展（含觀光）	41	25.9
社會福利服務	23	14.6
社區營造	12	7.6
地方政治	6	3.8
地方歷史文物發展	5	3.2
偏鄉教育	3	1.9
族群（含括：外籍配偶、原住民）	3	1.9
宗教習俗	--	--
其他	19	12
總計	158件	100%

（資料來源：江大樹、張力亞〔2021：28〕）

　　這份統計資料，呈現出大學與地方的社會性公共議題互動，前三項分別為震災重建與公害防治、產業發展（含觀光）和社會福利服務，恰好對應埔里地區面對過去921傷痕和未來城鎮創生強化的重要項目，象徵著城鎮重建和轉型交替的過渡時期，值此期間正是暨大從國際轉向在地長期耕耘的歷史縮影。

（二）水沙連學的萌芽

在上述暨大開展在地化社會實踐的歷程之中，「水沙連學」在人社中心有意識地推動下，2014年舉辦「第一屆水沙連學研討會」，邀請校內師生、社區夥伴針對水沙連各領域公共議題的行動方案、社會實踐過程與具體成效，進行論文發表與討論交流；在此階段倡議水沙連學，距離執行科技部人社計畫甫滿一年，性質上偏向凝聚校內少數投入社會實踐的教師群，展開對水沙連公共議題的多面向認知與型塑校內氛圍，初步形構水沙連教師社群意識，彼此打氣、集思廣益與促進橫向連結，讓水沙連學有了萌芽的初始契機。

從第一屆水沙連學研討會的發表題目來看（參見表三），可大致掌握校內教師初期從事埔里公共議題的內容，有多篇題旨關於埔里或社區現況的基本調查（02、03、06、09、11、12），或建構某種社會意義指標（01、08、10），顯示研究者展開城鎮議題的行動發軔，同時透露正藉由科學方法與分析視角，掌握更多研究客體的細部紋理，俾尋找合適議題切入。再者，少數篇目以特定主題展開深度研究（04、05、07、13、14），多非短時間能一蹴可幾，呈現長期對主題研究的關心與努力，對理解水沙連各領域議題與社群互動現象有更清晰認知圖像。

表三　第一屆水沙連學研討會之篇目與發表人

篇次	論文題目	發表人
01	大學引導型的地方協力治理： 埔里宜居城鎮轉型案例分析	校內教師與人社計畫成員
02	埔里公共議題與暨大學生調查分析	校內教師
03	身體、地方、對話： 三場埔里社區調查工作坊的實踐意涵	校內教師與人社計畫成員
04	在和解中新生：從記憶、想像到實踐	校內教師與人社計畫成員

篇次	論文題目	發表人
05	族群再現或民族建構？噶哈巫族（Kahabu）文化復振運動之分析	校內教師
06	從照片分析埔里居民對於地方依附感之研究	校內師生與人社計畫成員
07	生命敘述與圖文再現：內加道林淵家族文化觀察錄	校內教師與人社計畫成員
08	生態城市指標系統之訂定 ——以南投埔里為例	校內教師與人社計畫成員
09	桃米社區水環境調查與評估	校內師生與人社計畫成員
10	從桃米青蛙村到埔里蝴蝶鎮的願景建構： 兼談生態城鎮生態・生計・生活與生命的揉轉效應	社區夥伴
11	南豐社區蝴蝶資源盤點及生態旅遊發展潛力初探	校內教師與社區夥伴
12	埔里關懷地圖	校內教師與人社計畫成員
13	埔里地區土地利用的成本效益分析： 以地理資訊系統定位農地轉用為休閒農業之最適區位	校內師生與人社計畫成員
14	順騎自然單車店的創新服務與在地友善觀光環境的實踐	社區夥伴

（資料來源：作者自行整理自《第一屆水沙連學研討會論文集》）

綜合上述論文篇目，架構出第一屆水沙連學的外表輪廓，背後代表的是一群大學師生和社區夥伴，對水沙連地區的社會文化現象表示關心和行動投入，呈現躍躍欲試的探知求學心態，希冀透過研究更為熟悉埔里發展脈絡；同時，由於多數論文偏向初步探究的基礎文本調查，讓研討會發表像舉行公共論壇交叉論證，隨著科學調查和數據分析的出土，水沙連整體圖像越來越清晰可辨。

此外，14篇之中，高達9篇為人社計畫成員，從計畫主持人、共同主持人到計畫參與人員，有公共行政、人類學、休閒觀光餐旅、中文、土木、通識、社工、經濟等8個系所類別，充分彰顯跨學科領域的焦點對話與連結，促使校內研究社群將其專業運用於在地社會實踐，不僅回應社會問題和鎮民期待，並能多面向累積在地知識，刻劃大學和地方交織互動所呈現水沙連學的當代社會意義與動態發展觀點。整體而言，第一屆水沙連學重視的是研究方法和問題意識的確認過程，同時建立大學與地方的新社會關係，推進後續合作議題的開展；再者，就研究社群之間的關係模式而言，有著以計畫主持人江大樹老師為核心所架構的學術社群網絡，即便研究者身分非人社計畫成員，也多屬公行系教師（02、05）、主要社區夥伴（10、11、14）二類屬性，彼此已有長期合作，或是熟稔各自實踐場域和實作議題，運作模式較有機會形成議題導向的行動研究社群，交叉輸出經驗、分享共學，進而成為校內／外的支持性公民社會網絡。

（三）水沙連學的開展

2020年9月，人社中心續辦第二屆水沙連學研討會，以「地方連結與社會實踐」為主題，延伸開展六項子議題「地方創生與社群治理、社區互助照顧、地方特色產業振興、永續環境營造、地方文化保存與活化、大學教育翻轉與課程創新」，除邀請人社中心團隊成員發表外，還有暨大校內從事社會實踐的各計畫團隊、教師和社區夥伴，特別是連續榮獲教育部第二期USR計畫補助（2020-2022）的科院、教院和管院USR執行團隊，能夠延續第一期未竟之功，持續性投入並深耕地方社會議題之行動研究，而大多數埔博網絡成員均有參與其中。

表四　第二屆水沙連學研討會之篇目與發表人

篇次	論文題目	發表人
01	大學作為地方政府智庫：南投縣循證治理建構與發展	校內教師與人社計畫成員
02	社區總體營造的跨組織協力治理：桃米生態村「社造協進會」行動研究	校內教師與人社計畫成員
03	大學連結地方教育中心面對災害之韌性建立初探：以防災教育為中心的跨域合作行動	校內教師與人社計畫成員
04	由社區生態人才培訓到里山在地實踐行動——埔里鎮蜈蚣里案例分享	校內教師、人社計畫成員、科院USR團隊與社區夥伴
05	臺灣鄉村的新社會力探索：一個埔里在地社團的創新行動分析	社區夥伴
06	共享慈善資源：暨大食物銀行烏溪線站的先期經驗	校內師生與人社計畫成員
07	社區中介組織的網絡治理策略分析：以埔里鎮厚熊咖啡館為例	校內教師、人社計畫成員與社區夥伴
08	南投縣原住民族文化館舍的定位與未來發展	校內教師
09	六級化農業的獲利方程式：南投縣農林漁牧普查數據分析	校內師生與人社計畫成員
10	鄉鎮產業創生的發動組織比較——以埔里鎮1990年代及2010年代產業觀光為例	校內教師與人社計畫成員
11	水沙連咖啡產業鏈結與人才培育	校內教師、人社計畫成員與管院USR團隊

篇次	論文題目	發表人
12	青年鄉村創業動機之研究——以埔里地區為例	校內教師與人社計畫成員
13	環境教育活動擴散於在地城鎮之社會影響力評估	校內教師與人社計畫成員
14	暨南大學教育學院學士班參與USR計畫社區行動的可能性：一個專任助理的觀點	校內教師、人社計畫成員與教院USR團隊
15	結合大學生自主學習於偏鄉教育的實踐與反思	校內師生、人社計畫成員與教院USR團隊
16	地方元素如何融入語言教育	校內教師與人社計畫成員
17	建構「創新實作」課程的教學方法及其反省	校內教師

（資料來源：作者自行整理自《第二屆水沙連學研討會論文集》）

　　第二屆水沙連學研討會的發表者，多有從事地方社會實踐的長年經驗或帶課進場，且除少數為單人發表外，更多的是二人以上共同合作，顯示出特定計畫團隊與師生執行計畫／研究案的操作組合模式。因此，本次研討會的性質，有著計畫屬性和議題屬性的專業社群特色，透過共筆書寫與經驗反芻，一方面呈現地方議題現況和問題意識，同時交待研究者進場方式、實作內容和執行成效，以在地實務經驗進行學術研討交流，類屬校內教師專業社群的知能研習，透過多面向觀摩省思自身猶能更加精進之處，同時也促發校內各項計畫橫向連結的可能性。

　　從17篇論文發表題目來看，稍能掌握學術社群參與地方議題的共時性發展，或將地方議題導入課堂教學的創新嘗試，有5篇分屬各院USR和特定計畫執行概況（01、04、06、11、14），顯示大學與地方的多層次跨域互動；有3篇探討中介組織的角色運作與功能（02、03、07），嘗試摸索更有效運作

的機制法則;有2篇呈現創新教學的實務操作(16、17),促使學生更熟悉地方文化內涵;有2篇針對特定行動研究進行經濟效益分析(09、13),實質反映計畫效益的優劣評比;另有5篇以特定主題進行個案研究(05、08、10、12、15),計有穀笠合作社、原民文化館、新舊時期產業組織比較、青年鄉村創業、大學生自主學習等等。

上述篇名與各項行動研究當中,埔博網絡成員直接參與其中的,主要是科院USR計畫(4)、社區發展議題(02、07)和主題個案研究(10、12)共5篇;若考量研究者背景,17篇論文中高達14篇為人社計畫成員,從計畫主持人、共同主持人到計畫參與人員,則埔博網絡的影響力,透過人社中心擴散到個別教師、教師社群和計畫團隊,形成綿密的學術網絡關係和中介作用,在特定地方議題中得以持續推動水沙連學的進程。

整體而言,第二屆水沙連學研討會從推展地方學的視野出發,邀請近年來積極投入地方社會實踐的校內師生、教師社群、計畫團隊和社區夥伴,呈現大學與地方社群共學共工的田野紀實和行動研究歷程,滾動在地知識的深化和厚度;而埔博網絡作為型塑水沙連學的中介組織,以營造宜居城鎮的在地生活感出發,於不同階段和客觀條件下,適時扮演傳達者、溝通者、媒介者與行動者等多元角色,結合跨領域專業共同觀照地方發展模式,促進在地知識的生產與應用,經歷長時期實踐與實證下,最終紀錄了地方演化軌跡與創發科研新知,反饋大學和地方雙向學習成長,映襯水沙連學的精神文化內涵與相互建構過程。

2021年8月,以第二屆水沙連學研討會為主要核心,挑選出9篇文章,再加上2篇導論和3篇暨大教師投入社會實踐的相關論文,經過論文審查後出版專書《建構水沙連學:暨大人文創新與社會實踐的行動研究》,這14篇文章呈現出更加成熟的水沙連學建構面貌,不僅成為參考閱讀素材,更為教學、研究帶入新的里程碑。

五 埔博網絡與水沙連學建構機制

（一）中介組織與地方公民社會之網絡連結

在過去，由埔里民間自發性成立的中介組織，對於埔里公共議題的探討，或是促發公民社會行動，皆扮演重要角色，像是1995年新埔里發展委員會，促成在地重要刊物《水沙連雜誌》的創刊；1999年新故鄉文教基金會，力促921災後重建時期的反行政中心遷建案、反瀝青廠設置案等社會運動，積極串連在地民間組織，引領社會公民意識的抬頭，其中2003年7月19日反瀝青廠大遊行，更是埔里有史以來第一場為環境而走的街頭運動，愈顯珍貴。

上述中介組織的存在，是埔里城鎮發展過程中歷史浪潮的產物，有其時代性與社會意義，然而另個層面來看，中介組織的成員組成、願景共識和資源分配機制，同時決定其運作模式和生命週期。新埔里發展委員會由於過快兼容各階層地方人士，包括地方公職人員、民意代表、地方仕紳、文史工作者和熱心者，在未充分凝聚組織共識之際，容易因政治路線、資源分配問題而產生意見紛歧和組織分化危機，形成人手一把號、各吹各的調（鄧相揚，2018）；相形之下，921地震前成軍的新故鄉文教基金會，組織成員有著同質性的社造理念，地震後在產、官、學、社齊力奧援下，同心致力震災救援、災後安置到家園重建等階段性工程，以社造方法深入災區民間，後續更長期投入桃米社區營造與生態村轉型，至今不輟。

對於本文的論述而言，當時，特別是921災後重建時期，暨南大學還未能與埔里地方社會走在一起，只有零星幾位老師（如江大樹、黃源協、詹宜璋、張英陣、黃美英）選擇以個人身影默默陪伴付出，甚至擔任關鍵核心的組織成員，譬如江大樹老師肩負新故鄉基金會的執行長、黃美英老師於守城社區創設眉溪四庄重建工作站，皆為災後重建注入強有力的草根能量。

時至2013年，透過科技部計畫成立的暨大水沙連人社中心，隔年2014年便舉辦「第一屆水沙連學研討會」，之後直到2020年續辦「第二屆水沙連學研討會：地方連結與社會實踐」，這6年之中創生了一個中介組織，即2016年

的埔博網絡，扮演串連校內／外的連結角色，拉近大學與地方社會關係，強化二者議題協作上的能力與經驗。埔博網絡的組織運作，隨著各組條件差異而有所不同，底下將以文史組為個案扼要說明，並帶出支持埔博網絡朝向永續經營的幾種先備模式。

（二）埔博網絡文史組的地方學進行式

埔博網絡各組城鎮議題的行動方案一旦開啟，也就刻印著水沙連學的脈動足跡，觀看埔博網絡的運作和發散模式，作為一個中介組織，扮演著媒合觸發的角色，也帶有知識整合功能，以一種具有系統性、整體化的結構體，在社會實踐過程中持續自我修正，而這些行動量體、議題面向和探究深度，將匯聚為共時性的水沙連學總體面貌，一種當代歷史的社會進行式。限於本文篇幅，難以詳述各組案例，僅以文史組的系列性操作、擴散和地方知識積累為例：

1　啟動船山講古的三階段航程

目標與理念：文史組在埔里愛蘭台地操作「船山講古」活動，重新梳理在地生活者的歷史敘事和人文活動，在理念和方法上提出常民視角的小歷史觀點，恰能與學者專家模式的大歷史敘事互為補充，更形豐富船山迷人風采。舉辦船山講古的用意，除了與社區長輩互動外，更重要的是藉由口述故事呈現在地生活經驗，透過故事本身的延展性，發想更多社造創意，並開啟青銀共學模式，以故事力打造大學與地方的共同體。

（1）社區型的居民擾動：打開記憶盒子的船山講古

在船山三個社區和愛蘭教會分別舉辦船山講古，每一場均事先邀請6位長輩準備好故事分享，現場再由參與長輩回應補充，讓故事越講越多；活動設計也讓長輩起身投票，選出二名「今日故事王」以增加趣味性。四場活動下來，總共收集了60則船山故事，充滿濃厚在地生活感。

（2）區域型的校園推廣：帶著故事前進在地校園

經過了社區故事階段，接續規劃在當地愛蘭國小和暨大附中舉行第二輪船山講古，邀請榮膺「今日故事王」者蒞校講故事給孩子聽，一方面讓在地故事有所傳承，一方面成為認識家鄉的文化素材，增強在地認同感。活動設計也納入趣味投票競賽，由孩子選出心中最棒的講古達人與其精彩故事。

（3）互饋型的青銀交流：埔基長照中心的新船山故事

將船山60則故事交給暨大大一國文課學生，由他們重新詮釋船山故事，並在社區舉辦期末成果發表。學生們以各樣巧思和精心創作，很能讓社區長輩們感動；幾年課程下來，創作類型多元豐富，有動畫、繪本說書、手繪卷軸、紙偶戲、皮影劇等等，學生們也在社區長輩的肯定中獲得成就感，如同經驗一次社會成年禮。

2 船山地方學的知識架構

除上述60個船山故事，文史組成員頻繁進出船山，一方面觀察地形地貌和生活環境型態，一方面與住民閒話家常以蒐集生活者資料，加上大量歷史文獻閱讀，這些不同性質與來源的文史素材，成為船山地方學的主要內容和觀點，經過文本分析與歸納後，再設計以「大船入港、崎仔人生」主題，整理出一套「為社造所用」的船山知識架構，其生態區位觀點的特色和定位示意圖參見圖六。

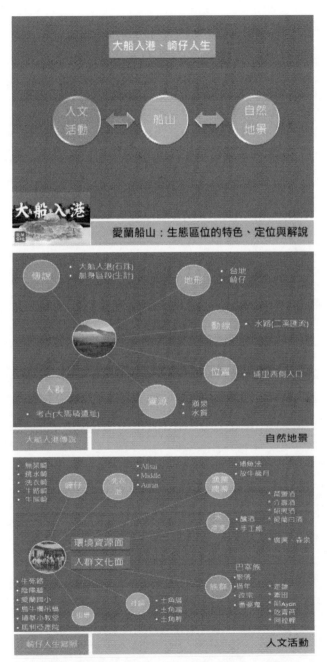

圖六　生態區位觀點下的船山特色和定位示意圖（李瑞源，2020）

3 校內連結、擴大行動效益

文史組除深耕船山外，也積極連結校內師資、課程與計畫的導入，擴散整體行動效益，特別是穩定與觀餐系、全校必修大一國文課、中文系敘事力計畫的長期合作。校內師資部分，觀餐系吳淑玲老師先後導入「文化創意產業經營」、「畢業專題」和「休閒與食文化」，帶領學生進行船山觀光遊程的體驗／評估、遊戲化遊程設計和開發船山特色餐飲。在多方交織互動下，2019年便撰寫一篇研討會論文〈觀光導覽解說設計與吸引力評估之課程導入結果與反思——以觀光發展初期之眉溪部落和愛蘭船山為例〉，[1] 做為課程操作的經驗省思。

循此類似模式，文史組也跟大一國文課的林鴻瑞老師長期搭配，創造出新穎獨特的船山創作書寫，成為亮點課程之一，除多次受到媒體採訪、在地小學和愛蘭巴宰族均邀請前往放映船山作品外，更二度受邀校內教師增能講座以及圖書館的特色課程展，這門課程至今依然持續。同樣地，2019年交出一篇研討會論文〈跨領域合奏曲：課程設計、故事創作與多方位賦能〉，[2] 做為課程執行的全面總結，更整理成教案形式，公開發表於教育部敘事力計畫的論壇會議。[3]

再者，文史組也與中文系互動接觸，鼓勵以目前船山講古的厚實基礎，提案教育部敘事力計畫，朝精緻化船山創作的方向前進；2020年遂以「可見

---

[1] 本文初發表於科技部HISP人文創新與社會實踐推動與協調計畫團隊主辦，「2019新實踐暨臺日聯盟：地方連結與社會實踐研究國際研討會」（2019年9月5-6日）。經適當改寫後，以〈觀光導覽課程導入社區場域的實作經驗反思：以眉溪部落和船山社區為例〉一文，收入江大樹、張力亞主編，《建構水沙連學：暨大人文創新與社會實踐的行動研究》（南投縣：國立暨南國際大學，2021），頁345-374。

[2] 本文初發表於科技部HISP人文創新與社會實踐推動與協調計畫團隊主辦，「2019新實踐暨臺日聯盟」（2019年9月5-6日）；經適當改寫後，以同題名收入江大樹、張力亞主編，《建構水沙連學》，頁243-271。

[3] 本文以教案形式重新整理〈讓在地故事流轉傳習——船山講古創作教案〉一文，於「教育部議題導向跨領域敘事力培育計畫（中區社群共創交流基地）：教室‧故事‧創新式——2021中區議題論壇」公開發表（2021年11月20日，線上舉辦）。

與不可見——埔里生活生態博物館之敘事顯影」獲得青睞，開設「地方敘事力的建構與運用」課程，結合船山文化和地景環境，以專業戲劇呈現在地生活感，可惜學期期間遭遇新冠肺炎疫情影響，遂調整以「線上口播劇」搬演劇本，仍有不錯表現。2021年本提案再獲補助，開設「地方書寫與展演實務」課程，結合巴宰原鄉文化園區的環境永續議題，再次精進和挑戰船山創作的內容與形式。

（三）永續耕耘地方學Ｉ：水沙連雜誌的復刊

埔博網絡文史組除作為孵化器扶植校內社會實踐團隊外，也積極連結大學和地方、強化綜效量能，特別是初期就毅然投入長期性的「大埔里文化記憶庫」蒐集和建檔工程，目前已建立4,752筆資料，為水沙連地方學奠立永續根基，至今已有多人受惠而應用於教研工作，更能反饋埔博組織，彰顯自身能動性和加速地方學的推展。此外，進行中的多項事蹟正逐步實踐，諸如埔里紙產業史的書寫出版、[4]巴宰文化復振（番婆鬼動畫、水槌復刻、語言復育、年輕人回流集聚）、[5]眉溪流域人文生態知識，以及催生水沙連雜誌復刊，皆為永續耕耘水沙連地方學的重要礎石。

特別值得一提的是水沙連雜誌的復刊，對埔里在地書寫和集體記憶有舉足輕重的代表性，它創刊於1995年9月，是當年「新埔里發展委員會」主要成果之一，以季刊發行48期後，2016年因故停刊，引起鄉親諸多不捨；5年後，因緣際會之下，眾人推舉由埔博網絡藝術組康翠敏組長接任新社長一職，她也侃侃公開表示，近年來透過埔博網絡的組織運作，不僅熟悉暨大人

---

4 埔博文史組成員李今芸老師，2018年從暨大歷史系退休，卻心繫著埔里紙產業史的書寫，2021年不經意地提出6萬5千餘字初稿，經過二位專業委員審查，預計2022年上半年出版，為埔里紙產業與社造留下珍貴的地方歷史軌跡。

5 巴宰文化復振為埔博文史組的長期事工之一，此處列舉者為近期較重要且具延展性事項，特別是年輕人回流集聚，對愛蘭巴宰族是非常重要的活水契機，族群的文化、語言傳承在此基礎上初露希望之光。

社中心，私下又與地方社團密切互動，因此願意挺身而出。由此可見埔博網絡鏈結大學和地方的中介組織功能和影響力；經過一陣子的復刊籌備密集會議，水沙連雜誌社已重組核心編輯群陣容，並正式於2021年12月22日假埔里鎮立圖書館，舉行復刊記者會暨水沙連回顧展，未來將以季刊發行線上和紙本刊物，繼續「踮在臺灣中心、講水沙連的故事」。

水沙連雜誌社的新一代核心編輯群，主要來自埔里年輕世代，自小對《水沙連雜誌》有所記憶和特殊情感，樂意在此復刊時期奉獻個人心力，接棒書寫水沙連地區的新時代篇章，這是地方傳承的重要階段。此刻水沙連雜誌社除了展開刊物編輯外，也投入相當時間在社務整備和營運模式的摸索，包括健全組織、對外宣傳、資金籌措等等，可貴的是，這一路上受到鄉親們（包括長期旅外者）的熱烈支持和捐款贊助，無疑成為永續經營的最主要力量。

（四）永續耕耘地方學 II：暨大水沙連學院的創設

奠基於過往水沙連地區優質的地方人文、自然與產業資源，以及地方公共社群對於地方發展的創新實務經驗，2011年暨大在教育部「公民素養陶塑計畫」的推動下，開始啟動水沙連大學城的辦學樣態，嗣後更在教育部、科技部相關計畫的支持下，將大學端開展出的大學師生與地方社群共學共工的教學場域、素材，轉化為通識教育中心的「R立方學程」，並且仿效「史丹佛大學願景2025」的課程架構，規劃出「探索校準、調查方法、知識應用與創新實作」的水沙連學學習課程內容，引導暨大學生透過R立方學程認識水沙連區域的地方生態、產業、文化與社會樣態。歷經多年試驗與努力，暨大在2019年第五期校務發展計畫中將「連結地方創生，跨界社會實踐」、「促進地方繁榮，建構共學共好」列為重要發展目標，同時提出「深耕水沙連、迎往東南亞」的學校特色發展方向。

建構在上述的基礎上，2020年起，搭配各學院的大學社會責任計畫，以R立方學程的學習架構為範本，對應各學院的大學社會責任計畫推動項目，

發展出各學院在地知識探索與實作學習的特色學程，例如：科技學院的「環境經營管理學分學程暨微學程」、管理學院「地方產業與鄉村發展學分學程暨微學程」，甚至教育學院更將「偏鄉教育的探索、知識應用、實作學習」課程內涵，融入到新設的「教育學院院學士班」課程之中，企盼透過通識教育、各學院特色學分學程的分工合作，培養出暨大具備在地行動知識與能力的師生，並且在課程教學與實作的過程中同時陪伴、培力地方公共社群，建構起大學知識社群與地方居民對於水沙連地區土地的認同與歸屬感，同時也能建構起水沙連學的知識內涵。

　　展望未來，如何將水沙連的區域研究與地方知識學進行持續性的深化與推廣，制度創新與組織設置，乃是一項非常重要的工作項目。是以，暨大參酌並學習國內幾所大學的相關推動經驗，特別是如何將既有的通識教育中心改制且整合為具有學校辦學特色的新設學院；一方面將大學部博雅教育與共同科的課程設計適當融入在地場域教學元素，另方面則規劃具在地教學特色的跨領域學分學程與學位學程，如清華大學清華學院、中山大學西灣學院、屏東大學大武山學院等設置經驗。2022年，暨大正式整合校內各項在地實踐的特色資源，成立「水沙連學院」，下設一個學程、三個中心；其中「地方創生與跨域治理碩士學位學程」是透過小班制、跨領域的實務課程設計，培育臺灣鄉村發展與地方創生的實踐人才；「社會參與教育中心」則以地方資產為本，藉由社會參與式課程設計，讓學生學習社會關懷與團隊合作的實踐力；「美感教育中心」負責連結在地藝術與跨文化美學，孕育美感心靈萌芽茁壯；「體育健康教育中心」利用緊鄰日月潭優勢，推展在地特色運動學程，讓學生、選手將來能與地方運動與休閒健身相關產業連結。

　　綜上，暨大期望藉由水沙連學院的設置，一方面彰顯本校立基於水沙連區域的設校使命及樹立辦學的前瞻特色，培養具備城鄉發展理論研究與社會實踐能力的跨領域人才的創新性。另一方面，也期能在學術上點燃區域多元議題的研究動能，促進大學跨領域專業社群間、大學與地方、社會、國際的對話交流，豐富水沙連學的知識建構與應用可能性。

六　結論

　　地方學，不同於靜態抽離的地方志，反映地方社會實際生活的樣態與動態變化，顯影當代集體地方感與文化意識，它是社會民間的一套在地知識體系，也是區域持續發展中的鏡像作用，呈現各階層跨域治理的社會生活紀錄和觀照。本文以埔博網絡作為一中介組織，以其組織願景傾力推動水沙連學之建構的關係詮釋，埔博網絡的運作軌跡是水沙連學的一部分，水沙連學也蘊含埔博網絡的內在文化基因，雙方依附相生，二者關係可定位為中介組織型態的地方學研究特色，帶有多元性社群網絡、多學科理論應用、跨領域共學機制、系統性地方知識建構等項特點，供應水沙連學有機連鎖反應的地方社會和學術社群重要養分，共創以地方為本、開創新局與新意的地方學。

　　在埔里，由民間自發性倡組的中介組織，有1995年新埔里發展委員會、1999年新故鄉文教基金會，皆為時代浪潮中的社會環境產物；近期則屬2016年埔博網絡，發起單位是暨大水沙連人社中心、新故鄉文教基金會和大埔里觀光發展協會，致力打造與推廣埔里宜居城鎮，主要發起人為江大樹老師和廖嘉展董事長，透過公私部門資源挹注、社群協力網絡成型、提升社區自主能力等方式，策動地方社會的公民意識抬頭；因此，埔博網絡其實是一種透過組織運作的社會行動工具，循著地方社群治理模式來推進地方改革動力，而這過程即為水沙連學的社會文化意涵，也是地方學在埔里實踐經驗的本質論意義。

　　本文在寫作策略上，以2014年、2020年分別召開的兩屆水沙連學研討會為分析對象，考察2016年成軍的埔博網絡在其中所扮演的角色與影響，特別透過文史組操作經驗帶出近幾年在愛蘭船山的地方學發展議題，從船山講古、船山知識架構、校內連結擴散，到永續耕耘地方學的作為和策略布局，尤其是催生水沙連雜誌復刊，更是埔里歷史發展與時代書寫的重要轉折點。

　　埔博網絡各組城鎮創新議題的行動方案一旦開啟，也就刻印著水沙連學的脈動足跡。觀看埔博網絡的運作和擴散模式，作為一個中介組織，扮演著媒合觸發的角色，也帶有知識整合的功能，以一種具有系統性、整體化的

結構體，在社會實踐過程中持續自我修正，而這些行動量體、議題面向和探究深度，將匯聚為共時性的水沙連學總體面貌，一種屬於當代歷史的社會進行式。

　　綜論而言，埔博網絡直接或間接地刻化了水沙連學對於在地知識的描繪、運作和輸出；而埔博網絡與水沙連學，二者在對位關係上彼此成為相互建構與型塑的交織客體，並且在思辨及反饋過程中愈加成型與成熟化。

參考文獻

江大樹、陳文學、張力亞 2014 〈大學引導型的地方協力治理：埔里宜居城鎮轉型案例分析〉，發表於暨南大學人文學院水沙連人文創新與社會實踐研究中心主辦，「第一屆水沙連學研討會」（2014年6月20日）。

江大樹、張力亞 2019 〈地方創生、社群協力與大學社會責任：暨大營造「水沙連大學城」的續階行動〉，收入《人文與社會科學簡訊》第20卷第3期，頁56-55。

江大樹、張力亞 2021 〈發展水沙連學的重要性與行動框架〉，收入江大樹、張力亞主編，《建構水沙連學：暨大人文創新與社會實踐的行動研究》（南投縣：國立暨南國際大學），頁21-36。

呂理政 2017 「埔博網絡顧問會議之會議記錄」（7月4日，埔里走讀桃米）。

李瑞源 2017 〈探索宜居城鎮的理論與實作：以埔里生活生態博物館網絡為例〉，發表於國立臺灣大學社會學系主辦，「人文創新與社會實踐計畫博士後研習工作坊」（2017年8月1日）。

李瑞源 2018 〈埔里生活生態博物館：給下一輪太平盛世的備忘錄〉，刊於「水沙連人文創新與社會實踐研究中心電子報」第28期（12月12日），頁7-9。

李瑞源 2020 〈水沙連學經驗初探：以愛蘭船山的地方知識建構為例〉，發表於科技部HISP人文創新與社會實踐推動與協調計畫團隊主辦，「2020新實踐暨臺日大學聯盟：地方連結與社會實踐國際研討會」（2020年9月10日）。

李瑞源、林鴻瑞 2019 〈跨領域合奏曲：課程設計、故事創作與多方位賦能〉，發表於科技部HISP人文創新與社會實踐推動與協調計畫團隊主辦，「2019新實踐暨臺日聯盟：地方連結與社會實踐研究國際研討會」（9月5-6日）。本文經適當改寫後，以同題名收入江大樹、張力亞主編，《建構水沙連學》，頁243-271。

吳淑玲　2019　〈觀光導覽解說設計與吸引力評估之課程導入結果與反思——以觀光發展初期之眉溪部落和愛蘭船山為例〉，發表於科技部HISP人文創新與社會實踐推動與協調計畫團隊主辦，「2019新實踐暨臺日聯盟：地方連結與社會實踐研究國際研討會」（9月5-6日）。本文經適當改寫後，以〈觀光導覽課程導入社區場域的實作經驗反思：以眉溪部落和船山社區為例〉，收入江大樹、張力亞主編，《建構水沙連學》，頁345-374。

林鴻瑞、李瑞源　2021　〈讓在地故事流轉傳習——船山講古創作教案〉，發表於「教育部議題導向跨領域敘事力培育計畫（中區社群共創交流基地）：教室‧故事‧創新式——2021中區議題論壇」（2021年11月20日，線上舉辦）。

國立暨南國際大學　人類學研究所編　2008　《水沙連區域研究學術研討會：劉枝萬先生與水沙連區域研究論文集》（10月18-19日，人文學院國際會議廳）。

國立暨南國際大學　水沙連人文創新與社會實踐研究中心編　2014　「第一屆水沙連學研討會論文集」（6月20日，人文學院國際會議廳）。

國立暨南國際大學　水沙連人文創新與社會實踐研究中心編　2017　《大學與地方的協力治理：方法、議題與行動設計》。南投縣：國立暨南國際大學。

國立暨南國際大學　水沙連人文創新與社會實踐研究中心編　2020　「第二屆水沙連學研討會：地方連結與社會實踐論文集」（9月28日，人文學院國際會議廳）。

國立暨南國際大學　水沙連人文創新與社會實踐研究中心編　2021　《建構水沙連學：暨大人文創新與社會實踐的行動研究》。南投縣：國立暨南國際大學。

國立暨南國際大學　歷史學系編　2005　《百年的遺落與重現：南投縣平埔族群文化研討會論文集》（12月17日，暨大圓形劇場）。

國立暨南國際大學　歷史學系編　2020　《暨南之心‧懷抱千里：國立暨南國際大學二十五年校史》。南投縣：國立暨南國際大學。

鄧相揚　2018　〈鄧相揚口述歷史訪問〉（3月22日，未刊稿，李瑞源家宅）。

廖嘉展　2021　〈推薦序〉，收入江大樹、張力亞主編，《建構水沙連學：暨大人文創新與社會實踐的行動研究》（南投縣：國立暨南國際大學），頁12-14。

劉枝萬　1951　《臺灣埔里鄉土誌稿》，自印，全二冊。後經國史館臺灣文獻館授權南天書局再版《臺灣埔里鄉土誌稿》（臺北市：南天書局，2019）。

簡史朗編著　2005　《水沙連眉社古文書研究專輯》。南投市：南投縣文化局。

07

我在「民雄學」學民雄：

從課程到在地知識與網絡的建構

管中祥[*]

摘　要

國立中正大學「民雄學‧學民雄」是大學社會責任計畫（USR）「重構大學路：認識、認同與共同行動計畫」所開設的課程，強調「以鄉民為師，向鄉民學習」，透過田野調查、深度訪談等實作課程，讓學生有機會認識在地的歷史、文化、議題、產業與日常生活；將學生作品匯集於網站或出版發行，以讓更多人認識民雄，對民雄產生認同，進而促使大學師生與在地鄉民共同行動。

　　其方法與歷程揭示了兩個重要的意義：首先，從社區發展與社區營造的角度來看，「地方學」強調由下而上的知識建構歷程，課程中鄉民雖非主要寫作者，非由基層書寫，但從規劃到產出都參與其中，實為由鄉民與學院共同完成；其次，捲動了社區參與，有人因此更關注家鄉的文史、學童的鄉土教育，甚至投入公共事務，為鄉里服務

關鍵字：民雄學、大學社會責任、草根行銷

---

[*] 國立中正大學傳播學系暨電訊傳播研究所教授，「重構大學路：認識、認同與共同行動」計畫主持人

　　臺灣「地方學」是1990年前後許多思潮匯集下的產物，一般認為與政治民主化及社區總體營造的興起有關（王御風，2011、張筑喻，2014）。主要起源於三股力量：一是對於本土歷史的關懷；二是社區總體營造運動的興起，要打造社區，必須了解社區以往的歷史；三是政府文化機構推廣業務。而地方政府、大專院校、社區大學、民間團體在發展歷程中扮演重要角色（王御風，2011）。

　　「地方學」的出現，展現了以臺灣為主體的研究的政治與學術意義（張筑喻，2014），但同時也具有學術研究連接土地，深耕在地的文化意涵，從社區總體營造、社區大學、地方文史工作室推動的脈絡來看，更強調由下而上、民眾參與的知識建構歷程。

　　李錦旭（2017）以南方為例，將「地方學」的發展分為兩大取徑：「社區大學和公益團體的經驗」以及「學院與文史團體的經驗」。前者較重視社會改革（行動），而學院和文史團體則強調地方知識系統的建立。李錦旭也指出兩者在執行上的困境，「社區大學和公益團體的經驗」雖較具實踐意義，但由於人力和資源的侷限，卻又常常難以往上抽象成為系統化的知識型態，不利於其知識傳播、行動誘發；相反的，傳統學院的訓練，不論是歷史學地理學的地方志，人類學社會學的社區研究，或者學者共同的區域研究，往往強調知識系統、學理的客觀（旁觀）研究，知識對地方的主體意義和實踐願望往往不被重視，這種由上而下的知識系統對地方的幫助很有限。進一步來看，傳統學院對建立普遍性知識系統的熱衷和肯認，但真正投注在地方研究的人力和資源並不多，所謂高等學府的「地方特色」往往成為行銷的口號，知識與行動的鴻溝，因而沒有太大的改善（李錦旭，2017）。

　　有些大學為追求發展極具特色的大學，開始與在地連結，或與地方政府合作，發展出具有特色的「地方學」，例如，淡江大學的「淡水學」、苗栗聯合大學的「苗栗學」、彰化師範大學的「彰化學」，以及嘉義大學的「嘉義研究」[1]與高雄市立空中大學的「城市學」等。由大學為主力推動「地方學」

---

[1]　2005年，嘉義縣政府委由中正大學歷史學系舉辦第一屆「嘉義研究學術研討會」，主題

除可結合相關科系最容易繳出成績，同時可做為學校的特色，在經費上能經由與地方政府合作獲得支援（王御風，2011）。

　　不過，進一步來看，大學發展「地方學」從事地方研究，不單只是要找出大學的在地特色，在某個意義上，也能回應了1990年代廣設大學，平衡城鄉差距的目的。

　　1980年代，政府為平衡城鄉差距及特殊學術領域的發展（如體育、藝術等），開始大量增設公立大學，並開放私立大專校院設立申請，因此私人資源開始投入興學行列。1994年，民間教改團體成立四一○教改聯盟並發起遊行，其中一項訴求就是廣設高中大學，同年，行政院教育改革審議委員會正式成立，由前中央研究院長李遠哲擔任召集人，開始推動高等教育改革、民間興學等政策（許秩維，2014）[2]。當時「四一○教改聯盟」便希望藉由增設縣立大學的機會，進行國土重新規畫，以大學為中心，支援區域性發展之所需，形成完整的教育文化機能，進而促成經濟的開展。因此若能在每一個縣（市）設立縣（市）立大學，使各地方的大學教育資源能平均分配，促進人口回流，將有助於平衡城鄉發展（四一○教改聯盟，1998）。

　　弔詭的是，這樣的發展像是雙面刃，市場主義式的大學擴張，讓地方勢力帶來更大土地利益，鄉村設立大學帶來的大量人口，也破壞了社區居民原來的生活模式。但另一方面，在「縣縣有大學」和「大學與地方結合」的政策引導下，大學院校的區域化、地方化日益明顯，乘著本土化的風潮，在原有的學術基礎上，推動各地區域研究／地方誌／社區研究，成為許多大學安身立命的利基之一。

　　臺灣「地方學」的發展已過三十多年，大學作為地方學研究的主體之一，已有不少地方知識的累積，但大學如何進一步的透過「大學─社區參

為「王得祿時代的嘉義」，開啟嘉義學的活動，不過，中正大學辦完第一屆後，便改由嘉義大學舉辦（張筑喻，2014）。

2　許秩維（2014）。《大學擴張快速──難敵少子化危機》，取自http://anthony102461.pixnet.net/blog/post/213872281-大學擴張快速─難敵少子化危機。上網日期：2018年1月16日。

與」模式[3]，讓師生及在地民眾能彼此理解，強化與在地的連結？是「地方學」進一步可以思考的課題。而回到社區發展的脈絡來看，「地方學」強調由下而上的知識建構，並重視社區行動，那麼，在學院裡的「地方學」如何建置在地參與知識建構歷程，並捲動社區？亦是「地方學」另一個需要思索的問題。

中正大學「民雄學・學民雄」是大學社會責任計畫（USR）「重構大學路：認識、認同與共同行動計畫」開設的課程，透過田野調查、深度訪談等課程實作，讓學生有機會認識在地的歷史、文化、議題、產業與日常生活，並將學生作品匯集於網站或出版發行，讓更多人認識民雄，或產生認同，進而促使大學師生與在地鄉民共同行動。相對於臺灣其它地區或學院的「地方學」，雖然有「學」之名，但非嚴謹之學術研究與調查，也尚缺乏系統性知識之建構。

有別於其它大學的「地方學」著重學術研究，「民雄學・學民雄」則強調「以鄉民為師，向鄉民學習」的「學」習歷程，然而，這樣的課程如何建構地方知識？鄉民如何參與其中？如何向鄉民學習？如何捲動社區？如何與

---

[3] 傳統大學強調的社區角色偏向由上而下單向的「服務」形式，不過，20世紀90年代以來，這樣的觀念有了改變，美國大學開始將「參與」的理念引入大學社會服務功能，不再是而是要轉換成「大學—社區參與（university-community engagement）的共同實踐模式（周晨虹，2014）。「大學—社區參與」模式至少具有四個特徵。第一，學術性，「大學—社區參與」是以學術為基礎，通過學術活動將大學與社區連接一起，以實踐為基礎進行學術知識的擴展，大學社會服務功能從注重大學的研究成果轉向大學在社會中的實際影響與作用；第二是綜合性，「大學—社區參與」已不是單獨於教學與研究之外的服務職能，而是嵌入到大學的教學、研究與社會服務功能之中。從某種意義上說，「大學—社區參與」已是一種相對獨立的大學活動，可以分為三個部分：「參與式教學」（Community-engaged Teaching）、「參與式研究」（Community engaged Research），以及「參與式服務」（Community-engaged service and outreach）；第三，互惠性，「大學—社區參與」喻示著大學與社區之間的「雙向」互動關系。大學基於社區需要與社區夥伴進行互動，並關注社區的長期發展需要，而社區民眾在創造和共享知識的過程中也發揮著越來越重要的作用。第四則是公共性，將學生培養成合格的公民是「大學—社區參與」的模式目標所在。因此，「大學—社區參與」必須包括公民民主的過程，並對其進行評價（周晨虹，2014）。

鄉民共同行動？退一步來看，「民雄學・學民雄」該如何進行，才不致淪為高等學府的行銷的口號？又能否改善知識與行動的鴻溝？以下即以「民雄學・學民雄」進行上述問題的探究。

一　「重構大學路計畫」為何要「重構」大學路？

　　2018年教育部啟動「大學社會責任計畫」，引導夥伴學校師生組成計畫與執行團隊，在區域發展上扮演關鍵的地方智庫角色，主動發掘在地需求、解決問題，協助區域整合，帶動中小企業及社區文化的創新發展；並藉由學習的過程，也讓大學生感受到「被社區需要」，凝聚對區域發展的認同。

　　理想上，透過適當的安排，大學師生進入所屬社區，不但可以增進校園與社區在情感和文化的交流和互動，同時也讓學生實踐鍛煉接，接觸社會，向鄰舍學習。此種與在地互動關係對大學的意義在於，對外，大學與社會產生有機連結，認識彼此，相互協力，共創、共構在地；對內，則積極鼓勵學校師生走入社會、關心社區，準備與承擔大學應有的責任，並且成為社區裡的一分子，不再只是疏離的過客關係（管中祥、洪育增，2018）。

　　然而，在現實生活中大學與社區雙方對彼此的期望落差，容易引起地方社區與大學之間的摩擦衝突（杜瑛，2007），這樣的現象在非都會區的大學尤為明顯。在臺灣，鄉村居民期盼透過大學的設立或升格，能帶來更好的發展，甚至捐獻土地給大學。但在現實上的日常生活中，大學師生卻很少和村民們互動。這種有課就來，沒課回家的「上下班」模式，一到假日，大學城就成了空城，大學師生對其所處村莊的認識有限，亦難以產生認同，未必會感受到大學入鄉後，對在地居帶來的各樣「困擾」，彼此的衝突日益加深（管中祥，2015）。

　　位於嘉義縣民雄鄉三興村陳厝寮的中正大學也有類似的現象。建校之初，附近的五穀王廟提供120公頃之廟產農地，作為學校發展基礎。中正大學在三興村的規劃除了校園內部以外，政府也在大學周邊規劃了450公頃「中正特定區」，包括了商業區、住宅區、休閒區等，意使社區與學校相

連。但規劃時，中正大學以自身的需要去建設，未能看見從在地出發的文化思維。當時，中正大學期待以國外的大學城做為榜樣，去構築大學與社區的樣貌，不過此時的三興村，正是鳳梨產業起步的階段，農民開始與農試所合作，進行田間試驗，進而在1990年代開始大量種植鳳梨。大學與地方同時展開了截然不同的發展路徑，循著各自的道路各自發展，但是兩者又因地緣性的關係，產生了生活上的紛擾，像是地方村民覺得學生騎車太快、垃圾亂丟，學生則覺得施肥很臭、村民不守交通規則，而更多的卻是對於地方村民的存在無感。（黃顯淨，2017）。

雖然大學與社區呈現了兩條不同的發展路徑，但在生活的交界又存在著諸多磨合與衝突，包括鄉民與師共同使用的「大學路」也曾有不少爭議。

1989年中正大學建校，為方便中正大學師生進出三興村，政府闢建106線道民雄鄉豐收至三興段，並命為「大學路」。這裡從清領時期便種植芒果樹，到了日殖時期為慶祝天皇登基，臺南州的御大典紀念活動是改善道路狀況，並在縱貫道路（即現今的臺一線）與指定道路兩側種熱帶果樹，「大學路」為臺一線支線，當時的鄉民在日本警察監管下種植芒果樹，照顧不好還會被罰。根據豐收村耆老口述，芒果樹生長茂密，整排的往往形成大片的樹蔭，當時亦作為坦克車等軍事運輸的遮蔽，芒果樹不僅是鄉民的在地記憶，也是殖民的印記。然而，因為要開路提供中正大學使用，與促進地方發展，計畫將移除芒果樹，此舉遭到居民及師生抗爭反對，後將芒果樹從大學路移至中正大學校園。

到了2018年，嘉義縣政府與民雄鄉公所獲得「前瞻計畫」補助，準備進行大學路的道路改善工程，理由之一，為中正大學車禍問題嚴重。為改善交通，將原有雙安全島改成單安全島，並將種在大學路二段的芒果樹[4]移除，以利工程進行，計畫之初，芒果樹要移往何處，並沒有明確規劃。縣政府的作法再次引發鄉民及大學師生的不滿，組成「大學路護樹聯盟」，「重構大學路計畫」也參與其中，30年後，抗爭再起，鄉民與師生再次保護百年老樹，

4　此路段的芒果樹部分因前於抗爭留下，部分則是抗爭後重新種植。

訴求「道路安全及老樹保存」雙贏，幾經抗議、協調後，最後將大學路上百年芒果老樹移再次移至中正大學內。

　　雖然興建了大學路，但初期中正大學的校址仍為「嘉義縣民雄鄉三興村陳厝寮160號」，而在2005年，校方以「國際化」及「符合大學形象」為由，悄悄向戶政機關申請變更地址為「大學路」的新地址，將與在地有關的地名「三興村」、「陳厝寮」自校址中刪除，引起村民不滿與抗議，三興村村長莊柏桐痛批：「校地近半是當地廟宇捐出，校方和地方甚少互動也就算了，居然嫌地名『俗』，這種忘本的行徑令人不齒！」並感嘆地方捐地建校，校方連個「神農帝」的紀念碑也不設，多數學生也不知道校地是廟方捐贈。三興村的意見領袖蔡豐文也說：「陳厝寮是中正大學的『母親』，沒有陳厝寮就沒有中正大學，中正大學實在忘本。」（徐彩媚、程振財，2005）[5]。中正大學設立後，當地地景、路名的改變，甚至是地價上漲，引進大量的車流，大學師生與鄉民的生活型態落差，都引起不少衝突與爭議（管中祥、洪育增，2018）。

　　1980年中後期，臺灣陸續新設或將專科改制為大學，部分大學前的主要道路便命名為「大學路」或「學府路」，這樣的命名，反應出以大學為中心的思考方式，也可能為原有居民的生活造成影響。

　　在這樣的背景下，中正大學的「重構大學路：認識、認同與共同行動計畫」的命名，便希望能反思「大學路」的種種現象，並進一步地思考存在於大學及鄉民之間的「大學路」，可以如何重新認識？重新共同建構？大學與社區之間有什麼新的合作可能？

　　而副標稱為「認識、認同與共同行動」，則是計畫期待執行的進程。大學師生若要善盡對社區的社會責任，須對其所在的人事物要有基本的「認識」，因此，「重構大學路計畫」強調基礎的文史及社會調查，並透過課程及

5　徐彩媚、程振財（2005）。《中正大學改校址挨轟　嫌「陳厝寮」太鄉土　居民批忘本》，取自 https://tw.appledaily.com/headline/20050316/ODX6ZTPLK3PSLCWNKW52F6V27Q/。上網日期：2017年5月16日。

活動認識在地的民眾與文史；有了認識，才能進一步產生從內心產生「認同」，較能從「在地人」而「非計畫人」的角度執行各樣的活動（管中祥，2020），不論是大學師生或在地鄉民都應該是行動中的主體，透過共同討論、籌劃、分工，進而「共同行動」。

即使如此，「重構大學路計畫」第一期（2018-2019年）組成倉促，對在地瞭解也十分有限，主要的工作大多止於認識在地，然而，在第一期執行計畫過程中碰撞出的「意外」行動，也讓我們對民雄有較多的認識，進而在第二期（2020-2022年）調整計畫內容。

因為護樹運動，開啟了我們對豐收村百年芒果樹的調查，瞭解其與日本殖民、在地記憶的關連，這場行動，我們也認識許多關心地方事務的鄉民，也發現村民參與公共事務的侷限，而延伸的「戀戀芒果火燒庄——芒果文化節」也讓我們發現，即使鄉土教育推廣多年，中小學師生對生活所在的認識十分有限，甚至對身邊的歷史建築也十分陌生。

另一個意外舉辦的活動便是與「七星藥局」合辦「烈風光影——民雄老照片展」。這個展覽並不在我們第一期的規劃，但得知民雄「七星藥局」蒐集了一些民雄老照片，一起討論後決定「拋玉引玉」，透過舉辦老照片展徵集更多老照片，尋回失落的在地記憶。鄉民的熱烈參與及回應，更讓我們確認在地文史保存的重要，一次次地舉辦，不僅讓我們認識更多鄉民，也逐漸得到社區的信任，更感受到透過文史調查、照片徵集，共同重建在地記憶的重要。

在第一期計畫的執行過程中，我們進一步看見到民雄鄉民對於城市發展的期待與矛盾。民雄鄉雖是嘉義縣的繁華之地，但卻是臺灣城鄉發展的邊緣角色，有著典型的城市發展與文化、生態環境之間的衝突。不少地方人士期待的鐵路高架化、設立中科院航太基地、興建新的行政大樓、百年市場搬遷等建設都已逐手規劃，勢必將對在地的生態、文史、生活帶來衝擊，或帶來新的抗爭與問題，那麼，鄉民與師生的集體記憶，是否會因為新的建設而灰飛湮滅？鄉民意見可以如何表達，促成公共討論？而中正大學立基民雄30年，作為在地的一分子，又該如何面對？如何兼顧經濟發展與文化保存及環

境保育，讓民雄成為永續城市，正是學校與社區必須同時思考的問題。

簡言之，第一期的在地參與及觀察，我們統整出以下問題：

一、在地居民及大學師生對民雄在地文史瞭解有限，即使是當地的中小學教師亦未必「走進」在地，瞭解在地文化；耆老對文史的瞭解大多是自身經歷與感受，較少將其個人小歷史連結於社會大歷史；而在學生作的調查中也發現，青年之所以來鄉或返鄉，主要是因為這裡的生活單純，未必因為文化認同。

二、民雄主要的社團大多偏向教育與服務性質，較少具公共參與的社會團體。在大學路護樹運動中，我們也發現，一般民眾並不清楚與官方溝通的管道及策略，也較少對公共政策表達意見，甚少公共討論，即使對政策不滿，會覺得「跟政府說了也沒有用」，只能默默接受。面對都市發展造成的環境問題，或者人口外移及社區照顧等議題雖有見解，但缺乏系統性的論述與回應方式。

三、中正師生對在地認識陌生，較從本位思考。例如，關於大學路的整建，不少同學主張要移除樹木，拓寬道路，以加快行車速度或自身安全，較少在意鄉村型社會的道路需求、芒果老樹的情感及背後的歷史意義。不過，鄉親肯定中正大學願投入地方文史採集、關心公共事務。

這些問題讓我們進一步思考，面對民雄的快速發展，我們如何挖掘、保存與推廣在地的文化與歷史？如何促成大學師生認識在地、產生認同，進而共同行動？如何透過在地居民及大學師生的討論與參與，共同思索與促成城市發展的未來與永續？基於前一期的執行經驗，以及與鄉民的密切互動與討論，新一期的計畫除了延續先前未完成的工作，也擴大了關懷面向（圖一）：

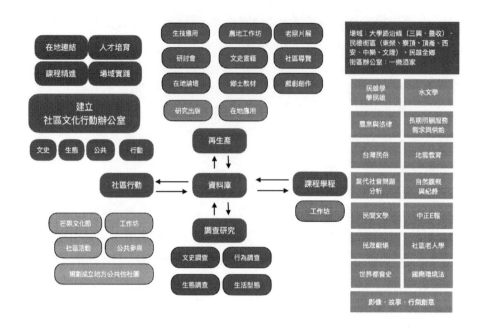

圖一　「重構大學路：認識、認同與共同行動」第二期工作項目

　　一、進行基礎調查。除持續原有文史調查，瞭解、保存推廣在地歷史，將層面擴大至生態調查、居民及大學師生對在地認同與認識調查，作為思考未來城鄉發展及共同解決在地問題的基礎。

　　二、於民雄市區成立「Dovoha[6]社區文化行動辦公室」，長期蹲點，擴大接觸與服務面向，舉辦相關社區活動，促成公共教育與公共討論，成立地方公共性社團。

　　三、成立課程學群。除上一期開設的「民雄學・學民雄」、「農業與法律」等課程，擴大為課程學群，廣邀不同領域教師參與，在課程中加入在地議題。

6　民雄於17世紀時為原為平埔族聚落，「打貓社」為羅雅族Dovoha之音譯，形容該部落為雄猛如烈風之民族，網站取名為「Dovoha在地資料庫」希望能追本溯源，逐步展現民雄在地多樣的面容。

四、行動成果再生產。將調查、課程與社區行動成果再生產，包括出版鄉土教材、發展民雄導覽、地方文史手冊、相關書籍出版等。

五、持續建置「Dovoha在地資料庫」網站。將本計畫口述史訪談、田野調查、社區參與、課程學群，以及再生產的成果統整於資料庫。網站採CC授權，以利推廣與共享。

二　「民雄學」如何「學民雄」？

「民雄學・學民雄」是因應計畫執行開設的一堂課，雖然從計畫的第一年就已開課，但最初並不在規劃之中。原來的想法是認為，舉辦「文史調查工作坊」招募有意參與民雄調查的鄉民或學生，經過培訓後，進行基礎調查工作，作好實踐大學社會責任之前的準備。

不過，有計畫老師指出，「大學社會責任」屬教育部計畫，應重視學生的培養，因而，調整計畫內容，決定於計畫第一年，即107學年度第一學期開設「民雄學・學民雄」課程，由團隊四位老師共同執行[7]。

有開課的想法，卻未必有開課的能力，18週的「民雄學・學民雄」課程該上些什麼？成了難題。雖然計畫團隊對民雄有些許的觀察與瞭解，也作過一些基礎的訪談，但從沒開過相關課程，也未建立系統性知識，如何教授民雄「學」？我們甚至連要從民雄「學」到什麼？所知也十分有限。

由於過去曾邀請「七星藥局」的吳嘉文、吳至鎧兩位藥師在我開設的「草根行銷」課裡介紹民雄，也因為參嘉義的社會運動、文化活動與民雄在地青年何信輝熟識，再加上因計畫舉辦活動認識了民雄年輕人王瑞華、吳怡旋，於是，我們邀集了民雄青年及計畫助理組織讀書會，定期討論、建立情誼，並協助規劃「民雄學・學民雄」課程。2018年3月，讀書會開始運作，

7　課程從2018年9月開設，至目前2021年12月開設為第四學期，第一年「重構大學路計畫」四位主持人負責，包括傳播系教授管中祥、中文系教授楊玉君、法律系副教授廖蕙紋、生醫系教授李政怡，隔年則為管中祥及楊玉君與同合授。

主要閱讀民雄文教基金會出版的「民雄先賢小傳」[8]、「民雄鄉賢小傳」[9]等書。我們透過閱讀及討論，認識民雄在地的歷史、人物、家族、產業、社會變遷，並且一起規劃民雄街區導覽課程，共同討論及決定導覽的地點及路線，並且實際走踏，同時在Google map上建立「民雄街區走路地圖」，除作課程使用，也開放給民眾瀏覽。

　　課程設計除由授課教師規劃，也多次與鄉民來回討論，確立課程內容，上課的地點也走出校園到不同村落，並強調「以鄉民為師、向鄉民學習」的精神（表一）：

---

[8] 本書由民雄文教基金會於1998年出版，針對民雄鄉80位先賢進行個人生命史的紀錄，80位先賢的職業大多為教師、校長、醫生、地方仕紳、民意代表、村長等，少部分為牧師、法師等宗教相關人士。詳細描述著先賢們的個人奮鬥故事、家境轉變、後代發展等，盼能透過先賢們努力的歷程及事蹟，帶給後代人們不同的啟示。

[9] 本書由民雄文教基金會於1999年出版，撰寫當時47位已逝世鄉賢、33位在世鄉賢，合計80篇小傳。鄉賢包括地方文教人士、市場名店、警界人士、醫界人士、在地廟宇住持、在地議會、村長等政商人物等，年分從1855年橫跨至出版當時的1994年，不分地域、派系、性別、宗族，以單篇人物傳記為主，描述個人的生活環境、家境狀況、受教育情形等，主要希望能透過隱惡揚善的宗旨，將這些鄉賢的功德言行流傳後世，做為後代世仁的典範。

表一　108 學年「民雄學‧學民雄」課程大綱

週次	日期	主題	地點	備註
1	9/20（五）13:00-15:00	課程介紹/管中祥、楊玉君	中正大學	
2	9/28（六）13:00-17:00	認識民雄首部曲/管中祥	央廣	民雄三印象(一)
3		民雄的生成與變遷/吳至鎧、吳嘉文	央廣	
4		走踏民雄、街區導覽/民雄鄉民、助教群	央廣/民雄街區	小作業（一）：民雄打個卡
5	10/5（六）13:00-17:00	腳踏三興、在地導覽/鳳梨急行軍	三興村活動中心	
6		認識三興村/黃顯淨、陳紀穎	三興村活動中心	
7	10/6（日）13:00-17:00	訪談訓練與田野調查（一）/管中祥	三興村活動中心	
8		訪談訓練與田野調查（二）/管中祥	三興村活動中心	小作業（二）：鄉民聊天
9	10/19（六）13:00-17:00	豐收村導覽/楊玉君	豐收村活動中心	
10		民雄在地議題討論	豐收村活動中心	民雄三印象（二）
11	10/20（日）13:00-17:00	與鄉民並肩坐、隨意聊	豐收村活動中心	訪談練習
12		民雄在地議題討論	豐收村活動中心	世界咖啡館、揪團
13	10/26（六）13:00-17:00	走入農田、認識小農與經濟/何凱西、龍哥	西昌村慈己園	作業回饋：鄉民聊天
14		走入農田、認識小農與經濟/何凱西、龍哥	西昌村慈己園	
15	10/27（日）13:00-17:00	基礎台語記音/劉承賢	豐收村活動中心	
16		期末報告提案/楊玉君、管中祥	豐收村活動中心	
17	11/16（六）13:00-17:00	期末進度報告	中正大學	
18		我觀察，但我們共存：田野經驗分享/黃顯淨、洪育增	中正大學	

課程內容雖然每年都依實際上課需求、計畫的調查成果，以及在地關係的擴展進行微調，但主要可分為以下幾個方向：

（一）民雄基礎知識與村落走踏

「民雄的生成與變遷」邀請計畫合作夥伴吳嘉文及吳至鎧[10]藥師擔任講者，講述民雄的地名演變、發展歷史以及社會變遷，而在村莊實際走踏前，授課教師楊玉君則會針對該村的廟宇進行介紹。

實地的走踏課程最早僅為民雄街區[11]及學校三興村，但隨著計畫的文史調查及人際網路擴展，擴大至豐收村及福權村。民雄街區的導覽者初期為與我們共組讀書會的在地青年，今（2021）年則新增參與我們舉辦「青農帶路」街區文史導覽培力工作坊的新夥伴；三興村則是與校內學生社團「鳳梨急行軍」[12]合作，由同學擔任主講者，授課教師及助理亦會進行內容協助；豐收村的導覽者為授課教師及村民，而福權村則是由負責福權村文史調查計畫的專任助理為導覽員。除了實地在村落文史走踏，課程也安排至民雄的農田地認識、體驗農事，由農夫進行授課，分享農作經驗，並從國際及在地面向討論民雄農業議題。

（二）田野的技能與方法

這部分主要有兩個單元[13]，一是「臺語記音」，另一則是「訪談訓練與

---

10 課程最初的安排是由吳嘉文、吳至鎧兩位藥師擔任講者，父子二人非常關民雄在地的文化與歷史，也蒐集相關文史資料及民雄老照片，後因吳嘉文工作的緣故，僅由吳至鎧擔任講師。此外，在第一年的課程中，我們也曾邀請民雄出身的臺文作家鄭順聰擔任講師。

11 主要區域為東榮村、西安村、中樂村。

12 「鳳梨急行軍」為中正大學學生社團，透過田野調查、民眾劇場、校園廣播帶領同學認識中正大學所在三興村。

13 第四年我們增加了「地圖歷史的三次元：談地圖史料、GIS與歷史空間」單元，邀請蘇峯楠講授。

田野調查」。

　　許多同學擔心在鄉村不會說「臺語」，難以進入田野或進行訪談，「臺語記音」課程邀請臺語文的專業人士教授介紹「臺羅」發音的原則及技巧，從語言、地名中認識在地，培養「記音」方法，同學在田野時，即使當下不懂其義，亦能先記其音，再行研究。

　　「訪談訓練與田野調查」則是教授田野的方法及技能，強調以「交朋友」心態進入田野，提醒同學「沒有人有義務陪你寫作業」，並要將作品回饋鄉民。而為了讓同學與鄉民多所互動，並理解鄉民的多元背景，也會有一堂「與鄉民並肩坐、隨意聊」課程，邀請不同背景的民雄鄉民，例如：企業家、返鄉青年、農夫、社區組織者、咖啡電商、小學教師等，與同學座談，並採「世界咖啡館」方式，依興趣自由移動，認識彼此。

（三）在地議題討論與規劃

　　第一堂課了請同學分享修課動機，也請同學說出對民雄的三個印象，以瞭解同學修課目的及對民雄的認識；而在第二次上課，隨機分組討論繪製「民雄地圖」，有趣的是，同學畫出的大多是中正大學至民雄車站的主要道路及相關「景點」，對於民雄的認識十分有限。

　　除了課程講述或實地走踏，課程也非常強調分組討論。分組多為隨機決定，一部分是因為修課同學來自不同科系，希望在分組前能先熟識，另方面，不同科系的學生有不同的專長訓練，亦可提供不同的觀點及刺激。

　　經過一次次的討論，同學在課堂上公開提案招募成員，確認主題後，再依主題分派助教協助，也會安排一至二次期中報告，瞭解作業進度與回饋意見，學期末則對外舉辦成果展。

　　除了部分課程講師由鄉民擔任，我們也邀請鄉民及助理擔任助教。幾位計劃助理的碩士論文都採用田野調查方法進行研究，過去就讀中正大學期間，也與民雄多所連結，而「鄉民助教」則是由民雄鄉民擔任，是返鄉工作的年輕人，他們從課程規劃就參與我們的討論，對在地有認同與使命感，提供在知識與在地連結，擔任同學進入田野的「引路人」。

　　不過，隨著計畫與課程的累積，及人才培育的考量，逐漸邀請修過本課程的學生擔任助教，而到了第四年，助教全為修習過「民雄學‧學民雄」在校生或畢業生擔任，鄉民轉而擔任「鄉民導師」，於作業提案及期中報告時提供建議。

　　簡言之，「民雄學‧學民雄」期末作業要求學生自行尋找有興趣的在地主題，分組進行紮實的田野調查，透過訪談、蹲點、討論等方式，呈現出影片、地圖、摺頁、刊物、圖文紀錄甚至實作產品等多元成果，開課以來累積的作品整理於計畫網站中。

　　從2018年至今，「民雄學‧學民雄」三年以來，同學們的作品累積果如下：

1. **民雄酒家組：**過去民雄設有多間酒家，後因時代變遷而逐漸沒落並拆除，目前僅剩一樂酒家保留原本建築物。小組成員以一樂酒家為中心，爬梳民雄鄉酒家的歷史。

2. **雜貨店組：**深度介紹豐收村、三興村、火車站旁三家各具特色與故事的雜貨店，瞭解雜貨店隨時代延伸出的多角化經營，以及經營者的生命故事。

3. **百年餅舖組：**民雄市場後方的百年餅舖「勝珍馨」其忙碌時段和糕餅種類，與民雄歲時祭儀有關。小組成員以文字記錄餅舖與在地民眾的生活連結，同時也透過影像呈現餅舖與俗民文化的關聯。

4. **民雄市場組：**課堂小組深入調查民雄市場，並將調查結果整合為地圖摺頁，為百年的民雄市場做系統性的整理紀錄。

5. **陳實華洋樓組：**民雄鄉豐收村中有一保存完整的美麗洋樓，是在地仕紳陳實華家族於日據時代建造。小組透過訪談及資料爬梳，以影片和折頁呈現家族記憶和建築特色。

6. **東南亞飲食組：**民雄地區有大量東南亞新移民居住，因此引進相關飲食文化，課堂小組經探訪統計，將民雄東南亞店家製作為地圖，並彙整越南特色香料及食材。

7. **民雄物產組**：民雄鄉為嘉義農業大倉。課程小組透過農會確認物產的分布狀況，繪製全鄉物產分布，並深度訪問在地農民，完成《民食尚青》刊物，詳盡介紹農民故事、栽種知識、經營策略等等。

8. **獅陣組**：課程小組專訪1930年成立於豐收村的「同義社」，並跟隨同義社全程出陣，實際體驗及記錄從業人員的生活，也整理了在地百年歷史的獅陣從保衛家園而起的歷史發展與文化意義。

9. **震天府宮廟故事組**：2019年適逢民雄鄉豐收村震天府翻修，課程小組因此自製故事書，記錄廟宇整修細節，並整理廟宇文物、神尊、歷史沿革等資料，為震天府留下珍貴的紀錄。

10. **竹藝組**：學生在走踏民雄街區的課程中得知民雄至今仍有製作傳統竹器的師傅，對於竹器製作感興趣便以此為主題調查。調查整理成果豐碩，包含「逐藝」：繪製從工具到工法的操作手冊，並實際拜師學藝，親自劈鋸、挖鑿、烤直、組裝，在師傅的教學下製作出一張張竹椅。「竹憶」：蒐集文獻並田調整理民雄竹藝發展年表、同時以google earth製作空間為主軸的發展地圖。此外，也以故事手法撰寫林能坤師傅的生平，並拍下紀錄短片。

11. **青農組**：民雄為農業大鄉，種植豐富、多樣的農產，小組學生訪問在地農民，撰寫不同物產與不同人物的故事，製作出版《作田儂趁青》小誌。

12. **柳相士組**：以民雄奇人，看過各國元首命相的柳得男算命仙為主題，將訪調成果製作成介紹摺頁，並在課程結束後持續調查，向本校申請經費與柳家人、本計畫合作策展。

上述的作業簡單分成兩大類，一是民雄文史調查，例如：酒家組、柳相士組、震天府宮廟故事組、陳實華洋樓組；另一則是生活現況與產業調查，如：青農組、民雄物產組、獅陣組、百年市場組、百年餅舖組、雜貨組等，不過，即使是生活現況與產業的調查也多關注歷史緣由與變遷，及其與當下生活的關連。

學期結束前，課程會舉辦成果展邀請鄉民及受訪者參加，除了將成果向鄉民報告，也期待鄉民回饋、指正。但，更重要的原因是，同學們的作品不單是課堂上在「教」出來，更是從田野中發現、向鄉民學習而來，鄉民是我們課程的主角，當然要請大家共襄盛舉。

許多科系的作業會要求學生採訪或服務鄉民，但大多只是只是「一次性」的關係，採訪或服務結束之後未必會有進一步的互動，而學生作業的成果大多只交給老師，鄉民並不清楚會被如何呈現，是否遭到扭曲？是否斷章取義？然而，「民雄學‧學民雄」作業某個意義上是與鄉民共同完成，應將成果向鄉民報告，受到指教，更要回饋成果。

不過，鄉民們並不會在成果展時對同學的作品提出實質上的意見，反而多是驚喜與感謝。例如，109學年度的成果展在豐收村的陳家洋樓舉行，照例邀請鄉民及受訪者參與。與會的豐收村村長劉萬重當日接受公視台語訪時表示，我們住在這裡的人，未必都會知道這裡的事，但同學們透過調查把這些故事挖掘出來，宣傳出去，讓更多人能瞭解地方；參與成果展的受訪青農陳則諭則說：「我是在地的民雄人，不過我對民雄的歷史不太瞭解，反而這些未外地來的人比我還更認識民雄」，在同學作業中作受訪的在地竹藝師傅林能坤，當天除了語帶哽咽表達感謝，媒體訪問時也表示，他們（學生）因為來我這裡學竹藝，學成之後，會幫我們把這些技術傳出去[14]。

鄉民們的回應超乎我們的預期，對同學來說，期末作品是認識在地的開始，甚至可能只是單純的「作業」，但對鄉民而言，同學們是在探尋、整理、傳布在地的小歷史，讓更多人有機會認識民雄的過去與當下，鄉民們也感受到學生努力為民雄留下的紀錄，並激發起在地更多的反思與行動。

有時，大學的「作業」或「計畫」雖強調在地服務，卻影響了居民的生活，年復一年被問同樣的問題、作相似的作業，一再「陪公子讀書」，居民對學校及學生多所抱怨。例如，中正大學在開始執行USR前就曾作過調查發現，雖然有多位教師執行相關在地服務（或研究）計畫，但缺乏整合，以致

---

14 公視台語台新聞：https://www.youtube.com/watch?v=NNwLAy2UFkM

被服務者重複受到打擾；也有受訪者指出，教師的研究只在蒐集資料，成果未能回饋社區（管中祥，2017）。對村民來說，學校師生平常並不常與村民互動，但有作業、報導或研究需求，便會來拜訪村民，這樣的互動模式，並無法建立彼此的信任關係。然而，將成果分享及回饋是必要的歷程，也是建立友誼與認同的起步，甚至是改善大學與社區關係的關鍵（管中祥、洪育增，2018）。

也因此，「民雄學・學民雄」課程希望同學以「交朋友」的態度進入田野，辦完成果展、繳交作業後，我們仍期待學生與受訪者之間仍然維持朋友關係，而修課的同學也必須再拜訪對方，簽署授權書並表達謝意，有時則是由授課教師前往，感謝鄉民撥冗指導同學完成功課。

受訪的鄉民除了協助學生完成作業，共同參與完成作品，在某個意義上，也和授課教師共同指導學生，因此，拜訪與感謝鄉民是必要的回饋及禮節，有趣的是，這樣的歷程也擴展我們與在地的關係，建立並強化與鄉民情誼。

108學年的「民雄學・學民雄」期末報告其中一組同學製作《民食尚青》小誌，詳盡介紹農民故事、栽種知識、經營策略。這組的同學有感於農業為一國之本，影響著經濟、政治、社會、外交，但其重要性卻逐漸被輕視，而自己再過兩、三年就都會從民雄畢業，進入都市工作，未來可能沒有再接觸到農地、農業的機會。他們擔心到了民雄這個農業大倉卻對農業一無所知，所以希望透過調查民雄地區不同村莊物產，貼近土地、認識農業概況，並繪製民雄物產地圖。

學生一開始先拜訪民雄鄉農會，確認物產的分布狀況，後由農會推廣部主任引路，初步建構對農業整體和民雄物產的認識。在時間、篇幅有限的情況下，最後選擇種構鳳梨、水稻和玉女小番茄、芭樂、蓮藕等農夫，作為《民食尚青》主要採訪對象。

成果發表會後，我和計畫專任助理拜訪了幾位《民食尚青》的受訪者，包括蕃茄農張智源、蓮藕農李健鋒、鳳梨農陳謝美英、有機稻農翁寬併等人。除了感謝他們協助同學，也將文稿請對方作出版前的確認，並簽署授權

書，當然，更重要的是介紹計畫、結交朋友。

　　對鄉民來說，大學教授親自來訪確認出版事宜，並感謝對其學生的協助，相當罕見，相反的，我們卻見過不少熟識的鄉民抱怨學生採訪完後，再也沒有連繫，不但不清楚受訪內容被如何處理，更難以建立彼此的情誼。幾次「民雄學・學民雄」課後的拜訪，是擴展在地知識與建構社群網絡的契機，讓我們在民雄鄉民的身上有更多的學習與連結。

　　以下從與《民食尚青》其中的三位受訪農夫後續的接觸經驗，描繪「民雄學・學民雄」如何擴展連結，再次向鄉民學習的歷程。

（一）返鄉青年張智源

　　張智源是返鄉的青農，接下父親的農田，持續耕作，農業研究所畢業的他，對農事實務有更多的體驗。

　　初次拜訪時，除了閒話家常，也聊到臺灣農業的發展與國際困境。他也好奇為什麼同學們會想瞭解民雄的農業，並詢問了這個課程的目的，以及「重構大學路計畫」這些年作了那些工作。沒想到，這次的拜訪，為我們開啟了更多合作，甚至激起他後來參選「民雄青農聯誼會」會長的想法。他回憶在參選時，提到了跟「重構大學路」接觸的經驗成為他參與選舉的理由之一。他說：

> 當時心想，這些學生才上過幾堂課，竟然對民雄的瞭解比在地人還多，而這些教課老師，大多只是「來上班」，但卻對地方有這麼大的投入，這激發了我對民雄的熱情，也想對生長的地方有更多的認識，服務在地的青年農民，於是決定參選民雄青農聯誼會會長，作更多的服務。[15]

---

15 我們最早知道這件事是有次拜訪民雄鄉農會賴國忠主任時他提到此事，後來因為要完成這篇論文，於2021年10月27日向張智源確認。

聽到張智源參選的原因讓我們有點驚訝，沒想到同學們的努力及我們的拜訪，竟然捲動了地方青農投入公共事務、為鄉服務，我們也因此成為密切的合作夥伴。

《民食尚青》出版後，接連兩年的「民雄學‧學民雄」課程，皆邀請張智源擔任「鄉民老師」，帶領同學們到他的農田、溫室參訪，瞭解、體驗田間工作，分享務農的歷程，以及在地農業所面臨的問題。而也因為《民食尚青》的印行，引發下一年修課的同學對民雄農業議題的興趣，張智源也成了帶領同學們進入田野的「引路人」，引介更多青農。於是，新一屆的學生接續前屆的努力，接力訪問在地農民，撰寫不同物產與人物故事，完成《作田儂趁青》小誌，「重構大學路計畫」並協助出版，和《民食尚青》一樣，成了本計畫炙手可熱的出版品。

不只如此，當上青農聯誼會會長的張智源更主動向我們提出合作計畫，希望與「重構大學路」一起培力本地青農擔任導覽民雄的種子教師，這樣的想法與我們原有的規畫不謀而合，遂而共同舉辦「青農帶路」在地文史導覽培力課程，邀集青農及「烈風朋友會」[16]中的成員、本校學生與計畫助理參與。課程結束後，張智源及多位鄉民成為在地導覽員，在「民雄學‧學民雄」走踏課程及相關活動中實際上陣，為學生及鄉民進行導覽。

（二）有機農夫翁寬併

另一位在同年拜訪的農夫則是西昌村的有機稻農翁寬併。

翁寬併從中油員退休後，便接手家中農務，以有機農法栽種水稻，發展自我品牌「會長米」，並經中興大學等單位認證，銷售管道主要是網路訂購或小農市集擺攤。

每次拜訪翁寬併，彷彿上了一堂農業課，不論是種稻的理念、技術、水

---

16 這幾年，我們和民雄青年合作舉辦「烈風講堂」，邀請講者於民雄的咖啡館、書局討論在地文化與公共議題，希望促成公共討論，認識更多鄉民。我們進一步成立「烈風朋友會」臉書社團，邀請參加多次活動的朋友加入，希望能發展更緊密的關係。

與環境的關係、民雄農業的發展等，都讓我們從他身上學習許多。閒聊之中得知西昌村過去曾辦過農村的體驗活動，於是，我們轉而與西昌社區共同舉辦「農地工作坊」[17]。

翁寬併不僅帶著我們體驗農事，其專業知識也進一步開啟我們對農業的視野。2020年由「重構大學路計畫」舉辦的「稻做稻──稻米工作坊」，便邀請他及民雄鄉農會推廣部主任賴國忠主講「認識民雄農業」，而在2021年我們舉辦的「跨農業的方法與實踐。在民雄」研討會，也請翁寬併跟其它青農、計畫團隊以「民雄非典型農民組合座談」為題，分享彼此「跨界」實踐的經驗。

連著兩年的「農地工作坊」與西昌村穩定合作，原為受訪者的翁寬併也成了我們進一步認識西昌村的「引路人」，透過他的介紹認識了呷飽麥友善自然農園、五彩崗友善農坊、西昌社區發展協會等單位，並成為我們的合作夥伴。呷飽麥友善自然農園的主人翁坤明，同時也是西昌社區發展協會的總幹事，也受邀擔任110年度「民雄學·學民雄」課程「與鄉民面對面隨意聊」單元的講者，分享同時於台塑任職、務農、社區工作的斜槓人生。接連的互動，2021年下半年，我們進一步展開在西昌村的文史調查，希望能規畫出更深度導覽的活動，並出版「西昌村文化地圖」[18]。

（三）社區芭藥農莊淑娟

108學年的「民雄學·學民雄」期末成果展結束沒多久，接到福權社區發展協會的邀請，希望計畫團隊能到村子裡協助。

---

17 「農地工作坊」是「重構大學路計畫」執行的項目之一，起初邀外地請專業團隊協助進行，但後逐步轉而與本土地農夫合作。

18 透過長期的田野蹲點，我們已完成三興村的「陳厝寮文化地圖」、豐收村的「好收文化地圖」，這些文化地圖免費發給大學師生及鄉民，得到不錯的迴響，其中豐收社區發展協會及當地的7-11，更分別將「好收文化地圖」作成大型看板，佇立在村裡入口及店家玻璃牆。

　　邀請我們的是福權社區發展協會的新任總幹事莊淑娟，她同時也是《民食尚青》裡受訪的芭樂農。她接受學生訪問，也參加成果展，剛接任社區總幹事的她，希望能為社區作點事，帶來不一樣的氣象。

　　莊淑娟和夫丈賴俊彧都是芭樂農，夫妻二人先後獲得全國神農獎模範農民及傑出農家婦女獎，賴俊彧同時也產銷班班長、福權村保安宮的乩童。他們在福權村經營芭樂園，積極投入土壤改良及施肥技術的研發，自創「樂之香」品牌。

　　莊淑娟除了是農夫，也曾作過家庭代工、在工廠工作，並且非常熱心社區事務，擔任過民雄文教基金會、郵局、農會產銷班、嘉義縣文化局等機構的志工。

　　我們跟她幾次討論後，確定合作的方向，協助福權村進行文史調查。

　　這是我們第一次走進福權村，認識十分有限，為了擴大參與，在「民雄學」臉書社團徵求有意願參與調查的同學，約十位曾修過「民雄學・學民雄」的學生加入。

　　為了在進入田野前對福權村有基礎的瞭解，跟同學們組成讀書會定期開會討論，另一方面，也由莊淑娟擔任「引路人」拜訪福權村的主要廟宇——保安宮及社區民眾，同學們也參加其它社區活動。計畫專任助理進入社區蹲點，每週參與社區長照活動，幫忙長者用餐，不僅得到鄉民的認同與信任，積累與社區的情誼，也接觸更多在地長輩，擴大調查範圍，取得更多口述史線索。而團隊共同主持人楊玉君亦貢獻專長，為福權村保生大帝廟碑文校釋。此外，「重構大學路計畫」也協助引進更多資源與合作，譬如嘉義青年林奕宏透過「紙芝居」說故事宣導失智症預防，便是與本計畫合作，到福權、豐收社區展演。互動之中，師生鄉民更為熟識與緊密，繼而受邀參與端午節及重陽節社區等聯誼活動，計畫主持人也受邀上臺致詞。

　　福權村村民也會參加「重構大學路」的活動，例如，本計畫團隊的內部培力工作坊[19]，包含福權村長在內的多位幹部、村民到場參與。而莊淑娟豐

---

19 「重構大學路計畫」的內部工作坊，主要的目的是要透過講座、工作坊等形式，培力

富的農作與社區經驗、積極的學習精神，我們也邀請她擔任另一場場內部工作坊的講者，並到「民雄學・學民雄」課程與學生座談。我們與福權村的關係，並沒有因一次性的作業而停止，而是發展出新的動能，當投入行動，便是捲動社區的開始，建立的關係有機會得以延續發展，不僅與社區有所關連，同學也有機會在課程結束後，持續與在地保持連結。

　　經過一年多的蹲點，我們共同完成了《講咱番仔庄》小誌，內容包括福權村的歷史發展、宗教信仰，消失的傳統產業，如磚窯廠、糖鐵與糖業、碾米廠、雜貨店，農村文物館、移民工的聚點──越在嘉等。透過鄉民帶路、村民的口述，我們對福村的認識，不單只是「盛產芭樂的聚落」，還有多樣的產業與多元的生活，透過蒐集、整理、爬梳福權村的歷史與消逝的生活，也逐步讓我們釐清與建構民雄的樣貌。

　　對「民雄樣貌」再認識的，不單只是「重構大學路計畫」的師生，在福權村生長的村長賴宥程也有類似的感嘆，他在《講咱番仔庄》的「理事長的話」中這樣寫道：

> ……我自己因為長時間久出工作，對家鄉文史記憶有限，幸得本地居民的熱心引介，中正大學同學們的鍥而不捨，才一步步找出像是：磚窯、糖鐵（五分仔車）等福權村過去的產業，還有與我們日常生活息息相關的福德興商號及福權賴集貨場，這不但拓展我對地方的認識，也讓我驚嘆：「阮的番仔庄真的不簡單！」[20]

這樣的發展並未在我們的計畫書中，也非事先有意安排[21]，但，認識、

計畫團隊合作課程教師，並且建立師生與鄉民的協助平臺，因此，雖名為「內部工作坊」，亦會邀請鄉民共同參與。

20 賴宥誠同時也是福權社區發展協會理事長。

21 不只是張智源、翁寬併、莊淑娟，「重構大學路計畫」的各樣行動，無形中也捲動更多在地參與，與反思，例如，豐收村民林偉烈，從前期計畫護樹運動結緣，進而在課程合作，為學生導覽豐收村內林姓祠堂；今年課後更主動表示，因為參與導覽工作，對

認同與共同行動一直計畫基本的進程與原則，學校與社區站在對等的位置，紮根在地了解在地、鄉民師生共同行動，掌握住每一次相遇的機會，進而捲動鄉民對在地的關懷，也捲動學生的持續為「新故鄉」奮力。

同學們不只有參與福權村調查工作，「民雄學・學民雄」也捲起更多的可能。戴綺芸、廖禹婷兩位同學除了在福權村進行訪調，也在課後長期蹲點市場，進而能夠逐攤介紹特色與故事，拍下攤商的勞動容顏，一起參與「重構大學路計畫」在百年市場舉辦「烈風光影──民雄老照片展」；課程期末以民雄奇人「柳相士」為作業主題的吳泓錡，在課後持續調查、與柳家人聯繫，延伸規畫柳相士主題策展；而幾位以在地農友為作業主題的學生，後來也受邀製作農會刊物。計畫的人才培育，在規畫之外不斷開枝散葉、蓬勃發展，而在今（2021）年的提案中，「民雄學・學民雄」的修課同學也延續前兩屆《民食尚青》、《作田儂趁青》的規畫，以農村為田野，訪問在地農夫，在西昌社區發展協會前總幹事翁坤明的引薦下，探究何以西昌村有多家願意投入在地公共事務的有機農園。

三　「重構大學路」連結大學與在地

這樣的捲動歷程，不僅擴大了中正師生對在地的參與及認識，也讓文史調查逐漸深耕，並建立與社區的連繫與情誼，讓我們備受鼓勵。

自己的祖先事蹟更加好奇、進而產生了深層研究的動機，仔細查找核對了從祖先牌位謄下來的資料，精確推算與修正家族落腳民雄的時間。

而在第一年我們和鄉民共同發表的護樹運動中，豐收社區前總幹事李銘柱就曾表示：「這是我第一次參與公共議題的運動且為發起人之一，也是第一次面對這麼多的媒體及訪問。學理工的我一向不擅長此道，我沒有此類公民運動的經驗，這個過程是我的公民參與公共事務之路，也是鄉民民主學習的機會。」

在護樹運動後，帶領學生參加我們和豐收社區共同舉辦「芒果文化節」活動的東榮國小鄭慧娟老師也提到，透過校外教學活動，學生可以探討在地文化、對民雄更有感情。「至少他們真的對在地文化有認識，可以真的是落實環境教育，這樣等到他們長大之後，面臨經濟和環境的時候，他們可能會想起：我小時候曾經有很多有趣的東西！如果每個地方都是一樣的樓房、大廈，當這個城市沒有特色的時候，他是留不住孩子的嘛！」

　　兩年前，我們首次舉辦「烈風光影——民雄老照片展」，徵集的照片只有五十多張，多為七星藥局及熟識的三興村村民提供。隨著一次次的活動，不僅喚起鄉民的記憶，我們的紮根受到鄉民的肯定與信任，越來越多鄉民願意提供照片，至今已徵集到兩千多張老照片。這些照片除了實體展出，也整理在建置「Dovoha在地資料庫」網站。

　　3月，第四次「烈風光影——民雄老照片展」，我們走出校園、走出展場，在百年市場租下老房子展出，邀請多位鄉民共同策展。在菜市場內舉辦活動，讓鄉民距離更近、更加熟悉，也得到更多回饋，來看展的朋友看著照片說起家族故事，許久不見的家人因照片展返鄉團聚；戲院的後代看著影像裡的街景，侃侃而談在地戲院的歷史；更有人帶著長輩穿過的「三吋金蓮」，希望我們能夠展出。

　　展覽期間安排市場導覽活動，由曾參修過「民雄學‧學民雄」，並持續在市場駐蹲點同學負責導覽。參與者除了居民、學生，我們也與國家廣播文物館、嘉義社區大學、民雄國中合辦導覽，民雄國中老師帶班參與後，主動提出希望更多合作。最讓人驚喜的是，民雄國中的幾位學生在兩年前就讀東榮國小，參與過計畫與豐收社區合辦的「戀戀芒果火燒庄」活動，體驗打芒果、採集在地文史，今年又再次重逢。

　　10月，在中正大學校內舉辦第五次老照片展——「烈風光影——陳聯薰個展：漫步‧田庄‧攝影家」，開幕茶會沒有任何被動員來的學生，但吸引了近百位鄉民及師生出席，也讓我們再次感受到「捲動」的力量。

　　參加活動的民眾除了為看展而來，更多的是這些年來各村與計畫合作過的鄉民朋友——兩年合作「教師文史培力」、「三興小記者社團」、「鳳梨文化節」的三興國小校長楊登閣；去年出席「說民雄的故事——鄉親憶往」座談分享的東榮國小退休校長潘國雄、退休教師湯正雄；從前期計畫開始合作「芒果文化節」、護樹運動、民雄學課程等關係密切的豐收村前總幹事李銘柱、村民湯水木、陳清榮、林深淮與林偉烈父子；去年與今年合作「農地工作坊」的西昌村總幹事翁坤明夫婦、翁寬併會長；在第一期計畫是受訪者，爾後委託本計畫共同執行文史調查並於今年合作出版《講咱番仔庄》刊物的

福權村總幹事莊淑娟……等，甚至參與過年中參加我們在市場老照片的十多名社區大學教師及學員也主動前來，以及曾在護樹運動與我們「交手」過的民雄鄉鄉長何嘉恒也出席活動。

這些在不同時間、不同地場域與我們相識、合作，彼此協力的鄉民，卻在同一時間參加老照片展，原本不認識的鄉民在此結識，相互交流，討論未來合作的可能，而我們的存在與活動，捲動了更多的參與，並成了鄉民與師生，以及鄉民之間的共融平臺。

四　結論：非計畫的捲動與碰撞

教育部啟動「大學社會責任計畫」，希望強化大專校院與區域連結合作，實踐大學社會責任，同時培育對在地發展能創造價值的大學生，促進社區、產業發展和社會進步，讓大學師生走出校園，了解社會變遷和產業變動，投入在地關懷、人才培育、環境保護等，擴大公民議題參與，增進學校和社會對話。

雖然有這樣的聲稱，但理想上，走進社區之前，須對場域有一定的瞭解，如果缺乏相關基礎知識與調查，執行者或服務者對在地文化與歷史若是陌生，即使進入社區或相關場域，亦難以瞭解社會的真正處境與需求，未必能提供相對應的解決之道或進行社會服務。

事實上，不少大專院校已啟動「地方學」研究，對在地的文史有一定程度的理解與累積，可作為與社區連結的基礎，不過，學院裡的「地方學」雖然嚴謹紮實，但較重視學術價值，知識對地方的主體意義和實踐行動相對不受重視，甚至可能成為大專院校的行銷口號。然而，「地方學」除了能經由研究讓在地人熟悉認識之外，也讓外地的人能認識該地文化，藉由在地文化培養在地人及師生對地方的認同，甚至大學與社區互為主體，進而產生共同行動。

「民雄學‧學民雄」課程強調「以鄉民為師，向鄉民學習」的精神，從課程的預備、籌辦、執行，鄉民在其中便扮演重要的角色，包括課程規劃、

鄉民老師、鄉民助教，乃至於受訪者、引路人、回應者，課程中的每個環節都有鄉民參與，提供課程重要意見。而原有的受訪者也可能因同學或老師的拜訪，進一步發展新的關係，成為田野的「領路人」帶領我們進入新的領域，或者從而建立新的關係，擔任「民雄學・學民雄」講師，以展開新的合作。（圖二）

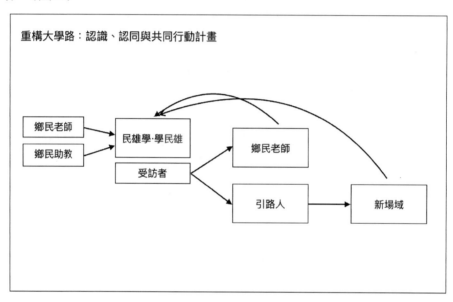

重構大學路：認識、認同與共同行動計畫

鄉民老師
鄉民助教
民雄學・學民雄
受訪者
鄉民老師
引路人
新場域

圖二　「民雄學・學民雄」鄉民關係圖

這樣的方式與歷程揭示了兩個重要的意義。

首先，從社區發展與社區營造的角度來看，「地方學」強調由下而上的知識建構歷程，基層為在地書寫的主體，從民眾的角度來書寫最貼近自己生活、環境的歷史，寫書出在地記憶，亦即將歷史文化詮釋權交給社區居民，讓社區人自己發言、自己寫作自己的歷史，自己也為自己的歷史負責（陳板，1998）。「民雄學・學民雄」雖是學院中的課程，但鄉民在開始到結束都扮演重要角色，而學生雖是作品的主要完成者，最後的發表亦得面鄉民，換句話說，鄉民雖非主要寫作者，但從規劃到產出都參與其中，雖非由基層書寫，但由鄉民與學院共同完成。

　　第二，「地方學」的目的不僅只於知識建構或文史調查，還要能捲動社區，產生行動。部分的受訪鄉民瞭解與認同我們的計畫，不但從受訪者成為「引路人」、合作夥伴，帶領我們認識民雄不同區域、不同領域的朋友，擴展了師生的視野與人際網絡，同時受邀成為課程的講師，相關活動的與談者，為地方知識的建構的過程中，注入更多的鄉民觀點與角色，牽引出新的學生作品與可能。捲動了社區參與，有人因此更關注家鄉的文史、學童的鄉土教育，甚至投入公共事務，為鄉里服務。

　　這樣的歷程除了讓大家更接地的理解在地，發現與回應民雄發展與在地議題。但更重要的是，強化大學與社區的連結及合作，擴大了學院的知識與人際網絡。

　　雖然有些大學課程強調與在地關連，走入社區，但許多止於一次性的作業、一次性的活動、一次的服務，不僅難以累積，也可能造成居民的困擾，面對這些的問題，除了須思考如何讓同學出於甘願，透過課程或活動，認識在地，產生認同，並在課後仍維持友誼，持續參與外，也要思考在課程之外（與之後），如何與鄉民維持長遠關係，從在地人的視角，與鄉民共建「地方學」。

　　而在現實上，學生終究會畢業，即使因修課而有心於在地，但也可能因為生涯規劃而離開，相反的，大學教師或是專任人員在校園或社區中是相對穩定的角色，若願意掌握每一次的相遇，抓住建立的關係的機會，甚至成為在地人，便可能成為大學與在地，學生與鄉民之間的節點，促成大學與社區相互連結，並且共同行動。而作為要「實踐社會責任」的大學與教育部，也應該跳脫競爭型計畫的補助思維，共同思索如何在制度上及經費上長久支持，使大學社會責任與「地方學」，紮根在地，得以永續。

參考文獻

四一〇教改聯盟（1998） 《廣設公立大學解疑——何以要廣設公立大學？》，取自http://bbs.nsysu.edu.tw/txtVersion/treasure/hef/M.893238152.A/M.893244833.E.html。上網日期：2017年1月13日。

王御風（2011） 〈地方學的發展與挑戰〉，《思語言》。49(4):31-55。

杜　瑛（2007） 〈大學與社區互動發展機制探析〉，《教育發展研究》9(A):8-81。

吳密察（1998） 〈大家來寫村史前言〉，《大家來寫村史——民眾參與式社區史操作手冊》，臺灣省政府文化處。

周晨虹（2014） 〈美國大學社會服務的「大學社區參與」模式評估模式〉《廣州師院學報雜誌》13(5):60-63。

李錦旭（2017） 〈地方學的形塑：南方經驗的反思〉，李錦旭（主編）《邁向屏東學：認識論、社會結構與社區營造》，臺北：開學文化。

陳　板（1998） 〈記錄片〉，《大家來寫村史——民眾參與式社區史操作手冊》，臺灣省政府文化處。

張筑喻（2014） 《戰後臺灣「地方學」的發展》，花蓮：東華大學。

管中祥（2015） 〈在村子裡和鄉民跳舞〉，《與村民共舞：三興村與鳳梨急行軍的故事》。嘉義：國立中正大學。

管中祥（2017） 《中正大學「積極學生」對本校社會參與及公共責任的看法》，未發表。

管中祥（2020） 〈你是「在地人」？還是「計畫人」？〉，《臺灣社會研究季刊》116：217-228。

管中祥、洪育增（2018） 《與村民共舞：中正大學「急行軍講東講西」節目的在地實踐》。中華傳播學2018年年會。

黃顯淨（2017） 《民眾劇場作為大學參與社區的可能與意義：以中正大學鳳梨急行軍為例》 國立中正大學碩士論文。

第二篇
大學地方學的課程與教學

08

霧峰學的教學實踐與創新：

天然酵母烘焙文化之初探[*]

廖淑娟^{**}

摘　要

　　本文紀錄亞洲大學霧峰學的教學實踐與創新，以天然酵母烘焙文化為例，記錄師生在霧峰的場域中，師生實踐天然酵母烘焙的過程。天然酵母烘焙文化植基於霧峰的歷史文化、獨特的物產與飲食文化，在霧峰學師生的努力下，探討天然酵母烘焙文化在地發展的可能性。霧峰學以人與土地為核心價值，在教學實踐的過程中，學生的學習成效是重要的教學目標。課程以在地霧峰社區為實踐場域，因此和霧峰社區的互動成為課程的主要設計重點。霧峰的地理和歷史提供了豐沛的人文環境，二百年多年前漢人開始大量移墾原住民的部落，歷經清朝、日治、國民政府等期間的歷史變遷，大量的外移人口來到霧峰，帶來豐富多元的文化，建構霧峰人文環境的基石，成就了人文薈萃的霧峰。霧峰學的在地實踐、共同學習、跨域思維的教學理念和實踐，建立了大學和霧峰的夥伴關係。教學過程中學生的學習成效，同時支持有理想有堅持，願意為地方奉獻的天然酵母烘焙職人，培育優秀的社區業師，開創機會留在霧峰，一起創造霧峰的天然酵母烘焙文化，因此成為霧峰學的課程在地目標，也是未來霧峰學共同創造在地文化的努力方向。

關鍵字：霧峰學、天然酵母烘焙、在地實踐、共同學習、跨域思維

---

* 作者特別感謝亞洲大學行動商務與多媒體應用學系曾憲雄講座教授、亞洲大學通識教育中心賴昭吟副教授、亞洲大學國際NGO研究中心劉羿佩社工，在論文形塑過程中的指導、討論、協助與提供具體意見。

** 亞洲大學社會工作學系教授。

一 緒論

（一）寫在前面：從地上長出來的在地力量——霧峰學

1999年是霧峰轉變的一年，921地震帶來了巨大的改變。原本就有一群霧峰在地的居民組成文化義工隊，在圖書館做義工，參與公共事務，並且協助公所辦理各項活動。霧峰在921地震之後成為重災區，已經修復完成的霧峰林家大花廳夷為平地，這個代表霧峰文化的林宅是否重建成為公部門和學者討論的焦點。周邊居民也跟著動起來，籌畫辦理活動，凝聚社區共識，安排旅遊行程，租遊覽車辦理霧峰文化巡禮活動深度之旅，巡訪霧峰十多個陶藝家，在霧峰樹仁路街上，以實際行動來關懷、來發聲。連續辦理半年的活動後，居民成立臺中縣「櫟」社區總體營造文化協會（簡稱櫟協）繼續推動社區營造，鼓勵社區居民參與在地經營行動。

持續的地方行動所產出來的成果讓公部門看到地方的力量。這股921帶給霧峰的社區變遷所產生的民間力量，帶來臺中縣文化局社區營造中心的設置，在地震後參與的重建工作漸漸開枝散葉拓展開來。當時的臺中縣文化局主動邀請櫟協和朝陽科技大學承接臺中縣社區營造中心的業務，以民間力量結合大學的專業來進行社區人才培訓，以921重建為主要概念，在社區屋倒人受傷產業蕭條的災變狀況下，大家如何凝聚社區共識，這是危機也是轉機。居民發揮社區韌性，積極參與重建工作，共同走過社區危機，重現霧峰在地生活文化歷史風華。

繼臺中縣文化局的在地居民社造行動後，教育部以學生活潑和創意的特質出發，制定「學產基金補助學校推動青年學生參與志願服務計畫」，積極推動青年學生參與志願服務。鼓勵青年學生社團進行社區服務，參與地方文化歷史調查，推動地方文化藝術，史蹟等資產維護與傳播之工作，使學校與在地社區有效結合。

亞洲大學（簡稱亞大）於2001年成立，成立之初校長即帶領師生投入災後重建工作，對學校所在的霧峰的在地社區參與更是不餘遺力，特別是社工

系師生與霧峰社區更是密切相連。老師透過課程進行社區服務，邀請社區業師來學校上課，亞大霧峰共融共榮在創校初期以可見。在2004年，亞大邀請在地培力社團——櫟協，帶領學生共同撰寫「霧人子弟」夏之工坊種子幹部志工培訓、研習及校際交流計畫，向教育部「學產基金補助學校推動青年學生參與志願服務計畫」提出申請。種子幹部志工培養之目的，是經由內發性的社區總體營造之觀念養成，培育霧峰區推動社區總體營造運動所需之青年學生種子人員，包括在地青年、朝陽科技大學（簡稱朝陽科大）和亞大的青年學子。透過這個計畫，使受訓學生能以多視點方式重新審視自身週遭之人事物，並聚集眾人之想法與創意，投入在地的社會工作志願服務。

　　霧人子弟計畫內容分三個部分：1.霧峰學・學霧峰：透過社會福利、文史田野、空間環境、藝術養成四個學門，進行培訓研習計畫，養成霧峰鄉青年學生種子幹部志工，成為持續推動社區事務的基層力量，2.夏之工坊：藉由培訓後暑期二個月的期間，由青年學生自發組織工作坊，進行相關培訓四個學門領域的實習工作坊，並與在地社團結合，由社團老師指導協助從事志願服務工作，3.成果發表：為期二個月的工作坊成果展現，並展現青年學子不論霧峰鄉的暑期回鄉大專青年，亦或霧峰當地二所大學——亞洲大學與朝陽科技大學之間，屬於青年學生的校際交流。

　　計畫成果在亞大的圖書館舉辦了一個月，由參與計畫的學生輪班在現場對參訪者解說。亞大的通識教育中心黃玉臺主任看到了到這個計畫成果後，認為是亞大學生的學習契機，於是鼓勵我開成一門通識課程，課名延用計畫的名稱「霧峰學・學霧峰」。於是這門課就在黃主任的推動，集結霧峰在地的社區工作者的共同努力之下展開。一學期一學期地開設，延續至今。

（二）研究目的

　　霧峰學課程至今已經開課18年，修課學生超過1600人，參與霧峰學的社區業師超過60人，霧峰鄉親和亞洲大學對課程的支持和鼓勵，是課程持續的主要因素。霧峰學每一學期的課程都是檢視過去的學習成果和當時的社會與

學術脈動，進行滾動式修正。霧峰學既是一門在地課程，因此與霧峰在地的發展脈動深度結合，2009年在霧峰學的師生和在社區業師共同努力下，透過「霧峰學‧學種田」活動，向社區業師洪先生租田，有別於傳統的慣行農法的種植方式，試種無農藥無化肥的霧峰香米，成功合作開發出「稻子熟了」的霧峰學香米品牌，接著秉持著友善耕種的阿罩霧自然農成立，衍生出霧峰農會種植友善耕作的黑翅鳶香米，霧峰學從善的出發，形成善的循環。繼第一波的成功在地耕耘後，接下來我們想試著以霧峰學的模式來形塑天然酵母烘焙文化。

本文的主要目的是想探討霧峰學師生在學習的過程中，既顧及學生的學習成效，同時兼顧社區業師的專業，以行動呼應食安的議題，並提出解決之道，同時形塑天然酵母烘焙文化。

首先描述課程的學習基地霧峰大社區，接下來說明霧峰學的課程設計和學習內容，繼而呈現教學成果和討論，最後提出霧峰學天然烘焙文化的可能性。

二　學習基地：霧峰大社區

（一）霧峰地理和歷史

霧峰又名阿罩霧。阿罩霧名稱由來有二說：一為洪雅平埔族貓羅社所居之地Ataabu社之漢譯，二為霧峰介於河川沖積地與丘陵之間，經常壟罩濃霧而得名。從霧峰的地名，可看出其地理和歷史的樣貌。

霧峰位於臺中盆地平原和西部山麓帶的過度地帶，東往西來，草湖溪和烏溪方便通行。就地理環境而言，氣溫溫差不大，生長季很長，雨量豐沛，土壤肥沃，為農業發展奠立基礎。霧峰的自然環境，既適合動植物生長，又利於人類作為的施展，更適合人類生存活動期間。霧峰東境位於山區，接壤於全國馳名之九九峰，故境內山巒綿延，各種登山步道齊全，不乏可以登高望遠和漫步山林的奇境。從一望無際的沃野到步步登高的清脆山巒，加上數

條蜿蜒境內的溪流，構成一個適合人居與休憩的自然環境（霧峰鄉公所，2009）。

　　霧峰區自古為平埔洪雅族貓羅社、阿罩霧社、萬斗六社的聚居地，亦是泰雅族眉加臘社之社域。1730年代開始，漢人沿烏溪入墾，開發柳樹湳、丁台等地，1750年代以後，吳厝、霧峰、萬斗六陸續開墾。清朝漢人開發柳樹湳，設「貓羅新莊」，1887年臺灣建省，改隸臺灣府臺灣縣貓羅堡，清末，霧峰林家開鑿阿罩霧圳、參與中法戰爭。日治時期，1921年在霧峰發起議會設置請願運動，設立臺灣文化協會。國民政府時期，臺灣省政府於1956年疏遷，設置「光復新村」省府宿舍。1998年實施精省計畫，光復新村住戶因此大量遷移。1999年的921大地震，霧峰災情嚴重，人口因此大量外移。2010年臺中市與臺中縣合併為直轄市，霧峰鄉改制為臺中市「霧峰區」。這是霧峰的歷史變遷。

　　1956年省府疏遷至中部時，政府的多個國家級單位陸陸續續遷移至霧峰。數十年來陸續在此成立的省級和中央級的機構，如省教育廳／教育部國民及學前教育署、行政院農委會農業試驗所、國立臺灣交響樂團、經濟部水利署水利規劃試驗所等，這些政府施政措施帶來大量的外移人口來到霧峰，為此地不只增添政治氛圍，更是吸引大批知識分子和藝術家落腳此地，帶來豐富多元的文化，建構霧峰人文環境的基石。

　　因著1999年的921地震，來自花蓮臺東的阿美族原住民在草湖溪旁築居，形成都市原住民部落，為霧峰的多元文化添加一筆。原住民文化滋養亞大，成為原住民族學生資源中心和原住民青年社團最大的後盾，也是霧峰學阿美族野蔬文化課程的基石。

　　2000年代以來，隨著社會經濟政治等變遷，有一群外籍配偶住進霧峰，其婚生子女也跟著住下來，他們帶來的飲食和生活文化，豐富的南洋文化風情點亮霧峰的多個角落（霧峰鄉公所，2009）。

（二）林獻堂與霧峰林家

霧峰林家於1746年渡海到臺灣，先是在大里落腳，爾後遷移霧峰定居，霧峰林家歷經清領時期、日治時期、國民政府至現代，二百多年來，是臺灣社會最具影響力的家族之一。

林獻堂（1881-1956），字灌園，生長在霧峰，他是臺灣民主先驅，臺灣議會之父，日治時期非暴力反日人士中右派代表人物，他在1921年發起臺灣議會設置請願運動，創立新民會、臺灣文化協會、臺灣民眾黨、臺灣地方自治聯盟。1924年開辦夏季學校。他和二個兒子——林猶龍和林攀龍，在1927年以378天環遊世界，以日記、遊記的形式紀錄所見所聞。他們以臺灣為出發點，巨細靡遺的探討歐美各地的風俗民情，同時訴說著臺灣在殖民統治下所遭遇到的種種困境，記載在《環球遊記》一書中（林獻堂，2015）。林獻堂在1932年成立一新會，同年成立水稻競作會及後來的霧峰庄農業組合等。獻堂前輩推動人民權益、心靈改革、社區教育與地方產業振興，成功推動臺灣第一波的社區總體營造文化運動。

阿罩霧自林家入主以來，以林家宗族和大宅第為中心而發展的阿罩霧市街，冠蓋雲集，在這麼豐厚的資源和文化蘊底下，霧峰成為日治時知識分子抵抗日人同化的精神堡壘，二次戰後也成為臺灣地方自治的推手，近五十幾年為臺灣省議會的所在地。國民政府來臺選定霧峰為省議會所在之地，數十年來全臺重要議事都在此運作。省議會逾半世紀省級議事發展歷史，奠定臺灣今日的民主基礎，也為臺灣民主政治演進的最佳見證。今日的臺灣省議會紀念園區設立了臺灣議政博物館，並對臺灣民主議會政治的發展過程與相關文獻及人物進行專題研究與典藏，是保存臺灣民主政治發展文化資產的重要場所。

（三）霧峰的物產

在地理上，霧峰位於臺中市南端，居民大多以務農為業，由於位居臺中

盆地東緣，背山近水，烏溪綿延迤邐平疇沃野，因之，境內水利發達，農業渠道以阿罩霧圳為基幹，灌溉便利，以致農產富饒。農作物以稻米為主，山產水果以鳳梨、龍眼、荔枝及菌菇類為大宗。菌菇類、鳳梨、龍眼、荔枝及為天然酵母烘焙的主要食材。農業試驗所是全國首善之農業試驗研究環境。農業試驗所（簡稱農試所）研發試種成功的香米，霧峰也因之成為香米的故鄉。優越的水質，溫和的氣候加上卓越的香米，使得霧峰農會研發的純米吟釀和燒酎榮獲法國巴黎國際酒類評鑑——銀牌獎。

1　霧峰菌菇類

霧峰交織其自然環境與人文條件等自然因素，發展出屬於臺灣獨有的菇類產業的區域特質與產地。這是由菇農、農會及農試所一起努力打造而成，霧峰菇農從種植洋菇開始到現今成為臺灣金針菇第一名的產地，擁有世界規模最大的金針菇生產場地，讓霧峰成為「菇的故鄉」。

2　霧峰鳳梨

臺灣鳳梨有1號、2號、3號、17號、19號，霧峰鳳梨是2號和3號，是傳統的鳳梨。霧峰鳳梨大多種在明台高中後面的山上，霧峰鳳梨的外型與一般的鳳梨不太相同，一般外面的鳳梨都會將鳳梨的尾巴留著，呈現長長的形狀。霧峰鳳梨在生長個過程之中，會將鳳梨的尾巴折掉，外型呈現一顆圓圓的球狀。霧峰鳳梨酸酸甜甜，帶著濃郁的鳳梨香氣。霧峰鳳梨個頭小，產量少，幾乎沒能賣到外地，稱得上是霧峰人私藏的驕傲。

3　霧峰龍眼

霧峰桐林盛產龍眼，小農將新鮮採下的優質龍眼，經歷七天六夜不斷炭焙，淬鍊為香韻滿溢、滋味濃厚的龍眼乾。桐林江榮富老師家裡的龍眼炭焙灶極具科學精神，運用地形方位設計，木材燃燒所產生的煙直接送至灶內，煙從灶內往上升，所產生的煙不會吹向人，而是流至灶內。亞洲大學創校之初，蔡進發校長帶了來自美國的訪問學者Dr. Shariq到桐林參觀，他看到龍

眼炭焙灶的設計，讚不絕口，直稱這是來自田園的科學，應該要把桐林社區
列為亞大的校園，成為學生的學習基地。

4 霧峰荔枝

霧峰為臺中荔枝的重要產區，品種以黑葉、糯米（黑葉品種占70%）為
主，盛產期為每年六月中旬至七月中旬。黑葉荔枝果肉質地細膩、豐厚有彈
性，呈半透明的凝脂狀，甜度高、豐潤多汁，富香氣，風味鮮美，鮮食口感
極佳。糯米品種特性為果肉厚、質地細緻且小核，適合鮮食與乾燥加工，荔
枝乾是天然酵母麵包的優選食材。

（四）亞大學生的足跡

霧峰是亞大學生的學習場域，18年來亞大學生走遍霧峰。霧峰學以六個
階段探索霧峰、瞭解霧峰及回饋霧峰。在第一階段先引導學生進行文史資料
的收集與盤點，建立教學、研究、產學的資料庫；第二階段是向地方達人學
習，此階段是讓學生能夠藉由雙向互動來學習在地傳統藝術與人文，傳承珍
貴的文化資產，潛移默化學生氣質；第三階段邁向資訊的E化發展，將學生
原本的傳統書面報告，轉化成網路文章，增加文化脈絡的能見度，藉以引導
數位學習；第四階段霧峰學‧學什麼，引導學生學習霧峰在地生活各面向，
如技能、生態、服務、社群、細活等，增加學生對霧峰這塊土地的連結，並
以無邊界學習的概念，嘗試建立大學學習生態系統；第五階段是夢想基地概
念的建置，藉由實地參與江鳥飛林的老屋重生計畫，增加培育學生創造夢想
以及一同協助霧峰夢想者完成任務，此階段重點是將理念轉化成社會實踐的
動力；而到第六階段進入了轉型生活實驗發展，進行草根行動，共創阿罩霧
風華，並與臺灣和世界相連結。目前已經進入第七階段的轉型城鎮霧峰，以
田園城市和轉型城鎮的理論為基礎，以低碳作為永續生活的目標，建立人和
土地的連結。

亞大學生有幸在霧峰人文自然生態豐富的情境中，參與霧峰的地域人文

景觀、夢想基地的建置。從現在回到過去，沉浸在霧峰二百多年來的文化景觀的累積與生成中：2017年光復新村臺灣國際非政府組織中心、2016年的霧峰民生故事館、2014年光復新村摘星青年築夢臺中，2013年亞洲大學現代美術館、2009年霧峰林家宅園、2007年921地震教育園區、1999年國立臺灣交響樂團、1998年臺灣菇類文化館、1997年農業試驗所、1958年臺灣省議會、1787年林家遷居霧峰。亞大學生身處如此迷人的霧峰中學習，無形中的美學實踐豐富了身心靈的安適。

　　值得一提的是，在2006年霧峰學學生就參與光復新村的保留運動，由每一年社區業師帶學生進入光復新村，認識當時的光復新村，瞭解光復新村，繼而在當時的時空中與業師共同思考光復新村的定位和發展的可能性。持續努力多年之後，在2012年，光復新村被指定為臺中市第一個文化景觀。2014年，臺中市政府開始執行「摘星創業基地」計畫，輔導青年進駐創業。在2017年，臺中市政府在光復新村設立國際非政府組織中心（INGO），讓世界走進臺灣，拓展臺灣外交空間，成為國內及海外NGO人才交流、經營管理之分享平臺。亞洲大學在2018年五月以亞洲大學國際NGO研究中心（簡稱亞大INGO）的名義，申請進駐光復新村，以永續發展和社會福利為組織發展目標，發掘光復新村場域精神，建立在地夥伴關係，協助臺中市政府打造一個友善環境、包容安全、弱勢關懷、永續發展的光復新村。

三　霧峰學‧學霧峰

　　接下來我們要詳述霧峰學課程，包括教學理念、課程內涵、課程設計、以及本論文的研究設計。

（一）霧峰學的教學理念

　　霧峰學的教學理念傳承自三位前輩導師。第一位是霧峰先賢林獻堂先生，他是我們在霧峰進行各種社區發展和社區營造的精神典範和引導者。第

二位是我的指導教授，Dr. Phyllis Cunningham，她是北美成人教育的先驅，社區教育的學者和行動者；第三位是葉祖堯教授，他是跨領域教育的理論創建和實踐者。以下將分別闡述三位前輩導師理念，以及學習與傳承。

1　在地實踐：林獻堂先生

林獻堂在霧峰所成立推動的一新會具有一新眾人生活的含意，一新會的活動非常多元和密集，有講演會、婦人茶話會、土曜講座、婦人會、老人慰安會、書畫展覽會、通俗講演會、兒童親愛會、辯論會、象棋競技會、學生懇親會、運動會、演劇會、婦人親睦會、象棋研究會、婦人懇親會、夏季講習會等等，豐碩的社區活動在霧峰創造出豐碩的成果（李弘祺，2009）。一新會可以說是霧峰最早的社區營造組織。

亞洲大學傳承霧峰林獻堂先賢之職志，延續先賢當年成立的一新會的精神，來提升在地居民的生活，促進臺灣文化之建設。前輩的努力貢獻，成為後輩的我們的標竿，並且戮力追隨。

2　共同學習：Dr. Phyllis Cunningham

Dr. Phyllis Cunningham（1927-2012）是我在美國北伊利諾大學（Northern Illinois University, NIU）念成人教育研究所（1998-2001）的指導教授，她所倡導的共同學習（co-learning）的理念（Curry and Cunningham 2000）深深地影響我日後的教學。求學期間我跟著老師進入社區，「想社區所想，做社區所做」，和社區一起學習，共創知識。老師帶著學生一起行動，在教室與學生討論，在教室外帶著學生體驗現實環境，擬出行動方案，一起和社區定義問題、分析問題、擬定策略、與社區共同解決問題。Phyllis無論在生活或課業上，都與學生打成一片，和學生共同學習，彼此成為共同學習者（co-learners）。她完全相信學生，引導學生一步一腳印朝向目標邁進。我在2001年回到臺灣開始任教後，在教室、在社區都以老師的教導為依歸，在霧峰學課程上與社區業師和學生共同學習，成為共學者。

3 跨域思維：葉祖堯教授

葉教授為跨領域教育先驅，他在資訊和管理領域都有很高的成就。自2003年，葉教授成為美國加州北部的佛教寺院萬佛寺的長期志工至今。

我在2005年於亞大舉辦的「企業診斷研討會」中認識葉教授。在研討會中，他分享他的新書：《商道》。這是一本愛的實踐之書，雖然講的是商業管理，但是有一股很強的人文關懷，書中重視組織文化，重視家庭價值，不斷地討論組織的願景、宗旨、核心價值（葉祖堯與葉馨梅，2005）。書中提到的「領導即服務」概念，對社會責任實踐規劃提供了堅實的基礎。

葉教授以跨域思維來勉勵大學生，他認為大學畢業生必須具備「金錢」（cents）和「感性」（sensibility）雙能力。金錢，指的是在特定環境中完成任務的能力；感性，是要懂得人生的意義。要有「金錢」，就必須能幹、有能力；要有「感性」，就必須能夠幫助別人和自己找到人生的意義。面對任何棘手的社會問題，葉教授指引大學生要培養「慈悲」與「智慧」的心懷。慈悲，來自於對「我們皆為一體」的理解，能先為別人著想，把其他人和自己考慮在一起（Yeh, 2016），並以整體的思維來處理複雜的問題（Yeh, 2019）。智慧來自對因果關係的深刻理解，以及權衡眼前利益和長遠的後果。霧峰學是通識課程，學生來自各學院不同系所，葉教授所論述的之跨域思維，對學生來說，非常受用。

三位前輩導師給予珍貴的學習風範。林獻堂前輩的在地耕耘，提升在地文化的努力，是學生學習的風範，將之吸收內化之後，形成行動。Phyllis超越以學生為中心的概念，與學生共同學習成為共同學習者，共同創造知識。而葉教授以他一生科學、管理、人文的生命經驗，以跨域思維指引大學生要培養「慈悲」與「智慧」的心懷，理解「我們皆為一體」（we are all one），能先為別人著想，把其他人和自己考慮在一起，來面對任何棘手的社會問題。三位導師帶來的在地實踐、共同學習、跨領域的精神，在霧峰實踐大學社會責任，讓亞大和霧峰得以共融與共榮。

（二）霧峰學的課程設計

霧峰學的課程以亞洲大學健康、關懷、創新、卓越的精神為發展核心，以人文、知識、行動的內涵，彰顯人與自然和所生長土地的不可分割性。人與所處社會的相依存，取之於社會，服務社會，對所處社會的瞭解與接納，是霧峰學課程的基本訴求。其構想來自於引導學生對於本體知識的探索，學生從己身經驗出發去看待知識，透過閱讀、反思、討論、批判，在實務與理論中來回辯證，瞭解己身所處的時代與所屬的文化，繼而瞭解其存在價值。課程邀請不同背景的講師授課，開放不同學群與文化背景的學生選修，引導學生從多元的角度來思考問題與解決問題，老師學生形成學習圈，共同思考，合作學習。

課程的設計理念包含社會工作助人本質、社區工作方法、服務學習內涵、以及成人教育理念。因此在教學目標上，以認知面、技能面、情意面三面向來引導學生全方位學習。在認知面：透過霧峰學網站的學習檔案與社區（居民）實地接觸，引導學生瞭解霧峰的歷史、文化、人文、地理、產物風貌和環境空間；在技能面：透過課程的學習安排與授課老師的分組指導，安排參與學員分工撰寫報告，學習團隊合作，體驗行動與學習的對話過程，共同創造知識；在情意面：促使學生喜愛霧峰學課程，激發學生學習動機，強化學生理解霧峰學的行動價值，肯定教學理念，並透過學生的社區參與，建立社區與大學的夥伴關係。

霧峰學課程以期中考週為分水嶺，前九週教室授課與戶外活動，後九週小組實地踏查與小組期末報告。在前九週的課程裡，介紹霧峰大社區、包括霧峰的歷史、人文地產景等，使原本不認識霧峰的學生對霧峰開始熟悉了起來，接著說明霧峰學課程的起源與發展，使學生得以承先啟後。而聯合國永續發展目標（SDGs）更是普世遵守的永續發展的依循，伴隨著田園城市、轉型城鎮、跨領域等概念，讓學生瞭解霧峰學這門課目前致力在做哪些事情，此外，課程安排情境體驗活動，帶學生認識亞大國際NGO研究中心、光復新村、霧峰民生故事館、霧峰農會酒莊，實地參訪在地創生的具體成

果，並且實際以行動來支持。

　　課程第二個階段是由社區業師帶學生分組進行學習，以五週時間由社區老師帶領學生到社區進行實地踏查，融入PBL理念與行動。霧峰學的人文知識行動之內涵，以及人文社會、經濟發展、生態環境的永續發展目標融入各組的學習內容中。

（三）霧峰學社區業師

　　霧峰學課程在2004年開設之初，延續原計畫的課程設計，引領學生認識霧峰、瞭解霧峰、進而服務霧峰。課程邀請不同背景的講師授課，開放不同學群與文化背景的學生選修，引導學生從多元的角度來思考問題與解決問題，老師學生形成學習圈，共同思考，合作學習。霧峰學社區達人有來到霧峰學課堂進行專題演講，或是帶學生在霧峰探索服務與學習。社區達人共同的特質是熱愛霧峰、以霧峰為榮、喜歡分享霧峰的珍寶。

　　在社區的場域中，由地方人士擔任教師群，共同承擔授課責任，引導學生團體學習，學生自主選擇社區議題或組別。學生進入社區之後，社區老師會帶領學生討論社區需求，設計有益於社區的活動方案，學生從行動中學習。霧峰學做為教與學兼具的實務課程，學生在行動中學習理解，產生了對霧峰人的歷史情感，並且看到了霧峰人的努力，有心動、有感動，引發出對霧峰的熱情，並將之展現在學習的成果中。

　　霧峰學課程的大學教師與社區老師於學期開始時共同討論課程與設計課程，期中共同進行課程，期末共同評估課程。學生在創造知識過程中，一方面是學習者，在學校教室向大學教師學習，在社區向在地社區老師與居民學習；另一方面學生也是貢獻者。

　　霧峰學的教學理念之一是共同學習（co-learning）。共同學習的基礎是尊重，成員們彼此尊重知識、文化和潛力，延伸至成員和老師為共同學習者（co-learners）。霧峰學的業師在知識創造的過程扮演重要角色，業師在來到霧峰學之前，未曾想過也能作為一個大學的課堂老師，將自己積累數十年以

上的經驗和成果，以一個老師的身分傳授給白紙般的學生，授課過程同時也
做統整與省思，從這段帶領學生學習的經驗中再獲得再精進。因為這麼一段
教學相長的經歷，在霧峰生活的各領域居民，已將亞大從好鄰居，當作自己
社區的一分子看待了。霧峰學做中學的課程設計，教學相長反思與自我認
同，需要有引導，需要時間發酵，方可觸動關心己身環境，關心所在土地的
動機，讓老師與學生形成學習圈。

　　看似輕鬆平凡的生活化通識課程，有不輕鬆的課程設計準備，課程進行
的追蹤和以學生為中心，訂出能產生實質幫助的規則。實踐的過程或許學生
不全然能做出規劃中的美好成品，達成預設的目標，但在理想與現實的差距
中，不糾結於挫敗的歸責，而側重在問題的解決，就是一種學習的成長、知
識的創造與對自我的肯定（賴秀伶，20210125，個人通訊）。

　　霧峰學在學校的課程上注重學生的學習成效，在社區的實踐中培力社區
教師，在學習圈中成為共同學習者。在學術和實務中，透過行動、反思、辯
證的循環過程，創造知識。如圖一。

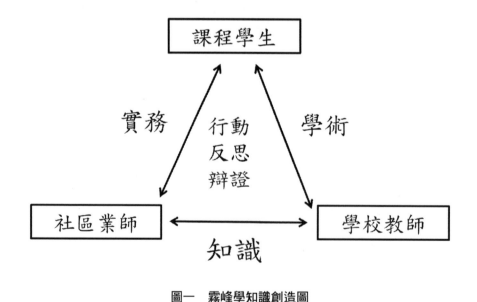

圖一　霧峰學知識創造圖

四　研究設計

　　本文以教師長期投入霧峰學的教學和研究，透過觀察和反思為思考脈絡，以霧峰學烘焙組的課程進行做為資料的主要來源，包括五週的實作週誌和期末個人的學習心得。研究資料從106學年度到109學年第一學期，總共七個學期，參與的學生共計58人。研究者反覆閱讀學生期末個人的學習心得，並將其做為文本，進行編碼、分類，依據教學目標的認知、技巧、情意三面向形成主題，來評估學生的學習成效。資料分析過程中，圖表化是一個重要步驟，隨著主題的浮現，以課程的教學成果與霧峰人文環境對話，形成本研究的研究成果。

　　研究者在閱讀學生的實作週誌和期末個人的學習心得時，感受到烘焙組的社區業師童金南老師深深獲得學生的愛戴。為深入瞭解童老師的教學理念和專業背景，特地進行深度訪談，瞭解童老師的烘焙職人精神與愛鄉愛土之情懷。

五　研究發現

　　此節分為四部分，第一部分是瞭解烘焙職人童金南老師的堅持與理念，接下來是烘焙課程的主角天然酵母，烘焙組課程的設計和進行，最後呈現學生的學習心得。

（一）烘焙職人童金南老師

　　本研究深度訪談天然酵母烘焙組的社區業師童金南。童金南老師是霧峰米粒的家——自然烘焙房的負責人，致力推廣在地食材做成的商品，秉持給予消費者——自然、健康、美味、無負擔的美味食品，堅持使用自己培養的天然酵母製作麵包，雖然需要更多時間的等待，但始終相信所有的等待都是值得的。

1 轉變的契機

　　童老師從事烘焙業將近三十年，原來是用慣行的方式製作麵包，多年前在食安的風暴下，他開始思索平時做麵包時放的香精和添加物嚴重影響國人健康，他反思什麼食物才是他想要的，可以讓家人吃的更安心。他聽過天然酵母，但是因為天然酵母發酵時間長，也不穩定，不像商業酵母快速發酵且穩定，認為不符合經濟效益，所以沒有想過用天然酵母。食安風暴開始時，他看到自己所從事的烘焙業，成品中含有多種香精及添加物，清楚看到下一波的食安風暴很可能就會在烘焙業，於是開始思考如何做出天然無添加物的麵包。他想到多年前在臺北一個老師傅家吃到的天然酵母麵包，那個滋味他至今都還記得。師傅製作麵包時沒有添加任何東西，就是讓麵粉慢慢發酵，麵包的口感和保濕度維持得很好。師傅強調，**好吃的東西急不得**。這句話讓童老師的印象很深刻。

　　童老師從事烘焙業、開過餐廳、做過咖啡，從自己開店當老闆，到成立個人工作室，期間的成長和反思，讓他有更多的時間朝向理想的目標邁進。他念念不忘天然酵母，尋找機會能與人切磋。他在多個社區大學上課，希望在教學的過程中，融入健康的概念，以天然酵母來取代商業酵母。他嘗試用天然酵母好多年，不成功的產品就丟掉，光是饅頭就丟很多。他在嘗試的過程中慢慢瞭解天然酵母發酵的屬性，和影響發酵的因素，例如水果種類、天氣、時間長短等。他鍥而不捨，不斷地嘗試了很多年。

2 因緣聚合

　　2016年亞洲大學舉辦霧峰學回娘家暨國際美食大賽活動，邀請童老師當美食評審。我在2004年因霧峰學課程在曼谷花園餐廳認識童老師，多年之後再度遇見，連結過去的美好因緣，於是就請他擔任霧峰學的烘焙業師至今。

　　童老師帶領的是天然酵母烘焙組，教學生運用霧峰在地農特產，他引導同學培養天然酵母，運用在地食材做出美味健康的麵包，包括貝果、饅頭等。在亞大霧峰學烘焙課程授課至今，學生人數已有58人，透過霧峰學課程

培育下一代，並在各種活動場合推廣天然酵母麵包，來傳達對大地的愛與對人的疼惜。

　　童老師說，以前住沙鹿，很鄉下，大里和霧峰相比，大里是工業區的小型城市，霧峰很人文，鄉下小孩對人文有一分親切感，因此就落腳在霧峰。霧峰的農作物都有嘗試做天然酵母液，鳳梨、龍眼、荔枝、蜂蜜，水果的部分在培養天然酵母，果乾的部分是添加在麵包，效果很好。童老師告訴學生：「做一位好的生產者，必須給予消費者自然、健康、美味、無負擔的美味食品。」使用自己培養的天然酵母製作麵包，雖然需要更多時間的等待，但相信所有的等待都是有價值的，在吃的同時，內心也會多一分難以言喻的喜悅。做好一個生產者，必須給予消費者自然健康美味無負擔的產品，從小地方開始，希望把米粒的家帶出霧峰。

3　找到人生價值

　　童老師在2017年開始擔任霧峰學社區業師之後，結合霧峰在地的農特產在天然酵母烘焙產品中，在課堂上竭盡所能將天然酵母烘焙傳授給學生，他認為，好的東西值得推廣。他認真地和烘焙組學生互動，教導學生認識天然酵母，在每天的生活中，選擇吃健康的食物。他的烘焙專業加上學生的創意思維，常常有新品產出。從106學年到109第一學期，總共七個學期的修課學生中，學生非常快樂地上烘焙課程。在學生的眼中，童老師很熱情細心，教學認真又活潑，細心講解過程，示範給學生看，學生對老師極度肯定。學生說，童老師很崇尚大自然，常跑原住民部落，是個有理想有堅持的烘焙師。霧峰學教師團隊支持這位有理想有堅持，願意為地方奉獻的天然酵母烘焙職人。培育優秀的社區業師，開創機會，留在霧峰，一起創造霧峰的天然酵母烘焙文化，也因此成為霧峰學的課程目標。

（二）天然酵母與麵包產品

1　天然酵母

　　天然酵母本身含有多種自然和野生酵母菌株，不用添加任何化學香料和色素，就能提升麵包的多層次風味，對人體也較健康，麵包彈性和口感也會比一般麵包好。天然酵母的優點由於新鮮水果或果乾含糖量高，所做麵包獨具芳香及微酸的風味且取材方便，也較容易消化並不具有食安風險之疑慮。

　　天然酵母是新鮮水果加上糖和鹽以及乾淨的水，在常溫的狀態下產生，跟許多酒釀或者醋釀的開頭是一樣的，不同的是天然酵母形成後會有淡淡的酒香。因為是新鮮水果製成，每樣水果發酵的力道不一樣，天氣也會直接影響發酵速度，很多環節會影響成品，過程中要特別注意溫度跟清潔，而培養過程中遵守無菌原則很當重要。天然酵母易消化不會有脹氣，麵包老化的速度慢。由於天然酵母製作時間很長，形成不易，因此成品價格偏高，不符合經濟效益，市場接受度受限。

　　天然酵母麵包的發展歷程，主要的方法是嘗試錯誤法（trial and error）。童老師說，一剛開始對天然酵母發酵的屬性不是很瞭解，不斷地嘗試了很多年，很多環節會影響成品。天然酵母是由新鮮水果發酵而成，每樣水果發酵的力道不一樣，每一種水果的特質有異，當季有盛產的水果必須一一試過，才會瞭解其特性。例如，鳳梨含酵素高，就不適合發酵，新鮮龍眼和荔枝都很適合做天然酵母。

2　天然酵母麵包

　　製作天然酵母麵包時，麵種融合酵母，培養時間需要三天的時間，每天都得添加麵粉跟水，使酵母可以繼續產生效用，經過三天發酵才會形成麵團。而麵團也需要將近5個小時以上的再次發酵，使用的天然酵母跟麵團麵種的發酵時間拉長之後，可以減緩麵團的老化現象，所以讓製作出來的成品保存期限可以較長，並保留口感。在麵團形成之後較有彈性跟麵香。在每次餵食麵種麵粉跟水的時候，都要記得攪拌均勻，不能有顆粒，每一個部分都

可以接觸到酵母，才能形成好的天然酵母麵團，天然酵母麵種在形成的時候也得注意不要讓細菌增生，不然就會白費了這幾天的時間。

　　在霧峰學最常做的是天然酵母貝果，貝果的形成是從發酵的麵團切割之後，利用擀麵棍將空氣擠出，將貝果成圓圈型。這個階段的貼合很重要，因為怕下水之後會散開，之後再等候二次發酵後用糖水煮過，瀝乾水之後才烘培，剛烤好的貝果則是外酥內軟，天然酵母貝果吃起來有嚼勁但不硬。

　　天然酵母系列產品有：牛角麵包、貝果、司康、菊花酥、餅乾、動物造型麵包、鹽可頌、（石頭、五穀、芝麻、起士）饅頭、小布利、水果披薩、紅豆大餅、歐式麵包（簡稱歐包）。從課堂中不難發現老師非常強調用霧峰的農產品融入烘焙，例如，司康是用霧峰的龍眼乾取代葡萄乾。「取之霧峰，用之霧峰」就是霧峰學精神。

　　認識烘焙組的兩個重要元素後，接下來說明烘焙組的課程設計和進行。

（三）霧峰學烘焙組課程

1　課程設計

　　霧峰學烘焙組是霧峰學第二階段上課分組的其中一組。在第一階段中，在霧峰學的第一階段課程會先建立先備知識，要先瞭解霧峰這個學習場域，還有霧峰學的起源與發展，這是一門有機課程，跟著社會的脈動，在其中學習並且回應社會的議題。同時也會帶學生到社區學習，霧峰學參與了很多霧峰的地方創生計畫，藉由每一學期上課帶領學生在場域學習，增加對霧峰的認同和理解，他們在課堂上所進行的各項活動也會記錄下來，留下來給後來修課的同學參考，成為教材。

　　霧峰學課程的第二個階段由社區老師帶領到場域進行實作和體驗。烘焙組的學生由烘焙職人童金南老師帶領。第一週老師帶學生拜訪霧峰農會，瞭解當地農特產食材和當季水果，並且希望可以合作融合食材，發展出自然烘培。可以利用酒莊的酒粕，運用當季酸中帶甜的霧峰鳳梨。霧峰農會非常支

持在天然創造獨特性的概念。農會和自然農合作密切，考慮和自然農合作，一起推廣天然酵母。

2 課程進行

社區課程第一週是組員和老師彼此互相認識，熟悉場域環境。老師帶學生拜訪霧峰農會，瞭解霧峰的農特產生長的季節，以吃當地食在地的概念，將霧峰的農特產成為天然酵母麵包產品食材，並且和農會配合，共同推廣霧峰的天然酵母烘焙產品。

童老師接下來教導學生認識天然酵母，說明商業酵母和天然酵母的差異。並且由學生動手培養天然酵母，紀錄酵母的發酵歷程。通常第一週還會有一點時間，童老師會教學生練習手沖好喝的咖啡。老師首先講解咖啡的基礎知識，以及淺焙、中焙、重焙的顏色和光澤，形成咖啡豆果酸度。接著說明咖啡豆磨成粉的粗細度和沖泡咖啡的手勢與節奏。老師示範將水柱由中心點開始向外繞圓，結束時水柱也要回到中心點，水柱越小越好，但是不要斷。秘訣是沖咖啡時茶壺出水需細小且連續，讓咖啡和熱水有足夠的時間相處，才能沖出香醇的咖啡。每位學生一一動手練習，小心翼翼地，認真學習沖泡一杯美味咖啡。

第二到第五週的課程依據當時的狀況學習製作各種麵包，例如貝果、司康、紅豆大餅、歐包、鹽可頌。老師帶著學生將材料製作成成品，學生親自動手，從麵粉、天然酵母液、水、糖、蛋等食材，一步一步做出美味健康的西式或是中式的點心，學生看到自己製作完全無添加的天然酵母麵包，烤出來的各種麵包可以很好吃。

（四）學生的學習成果

1 霧峰學學生

霧峰學的課程內容充分考慮亞洲大學學生的特色，亞大學生活潑可愛，對知識的探索以親身體驗為主，所以課程的內容除了在教室的理論課程外，

更引領學生走入霧峰，經由實地的體驗與感受，與自己過去的經驗與學習結合，內化成己身之知識。

　　霧峰學是通識課程，學生來自各系。選修霧峰學的學生有的被同學呼朋引伴一起修課，有不少同學想要瞭解霧峰事物而修課，也有人對課程介紹或內容感到好奇或有趣而來。再者，修過課的學生也會介紹與推薦學弟妹來修課。也有學生認為是營養學分，應付心態選修，或是其他通識課程額滿只好來修課，也有學生沒有任何想法（或是誤打誤撞）來選修課的。有些學生迫不及待的興奮及期待參與的心情，想要瞭解好玩的地點介紹跟不錯的美食地點，感覺非常新鮮、活潑，想要體驗戶外課程，期待探索地方故事的心情與瞭解亞洲大學跟霧峰的關係。他們期待可以體驗不同的生活樂趣，感覺上課方式特別。想要出去上課，可以走入社區、接觸大自然，尤其是對學習行程與參訪有很高的期待，來自都市青年可以接觸農村生活。有同學本來以為課程會很枯燥，聽完課程內容後發現其實不然。

　　多數大學生第一次接觸社區居民，也是第一次對陌生人（或居民）進行訪問、錄音並撰寫逐字稿，第一次下田種稻（插秧）、除草、撿福壽螺，第一次參加媽祖繞境、躦轎底（媽祖祈福儀式）。他們體驗了互動式教學實作課程，老師與學生共同決定行動主題，尋找解決問題的知識或方法（如反光鏡或社區彩繪等）。學生也打破刻板印象，理解現象背後的生成原因（如鳳梨知識、種田技巧等）。他們學習到訪談技巧與田野調查方法，學會資料蒐集與如何進行事前準備工作，學習如何做小組分工並與不同科系同學互動，完成小組的工作要求，將學習過程撰寫成心得與反思內容。在行動過程，學習課本以外的田野（地方）知識（如環境、人文、攝影、設計、工藝、農業、繪畫、美食、景觀、建築、史蹟等），連結了個人的生命經驗或生活情境，關懷社區老人及學習與社區居民互動，感受居民的熱情與老師的耐心教學（廖淑娟等，2011）。

2　烘焙組學生的收穫

　　霧峰學期中考後的分組是隨機抽組的，通常抽到烘焙組學生都會覺得很

幸運，因為可以吃到自己製作的健康美味天然酵母麵包。所有的教學成果都要在學生身上展現出來，看得見的部分是他們的期末報告，看不見的部分是課程帶給他們的內在涵養，場域的耳濡目染，他們已經內化的霧峰文化。一個充滿生態人文的霧峰，一個步調不急促的地方。我把學生的學習依認知、技巧、情意的教學目標來說明：

（1）認知

在認知上，學生在霧峰學課程透過霧峰學網站的學習檔案以及與社區（居民）實地接觸，學生瞭解霧峰的歷史、文化、人文、地理、產物風貌和環境空間。一學期下來，學生認為霧峰是一個很美的地方，過去還沒有上霧峰學之前，覺得霧峰很鄉下，不好玩，上了霧峰學之後，看到霧峰的美，藉由課程設計和作業，實際看到霧峰的美，例如霧峰趴趴走作業，以自主學習來探索霧峰。

對烘焙知識的瞭解始於天然酵母概念，學生們第一次接觸天然酵母。透過課程老師詳細解說，瞭解水果、糖、鹽是天然酵母製作的材料，簡單天然無添加。在製作的過程中要悉心呵護，食材、溫度、氣候、時間等是成功培養天然酵母的重要因素，天然酵母需要長時間培養，而且有時效性，必須在一定的期間內使用。天然酵母客觀上的種種的因素，非常適合在步伐緩慢，重視生活品質的霧峰生根發展。

在課堂上，透過老師的解說，瞭解天然酵母和商業酵母不一樣；在動手做後，瞭解天然酵母麵包的製作過程，更重要的是，麵包不需要各種香料和添加物，就很香很好吃。

在一學期五次的烘焙課程中，社區業師將他所知所學傳達給學生，健康安全的食品既可以遠離食安風暴，更可以在製作過程中，享受和小組成員共同完成一件作品的美好經驗。

（2）技巧

本課程透過課程的學習安排與授課老師的分組指導，安排參與學員分工

撰寫報告，學習團隊合作，體驗行動與學習的對話過程，共同創造知識。霧峰學是通識課程，學生來自各學院學系，不同專業領域的學生要共同完成作品，需要具備多項能力。首先，學生要有關懷的能力，組員們瞭解彼此的能力和特質，過程中不斷地溝通。愛是溝通的基礎，亦是溝通本身，溝通過程中要有謙卑、需要對於人性有高度的信心，也要抱存希望，而組員們在溝通的過程中能夠覺察自己和他人的需要，由此產生良好的溝通。

在製作麵包的技巧上，學生在老師的指導下，勇於嘗試。跟著童老師一步一步做，從製作天然酵母，學習揉麵團。在五堂課程中，學生認為最挑戰的是揉麵團，一來手藝很不靈活，再者揉時麵粉黏手，揉出來的饅頭不是很扎實，揉出來的饅頭都是長的奇形怪狀，老師耐心引導，直到學生揉出自認完美的饅頭。慢慢地，熟能生巧，對揉麵團這動作，開始有做麵包的感覺出來，手藝也慢慢靈活起來。在動手做的過程中，學到麵團不能用掌心揉，成員彼此要互相幫忙，分工合作。而製作貝果的要領在於做好後，要先過熱水煮過，才會香Q有嚼勁。

學生也學到沖泡咖啡的知識和技巧，沖泡一杯好咖啡也是他在烘焙課程想傳達的概念。喝好的咖啡不會睡不著，咖啡有淺焙、中焙、深焙。農民辛苦種出來的咖啡豆，經過初步處理後，送到消費者手中，品質良好的咖啡豆有兩道挑豆的過程。第一道是烘焙前，把形狀不整的豆子挑出來；第二道是烘焙後，把沒有充分烘焙的豆子挑出來，這樣的咖啡豆，粒粒飽滿健康，才可以磨豆沖泡。手沖咖啡的過程中，水要慢慢地旋轉，注意不要超過咖啡粉，水避免觸碰到濾紙，學生學習到老師多年的經驗累積。

（3）情意

在霧峰學課程中，能夠讓學生喜愛霧峰學課程，激發學生學習動機是很重要的。再者，強化學生理解霧峰學的行動價值，肯定教學理念，並透過學生的社區參與，建立社區與大學的夥伴關係。多數學生剛開始上課時，對霧峰的認識像一張白紙般空白，甚至遠比他們想像中還無趣，然而學生跟著霧峰學的課程設計走，他們喜愛霧峰的程度逐步增加。他們直接和霧峰的人互

動，同時也和課堂上來自不同班級系所的人互動，共同探索霧峰，共同完成有關霧峰的報告。到期末成果展時，學生充滿歡樂的氣質和信心滿滿地分享他們的學習，是充滿幸福快樂的。

在烘焙課上，學生第一次接觸到天然酵母，在社區業師的指導下培養天然酵母，再以自己培養的天然酵母製作貝果、麵包、餅乾，感受到吃自製天然酵母麵包好吃的喜悅，對天然酵母麵包的喜愛，對於自己更有信心，透過課程瞭解到好吃的麵包可以不加任何添加物，健康安全。

學生體會到喝一杯咖啡的情意。從農民種植、採收果實、處理後成為生豆，經過烘焙後磨豆沖泡，再到學生手中，實在得來不易，珍惜香醇咖啡，感受濃濃情意。

在學生的學習過程和成效中，我觀察到學生喜愛課程後，他會用心學習。因此引導學生，關懷學生，使他們感受到被關心，例如透過Line和簡訊的關懷，讓學生覺得通識課程老師都這麼關心他們，他們會願意好好來學、用心地學。

六　研究討論

英國文化批評理論大師雷蒙・威廉斯在《文化與社會》（*Culture and Society*）一書中將文化定義為「一種整體的生活方式」（Williams, 1958: 325），強調文化是日常的生活方式，特別指出其中相互關連的兩層含意：文化既是傳統的，又是創新的；既是一種整體的生活方式，又是卓越的個人意義。從整體的生活方式來看，是一個發現和努力創造的特殊過程，強調文化與社會實踐之間的密切聯繫。邵台新（1997）指出，文化的意義在於透過文字、語言、建築、飲食、工具、技能、技術、知識、習俗、藝術等人類思想行為相互的學習，形成一個民族的生活方式。

文化既是一個民族的生活方式，它與一個地方的歷史地理物產飲食特色，以及在地居民的生活型態和思想行為有密切的關係。霧峰學是一門從地上長出來的課程，課程植根於有著豐美文化的霧峰，課程以霧峰為學習場

域，課程設計以認識霧峰、瞭解霧峰、服務霧峰的步驟，逐步引領學生熟悉學校所在地的霧峰，包括社會人文、生態環境、經濟發展等面向，在學生探索霧峰的同時，霧峰大社區也因為學生的參與而改變。例如前述的光復新村的保存與再生，在社區業師帶著學生的持續參與，以及臺中市政府和學校的支持下，成功地保存，並登錄為臺中市第一處文化景觀，而後續的活化參與，讓更多的亞大師生得以文化為根、人為本的核心價值下持續參與，以在地資源和學術專業持續與地方共創美好的霧峰。

繼霧峰學在2009年開始向霧峰農民租地試驗無農藥、無化肥的友善耕作，開發出霧峰學的香米品牌「稻子熟了」，品牌持續至今，霧峰在這段期間，帶動了阿罩霧自然農協會成立，接著發展出霧峰農會的黑翅鳶香米特產。從這些在地的發展可以看出，霧峰學與在地業師成為共同學習者的概念成就霧峰產業。我們再回頭思索霧峰學如何整合課程的各個元素，包括霧峰場域、霧峰學社區業師的理想實踐、霧峰學學生的學習成效、課程核心理念的落實、以及對地方的貢獻等，我們看到了霧峰學烘焙組社區業師對於天然酵母烘焙的深化，學生在上課中的快樂學習與收穫，地方農特產品的融入與發揚，社區居民的肯定與接納，這樣健康食安的概念和實踐，是霧峰學繼續在地方形成天然酵母烘焙文化的沃地。一個植根於在地文化的課程，開枝散葉既是期待，也是值得努力的目標。

在不斷反覆閱讀烘焙組學生的期末總心得中，腦海中出現的是他們認真的學習烘焙課程的每一步驟，耳中聽見的是他們朗朗的笑聲，胸中感受到的是他們滿滿的感動，他們對於課程老師、社區業師、同組同學，有說不完的感謝。這樣的課程帶給學生正向的學習，在課程結束時，他們給予課程的回饋，帶著愉快的學習經驗離開。

圖二是霧峰學天然酵母烘焙文化的概念圖。這張圖說明了以霧峰大社區豐美、人文、步調緩慢、多元飲食文化、舒適宜居、物產豐饒、生活機能高等在地特色，做為霧峰學的課程底蘊，霧峰學以在地實踐、共同學習、跨域思維為教學理念，以社會工作、社區工作、成人教育、永續發展為學理基礎，以人文、知識、行動為課程內涵，課程進行中烘焙組社區業師和學生的互動，教與學互相成就，慢慢形成天然酵母烘焙文化。

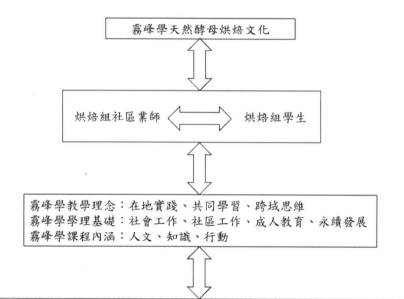

圖二　霧峰學天然酵母烘焙文化概念圖

　　霧峰學是以在地實踐、共同學習、和跨域思維的教學理念來進行課程學習，因此在培育大學生的同時，也培育了社區業師，課程主持人也是共同學習的夥伴。在和社區業師的互動中，教天然酵母烘焙的社區業師童金南已經投入烘焙業30年，因緣際會接觸到天然酵母，當時年輕的他對於要花長時間培養的天然酵母，並不感興趣，直到發生了食安風暴，他才想起老師傅的話，**好吃的東西急不得**，開始認真培養天然酵母，歷經多年的嘗試失敗和努力，終於成功培養天然酵母，取代慣行的商業酵母，將天然酵母用在他所有的烘焙上。我在2004年初次認識他，2016年再度看到他時，看到他堅持不懈的執著與努力，非常感動，邀請他擔任霧峰學的社區業師。他將他所做所學在課堂上分享給學生，包括他所熱愛的咖啡，也一併傳授給學生。

　　在擔任霧峰學業師後，童老師有一個夢想，希望在霧峰能創造一個青銀共學空間，運用共學概念，邀請長者一起來參與。2018年亞大INGO進駐光

復新村，童老師時常參與規劃基地活動，能夠將學生開心學習的天然酵母烘焙結合長者的關懷，達到青銀共學、在地照顧的夢想。

天然酵母烘焙帶來的青銀關懷文化正是霧峰學長期關懷的議題，童老師帶給學生的健康、食安、歡樂，加上吃自己做天然酵母烘焙的樂趣，帶給長者活力和朝氣，而長者的人生智慧也可以藉此傳授給青年學子。

這是霧峰學長年努力的目標：在培育在校學生，提升學生的學習成效的同時，社區業師同時也學習如何和學生互動，在教學的過程中自己也跟著成長，能和青年學生交流溝通，並可以對霧峰做出貢獻，我想這是多位霧峰學社區業師的期盼。

本文以烘焙組作為探討的對象，是因為在「霧峰學」進行的過程中，不斷地發掘到霧峰的美好，期待這份美好透過天然酵母烘焙的方式推展出去，共享這份美好。因此在烘焙職人童金南老師帶著他的專業和熱忱來擔任霧峰學社區業師時，就飽含這份期待，將霧峰龍眼、菇類、鳳梨等農特產融合在天然酵母麵包產品。在過程中嘗試多種變化，例如天然酵母龍眼貝果、天然酵母香菇烤餅、天然酵母鳳梨貝果等，在霧峰學課堂上，培養學生對霧峰的情懷，以及對霧峰的喜愛，透過天然酵母產品，傳達霧峰的美好。

霧峰學是從霧峰長出來的在地知識累積，學生寫出從課程學習人和土地的核心價值，老師解讀學生的學習成果，扣合到課程的學習內涵，學生帶來自己的知識文化經驗與霧峰學新的知識學習結合。學生學到天然酵母，在日常生活當中，體認到有選擇，可以創造製作健康產品。一個大家都願意以行動來創造自己所想望的社會，對個人、對社會，都極具正面的效果。

七　結論與展望

霧峰學學生悠遊在霧峰大社區，隨著課程的設計和學習內容，跟著老師們，一起探索霧峰。在知識上，在行動上，創造自己對霧峰的理解。烘焙組的學生在老師的引導下，在霧峰這塊土地上建立霧峰烘焙學。霧峰的地理區域完整，左半部是肥沃的平原，種植香米，培養菌菇類，右半部是茂密的山

林產出豐美的水果，如鳳梨、龍眼、荔枝，而省道3號縱貫期間，提供完善的生活機能。霧峰區小而美，人口約65,000人，完整的區域讓生活其中的人深感富足，生活步調緩慢。而霧峰的人口多元性，包括霧峰林家、中央政府員工、朝陽和亞洲大學兩間大學的老師和學生、原住民、新住民等，豐富了霧峰的飲食文化，因此，居民對需要等待的天然酵母烘焙產品的接受度高。

烘焙學在霧峰學的課程耕耘下，四年來已經穩定成長，每一學期的課程在老師和學生的努力下，學生瞭解天然酵母烘焙的益處，對於個人健康和社會的食安問題，都直接提供很好的解決方法。未來天然酵母烘焙學期待在光復新村亞大INGO成立烘焙學院，推廣在霧峰成長茁壯的天然酵母麵包產品。

霧峰學的教與學過程，就是一個互相關懷的過程，共同創造知識的過程。天然酵母烘焙帶來的意義在於放慢腳步，多看一下周邊環境，關懷身旁的人，心靈得到富足，品味生活的美好，這是天然酵母烘焙帶給我的省思。好的東西是值得等待的，而霧峰正是培養情懷的好地方。

天然烘焙職人童金南老師帶著他的專業，邀請學生一起進入天然酵母烘焙世界，享受純淨美好，再回饋給周圍的人和霧峰這塊土地。學生他日帶著這份美好情懷回到家鄉，延續在霧峰的學習，這是霧峰學的終極實踐。

參考文獻

李弘祺，2009，〈林獻堂、一新會以及臺灣的公民社會〉。《師大臺灣史學報》2: 215-226。

林獻堂，2015，《林獻堂環球遊記：臺灣人世界觀首部曲》。臺北市：天下雜誌。

邵台新，1997，《中國文化史》。臺北市：大中國圖書公司。

葉祖堯與葉馨梅著、樂為良譯，2005。《商道》。臺北：中國生產力中心。（Yeh, Raymond and Yeh, Stephine, 2004, *The Art of Business: In the Footsteps of Giants.* USA: Zero Time Publishing.）

廖淑娟、蕭至邦、陳竹上、簡宏哲，2011，〈服務學習取向的社區工作——以亞洲大學霧峰學為例〉。*Asian Journal of Arts and Sciences, 2*(2): 185-204.

霧峰鄉公所，2009，《新修霧峰鄉志》。霧峰鄉公所編印。

Curry, R. and Phyllis Cunningham, 2000, "Co-Learning in the Community." *New Directions for Adult and Continuing Education*, 87: 73-82.

Williams, Raymond, 1958, *Culture and society, 1780-1950*. Great Britain: Harper & Row.

Yeh, Raymond, 2016, "Cents & Sensibility: A Note on Transdisciplinary Education." *Vajra Bodhi Sea*（金剛菩提海），30-36。

Yeh, Raymond, 2019, "Towards a Framework for Transdisciplinary Problem Solving." *Transdisciplinary Journal of Engineering & Science,* 10: 26-34.

09
將他方聯結地方：

東南亞家鄉記憶在屏東的調查與應用

黃文車[*]

摘　要

　　屏東作為地方，在臺灣之南，在中國之邊；在東北亞之下，在東南亞之上，2008年又被賦予「國境之南」之想像。但屏東境內山海資源富足、族群文化多元，若能以做為「地方」的屏東向四面輻射，我們可以聯結與對話的場域著實寬廣。如果說新的文明將誕生於邊陲，那麼我們便要認真看待所謂的邊陲地方。

　　作為地方大學的學術工作者或教學研究者，大學社會責任理念該如何結合專業學科的理論架構與田野工作去進行社區互動與地方共生，未來或許是需要學校系所積極拓展的一門重要功課。本文透過近年民間文學課程及「東南亞故事繪本」、「東南亞繪本動畫」的實踐與操作，觀察他方如何聯結地方，並在地方共生傳衍。當來自東南亞家鄉的故事記憶在經過人群「移動」後在異鄉落地生根，那麼異鄉或許可以成為第二個家鄉。透過教育、數位載體讓東南亞家鄉文化記憶在臺灣世代傳承，並且期待屏東地方新住民族群多元認同之可能。

關鍵字：屏東、東南亞、地方、家鄉、繪本

---

* 國立屏東大學中國語文學系系主任

一　家鄉變成地方

　　對於民間文學學者或民俗學者而言「家鄉」是怎樣的概念？安德明提到「民俗學的家鄉研究」或「家鄉民俗學」的「家鄉」，可以是民俗研究者的家鄉，其既是研究者身處期間的母體文化承載者，又可以是被研究者所超越和觀察的一個物件，而且研究者在當地有親切的親緣和地緣認同，並在當地建立穩固的人際關係和生活實踐關係；而「第二故鄉」一類的地方，也屬於「家鄉民俗研究」所涉及的範疇。[1]隨著民俗學及民間文學調查的方法論日趨系統化、規範化，許多家鄉調查研究者也把自己生活場域的家鄉陌生化、物件化，並且將之變成是可以超越心理和情感的研究客體，以便進行民俗現象調查與民間文學採集工作。

　　2000年財團法人大武山文教基金會首次辦理「屏東研究研討會」，續辦至2002年第三屆後中斷六年，2008年開始轉由屏北社區大學續辦直至2015年第九屆為止。作為一個返鄉工作者，筆者乃從工作單位屏東大學出發，結合研究與教學，聯結縣府行政單位、文學單位及第三部門NGO團隊，並自2008年開始執行國科會（今科技部）補助的屏東縣閩南語民間文學調查研究前後三年計畫，著手進行屏東民間文學調查研究與屏東文學整理推動之工作。

　　2011年屏東大學中國語文學系（當時為屏東教育大學）與屏東縣政府、屏東縣阿緱文學會合作提出舉辦「2011第一屆屏東文學學術研討會」的計畫，期待透過「人文地理學」的概念，思考屏東文學與「地方感」（sense of place）及「親切經驗」的聯結，藉以落實區域文學與鄉土文化的關懷，探討屏東文學發展過程中所呈現出的人文思維與主題特色。2011年第一屆屏東文學學術研討會辦理後意外獲得在地群眾的關注，於是接下來的「2012第二屆屏東文學學術研討會：陳冠學研究」、「2013第三屆屏東文學學術研討會：曾貴海研究」皆以屏東經典作家為主題進行；「2014第四屆屏東文學學術研

1　安德明：〈當家鄉變成田野——民俗學家鄉研究的倫理與方法問題〉，《東華漢學》2011年夏季特刊（花蓮：東華大學中國語文學系、華語文學系，2011年7月），頁158-159。

討會：文學地景與地方書寫」則聚焦於「文學地景與地方書寫」；「2016第五屆屏東文學學術研討會：原住民文學與文化」重新思考與定義屏東的原住民文學與文化書寫等問題。

　　到了2018年，時值臺灣學術界注重地方學研究，教育部強調大學社會責任USR理念推動之際，屏東大學乃自106年度開始將「屏東學」定為人文社會學院大一學生必修通識學分，而屏東文學的研究更是屏東大學與在地文學社團推動「文學在地化」的重要內容。所以我們應該思考如何讓更多的人看見屏東文學？或者是希望讓更多的人看見怎樣的屏東文學？於是「2018第六屆屏東文學國際學術研討會：詩歌‧歷史‧跨界」乃從跨場域、跨空間的不同視角去解讀與認知屏東文學與文學跨界，並進而思考「屏東文學」作為在地文學書寫與跨界閱讀的多元面貌及異同可能。[2]

　　2020年延續文學書寫與場域「跨界」的思考，「2020第七屆屏東文學國際學術研討會：在地全球化新視域」乃從屏東文學出發，透過屏東、跨國界地方文史的研析與討論，期能立足地方，彰顯在地文史特質，開展在地全球化的新視域。因此如何透過在地全球化的新視域，以彰顯屏東在地文史特質，此乃本次會議的重要宗旨。此外，也期待透過跨界思維與世界對話，開啟「在地全球化」的新視野，並且更期盼透過會議研討與座談對話，提升縣府、學界、地方等單位認知區域文學建置與地方書寫之風潮，進而凝聚屏東文學與在地記憶等特色。[3]吳康寧曾說：

2　黃文車：《地方作為田野：屏東民間知識圖像與在地敘說》（臺北：萬卷樓圖書公司，2021年6月），頁5-7。

3　按：屏東文學學術研討會自2011年到2020年此十年間舉辦七屆，並已出版郭漢辰、黃文車主編：《文學饗宴：2011屏東文學學術研討會論文集》（高雄：春暉出版社，2012年），余昭玟、黃文車主編：《2012屏東文學學術研討會：陳冠學研究論文集》（高雄：春暉出版社，2013年），黃文車主編：《2013屏東文學學術研討會：曾貴海研究論文集》（高雄：春暉出版社，2014年），黃文車主編：《2016屏東文學學術研討會：原住民文學與文化論文集》（高雄：春暉出版社，2017年），黃文車主編：《詩歌‧歷史‧跨界：2018屏東文學國際學術研討會論文集》（高雄：春暉出版社，2019年），林秀蓉主編：《在地全球化的新視域：2020第七屆屏東文學國際學術研討會論文集》（臺北：萬卷樓圖書公司，2021年）等。

思想，它首先是一種地方性知識……對於真正想進行有思想的學術研究的人來講，寶貴的資源不在別處，就在研究者的本土境內與本土實踐，就在研究者生活於斯、感悟於斯的這塊土地上。[4]

基於對地方的關懷與思考，「屏東」如果作為一個「地方」，讓返鄉的工作者或在地的研究者都可以投入參與研究工作並進行文學與文化推廣，那麼這樣的學術研究與教學實踐似乎也就可以形成一門專門的「屏東學」，並且進行屏東地方性知識的建構。如同段義孚（Yi-fu, Tuan）在《戀地情結》書中提到「地方之愛」（topophilia）的詞彙，認為其涉指「人與地之間的情感紐帶」。[5]這種聯結是一種地方依附感，乃是將地方作為關照場域觀點的思維與實踐基礎。

在以家鄉作為地方研究起步及重點的理念下，本文將聚焦於筆者近十年來進行民間文學兩循環六重點的教學工作與課程成果，從地方的《下東港溪流域故事繪本》到他方的《東南亞家鄉記憶雙語故事繪本》及延伸之兒童劇展演、動畫影像製作，去思考如何透過屏東民間故事與新住民家鄉故事採集記錄與繪本出版，嘗試將他方聯結地方，讓異鄉成為另一個家鄉。

二　文化深耕與推廣：家鄉故事調查與繪本動畫成果

關於屏東的民間文學與民俗文化調查紀錄與研究書寫，筆者除了透過執行科技部專題研究計畫外，更結合學校「民間文學」及「閩南文化通論」等相關教學課程，以及教育部、屏東大學的相關計畫，進行屏東地區民間文學調查研究與繪本動畫推廣工作。

在課程教學及計畫執行過程中，筆者與校外文學團體、非營利組織合

4　吳康寧：〈關於思想的幾個問題〉，收入氏著：《轉向教育的背後：吳康寧教育講演錄》（上海：華東師範大學出版社，2008年），頁85-87。

5　〔美〕段義孚著，志丞、劉蘇譯：《戀地情結》（Topophilia）（北京：商務印書館，2019年11月），頁4。

作，帶領學生完成《下東港溪流域故事繪本》六冊及《東南亞家鄉記憶雙語故事繪本》六冊，分見在地與他鄉的故事記憶，茲分述如下：

（一）《下東港溪流域故事繪本》六冊

1990年代以後，臺灣民間文學的採集與整理工作在胡萬川、陳益源等教授先進的帶領下逐漸形成風氣，自1993至2003年期間先後整理了石岡、沙鹿、大甲、大安、東勢、梧棲、清水、新社、蘆竹、嘉義、雲林、臺南、彰化、南投、鳳山等鄉鎮市之歌謠及故事等民間文學資料；期間又有曾敦香等人對臺中市民間文學的整理，余燧賓、曾子良對基隆市民間文學的整理，以及2005年李進益對花蓮縣民間文學的整理等成果。至於屏東民間文學實際被學界認真采集調查之成果也在1990年以後，如劉秀美的《高雄屏東地區卑南族口傳故事》（1995）、金榮華的《高雄屏東地區卑南族與魯凱族口傳故事之採錄與整理》（1997）、《臺灣高屏地區魯凱族民間故事》（1999）、與陳枝烈的《排灣族神話故事》（1997）等；而屏東縣客家民間文學采集成果目前只見陳麗娜的《屏東後堆地區民間文學集》（2006）等。[6]

屏東縣閩南語民間文學的調查整理工作，則以筆者自2008年開始至2012年間執行科技部三年專題研究計畫，針對屏東縣閩南語民間文學進行全面式的采集紀錄。自屏東縣北部平原地區出發，經過中部沿海地區，抵達南部半島地區，以三年時間踏遍全縣26個鄉鎮市（除原住民地區7鄉以外）。調查成果已編纂出版如《屏東縣閩南語傳說故事集（一）》（2010年10月）、《屏東縣閩南語歌謠諺語集（一）》（2011年7月）、《屏東縣閩南語民間文學集3：下東港溪流域篇》（2012年11月）和《屏東縣閩南語民間文學集4：恆春半島歌謠輯》（2016年1月）等。

2013至2014年間筆者與臺灣藍色東港溪保育協會合作執行教育部「推動學習型城鄉——社區永續發展實驗站：東港溪流域推動社區永續之學習型城

6　黃文車：《地方作為田野：屏東民間知識圖像與在地敘說》，頁76-78。

鄉建構計畫」之「102、103文化紮根、永續學習——下東港溪流域故事繪本創作出版與講演（1）、（2）」子計畫，將過去26鄉鎮市田野成果作為基礎，再加上前一年度南州鄉迎王故事採集，以及《屏東縣閩南語民間文學集3：下東港溪流域篇》傳說故事整理出版工作而來，希望在東港溪流域的鄉鎮社區中，能讓鄉土文化向下紮根、語文學習永續傳承之理念能進一步落實。

本計畫最後擇選下東港溪流域範圍的六個鄉鎮中具特殊性與傳誦性特質之傳說故事，經過故事改寫，跨系合作，最後於2014年12月完成《下東港溪流域故事繪本》[7]共計6冊，其相關內容與後續展演如下表一及圖一：

表一　《下東港溪流域故事繪本》鄉鎮與故事、繪本、展演一覽表

鄉鎮／故事	原傳說故事	繪本故事名稱	藝文展演
潮州鎮	鱸鰻精	鱸鰻仔	誠品、圖書館說故事、電子書
崁頂鄉	李府千歲	我和李府千歲有個約會	誠品、圖書館說故事
新園鄉	鯉魚精	鯉魚公主變成山	兒童劇團、2D動畫
萬丹鄉	赤牛生白馬	赤牛生白馬	兒童劇團、皮影戲
南州鄉	龍目井	漁夫與貓	誠品、圖書館說故事、電子書
東港鎮	大船與小船	大船與小船	跨縣市兒童劇團巡演

7　黃文車總編輯：《下東港溪流域故事繪本》六冊，屏東：臺灣藍色東港溪保育協會，2014年12月。

圖一　《下東港溪流域故事繪本》六冊

《下東港溪流域故事繪本》內容來自實際的田野調查與記錄整理，但在教學操作與繪本產出過程中，中文系必須跨系聯結，引入幼教系的兒童心理、繪本認知，視藝系的色彩美感，文創的商品創發，以及社發系的場域實作等理念，操作流程或可如下圖二所示：

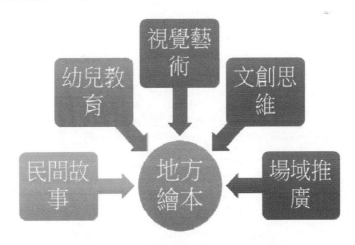

圖二　地方故事繪本學科跨界示意圖

《下東港溪流域故事繪本》出版後，屏東大學中文系、屏東縣政府分別和幸運草Clover兒童劇團、不倒翁、箱子等優秀的兒童劇團，搭配繪本故事再進行第二次的劇本改編，讓家鄉故事從地方而來，[8]透過繪本、兒童劇的轉譯展演，用藝文性、生活化方式與國小學童對話，讓地方的故事或民俗文化可以走進年輕世代，進而創造「民俗幸福感」的可能意義。

人文地理學者段義孚曾說：「當我們要去稱呼某一類人群的時候，我們都會提到他們的『家鄉』，並且是帶著最甜美的意味去談『家鄉』這個詞。」這個「家鄉」的概念來自那個群體對於鄉野故土的依戀，其意味著「對出生地的熱愛」、「完全是一種地方情感」，所以段義孚說：「人類的情感只會指向兩個極端——留在記憶最深處的家園和整個地球。」[9]因為人的情感常會依戀家鄉故土，對於故土中的歷史和文化，更有傳承的意義與價值存在。

屏東大學中文系與臺灣藍色東港溪保育協會及屏東縣政府文化處合作於2014年底推出《下東港溪流域故事系列繪本》後，開始進行全縣「面的擴散」——以母雞帶小雞方式完成2015年11本《兒童家鄉繪本》國小師生集體創作等推動政策及案例，加上勝利新村的《屋頂上的秘密》、《勝利貓日子》繪本等屏東縣的繪本成果。[10]可見「一校一繪本」至「一鄉一繪本」的理念與成果持續在屏東蔓延綻放，讓每個地方可以說自己家鄉的故事，願意繪寫自己家鄉的繪本。

（二）《東南亞家鄉記憶雙語故事繪本》六冊

2017年筆者執行屏東大學「106特色大學計畫」之「4-1東南亞語言文化

8　陳宗傑報導：〈親子共讀邁向幸福　縣長邀大家預約未來幸福〉，2017年3月2日。下載網址：https://tw.news.yahoo.com/親子共讀邁向幸福-縣長邀大家預約未來幸福-1008 34 609.html。檢索日期：2022年2月14日。

9　〔美〕段義孚著，志丞、劉蘇譯：《戀地情結》，頁140、152-155。

10　墾丁的落山風吹到馬來西亞「臺馬鄉土文化及原住民神話傳說繪本」文化交流案　首場線上分享會報導，2021年1月13日。下載網址：https://jin1688.blogspot.com/2021/01/blog-post_72.html?m=0。檢索日期：2021年11月20日。

增能與實踐」子計畫，並以「東南亞文化雙語繪本推廣」為執行重點，過程中乃思考如何讓人在異鄉的新住民講述自己家鄉的故事，並能透過這些東南亞故事和文化推廣，所謂的他鄉是否可以成為另一個家鄉？

　　本次「東南亞文化雙語繪本推廣」計畫結合筆者於中文系的「民間文學」第二階段操作，主要進行屏東在地新住民家鄉故事調查採集及整理出版，最後產出《東南亞家鄉記憶雙語故事繪本》共計6冊。[11]本計畫主要採錄來自越南、印尼、泰國、緬甸、馬來西亞等國之姐妹家鄉故事，再讓學生進行故事整理與圖畫繪製，更邀請新住民姊妹協助進行該國語言翻譯，讓本套繪本呈現「華語」及「東南亞國家語言」雙語並行，如此除了方便臺灣新一代學子閱讀，並促進閱讀者對於東南亞國家之語言學習與文化尊重外，更可以之為107學年度新住民語言學習之華語教材，如此對於臺灣及東南亞間的互動交流及文化學習當有起步及推動之作用。

　　本計畫通過訪談、記錄社團法人屏東縣好好婦女權益發展協會之新住民姊妹之家鄉記憶，最後整理越南、泰國、印尼、馬來西亞、緬甸等五國六本故事之成果如下表二、圖三：

表二　《東南亞家鄉記憶雙語故事繪本》之繪本故事與推廣一覽表

國家／故事	繪本名稱	故事概述	藝文推廣
越南	仙國的故事	年輕人愛上仙國之女，去了仙都回國後，已是百年之後……	圖書館講故事、動畫光碟
泰國	迦娜與大鵬鳥	泰國神獸相爭鬥故事	
印尼1	變成石頭的馬林	不孝順的馬林最後變成石頭，勸戒世人需孝順父母，據說石頭地點在今日的印尼巴東市Air Manis海灘	

---

11 黃文車總編輯：《東南亞家鄉記憶雙語故事繪本》六冊，屏東：國立屏東大學，2017年12月。

國家／故事	繪本名稱	故事概述	藝文推廣
印尼2	多峇湖的魚	樵夫釣到的魚變成女子回來報恩，最後樵夫失信，女子傷心的眼淚變成了多峇湖。該湖位於印尼棉蘭	
馬來西亞	猴與龜	講述猴子為求藥失信於龜的故事	
緬甸	螞蝗危機	緬甸小女孩未注意衛生，以致螞蝗入體的教育故事	

圖三　《東南亞家鄉記憶雙語故事繪本》六冊

《東南亞家鄉記憶雙語故事繪本》於2017年12月出版後便將成果寄至屏東縣各圖書館及小學，藉以增進繪本閱讀量。2018年屏東大學人文社會學院執行本校中長程計畫擬為「數位媒體中心」進行影像錄製典藏工作，而本套繪本之「動態化」便成為繪本動畫製作的基礎重點。

接下來的兩年筆者與科學傳播學系鄧宗聖主任合作，先從繪本故事與動

畫製作理念進行討論，接著便是「配音員」甄選，最後挑選出校內外對動畫配音有熱誠且聲音合適者約十多人進行華語配音，其中更包括來自山東青島的大陸交換生，以及配錄《多峇湖的魚》中「兒子」角色和《螞蝗危機》中「孫女」角色兩位國小學童。另外，不同國家的當地語言，則委由屏東好好姊妹會協尋聲音合適的新住民姊妹幫忙，其中《猴與龜》也由本校馬來西亞留學生協助錄製，過程趣味橫生，錄音同學興趣盎然，全是學科外另一體驗。

　　同時間，鄧主任帶領的六位科傳系大學生團隊也緊鑼密鼓開始進行故事分鏡、繪本圖樣分離，期間更使用Crazy Talk Animator 3軟體繪製動畫，[12]除了多數的2D動畫呈現外，較為特別的是負責《仙國的故事》動畫製作的蔡沛湘同學挑戰以3D動畫呈現。過程中學生團隊都在「做中學」，透過《東南亞家鄉記憶雙語故事繪本》動畫製作，科傳系培養出第一支學生動畫團隊，屏東大學人文社會學院也在2021年12月推出《東南亞家鄉記憶雙語故事繪本動畫》光碟，期待能作為教學推廣與文化交流使用，更重要的是來自新住民姊妹記憶中的故事，最後完成了繪本、動畫，變成東南亞語言及文化教材，讓臺灣學童閱讀與觀看東南亞家鄉故事，而或許未來本校與東南亞姊妹校交流時，《東南亞家鄉記憶雙語故事繪本》與動畫（圖四）便是最「禮輕情意重」的聯結印記。

---

12 例如團隊中的余佳豪同學變利用Crazy Talk Animator 3軟體繪製《變成石頭的馬林》，相關繪製過程敘述可見「使用者開發案例：變成石頭的馬林」，下載網址：https://www.youtube.com/watch?v=2tAryhHNiHE。檢索日期：2021年11月10日。

圖四　《東南亞家鄉記憶雙語故事繪本動畫》光碟封面、封底圖示

三　知識建構與課程脈絡化

李國銘（1964-2002）曾經說過：「對於『屏東』，我們除了有感性的情感認同之外，同時也會產生理性的求知慾望。」[13] 感性的情感認同來自對於家鄉土地的依戀，這其實也就是人文地理學者段義孚所言的「戀地情結」，如段義孚所言：

> 「戀地情結」（Topophilia）是一個杜撰出來的詞語，其目的是為了廣泛且有效地定義人類對物質環境的所有情感紐帶。當這種情感變得很強烈的時候，我們便能明確了解，地方與環境其實已經成為了情感事件的載體，成為了符號。[14]

戀地情結指稱人與環境之間的情感紐帶，是關聯著特定地方的一種情感，這

---

13 李國銘：〈屏東學課程〉，文載屏東縣社區大學編：《屏東縣社區大學九十年度第二學期學員暨選課手冊》（屏東：屏東縣社區大學，2001年），頁96-98。

14 〔美〕段義孚著，志丞、劉蘇譯：《戀地情結》，頁140。

種情感不是游離的、無根基的，而是來自地方之愛，久而久之就會產生一種情感附著，對於環境的熟悉若沒有產生厭惡，那就會產生喜愛之情。[15]有了情感認同我們有了共同的理念，因此也就逐漸形成在地思維，那麼我們的教學或研究也可以在這個場域空間形成理性認知，進行形成在地知識與實踐脈絡體系。

（一）地方知識與課程脈絡

　　臺灣地方學研究發展學會理事長黃申在曾將地方學做了以下定義：

> 地方學一詞及實質內涵，應有多種意義理解與詮釋觀點，是多元層次的，也是不斷變動流動與渾成的，本身可能就需要不斷的再解釋，再詮釋辯證；在此，我們僅先簡化區隔「地方」與「學」二詞，前者指涉有關「地方」的定義論述意涵，及與「地方」有關的知識，包括事實知識、概念知識、技能知識與後設知識；後者，相較於「研究」活動，重點在個人體驗式學習，更著眼於機構性與系統性的學習活動，包括學院及終身學習體系；實際情境上，則特別關注於社區大學推動地方學的各項措施，尤其在課程層級之規劃設計與實施的作為。「地方」一詞是常識性用語，如區域或地區、本地或當地、中央vs.地方、處所、部分等，看似著重某種「空間」或相對性，好像不涉及人，其實關注的正是人類的各類實踐活動，亦即「地方／空間」作為人類活動展現與銘刻的場域，不論是過去、現在與未來。[16]

從「地方學」定義可以思考「地方」與「學」的多元可能，在地方學習或者

---

15 〔美〕段義孚著，志丞、劉蘇譯：《戀地情結》，頁173、150。

16 黃申在：〈地方學與社區大學之中心與外圍——實踐個案與空間性觀點〉，《地方視角與詮釋學術研討會論文集》（臺南：國立成功大學中國文學系，2010年1月27-28日），頁76-77。

是學習地方之事。除了空間、物質等外在事物，其實更重要的是空間中的人類活動與人文思維，以及如何進一步將這些思維、活動落實與建構成地方性知識。

如果我們將「屏東」作為「地方」場域，那麼與這片土地息息相關的一切都可以成為「屏東學」的知識體系脈絡。但如何擇取具有意義的元素與土地進行聯結與發揮，吳錦發提到的「屏東符號」可以提供我們作為參考：

> 所謂「建立屏東符號」，就是要讓人民理解故鄉的地質、氣候、文化、歷史，從屏東人共同的情感與在地記憶出發，讓民眾更了解這塊土地，並可以把屏東的特色說明清楚。[17]

所謂的「屏東符號」，必須具有與屏東這片土地緊密聯結的共同情感和在地記憶，才能讓民眾更加了解自己的故鄉與特色。再透過「地方文化生活圈」概念，編整公部門、地方組織、學校及社區居民等團隊夥伴，接著「尋找地方自己的魅力」，以便召開「聯合會議」以凝聚共識，最後「建立合作機制」。[18] 其中，地方資源盤點與調查與發現屏東符號的第一件必要工作。

接著便是透過屏東符號的擷取、經營、發揮與推動，進而形成「地方知識體系」，並聯結校院的合適課程，進行大學─社區互動與陪伴。筆者透過十多年「民間文學」課程兩個循環階段、六個執行重點的課程操作與推動，逐漸思考並期待建構屏東地方知識脈絡，[19] 茲概述如下：

---

17 吳錦發：〈走讀屏東土地公、建立屏東符號〉序文，收入黃文車主編：《2015走尋屏東土地公信仰文化論文集》（屏東：屏東縣政府出版，2017年2月），頁5。

18 尋找地方魅力的工作包括「地」、「景」、「人」、「文」、「產」等調查；更重要的是以下幾項：1.地方資源踏查，2.社區遠景描繪，3.發現潛在資源，4.發表與討論。參考李欣宜、吳儷嬋主編：《地方文化館──生活圈概念書》（屏東：臺灣藍色東港溪保育協會，2012年1月），頁22-27。

19 相關敘述可參考黃文車：《地方作為田野：屏東民間知識圖像與在地敘說》，頁30-32。

1　第一階段

　　自2008年到2016年，屬於屏東縣閩南語民間文學調查整理與繪本劇團聯結。此階段一又可分成三個執行重點：

　　（1）2008年至2012年：執行國科會（科技部）屏東縣閩南語民間文學調查研究三年專題研究計畫。

　　（2）2013年至2014年：與臺灣藍色東港溪保育協會合作執行教育部「文化紮根、永續學習──下東港溪流域故事繪本創作出版與講演」二年計畫，完成《下東港溪流域故事繪本》6冊。

　　（3）2015年至2016年：與屏東縣政府文化處及Clover幸運草兒童劇團合作，推動屏東故事兒童劇演出。如果說，回到家鄉的故事是「平面」閱讀，那麼2015年家鄉的故事「立體化」，乃是「演故事」給小朋友看。經過數月的排練，家鄉故事開始偏鄉巡迴演出，足跡踏過東港、小琉球、牡丹、滿州等地；之後更登上屏東藝術館公開表演。當學童透過戲劇進入地方故事時，他們的歡笑正是我們尋找地方幸福感的一種肯定。[20]此外，透過民間文學課程教學，2016年學生也逐步完成繪本電子書和I2D動畫製作。

2　第二階段

　　從2016年至2021年，屬於「屏東山海經」到「屏東尋妖記」計畫執行成果與推動特色。此階段二又可概分為三個執行重點：

　　（1）2016年到2017年：執行教育部專業敘事力「屏東山海經：從在地故事走向社區文創的文化多元敘事培力計畫」，並完成《東南亞家鄉記憶雙語故事繪本》6冊。

　　（2）2018年至2020年：執行教育部補助大學社會責任USR「搖滾社會力：在地關懷為導向的社會企業與公益實踐培力計畫」，完成《屏東妖怪圖錄》。

---

20 黃文車：〈尋找地方幸福感：屏東文學與在地記憶〉，《地方學研究》第3輯（北京：知識產權出版社，2019年10月），頁80。

（3）2019年至2021年：執行教育部高教深耕計畫之「PBL問題導向教學社群」與「SPIRITS策略產業研習」等計畫，推動「南方鬼怪與文化記憶工作坊」等。

美國人類學家克利弗德・紀爾茲（Clifford Geetz）認為地方知識（Local knowledge）呈現了文化的多樣性、特殊性，其凸顯的「地方性」不僅在於空間、時間、階級、事件、文化與宗教等，更是在於其腔調——對於所發生之事實賦予一種地方通俗的定性，並將之聯結到「可以不可以」的地方通俗想像。[21]換言之，一個地方知識的成型必須具備地方腔調（地方特色）並與當地人的想像能力和集體記憶相互聯繫，進而達成一種「約定成俗」的地方想像。若以「屏東地區」為空間範疇，強調地方（Place）與「民間」（Folk）場域，運用「人文地理學」、「民俗學」等理論思維去建構屏東的地方知識，那麼將地方學研究便可以形成一門「地方幸福學」。

（二）地方幸福學：從民俗幸福感起步

國立臺灣大學歷史系周婉窈教授曾經提到：

> 我們今天固然可以大量吸收、大量學習臺灣的歷史文化，但是，問題是我們不曾「love in it」，不曾活在臺灣的歷史文化中……這或許是今天我們社會許多問題的根源……我們的歷史命題就是要重新把臺灣的歷史與文化帶回這塊土地，讓它重新活過來，活在我們的生活中。[22]

來自土地的「地方之愛」，其實也就是推動地方學過程中最重要的核心

---

21 〔美〕克利弗德・紀爾茲（Clifford Geetz）著、楊德睿譯：《地方知識》（Local Knowledge）（臺北：麥田出版，2007年），頁295。

22 周婉窈：《面向過去而生：芬陀利室散文集》（臺北：允晨文化，2009年），頁347、351-353。

價值。推動屏東縣民間文學調查整理與研究的起步，必須從關懷地方的「親切經驗」入手，過程中更不斷驗證「傳統帶至地區，地方生成文化」概念。但唯有把知識帶回地方，從土地發展脈絡，或許我們才能從這些不同族群不同地方的知識文本中，看見其所透視的地方存有「鄉土的附著」，那可能就是一個家鄉的概念。[23]

那麼怎樣「讓文化重新活過來」？筆者以為地方知識系統的建立、活用與推廣，或許也是另一種「地方創生」思維。最早的「創生」概念可能引自文化人類學觀點中提倡文明論的日本學者山口昌男主張，他說新的文明必定是誕生於邊陲，並以文化的中心性與邊陲性為基本概念展開論述，此外其亦關注邊陲領域的重要性。[24]山口昌男認為邊陲地方才能產生新的文明，那麼邊陲要怎樣創造出新的生命和文明？或許結合「設計翻轉、地方創生」計畫，藉以帶動產業發展與地方文化提升，展現地景美學並塑造地方自明性[25]是一條便利捷徑。但地方需要的是什麼計畫？怎樣創生的文化或產業才真正適合地方？恐怕各有不同的解釋與方案。如同前文所言，透過「地方文化生活圈」概念，進行「地」、「景」、「人」、「文」、「產」等調查，找到「地方符號」去再現地方文化特色，便是本文談述的大學課程與社區記憶互動及成果。

從第一階段的《下東港溪流域故事繪本》到第二階段的《東南亞家鄉記憶雙語故事繪本》，我們透過實務的田野踏查，結合學科理論，讓研究與教學從場域實作中發現地方的特殊性與變異性，如此非但能提供學術研究之分

---

23 黃文車：〈尋找地方幸福感：屏東文學與在地記憶〉，《地方學研究》第3輯，頁85-86。

24 〔日〕山口昌男：《知の祝祭　文化における中心と周緣》（日本：河出書房新社，1988年）。

25 國家發展委員會提出的「設計翻轉、地方創生」計畫，主要藉由盤點各地「地、產、人」的特色資源，以「創意、創新、創業、創生」的策略規劃，開拓地方深具特色的產業資源，引導優質人才專業服務與回饋故鄉，透過地域、產業與優秀人才的多元結合，以設計手法加值運用，將可帶動產業發展及地方文化提升，必能使社區、聚落及偏鄉重新形塑不同以往的風華年代，展現地景美學並塑造地方自明性。參考〈國家發展委員會推動「設計翻轉、地方創生」示範計畫〉，下載網址：https://www.ndc.gov.tw/Content_List.aspx?n=4A000EF83D724A25。檢索日期：2020年9月22日。

析探討，更可以進入地方與耆老對話，在過程中走讀屏東各鄉鎮市的環境場域及人文風情。此外，進一步可將這些調查與研究成果轉變成教學實務或文創商品範例，更可證明大學研究的知識性與實務性實可兼備，兩套繪本成果以及其後續之講故事、兒童劇和繪本動畫之藝文推廣，也是「文化商品」活化運用之成績。

　　本文闡述的民間文學教學操作兩個階段成果，作為鄉鎮記錄的《下東港溪流域故事繪本》正好代表每個地方個性的「傳說故事」，每個故事都有當地的在地敘說與集體記憶，而第二階段的《東南亞家鄉記憶雙語故事繪本》中的六個傳說故事也有講述者家鄉特色與自然風土。或許對於華人「我」（主體）而言，那些東南亞故事似乎就成了不同於己的「他者」（客體）異聞。關於此點，王德威的「華語語系研究」（Sinophone Studies）中曾提到「華夷風」（Sinophone / Xenophone）的觀點，並言「phone」翻譯成「風」，可以代表氣流、聲音、音樂、現象、文明、風俗、風土、稟性、風範等等意涵；[26]其特別強調：

> 重新檢視「華夷之辨」觀念，代之以「華夷之變」。「辨」是畛域的區分，「變」指向時空進程的推衍，以及文明與文明的彰顯或渙散、轉型或重組。以南洋華人社群為例，華人移民或遺民初抵異地，每以華與夷、番、蠻、鬼等作為界定自身種族、文明優越性的方式。殊不知身在異地，易地而處，華人自身已經淪為（在地人眼中）他者、外人、異族——夷……在移民與遺民世界的彼端，是易代、是他鄉、是異國、是外族。誰是華、誰是夷，身分的標記其實游動不拘。[27]

　　就東南亞繪本故事而言，是「華人」眼光中的「他者」，但對東南亞新住民來說，下東港溪流域故事也是「他者」，因此王德威所言的「風」

---

26 王德威：〈導言〉，王德威、高嘉謙、胡金倫主編：《華夷風：華語語系文學讀本》（臺北：聯經出版社，2016年10月），頁8。

27 王德威：〈華夷風土論〉，《中國現代文學》第14期（2021年12月），頁6。

（phone）應該在「華」／「夷」之間進行多元風土之「變」，也就是在時空遞嬗過程中，身分的標記其實是移動不拘的，那麼誰是誰的他者？其實都是先入為主的刻板認知。如果可以去除橫隔在華夷間的主觀意識，讓我者與他者／地方與他方之間多一點擺盪、跨越的空間，那麼「夷」也就可能默化、潛移與改變那個「華」，而原本的「華」也能在跨文化學習過程中調整與改變位置及思維。如此而言，所謂的「他方」可能就不再是那麼遙遠，異域也就可能變成另一個家鄉。

　　藉由課程帶領學生走進地方進行田野調查與口述訪談，遠嫁來臺的新住民姐妹們說著過去的家鄉記憶，每個人彷彿回到自己的國度，因為那些故事也帶著「鄉土的附著」，一種「家鄉」的溫度。從接受訪談時的生疏到熟稔，到配音時的自然生動；其中最難能可貴的是透過「人」與「人」的對話產生的情感交流，那才是建構地方知識過程中需要的墊腳石，或許可以稱之為「民俗幸福感」。[28] 這樣的幸福感，應該來自每個地方群眾的親切感受與實際參與，在地方找到價值與意義的關照；此外，因為地方知識建構須從土地起步，文化來自生活，透過口述對話與親切經驗，如此才能找到建構「地方幸福學」的可能。

四　結論：將他方聯結地方，讓異鄉成為另一個家鄉

　　　　我們生長在土地上，土地就在我們腳下，與我們關係密切。[29]

---

28 安煥然曾撰文提到：「黃文車最後指說：民俗研究還是一種真切互動式的文化傳承契機。在蒐集民俗資料的同時，讓孩子和年輕人學習怎樣跟阿嬤講話，傾聽阿公講古。你瞧，這溫馨的畫面，『民俗也可以是幸福』的。」引自安煥然：〈尋找民俗幸福感〉，《星洲網》「言路」，2017年11月19日。下載網址：https://www.sinchew.com.my/content/content_1702722.html。檢索日期：2020年12月30日。

29 吳潛誠：〈閱讀花蓮——地誌書寫：楊牧與陳黎〉，原文刊載於《更生日報》「四方文學週刊」，1997年11月9日。文章網址：http://faculty.ndhu.edu.tw/~chenli/wu.htm。檢索日期：2018年6月1日。

　　誠如吳潛誠所提到的土地之上，屏東是我們生活緊密相關的地方。從早期的國境之南，2008年魏德聖《海角七號》電影帶著「屏東恆春」與歷史包袱開始翻轉，到2019年的屏東燈會、屏東設計展，2020年的屏東縣立圖書館總館，2021年屏東縣民公園，以及近年來的「南國漫讀節」等等，讓大家不斷看見與肯定這座位處臺灣最南的城市，正努力與臺灣和世界揮手。

　　只是城市之外，還有許多地方與邊緣，我們如何能在整體與個體中發現互動共生的多元價值？和辻哲郎在《風土》（Fudo）中提到：「我們是在『風土』中發現自己，尋找相互連帶中的自己。」[30]這裡的「風土」，除了天氣、環境、土壤等自然的風土之外，更包括歷史、文化及民族的相互關聯之人文的風土。風土除了作為人類抵禦外界自然而形成的生活習慣及民族精神外，也必然形成人類自我了解的一種契機。[31]可見在建構地方知識過程中，地方人民需要從地方符號去理解與認同自我與群體，無論是自然風土或人文風土都可以是形構地方知識體系的重要因素，因為每個地方都有屬於自己的腔調與溫度。

　　作為地方大學的學術工作者或教學研究者，大學社會責任思維該如何結合專業學科的理論架構與田野工作去進行社區互動與地方共生，未來或許是需要學校系所積極拓展的一門重要功課。走進田野，土地成為我們學習的對象，除了與外在環境互動外，其實我們也在和自我心靈對話。「田野美學」是一種走進地方與自我交流的多層探索，我們可以說那是一種「人」與「他者」／「他界」交流的生命涵化教育，過程中我們從創生地方文化價值進而尋找心靈的諸多感動。[32]

　　東南亞姊妹或客工是移動到臺灣的新住民，最初的他們或許是「移民」（或許有些也是「遺民」），但並不表示他們只能是「他方」的夷民；相反的，透過這些新住民講述的家鄉故事之繪本與動畫出版，讓東南亞故鄉的文

30　〔日〕和辻哲郎著、陳力衛譯：《風土》（北京：商務印書館，2018年），頁9。

31　〔日〕和辻哲郎著、陳力衛譯：《風土》，譯者序，頁ii、iii。

32　黃文車：《地方作為田野：屏東民間知識圖像與在地敘說》，頁358。

化記憶能在臺灣的教學場域萌芽生根，讓東南亞家鄉故事透過閱讀進入新世代的認知，用地方動能去聯結他方，那麼所謂的他鄉或許也就能成為另一個家鄉，而他方水土自然也能灌溉這個地方的風土，在世代不斷浸濡互動中，更可以看見臺灣未來更加多元嶄新的價值。

參考文獻

一　專書著作

克利弗德‧紀爾茲著、楊德睿譯：《地方知識》，臺北：麥田出版社，2007年。

吳康寧：《轉向教育的背後：吳康寧教育講演錄》，上海：華東師範大學出版社，2008年。

周婉窈：《面向過去而生：芬陀利室散文集》，臺北：允晨文化，2009年。

李欣宜、吳儷嬅主編：《地方文化館——生活圈概念書》，屏東：臺灣藍色東港溪保育協會，2012年1月。

王德威、高嘉謙、胡金倫主編：《華夷風：華語語系文學讀本》，臺北：聯經出版社，2016年10月。

〔日〕和辻哲郎著、陳力衛譯：《風土》，北京：商務印書館，2018年。

〔美〕段義孚著，志丞、劉蘇譯：《戀地情結》，北京：商務印書館，2019年11月。

黃文車：《地方作為田野：屏東民間知識圖像與在地敘說》，臺北：萬卷樓圖書公司，2021年6月。

二　單篇論文

李國銘：〈屏東學課程〉，文載屏東縣社區大學編：《屏東縣社區大學九十年度第二學期學員暨選課手冊》，屏東：屏東縣社區大學，2001年，頁96-98。

黃申在：〈地方學與社區大學之中心與外圍——實踐個案與空間性觀點〉，《地方視角與詮釋學術研討會論文集》，臺南：國立成功大學中國文學系，2010年1月27-28日，頁65-83。

安德明：〈當家鄉變成田野——民俗學家鄉研究的倫理與方法問題〉，《東華漢學》2011年夏季特刊，花蓮：東華大學中國語文學系、華語文學系，2011年7月，頁155-170。

黃文車：〈尋找地方幸福感：屏東文學與在地記憶〉，《地方學研究》第3輯，
　　北京：知識產權出版社，2019年10月，頁74-87。

王德威：〈華夷風土論〉，《中國現代文學》第14期，2021年12月，頁1-18。

三　繪本著作

黃文車總編輯：《下東港溪流域故事繪本》六冊，屏東：臺灣藍色東港溪保
　　育協會，2014年12月。

黃文車總編輯：《東南亞家鄉記憶雙語故事繪本》六冊，屏東：國立屏東大
　　學，2017年12月。

四　網路影音

〈國家發展委員會推動「設計翻轉、地方創生」示範計畫〉，下載網址：
　　https://www.ndc.gov.tw/Content_List.aspx?n=4A000EF83D724A25 。 檢索
　　日期：2020年9月22日。

安煥然：〈尋找民俗幸福感〉，《星洲網》「言路」，2017年11月19日。下載網
　　址：https://www.sinchew.com.my/content/content_1702722.html。檢索日
　　期：2020/12/30。

「使用者開發案例：變成石頭的馬林」，檢索日期：2021年11月10日。下載
　　網址：https://www.youtube.com/watch?v=2tAryhHNiHE。

王德威演講稿：〈華夷風土：《南洋讀本》新論〉（Sinophone / Xenophone
　　Mesology: Toward a New Nanyang Reader），新加坡：新加坡南洋理工大
　　學中華語言文化中心，2021年9月23日，Zoom線上講座。

10

建構地方學測量途徑之初探：

以屏東學微學分實施成效為例

葉晉嘉[*]、黃芃尋^{**}

摘　要

國立屏東大學為推動屏東學作為地方知識系統，於人文社會學院中設置全院必選的「屏東學」課程，設為新生必修課程，讓學生接觸到更豐富多元的屏東在地人、文、地、產、景等知識與認同感建構。認同感包含對在地的情感、人文網絡及地景等在地脈絡，這些脈絡源自於長久來的時空背景之文化堆疊，展現出富有深度意義的地方學知識系統，吸引民眾投入在地發展，而校園也間接實踐了地方永續發展的大學社會責任。

有鑑於各地方學目前的發展，尚未建構通用的量化衡量標準，使得各校推動地方學的成效難以被具體評量。因此本研究利用屏東大學開設之屏東學微學分課程，針對選修微學分課程的學生進行問卷調查，使用單組前後測實驗設計，衡量學習課程後的學生是否對於屏東學有更深刻的認知。

本研究期望能夠促使地方學的評量朝向可互相比較的量化發展，嘗試建立客觀的評估指標做為問卷題目，藉此評估課程的設計是否對於學生在地方知識的認知上具有實質性的幫助與提升在地知識的認同。包括「屏東學認知」、「學習態度」、「學習成效」、「在地文化」四個構面，藉由課前與課後的差異，進行實驗設計比較，期望此項評估模式能運用在其他地方學的研究上。

關鍵字：地方學、屏東學、地方認同、地方知識系統、學習成效

*　國立屏東大學文化創意產業學系教授。
**　國立中山大學公共事務管理研究所博士生。

一　緒論

（一）研究動機

　　近年來，臺灣對於在地的施政方向與社區、在地治理方針上不斷地調整與改變，而民間也逐漸興起社區再造的趨勢與行動。自1994年間，行政院提出「社區總體營造」（Integrated community development）之政策理念，期望從文化基礎建設的要點切入民意的趨勢變化，以造人、造產與造景之思維與施政方針推動社區總體營造的行動（王本壯，2008）。而在近年來，社區總體營造後不久的2010年隨即頒布「農村再生條例」，且實作方向上多以社區導向為主要發展核心，而2019年藉日本的地方創生政策，臺灣也以政策移植的方式將地方創生納入地方治理模式。

　　上述三項政策目標主要是期望能夠藉由社區之營造與在地規劃願景的作用下，引導更多人回流，替在地創建或解決沒落之境況，進而能夠發展地方上具有特色之人、地、產、景與文化等特色，加深人們對於地方上的認同感。

　　近年各地眾多地方治理的成果，也使得各地發展出極富在地意義之知識、文化體系，人們的生活經驗與技藝文化融合成為地方特有的脈絡系統，進而開始發展出各地的「地方學」知識，例如「屏東學」、「北投學」等。

　　雖然「地方學」牽涉之層面甚廣，包含人文地理與生活經驗，而特別在日常經驗屬於不易觀察或被測量之項目。但本研究認為藉由過往文獻對於在地之討論，仍可歸納並設計出具可測量性功能的「地方學」問卷評測，且透過國立屏東大學開設的屏東學微學分課程，運用實驗設計法，分析學生對於地方學上的認同與建構過程中，是自然而然所具備的覺知，還是需要透過地方學微學分課程的導入效果，才能使學生對於屏東地方學的概念有更深層的體會與認知。

（二）研究目的

　　本研究之目的旨要在調查國立屏東大學之屏東學微學分對於學生在屏東學面向的認知變化以及學習成效等課前、後的影響性。由於地方學逐漸發展成自成一格的知識系統，但基於個體對於地方學等面向的認知之衡量評測標準還未形成，且也因各地發展方向不盡相同，因此地方知識系統仍未有足夠健全的評測方式。促使本研究欲從微學分之課程探討地方學之面向的衡量標準，主要的研究目的如下：

　　第一，藉由文獻回顧之歸納方式，彙整出屏東學之衡量問卷。第二，以問卷調查法分析屏東大學針對屏東學之微學分課程是否能使學生對於地方學的面向有更深層的認知與學習成效。

二　文獻回顧

（一）地方學

　　論及「地方學」，先以範疇而言，主要為透過行政區域整合匯集在地之人文歷史與社會等多面向的發展。王御風（2011）論到地方學其範疇主要以縣市談及，如：「宜蘭學」、「屏東學」，亦有涵蓋臺灣整體的「臺灣學」，或者以鄉鎮區為範圍的「北投學」、「淡水學」等。不過以目前趨勢而言，仍然是以縣市層級區為討論焦點。

　　在地方的範疇討論上，對於地方之界定目前多半以縣市、鄉鎮為主要界定之劃分，以上述文獻所提及之各縣市之地方學，可觀察到一般在地方知識上的形成，為在地方上固有其特殊性、在地性之特殊文化與經驗，方能累積形成自成一格之地方知識系統，構築起地方學的根基。

　　而地方概念之形成，除了需要界定一定的範圍或邊界，方能突顯地方的自鳴性與在地特殊性外，楊宏任（2011）從社造行動者談起，這些社造行動者皆需在有血緣地緣或祭祀圈所構築的在地邊界內進行「邊界維繫」與「社

會改革」之兩種行動。而在富有歸屬感的在地性邊界下，使特定的社區形成
能夠以認知化的常識或身體化的技術形成在地相傳的「地方知識」與「在地
範疇」。

　　此一文獻回應上述所提及之地方學的知識範疇，本研究認為，基於邊界
的界定中，其所界定範圍內形成的在地獨有的經驗或事物，逐漸形成範疇內
具有可辨識性之特色，是地方學發展的歷史過程當中不可或缺的一項歷程。

表一　地方知識兩大類型

在地認知	意義
認知化的常識	地方之俗諺、行事準則等較偏向經驗取向之在地知識。
身體化的技術	較具有自主性之知識，能夠與在地形成自成一格之技術場域。同時可存在師徒制、地方網絡化、傳承與創新。

注：彙整自楊宏任（2011）。何謂在地性？：從地方知識與在地範疇出發。人文與社會
　　科學雜誌，49（4），5-29。

　　透過地方知識之範疇認知著手，在地方學的建構過程當中，對範疇與區
域的劃分須清楚，因各個地方所形成的經驗與知識不盡然相同，甚至許多行
政區域所發展的體系或社會經驗可能也大相逕庭，如楊宏任（2011）所區劃
之地方知識與範疇之涵義：

　　1.「地方知識」（local knowledge）：知識與技術實作傳統。
　　2.「在地範疇」（indigenous category）：倫理與公共參與傳統。

　　而其次，地方應當具備在地化的知識與經驗之傳承，即透過在地的生活
經驗取向與技術、實務、特色之形成或傳頌，能夠在此一過程當中形成有如
根基般穩固的在地知識經驗，建構起地方學的基礎。

1　地方之意涵

　　時至今日，遠觀過往之在地人士生活之經驗與身體、語言與技術等實務外，從而到如今琳瑯滿目且富有在地文化涵意之文學、作品乃至於文化產業等，有許多皆能從地方的人、事、物中體會到富有深刻在地文化與意識的感受。而這些事、物皆顯露出「地方」基於個人生活之經驗與生命意義當中，無論是顯性或隱性，都有其不可或缺的重要性（洪如玉，2013）。

　　本研究參考Edward Relph對於地方意涵之概念，並結合洪如玉於2013年發表於期刊的文章當中所揭示之地方對於教育之意涵作為主要文獻討論主軸。當中基於地方感之初步探討，彙整以下地方空間之意義：

（1）實用與原初空間（pragmatic and primitive space）：一般指人在空間、場域中所產生的直覺反應。

（2）知覺空間（perceptual space）：指個體、個人的原生生活世界，以及所及的原初經驗之構成空間。

（3）存在空間（existential space）：個體主動在空間中創造或建構意義，通常有集體生活經驗的概念在其中。

（4）建築與規劃空間（architectural and planning space）：透過有意識、精心構思的思慮所建構的空間或建設。

（5）認知空間（cognitive space）：匯集三維、二維空間的涵義，有座標性及定位的實體概念。

（6）抽象空間（abstract space）：透過理論、數學或邏輯關係所掌握的空間，很難被一般人在具體生活中經驗，只能透過抽象思考理解（受教育等社會菁英較可能察覺）。

　　從上述六項地方感之彙整，可觀察到以人為個體之觀點出發，是作為地方感與空間上之探討的主要基礎。經由個體從無意識到直覺的反應，衍生到群體的社會經驗，進而會產生、發展出對於地方上不同的經驗與認知感受，甚至進而形成出不同的空間認知或進行建築規劃。

但若從第三點項目之存在空間討論空間感與地方之意涵，可觀察到個體若要建構出一個富有意涵之地方或空間，除了一開始的直覺經驗以外，更需要有集體生活的經驗概念在其中，而此點呼應了前段地方知識兩大類型，無論是認知化的常識或是身體上的技術與實務，皆需要有從個體所發展的地方脈絡與經驗，乃至形成地方獨有之實務或技藝。亦即一個地方若要有自身獨特之意涵，個體衍生出的集體經驗與地方意識是不可抹滅的關鍵因素，因這項因素則會牽涉到了後續發展的各項地方獨特之經驗與文化當中，無論是精神上的或技術上的傳承。

2 地方測量與定義

地方的測量與定義在不同地方而言，都有其不同的構念與定義方式，而其中原因在於每一個地方的在地脈絡、人文歷史與發展方向上不盡相同，難以以單一的面向方式來衡量不同地方之地方學的構念。本研究彙整了有關於地方相關的名詞定義，並藉由以下各項定義的整合來進行微學分課程之問卷設計。

首先，在地方感方面，區分為屬真地方感及非屬真地方感，而屬真地方感提及兩種可能：屬真感是有意向的概念去建構形成，但同時也可能是人們在無意識之中所造就。若是對地方有建構貢獻的人，則其屬真感可能是偏向自我有意識地去執行而構築而成，若偏向一般在地群眾，其屬真經驗可能是無意識發展而成。

表二　屬真地方感之意涵

定義／概念	解釋
屬真地方感（autneticity）	地方是「為提供人類活動的人們有意之產物或有意義的設施，或來自於一種對地方深度而無意識的認同。」

註：Relph，1976。

　　此外，洪如玉（2013）在屬真地方感的解釋當中，提及屬真地方感為非表面的意涵，而是對複雜的地方認同有其完整、直接且真實的經驗。其經驗不用特意營造，或透過社會與知識等其他中介所改觀，是來自個人「對地方全然的覺知」。

　　而除了地方屬真性以外，另外亦包含了非屬真地方感之定義，其含義主要皆為對地方、在地進行接近破壞或漠視當下現有地方之傳統環境，或者是改變其更深層的人文特色結構。在洪如玉（2013）所彙整關於Relph提及非屬真地方感之涵義當中，其中有包含五項可被視為接近破壞現有地方場域之行動，這些行動將會間接或直接的改變地方的知識或在地結構：

（1）導向他方的地方：為迎合觀光化與遊客為導向所設立之建築與區域規劃，但其內容完全與現有地方場域脫節或毫無關聯。

（2）迪士尼化：描述主題樂園式的設施與環境下，雖可將主題形象人物帶入環境與觀眾眼前，但同時亦會使人喪失與地方脈絡的連結。

（3）博物館化：雖然博物館類型等設施可呈現先民之生活樣貌或值得保存之古物，但由於古物多半是被抽離出地方的脈絡來呈現，以及可能是仿製品等因素，故而無法將其列入屬真地方感。

（4）未來化：指人們在不斷追求進步與眺望未來之生活型態同時，也逐漸在破壞現有的地方環境。

（5）郊托邦：意指其建築任意建構在地方的區域當中，例如賣場或百貨公司，雖有其目的取向，但發展之背景與在地城鎮毫無關係。

　　屬真地方感在於個人對地方直覺上的認同經驗，而地方也被視為是提供人們生活之場域，兩者皆強調為屬真地方感乃是源自於個體的直覺經驗與對地方自然形成之認同感。而在建構地方學的認知上，本研究認為屬真地方感可做為一項基本檢測受測者對在地認同的問項層面之建立，藉此可觀察到受測者對於地方學的認知是否為自然且直覺式的形成，亦或是需要藉由地方學之課程的中介效果，來形塑受測者對屬真地方感之認同。

而非屬真地方感就定義層面觀察，為破壞地方既有之脈絡的建築或文化等，因此在問卷的題目建構當中，可能需要盡可避免詢問受測者與在地脈絡較無相關之人、事、物等。

另外，在地方上所共同生活的族群、人、事、物等，經由共同生活的經歷，形塑出在地方上有著相同認同感與價值觀的共同體，包括了知識與技術、規範與表達方式等。共同體是社群對於一地方的整體人文環境之集體經驗、記憶，牽涉到共同活動與生活參與。雖不是隸屬地方學，但可以說是地方有衍生共同體概念的意涵在其中，地方與共同體兩者可說是互相嵌入式的。

表三　共同體之意涵

定義	解釋
共同體（the commons）	共同體傳統上來說是一種被理解為可供社群整體所用的環境，其中包含自然環境、語言溝通，以及各年代之間不斷更新的認同感與價值感，當中亦有包含特定空間的工藝知識與技能、以及幫助人們決策的規範、美感表達形式與潛在規則。

註：Bowers，2006。

而楊弘任（2011）在地方地尺度概念當中亦提及，當在地性的單位愈大或談及範圍超乎一社區，有愈來愈大的趨勢時，自我歸屬感的邊界就會越模糊。因此本研究認為，在研究設計上，需要注意所談及的行政區域或地理範圍廣泛程度，來調整問卷或訪談題目的內容。

表四　在地性之意涵

定義／概念	解釋
在地性（locality）	含有廣泛、範圍彈性極強的尺度概念，當區域大小或單位調整時，在地性的意涵會隨之調整。

註：楊弘任，2011。

3　屏東之地方發展

（1）歷史條件

　　屏東學作為地方學落實到學術知識系統的實踐，同樣需要以歷史、地理範疇做劃分，並接續屏東在地的人文發展與日常生活型態做延伸。有「國境之南、大武山之西」稱號的屏東，早期的史地發展可追溯到日治時期，當時的臺灣總督府將全臺十二個廳相繼整併成五州兩廳。而「屏東」一詞的出現，起先是在當時的歷史與行政文書上以「高雄州屏東郡」稱號發展而來（屏東縣政府，2021）。

　　隨著歷史推演，自國民政府遷臺後的1950年開始，屏東即設縣。而屏東縣境西、北，以高屏溪與如今的高雄市為界，東方則倚大武山，坐鎮屏東縣南境的則是恆春半島，坐望巴士海峽，屏東縣境內之滿州鄉的東面則臨太平洋（屏東縣政府，2021）。在生態與地理位置上，屏東擁有北大武山、屏東平原、恆春半島等極富自然與地景的條件，也關係到屏東縣日後的人文發展。

（2）產業發展

　　屏東縣如今的發展形成，自有文字記載以來，幾乎是以第一級產業為主體，也就是農林漁牧為大宗，然而雖然富有特殊的天然資源環境與歷史條件，屏東縣在當今的社會變遷下，同樣需面臨到產業與永續競爭的挑戰（李錦旭，2018）。尤其以農林漁牧為主的發展條件下，必須思考如何在不破壞既有環境的前提下，將產業推動並進。

　　在近年來，屏東縣也將資源永續利用納入政策的考量，雖發展以第一級產業為主，但透過結合農業生物等科技與綠能產業的推動，創造出少量而精緻的生產模式，並逐步將發展面向以簡約的生活空間、多樣貌的生態環境等趨勢作為日後發展的重要關鍵（屏東學概論，2018）。

　　謝明德（2015）提及到三項屏東縣富有競爭力之產業發展，分別為下列三項：

（1）農業生技：屏東縣林邊、佳冬與枋寮因水質條件與氣候穩定，因此在漁業上發展成果頗豐。另外在農業部分，由於夏季時間較久，日照充足的環境下，形成一年三穫的農業收成。而臺灣也因農業技術發展蓬勃的情況下，促使屏東也在農業、自然生態與漁業養殖有諸多的優勢，在未來的區域經濟發展下也能有許多有利的條件產生。

（2）綠色能源：由於屏東縣夏季長達九個月，日照持久度有利於太陽能產業的發展，且屏東屬於熱帶季風氣候區，三面環海，具備發展風力發電的產業優勢，在各國政策以綠能為主要發展條件的情況下，此番國際化的競爭有利於屏東縣在綠能的優勢，如能透過在地資源整合與運作，能夠更有效率的帶動屏東綠能產業的發展。

（3）文創觀光：屏東擁有天然環境資源，包含多處國家風景區，如大鵬灣、墾丁國家公園等極具特色觀光產業的潛力地區。而在人文藝術與觀光資源上，則有墾丁音樂季、恆春民謠以及屏東縣半島藝術季等，此外，由於屏東縣原住民部落珍貴的文化產業，也展現了屏東縣多元文化的發展，因此透過觀光資源的整合與創新，可有望使屏東的觀光文創方面達到更具吸引力的優勢。

屏東縣充滿獨特的自然條件與多元的人文觀光產業，若能夠培養足夠的專業人才與吸引返鄉青年的回流，將可以更有足夠的發展能量與創新能力，使屏東縣原本就具有發展潛力的前提下，更能夠促使這些產業地景的加值與推廣。

（3）族群文化

A 原住民文化

除了特有的自然地景以及因地制宜的產業發展以外，另有著多元的族群文化分布在屏東縣的地理範疇之內。例如在原住民族群當中，有排灣族、魯凱族、阿美族及馬卡道族，前三者是政府所認定的原住民十六族當中較為活

躍的其中三族，而馬卡道族則是隱於漢族社會當中平埔族群當中的一支。在現今一般人認知當中，依然富有強烈族群意識與部落傳統的為居住於高山或淺山當中的排灣族與魯凱族（台邦・撒沙勒，2014）。

原住民族群自多年前以自身獨有的傳統部落意識，保存並發展著部落的文化樣貌，舉凡早期的漁獵文化、紡織工藝與農業耕地方式皆有各族不同的形式與顯現的樣貌型態（林威城，2007）。在楊宏任（2011）前段所述的在地認知當中，原住民族群在認知化的常識當中有自身部落文化的行為準則，而在身體化的技術則有各族文化之間特有的技藝、工藝與農漁類等發展方式，透過取用地方的資源與自身的技藝，形成一文化場域，並保持傳承的意志。在現今的原住民等文化發展當中，也透過各種文化藝品推廣自身文化，結合部分創新的行銷方式融合為在地各種品牌當中。

B　客家文化

客家委員會（2016）於客家人口分布調查上，將客家人口超過1/3比例之鄉鎮羅列顯示，在屏東縣方面，客家族群分布較為活躍之地區分別為：長治鄉、麟洛鄉、高樹鄉、萬巒鄉、內埔鄉、竹田鄉、新埤鄉、佳冬鄉；而根據客委會（2016）調查，雖然高屏地區為客家人口分布較廣泛之區域，但實際比例上並無高於全國人口比例（13.5%：15.6%）。屏東縣有著廣泛的客家族群之分布，而當年客家人移民到屏東市，其創業謀生的做法為，上背客是以向地主承租土地的佃農為主，但在國民政府遷臺以後，六堆客家族群則多半以公教人員為主，曾純純（2007）認為上述鄉鎮地區亦有許多傳統客家文化之資產與文化技藝保存其中，當中有與客家文化有關的六堆文化研究學會、屏東平原鄉土文化協會、六堆讀書會等常年推廣客家文化事務。

（二）屏東大學微學分課程

自2017年開始，在屏東大學人文社會學院的課程中，在課程內容方面，開設了屏東學概論與微學分課程，而在校園當中教師講座活動亦定時舉行屏

東學相關主題之課程，無論是透過教師之間的交流，或是在課程方面授課於學生的屏東學課程，皆為屏東學相關論述與知識的發展達到了交流啟發的作用。在近兩年來的教師交流活動方面，除了邀請到校外專業人士進行對於屏東地方學的相關講題外，亦跨校合作，串聯屏東學與金門學的互動，提升兩校對於地方學的交流與經驗累積。

此外，在屏東學之課程內容當中，在110學年度學期開始，加設屏東學概論課程，並將此課程設為系所必修之選項，而授課內容主要有五項要點：

表五　屏東學概論之課程要點

課程名稱	課程要點
屏東學概論	關於屏東縣之社會發展，包括了文學、美術、音樂、族群文化、文化創意、歷史、屏東節慶英語等內容。
	串聯屏東在地生活經驗與學生大學學習之經歷。
	透過澄清自我、瞭解大學與屏東之間的在地關係。
	以學生對屏東縣的認知作為案例，帶入學習之中，增加興趣與想像力。
	立穩足下，以屏東之探討作為開展人生的資源。

註：彙整自國立屏東大學課程表。

以上述五項教學要點觀察屏東學概論之課程內容，主要的教學方向以讓學生瞭解屏東在地的歷史與人文發展，當中亦加入了族群文化與文創相關的課程知識。除了在地的基本文史，課程亦期望以學生於學習經歷中的案例分享帶入學習過程當中，加深對於屏東在地的認知與興趣，且透過以立足屏東，瞭解在地知識的過程，能夠使學生能更加清楚在地可用之資源與相關事務可行之發展。

而在微學分課程方向上，屏東大學近年來也致力於在微學分的課程發展，特別是開設許多關於屏東本土在地之相關人文、歷史文化等知識課程，本研究列出109與110學年度近兩學期當中，與屏東學有關之微學分課程內

容，包含了「屏東在地組織與文化品牌塑造」、「大武山下的故事與旋律」。

表六　屏東在地組織與文化品牌塑造微學分課程內容

課程時間	課程講題	講者
2021.5.3	鄉民的力量——談深耕在地的文化工作	屏東愛鄉協會總幹事
2021.5.10	從文化、聚落到生態體驗的奮鬥之路	五溝水守護工作站站長
2021.5.19	山風落在恆春謠——文化治理在地永續	瓊麻園城鄉文教發展協會副總幹事
2021.5.24	屏東多元文化社會的共好歷程	屏東縣好好婦女權益發展協會主任
2021.6.2	東港在地文史的保存與在地社群組織	木日水向人文空間負責人

註：彙整自國立屏東大學微學分課程表。

表七　大武山下的旋律與故事課程內容

課程時間	課程講題	講者
2021.10.12	蘇家北管社的音樂故事	許國隆
2021.10.18	來自生活和土地的歌——山狗大後生樂園	顏志文
2021.10.19	山腳下雞舍有搖滾——不寂寞阿福分享	陳健福
2021.10.27	排灣口笛、鼻笛的精靈——少妮瑤的音樂故事	排灣族口笛鼻傳統藝術表演保存者
2021.11.16	半島歌謠祭音樂總監——謝徐鳳玉的音樂故事	謝徐鳳玉
2021.11.23	哈雷路達瑪幹——魏金漢的音樂故事	魏金漢

註：彙整自國立屏東大學微學分課程表。

三 研究方法

（一）實驗設計法

　　本次所要執行的實驗設計法為單組前後測實驗設計，之所以選擇使用此一種實驗方式設計，主要是因本研究所要調查實驗組之學生，在屏東學相關微學分課程前、後的認知程度改變狀況，包含學習成效、學習態度與在地文化三項變項之變化。在測試完全沒有上過微學分課程之控制組中，是否與實驗組的後測效果一致或有不同之處。實驗過程中，受測之學生分別在微學分介入處理前、後都填寫問卷題項，之後再進行測量其研究處理後的顯示結果，而此類型實驗研究設計可以使用符號分別表示為：X介入處理的變項與O測試，如圖一所示。

	前測	介入變項	後測
實驗組R	O_1	X	O_2

註：X為參與屏東學微學分課程設計；O_1為實驗組前測；O_2為實驗組後測。

圖一　單組前後測設計

（二）研究變項

　　本研究之問卷變項構面使用了三個變項作為問卷調查之評測內容，包括了學習態度、學習成效以及與地方學相關的在地文化。目的為能夠了解在課程的進行過程中，是否對於屏東在地的學習意願或態度、興趣有無改變，以及透過微學分課程的內容設計或講師等教材內容是否使學習成效提升。而在地文化則是以本研究在文獻回顧當中所列出之屬真地方感等資料來了解學生在課前、課後關於屏東在地文化的認知程度有無明顯提升相關認同感或認知經驗。

1　學習態度

關於學習態度之意涵，是一種認知行為，是在學習過程當中，學習者從無到有所經歷的其中過程，而學習過程中所抱持的態度，即有關學習面向上之認知，亦包含了行為與情感，（張順原，2015）。本研究使用王嘉祐、杜崇勇（2019）所編之學習態度構面問項，以當中所分析之學生學習態度編列出適合本研究微學分所用之問卷項目，如表八。

表八　學習態度問卷構面

構面	問卷問項
學習態度	透過課程能提高我修習相關微學分的興趣。
	微學分課程是獲取更多屏東文化的途徑。
	透過微學分課程能將理論與實務相結合。
	我很樂意向其他人推薦相關主題的微學分課程。
	參與課程能激發我探究相關領域的興趣。

註：王嘉祐、杜崇勇，2019，〈學生參與校外實習之學習態度及學習成效之　研究——以康寧大學北部校區為例〉。《中華創新發展期刊》4（4）：19-33。

2　學習成效

學習成效之意為判斷學生在學習後的成果，其指標能衡量成效，目的在於使學生瞭解自我學習狀況並改善，同時對於教師而言，亦是改進教學模式的參考依據，李勇輝（2017）。本研究參考林俊瑩、劉佩雲等（2015）之整合取向教師教學評鑑量表所涵蓋之學習成效部分作為問卷問項，當中包含知識、能力及態度方面的學習成效評測，如表九。

表九　學習成效問卷構面

構面	問卷問項
學習成效	我能理解課程主題的相關知識
	我知道如何進行與主題有關的議題討論
	我有解決與課程相關議題的能力
	我能夠持續保持對該主題探索的熱情
	我能夠對課程議題進行有關聯的創意思考
	參加課程對我未來進入職場尋找工作有參考價值

註：林俊瑩、劉佩雲、高台茜，2015，〈兼顧「學生學習成效」導向的大學教學評鑑量
　　表發展與課程實施效率之評估〉。《課程與教學》18（4）：107-135。

3　在地文化

　　關於屏東學之學習認知方面的問項，本研究藉由上述文獻回顧當中所提
及之屬真地方感與在地認知等較為經驗取向原則的面向作為初步有關屏東地
方學問項構面的規劃，如表十。

表十　屏東學問卷構面

構面	問項
在地文化	屏東有許多的風土民情是我過去從未接觸過的
	我很有意願參加屏東在地所舉辦的節慶活動
	屏東有許多特色值得介紹給我的親友
	屏東的歷史事件造就出當今的獨特發展
	屏東具有獨特的在地品牌風格
	屏東文化需要被有系統的進行研究
	我認為整合資源使屏東更受到重視很重要

構面	問項
	我認同屏東在地組織為文化付出的心力
	在屏東能體驗到與其他地方不一樣的生活型態

註：本研究整理。

（三）研究假設與設計

　　本研究使用單組前、後測之實驗設計，並以問卷調查法的方式評測學生於微學分課前、後的學習評估與在地感知的經驗。而本研究所使用之研究假設，主要為針對於前來參與屏東大學微學分的學生在學習前、後之學習態度、學習成效、在地文化認知等三變項是否提升或降低，並以虛無假說及對立假說之方式，評測其變項是否有所改變或具有顯著性。虛無假說（null hypothesis）之涵義為，針對一母體群提出主張，並假設該主張具真實性。對立假說（alternative hypothesis）則為與研究者所要證明的主張或事件抱持相反立場，亦即當虛無假設遭到拒絕時，即接受對立假說，亦證實研究者本身的主張。本研究所設定之假說如表十一：

表十一　問卷構面之研究假設

構面	假設
學習態度	H_0：受試者學習態度前後測之間無差異
	H_1：受試者學習態度前後測之間有差異
學習成效	H_0：受試者學習成效前後測之間無差異
	H_1：受試者學習成效前後測之間有差異
在地文化	H_0：受試者在地文化前後測之間無差異
	H_1：受試者在地文化前後測之間有差異

（四）研究對象與步驟

本研究之研究對象為國立屏東大學全校學生，且參與109與110學年度開設之屏東學相關微學分之課程，並在課程開始前發放問卷，調查其課前對於相關課程認知的學習態度、學習成效與在地文化認知。並於課程結束後，請在課前作答過的學生再次填寫微學分課程後的上述三項認知與態度是否有所改變，並以SPSS統計軟體分析其課程前、後之三項構面是否具有提升課程態度與地方認知的顯著性。

四　研究分析

（一）樣本概述

本研究實施問卷調查法，實驗設計對象為國立屏東大學學生當中，選修有進行屏東學微學分課程之學生進行調查，調查期間於屏東學微學分課程於109學年度下學期與110學年度上學期共計兩學期，學期間課程已固定安排週次，有意願之學生能報名參與。本研究自2021年5月24日起至2021年11月23日對參與同學進行單組前後測之問卷實驗調查，共計發放問卷數為75份，經過檢視問卷回答結果，剔除無效問卷共計8份，有效問卷數為67份，有效比例為89.3%。

（二）敘述統計

1　學院及性別組成

圖二顯示性別比例以女性占七成較多，主要原因為參與微學分的學生以人文社會學院，教育學院與管理學院為主（見圖三），由於這些學院的學生女性比例較高，故性別比例產生較大之差異。從學院的資料看來，以人文

社會學院40.30%為最多，其次為教育學院20.90%，以及管理學院16.42%三者較多。

2　參加比例與動機

詢問是否參與屏東學微學分學程，有約一半的比例是首次參加（見圖四）。而參與的動機集中在時間能配合（37.31%）、主題有興趣（34.33%）以及講師經歷（22.4%）這三項較多。訊息來源則以網站資訊（34.33%），同學邀約（22.39%）及平面海報（26.87%）居多。

3　課前瞭解程度

雖然多數學生參加微學分課程，但仍有約兩成的學生不清楚所參加的主題與屏東學有關（22.4%），尤其是詢問到是否認識屏東學仍有近四成回答不瞭解，分析其原因主要是因為屏東學屬於人文社會學院的必修，但其他學院並未推動屏東學，因此使得整體比例上仍有部分學生不瞭解其內容。

4　對屏東熟悉程度

至於屏東美食與景點，約兩成至三成的學生是不熟悉的，以尚可64.18%占最多。是否能向朋友介紹屏東的景點，多數學生有32.84%認為、回答尚可有43.28%、否23.88%。至於詢問到是否有意願參加屏東縣所舉辦的活動，比例其實不高，有將近七成不會參加縣府所舉辦的活動，比預期為低。但亦有可能是學生參與了展出或活動，但沒有特別記下主辦單位的原因。

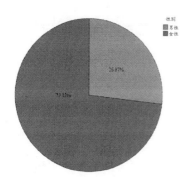

圖二　性別

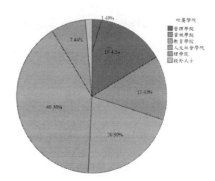

圖三　所屬學院

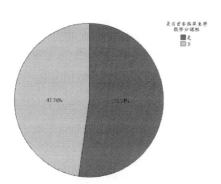

圖四　是否曾參與過課程

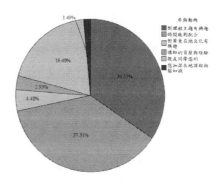

圖五　參與動機

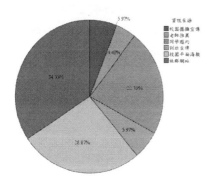

圖六　課程來源資訊

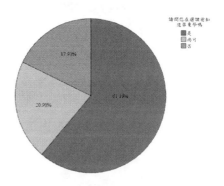

圖七　課前是否瞭解屏東學

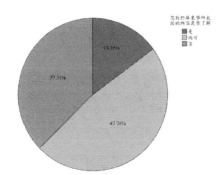

圖八　是否了解屏東學包含之內容

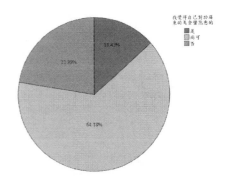

圖九　是否了解屏東美食

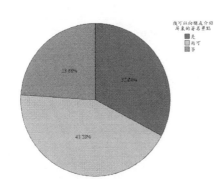

圖十　是否能向朋友介紹
　　　屏東著名景點

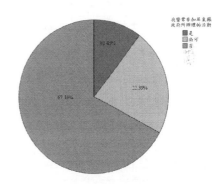

圖十一　願意參加屏東縣政府
　　　　舉辦活動之意願

（三）假設驗證

　　經過成對樣本的測驗之後，顯示三個構面的對組均呈現後測比前測數據為高的現象（詳見表十二與表十三），三個構面的顯著性數值均呈現小於0.001，表示後測與前測之間的差異具有顯著性，後測確實比前測為高。因此假設一、二、三均拒絕虛無假設，承認對立假設，也就是透過微學分課程，學生在學習態度，學習成效以及在地文化均有提升，因此假設獲得驗證。

表十二　成對樣本統計資料

成對樣本統計資料					
對組		平均數	N	標準偏差	標準錯誤平均值
對組1	學習態度課後	6.0448	67	.71080	.08684
	學習態度課前	5.5313	67	.79738	.09742
對組2	學習成效課後	5.4950	67	.92840	.11342
	學習成效課前	4.9552	67	.97121	.11865
對組3	在地文化課後	6.1128	67	.66287	.08098
	在地文化課前	5.5638	67	.76866	.09391

表十三　成對樣本檢定

成對樣本檢定				
對組		T	df	顯著性（雙尾）
對組 1	學習態度課後──學習態度課前	8.967	66	.000
對組 2	學習成效課後──學習成效課前	8.593	66	.000
對組 3	在地文化課後──在地文化課前	8.193	66	.000

五　結論

（一）研究結論

　　本研究依據文獻資料，先建構量測地方學的量表，並透過屏東大學屏東學微學分的學生進行準實驗設計，其研究成果顯示在學習態度，學習成效以及地方文化三個構面，均呈現後測較前測高的現象，因此我們可以初步認定地方學的量表能有效施測，同時微學分對於地方學所產生的學習綜效十分明顯。然研究中因時間與客觀條件之因素，未能採用控制組進行比較，因此可

能受到其他因素的干擾，後續研究除了將研究期間拉長觀察學習成效的變化之外，亦可於後續納入控制組的比較，讓研究成果更加嚴謹。

（二）研究限制與建議

1　資料收集時間跨度大

　　由於資料收集時間的限制，每一學期能夠收集的樣本有限，這包括了拒訪以及部分的無效樣本，因此需要較多的時間收集足夠的樣本，本研究之量表為初探設計，透過持續性的調查能觀察學習成效的改變。

2　缺乏控制組設計無法排除部分干擾因素

　　由於實驗設計中，控制組能協助排除許多因素包括成熟與歷史事件等影響，因此納入控制組將有效提升準實驗設計的效度，然而因為研究本身不易建立控制組進行比較，部分影響因素無法排除，因此僅能採用單組樣本進行。

參考文獻

洪如玉，2013，〈「地方」概念之探究及其在教育之啟示〉。《人文社會學報》9（4）：257-279。

楊弘任，2011，〈何謂在地性？：從地方知識與在地範疇出發〉。《思與言：人文與社會科學雜誌》49（4）：5-29。

謝明德，2015，《屏東縣主力產業發展回顧與區位規劃》。金屬中心ITIS計畫。

洪惟仁，2006，〈高屏地區的語言分布〉。《語言暨語言學》7（2）：365-416。

台邦・撒沙勒，2014，《重修屏東縣志》。國家圖書館臺灣記憶。https://tm.ncl.edu.tw/，取用日期：2021年11月8日。

王本壯，2008，〈社區總體營造的回顧與展望〉。《府際關係研究通訊》3：18-21。

李錦旭、李馨慈、郭東雄、張月環、余昭玟、林秀蓉、黃文車、張繼文、周明傑、易毅成、余慧珠、潘怡靜，2018，《屏東學概論》。高雄市：五南。

客家委員會，2016，全國客家人口暨語言基礎資料調查研究https://www.hakka.gov.tw/File/Attach/37585/File_73865.pdf，取用日期：2021年11月8日。

曾純純，2007，《「客」隱於市：屏東市的客家移民與社會》。行政院客家委員會獎助客家學術研究計畫。

林威城，2007，〈臺灣原住民族文化概述〉。《臺灣圖書館管理季刊》3（3）：105-113。

王御風，2011，〈地方學的發展與挑戰〉。《人文與社會科學雜誌》49（4）：31-55。

王嘉祐、杜崇勇，2019，〈學生參與校外實習之學習態度及學習成效之研

究──以康寧大學北部校區為例〉。《中華創新發展期刊》4（4）：19-33。

張順原，2015，《學習態度、學習動機、激勵因素與學習成效關係之研究──以消防特考班學員為例》。發表地點：南華大學企業管理學系管理科學碩博士班博碩士論文。

李勇輝，2017，〈學習動機、學習策略與學習成效關係之研究──以數位學習為例〉。《經營管理學刊》14：68-86。

林俊瑩、劉佩雲、高台茜，2015，〈兼顧「學生學習成效」導向的大學教學評鑑量表發展與課程實施效率之評估〉。《課程與教學》18（4）：107-135。

Relph Edward, 2008, Place and Placelessness. London: Sage Publishing Ltd.

11

透過「在地場域」實踐「人地共好」：

一個大學耕讀學堂的課程行動研究[*]

薛曉華[**]、成虹飛[***]

摘　要

本研究以一個大學「耕讀學堂」做為課程行動研究的主體，並以行動敘事的取徑探究之從行動中覺察相遇的諸多教育理念，其中與大學地方學相關的論述主要有，「場域為根基的教育」（PBE）、「深度學習」（NPDL）、以及轉向「生成性社會場域」的大學教育。

本研究耕讀學堂的課程教學行動「在地場域」促動的學習意義，是經場域浸潤而產生的生機圖像，其意義如下：

1. 場域空間圖像——全球性與在地性的連結內容：耕讀學堂充分運用全球性理念教育——華德福教育精神的核心——思考、情感、意志和諧的發展，以世界性的理念教育滋養大學生產生獨特的生命教育體驗，而後以自身更成熟與服務愛的心智，進一步貢獻於社區的學童課後照顧服務。

---

* 　本文「耕讀課堂」計畫的行動研究部分，來自成虹飛與薛曉華（2021）。師生共創自發、互動、共好的師培模式與課後方案：一個行動研究．行政院科技部專題研究成果報告（編號：MOST109-2410-H-007-082-），未出版，特此申謝。
　　本文課程行動敘事研究與文獻相遇的部分，係來自成虹飛與薛曉華（2022）。「耕讀學堂的演化與蛻變：一個協同行動方案」——110 學年度教學實踐研究計畫成果報告的部分內容，教育部：未出版，特此申謝。
** 　淡江大學教育與未來設計學系副教授。
*** 清華大學師培中心教授兼華德福中心主任，耕讀學堂計畫主持人。

2. **場域學習圖像──學習者為中心的課程、探究為根基的學習過程、設計思考的運用、社區農園場域的生態體系**：耕讀課堂透過一種室內與戶外共築的「生成性社會場域」的學習空間，體現了一種以師生平等共學關係共築的「參與式共創」（co-creation）之行動歷程，此為二十一世紀高等教育轉化為一種「學習型組織」，經由「場域學習」進而對大環境發揮個體及社群影響力的一種新學習展現。

3. **場域知識圖像──跨領域導向的學習**：「耕讀學堂」需要師生一起探究學習生活所萌生的農園生態照護與教育服務課題，是跨越人文社會與自然學科領域的。在農園大地照護的相關知識上，師生需要共同探究學習農法、生態環境、動植物等生物的自然科學；在星光班課後照顧的教育服務上，師生需要不斷探究教育學、心理輔導、助人工作、療育等人文社會背景的知識，因此整個知識學習的圖像是跨領域的學習。

關鍵字：大學課程教學、課程行動敘事、場域為根基的教育、大學地方學、深度學習、生成式社會場域

一　序曲

大學的「地方學」是什麼？「地方」的範圍想像是什麼？

近年來，我國高等教育重視以「大學所處社區為本位」的大學地方學，如此結合了大學對於所處社區的重要責任——也就是「大學社會責任」與「地方探究」甚至「地方創生」的結合，強化大學與社區的連結責任，是一種符合時代所需的大學學習經驗與理念論述發展。

然而，研究者認為，「地方」除了行政地理上鄰近社區的關懷意義，也可有更多元寬廣的「場域」想像。尤以近年來，世界各國的各級教育也須同步面對世界整體氣候變遷的環境議題，從而需要有公共意識參與永續發展（SDGs）的實踐。任何一個地方的環境議題也將是全球整體的議題，在整體性的認識論與世界關係中，「全球—在地」形成休戚與共的「全球在地化、在地全球化」的共生關係。每一個「在地」、每一個「地方」，無論在我們鄰近的社區，抑或他鄉的一個陌生地，都可能是一個生態整體，從中讓學習者參與而感知她，甚至進一步推向到更大的整體——全球關懷，來改造她（一個場域）成為更好的環境。

如果回到研究者（本文第一作者）個人的大學時代，作為大學生個體與世界連結的意義，我可能更想關注或置身於一種特別是異文化的另一個國際場域，或是與自己生長文化不同的偏鄉。舉例而言，有志於將自己放到一個異鄉，從寒暑假的下鄉浸潤於某個地方，從中與一個「異鄉在地」產生跨文化的連結，也從中「探尋自我」的我們許多當年大學生，不少同學是從當時臺大慈幼社到諸多鄉村的在地，從事原住民山服、漁服、農服等「異鄉在地」的服務學習，而不是當時所就讀的臺大可能產生的鄰近地方範圍的「大安學」或「臺北學」。

在多年來的大學教學生涯，如何引發「青年自我探究並生社會責任」的薪火點燃的心念下，以及期盼將個人童年生活的大自然場域及大學時代服務學習，甚至個人多年投入的實驗教育能夠連結弱勢孩童的教育盼望下，本文第一作者薛曉華於2019年歲末得到本文第二作者——也是長期致力於另類教

育中的大學耕讀學堂的成虹飛教授的邀請，加入其主持的「耕讀學堂」課程
教學行動研究，一起探究大學生的學習與社會實踐（成虹飛、薛曉華，
2020）。

　　行動研究於是在實踐場域中開展，在這些不一樣的、卻是深刻的學習經
驗的省思下，本文主旨在於分享一種廣義（也是另類的）的大學地方學，我
們將之界定為一種「場域為根基的大學學習」。

二　本文探究的行動場域及課程行動研究取徑

　　本文行動研究的對象，是清華大學的特色課程「耕讀學堂——生命化
育」系列。「耕讀學堂」的基本運作，除了一般的大學課堂授課型態之外，
主要是師生共創了一種「室內（教室、服務學習大小窩）∞戶外（攬星農
園）」共同運作的生成性社會場域（generative social sphere），在此場域中師
生進行規律性的「共讀、共耕、共炊、共創」（因此名為耕讀學堂）：經由共
同探究學問、思考知識與生命學習的「**共讀**」；每日由師生值日排班照顧農
場所有動植物的「**共耕**」；在四季農作物採收時謙卑領受大自然賜予食物
（蔬果與雞蛋）的「**共炊**」，滋養一個師生大家庭的情感；更進一步由行動
學習中，師生「**共創**」嘗試不同形式的社會服務實踐，曾共創了供應健康雞
蛋，以及提供鄰近需要照顧的學童的「星光班」課後學習方案。

（一）「耕讀課堂」（農耕與生命化育系列課程）

　　本研究年度課程係成虹飛教授所開設，農耕與生命化育課程系列的一
環，屬於第三學期的「獨立期」發展階段，學生多半是已經修過前兩學期
「育苗期」與「嫁接期」的課程。2020年該年的目標是籌辦社區兒童農園，
前半學期進行兒童農園幹部與教師內部培訓與備課，後半學期招收鄰近國小
較需要社會照顧學童，開辦課後農園活動及陪伴分享，並從事師生協同行動
研究。

　　所運用的教學方法主要有：以農園及課後照顧服務場域為「教室」、做中學、合作學習、教學相長、行動研究。學習評量包括：課堂參與、場域行動、行動札記、期末成果呈現。

　　本文在研究方法文以敘事行動研究為取徑，並結合參與觀察、文件分析與訪談等質性研究。本文作者一位為參與觀察的合作探究者（本文第一作者），另一位作者為本課堂教學實踐者（授課教授），在2020年7-8月暑假期間，9-12月的第一學期期間；2021年的1-2月寒假、2-6月的第二學期期間及7-8月暑假，以完整一年多的時光密集共同參與此個案課程——耕讀學堂的各種多元教學與學習行動，並蒐集多元的質性資料，以統整出現場真實的教育圖像；同時從實踐中覺察行動中的意義，以「行動反映模式」的視域來探究行動中的自覺，及課堂學習中的教育實踐意義。

　　另外，研究者也循著課程行動研究方法，為了縮短理論與實踐的鴻溝，教師必須更有系統性地從事慎思以進行課程發展和改進。本文第一作者薛曉華在參與耕讀學堂的課程教學中，便是以邊做研究邊促進課程發展的行動研究角色，與授課教師成虹飛教授在大學課堂中形成參與式的協同研究關係、共學的協同教學夥伴。

表一　本行動研究的質性方法與資料來源

質性方法	文件分析	焦點團體訪談	參與觀察	視覺民族誌
資料來源	教師教學規劃、學生行動札記、學生作業、師生會議、課堂群組聊天紀錄	教師社群會議、學生工作會議、師生工作會議等團體訪談及個別訪談	觀課：包括室內課、戶外課、服務學習（星光班）	課堂Line群組上各種影像、照片等

三 耕讀學堂的在地場域行動實踐

在此我們以「場域空間」及「場域行動」兩部分來說明耕讀學堂一年來的在地行動實踐：

（一）耕讀學堂的場域空間（空間軸）

本課程行動研究的2020年八月起，由於是大學生暑期時光，本行動研究首先聚焦於整個課堂場景（場域）的梳理與行動探究的關係：不同於一般大學課堂的場域，課程多只有一間固定的教室，這個耕讀學堂的學習場景是包含數個：授課老師與所屬師生團隊長期經營的數個學習場域所組成，包括實體空間與線上空間，整體學習的場域說明如下：

表二 耕讀學堂的課程場景（場域）

室內教室空間	室內「大窩」	線上空間
華德福教學教室1319。	由熱心人士捐助的一個家的空間，用以耕讀學堂師生團隊經營「星光班」課後照顧服務。	1.「耕讀團隊」學習群組：用以連結所有參與過本帶狀課程的師生，不分晝夜不分週間假日，隨時可以分享農園及相關學習的線上社群空間。 2.「星光幫」學習群組：用以師生溝通協調星光班課後照顧服務的大小事及學習分享。 3.「食農營」學習群組：用以大學生自發規劃的週末教育服務的討論群組。

戶外大空間「攬星農園」	室內「小窩」	其他不定的「戶外學習大空間」
包含有動物植物等生態的農場，用以耕讀學堂大學生「農耕與生命化育」學習的主要場域，以及服務星光班課後照顧的學童農場與農事體驗的場域。	座落於攬星農園內的一間宿舍，師生團隊用以做為部分動物年幼時的照顧、農具物品的置物空間、以及農事後共炊的廚房空間。	依著耕讀團隊大學師生們視其服務星光班或食農營學童的需要、各種相應教育的戶外空間，如大學校園及地方生態場域，都是該團隊帶領小學生們生活體驗與教育服務的場域。

（二）耕讀學堂的場域行動（時間軸的真實行動敘事）

　　在此本文需說明的是，本行動研究與一般的行動研究的循環有所不同的是，一般行動研究所假設產生的「行動循環」是，在一段行動中「產生問題─研究而解決問題─邁向下一個行動階段─問題發現與研究─再行動」，如此「行動中研究、研究後再行動」的循環，是一種線性往前、以問題解決為主的探究模式。而本行動主要的橋梁是大學耕讀課程與星光班，其中會有固定的隨著學期、季節產生的，行之數年經驗的農事學習節奏，我們在此強調的大循環是生機課程的固定節奏，所有問題的萌生與行動實踐是其中的日常。而在此課程節奏流動中，隨著農園大小事的發生、星光班孩子們的生活，我們視所有發生的問題為農園場域、學習場域很平常而鮮活的行動事實（成虹飛、薛曉華，2021）。因此我們以課程行動敘事的方式，來敘寫一整年的課程行動，其中產生的「場域為根基」的大學學習與生命化育歷程。

1　暑期攬星耕讀與暑期星光營

（1）暑期未曾停息的值日照顧工作

　　特別的是，一般大學課堂在暑期是學習的休息期，而由於本課堂攬星農園在學期期間搭起大學生與生活環境間照顧的橋梁，個體產生與生態世界的

連結，生成人與大地的互動，暑期期間師生耕讀活動雖休耕，有個小呼吸的停息。但是在學期平日的排班照顧大地的農園值日生工作，是未曾隨著週末假日或寒暑期而休息的，暑期未停息！

（2）「耕讀團隊」線上群組的對話，關心農園點滴動態未停息

再者，由於本攬星農園值日照顧的點滴，師生彼此互動的Line群組「耕讀團隊」，師生對話也是未曾停息！茲以2020年暑期七、八月分開場的一個團隊對話紀錄來說明本生機課程的場域圖像，場域中產生的對話流動鮮活地不斷湧現：

2020年8月　「狗狗新夥伴進駐農場」——攬星的新夥伴，拉拉與賴皮

師Hornfay：與大家介紹：攬星的新夥伴，拉拉與賴皮

學生子麵：今天早上賴皮已經自發地跑到外面了～

師Hornfay：看來需要加高圍籬，怕它跑出來闖禍，去追車或其他動物……

學生子麵：感覺比較像是挖洞洞出來的～

師Hornfay：生命萬物都自有其進行的軌道啊！度咕雞居然就不再度咕了，又成了一尾活龍；而十五歲的拉拉，一方面髖骨退化，另一方面心肺功能也日漸衰竭，能夠在菜園安享天年便是福氣。前兩天想起鵝與鴨和火雞幼時的模樣，再看看今天強健的他們，覺得生命與世界真是豐富真奇妙呀！

師Hornfay：夥伴早上如果放狗出來送不回狗舍，就讓它們在菜園待一陣，通知我一聲，我再來弄他們回去。我每天都想來看看他們兄弟倆。

學生子麵：原本8顆蛋，賴皮吃了一顆藏了兩顆，我們來看看賴皮藏在哪兒～

來引用一下暑期星光夏令營孟桓設計的攬星尋寶謎題：

「我的前面有山丘一節一節粗又硬」

原來賴皮把第一顆蛋藏在小竹林裡！第二顆藏在芭樂樹牆角！

> **協同教學老師恬慧：**他真識貨！
>
> **學生子麵：**真的！難怪前幾天收蛋回小窩的時候還聞到狗狗味，想說自己
> 　　　　身上狗味也太重！說不定蛋都被賴皮舔過了！
>
> **師Hornfay：**不知道原來賴皮也是蛋粉
>
> **行動研究共同主持人、協同教學老師Selena Hsueh曉華：**賴皮真是可愛！
> 　　　　小狗遇到很美味的食物，會喜歡叼走藏到某處，自己在那邊慢
> 　　　　慢享用（牠的地盤）美食，這樣看來，以後賴皮會常常偷拿蛋
> 　　　　去躲起來，在農場玩捉迷藏，真好玩呢！

上述Line群組對話充分反映了一個數位群組加生態農園，「自然」留著成為
了師生日日關注的動態維持「點滴」，因著農園場域的鮮活事，師生與環境
不斷連結，形成暑期間仍互動著「人地共好」的圖景。

（3）暑期星光班

　　更特別的是，幾位大學生修過一學期以上的耕讀課堂，本身已發展成為
耕讀學堂的農園值日志工、團隊核心幹部、星光班的志工教師等。帶著期末
學習的滋養，耕讀課堂幾位核心幹部學生於2020年8月的暑期，也為星光班
（通常是社區中需要更多陪伴的孩子們）辦理免費的三天兩夜星光班兒童夏
令營。是什麼樣的人事物促發大學生的自發服務呢？應該是這個活生生的場
域特性——生活於其中需要關注的孩童們的生命成長。

（4）暑期相關主題討論的萌發，迎接新學期

　　近開學在即的九月初暑期，攬星農園中的師生雖休耕，但是帶著熱忱的
心，師生一起準備迎接開學課堂的討論，不斷在Line群組中呈現，一起深度
思考往前行的討論，例如是否成立人民團體？或成立學生社團？也在耕讀團
隊師生聊天室中清晰可見這樣的，學習成為「生成式社會場域」的互動對話
交流。

（5）迎接小學生開學在即，星光班暑期的備課與核心討論

從耕讀學堂所耕耘的星光課後照顧班，為了迎接小學開學在即，星光班師生團隊的對話互動課題，從老師角色、星光班課後照顧主要服務、華德福教育在其中的成分與體制教育方法的拿捏活用、大學課堂與社團課的差異等，再再敘寫著一堂生機式的大學課堂，「場域」是師生一起參與式地投身於生機課程的互動與共好的流動中，教育課題的不斷萌生討論，也在此師培路上敲響了不停學的鐘聲。

以上從八月分到九月中的暑期描寫，可以看見耕讀學堂（攬星農園）及星光班隨著暑期看似休耕休息，但是對農園生態大地照顧與關懷孩子們的心，卻在幾個自發性的工作與討論中，看見本耕讀團隊滋養出的學習與生命化育不停息，這也說明了一種「互動、共好、自發」的大學生機課程耕耘青年身心靈的，小小的開花結實圖景！

2　第一學期：秋冬（9-1月）耕讀學堂

109學年度耕讀學堂在第一學期的秋冬季節展開，期間產生的課堂行動場景，在此我們以「農耕與生命化育」的農園學習，及「星光班」愛的課後照顧兩方面來呈現（成虹飛、薛曉華，2021）：

（1）攬星農園（秋冬季節）的耕讀學堂

秋冬時節的耕讀農園課程行動，經過本行動研究者教學多年來的農耕帶入大學課堂的累積經驗，雖然我們一般對於四季農村相應的農作是「春耕、夏耘、秋收、冬藏」這樣的圖像，但是在四季不分明的臺灣又伴隨全球暖化氣候變遷問題的加劇，我們的四季更失去了一種過去農民諺語下的節奏，於是，本大學耕讀課堂無論在秋冬的第一學期，抑或在春夏的第二學期，都會帶著大學生從事以下的農事耕作，這也是一種全年農作引申為四季「耕讀」的實踐行動及學習意義（成虹飛、薛曉華，2021a）：

整地、鬆土、播種、植栽（菜苗）、灌溉、施肥、照顧，而隨著四季
有些不同的是，種植季節適合種的作物。

A 整地、鬆土、設計菜園

這個部分的農事於期初一開始帶著大學生們於攬星農園整理環境，包括
除雜草與使用中耕機、各式農具等，青年大學生們捲起袖子、拔起雜草、親
近土壤中隨著汗水也感到身體這樣參與的新鮮感，以及不時與農場動物——
雞、鴨、鵝、火雞們的互動中的驚奇感，在多重感官互動下重新拾起與土地
的連結。

關於整地的耕讀流動，值得一提的是，學期初九月的耕讀課程開始，本
授課老師成虹飛即在課堂開始及結束時，以全球性「華德福教學」的團體流
動——圍圓、歌唱與禱詞，帶來開始圈以及結束圈，並以近黃昏時的餐點共
食帶來農耕辛苦後的慰勞，這樣自然的流動，學生的行動札記多能顯示其享
受在這樣社群歸屬感中的氛圍，得到一種意志——情感交融而後整合思考的
身心靈滋養。

B 土壤、灑BD500、做菜畦、厚土栽培

十月初甫開學的認識土壤、BD農法（Bio-dynamic Agriculture）等農事
活動，學生們產生了；從外在觀察與內在觀察的整體感官覺察的開啟，以及
從學生到成為「學生—教師」般工作夥伴的行動歷程。

接著，同組的夥伴和諧且有條理的討論哪區該種什麼植物，由於我有
些經驗，我也能清楚的跟夥伴解釋該如何種植。在進行圍網工事時，
幸好前一天有和騰試做一遍，今天便很順利地帶著大家一同完成保護
菜菜的防護網！讓我印象深刻的是，大家在種菜／種子時，都深刻的
記得前面老師分享的知識，加上我們其他夥伴合力相助，以及大家投
入滿滿的愛將菜種下（大夥兒圍著菜畦將手心放在土上的畫面真的超
級暖！），我覺得這片土地深深地被我們關懷，深深地被我們愛著。

最後離開前看了菜園一眼，直點頭對自己說：「我們的小農場真的愈來愈有模有樣了！」（雖然變化萬千也很適合形容XD）（男大生桓的行動札記，2021年10月）

在架設網布時，我才真正注意到我這組的夥伴們，看見了仔的細心、看見了敬的主動、看見了軒的熱情、看見了佑的果決、看見了儀的努力也看見了媛的溫柔。嘿，真不愧是第三組，不但擁有充足的陽光，就連組員們也都擁有能讓植物成長的特質，對於未來的模樣又多了幾分的期待呢！雖然做到最後，所有人都腰酸背痛，就連太陽都比我們早收工，黑燈瞎火的硬是將最後一根ㄇ字鐵打入土中，固定了最後一片飄逸的網布才算正式收工。望著帳篷散出的燈光將菜畦照的熠熠生輝，在一片流光溢彩中，靜的只剩下南瓜粥的熱氣裊裊的消失在夜空。（男大生瑜的行動札記，2021年10月）

從以上兩篇大學生的札記文段中可以看到，大學生青年在從事合作性農事活動的勞動中，深刻感受夥伴們的一起努力的點滴畫面，更能體會在秋意中那種從暖陽工作到黃昏時，大地的靜美！彷彿：天地的深情，亦是人間的深情！

C　期末師生拜訪湖丘BD農場

　　耕讀第一學期秋冬期末學生們在星光班大窩期末報告後，次日的週五與週末兩日由授課教授阿花老師（學生稱虹華老師為阿花老師）率學生們拜訪位於湖丘的有機農場，共同主持人曉華老師為了理解場域中學生們在期末的特別移地學習，便與這個耕讀師生團隊同行，參看其中的教育意義。

室內解說後的休息片刻，大夥兒到戶外看看植物，其中又講到像歐洲的BD資深的農夫一來到一個小農場，看看你的作物就會知道你合不合乎BD農夫？其中關鍵在於你與你種的作物的關係。在此我想到在華德福教育社群聽過的BD農法也曾說過，其實農業不只是一種行

業，更是生活的態度。因為種植的同時也照顧環境，個體的身心靈都得到撫慰，生態也是生產的一部分。於此也讓我聯想到教育，一個好的老師也是重視他與孩子成長的關係，持有著一份善待作物與土地的態度！而期待每一個作物健康成長、復育土壤大地環境，整體也就是希望個體身心靈健康成長，並生環境復育而永續的志業！（協同教師曉華行動札記，2021年1月8-9日）

在享有一頓質樸而溫暖的晚餐後，我們師生大夥兒一起來到山中散步，在都市中難得走在這樣自然的黑森森的，需要開手機手電筒才能看到前方的路的黑夜裡。此時在冷颼颼，在黑漆漆中，不時也看到同學們彼此互相扶持著一起走，很自然地，走著走著我們就圍圓坐在地上，在這樣看不到彼此的臉的黑夜中，卻有一種人間的暖流……（協同教師曉華行動札記，2021年1月8-9日）

清晨在這片農場的漫步時光，令人覺得好像走的很從容自在！一段中又一段不同的路，其中有段是我隨著學生們走去更高的一個竹林，那竹林路坡陡，走著走著，我很高興一路上幾位同行大男生不時貼心地問：「老師妳還可以嗎？」、「老師這裡要小心喔！」（協同教師曉華行動札記，2021年1月8-9日）

緊接著登場的團體大活動是自製有機草莓醬，大夥兒圍著一大鍋草莓，需要使出力氣協力合作的攪拌中，在幾個大湯匙輪流隨著大家的攪拌力量下，一顆顆紅紅的草莓隨著一顆顆熱騰騰的氣泡、隨著炊煙裊裊的溫暖的冒煙、慢慢流動成形成醬中！在大夥兒奉獻力量輪流攪拌中，當然也少不了自在地聊東聊西，此時阿花老師教育的靈感又自然流現，分享華德福教育中的十二感官，讓大家想想這個草莓醬共創工作中大家體會到什麼覺呢？攪拌中是不是有律動覺、平衡覺、觸覺、嗅覺、溫度覺、視覺？又我們工作中一邊聊天是否也有人我覺、

聽覺、語言覺、思想覺？到了我們共享這份甜甜的草莓醬夾在吐司中，是否又是一份溫暖的味覺？……這些問題阿花老師總是留給大家慢慢想想，或許哪天回味！而對我來說，那個大家一起攪拌草莓醬的和諧工作畫面，於我心中是留下一份：夥伴們一起致力協力、同時溫暖流動其中的生命覺──真誠連結中，讓愛流動！」（協同教師曉華行動札記，2021年1月8-9日）

（2）「星光班」的教師陶養旅程與課後照顧方案行動

星光班的課後方案，在本研究中從2020年九月中到十月即上路，星光班的運作一開始由耕讀團隊授課者成虹飛老師及一些較資深的老團員，帶領新手們產生這樣的「活動流程」及「相處原則」的節奏建立（成虹飛、薛曉華，2021）：

A　運用華德福教育精神所重視的規律與節奏──建立場域中的儀式感元素

這個基本節奏是本行動研究主持人授課老師成虹飛多年教學實踐中確立，本學期更與共同主持人薛曉華老師，以「線上討論的場域」陪伴大學生們共同討論出爐了；「星光班」教師手冊守則，從中我們一起學習了團隊共創的社群工作，以及在教學流程中運用華德福教育重視的規律節奏的導入。在兒童陪伴方案討論中，可以發現平日耕讀大學生們在課堂各種場域（包括室內大窩、教室空地、戶外農園）所體驗的節奏流動，諸如開始圈、禱詞、歌唱、飯前感謝、結束圈等，都能帶入兒童陪伴方案中的教育工作運用。

B　東方身心靈鍛鍊──外部資源引入「內在修鍊場域」

2020年這個秋冬學期的星光班，比較特別的是導入了外部資源「武術課」，帶給星光班的孩子們。由此教學行動可以看到本研究星光班重視孩子身體的強健，促進延伸於心靈的鍛鍊，更重視一些多元的教育帶給平日或許較沒有機會接觸多元智能課外活動的學童們，這個資源導入的示範與實踐，可以說是同時涵泳孩童的身心靈，也同步滋養了大學生對多元的教育媒介的

打開眼界與親身經歷，更希望將身心靈的鍛鍊方法同步帶給青年與孩童。

C　華德福教學中季節慶典的引入場域──冬季走螺旋與聖誕感恩

「冬季走螺旋」為華德福教育中的重要冬季慶典，這個儀式藉由敬虔的燭光，與「走入內在心靈、走出世界」的螺旋儀式，燃起個體對世界的感謝，並帶來善的意志。參與其中的師生的心魂獲得深刻的滿足，將對未來充滿希望！本行動研究授課者成虹飛老師，期盼能將這個自身體驗過的美好心靈儀式，分享給更多的青年與兒童們，於是悉心地與同學們分享這個教案。

此外，在搭配聖誕節慶的活動，星光班青年大學生教師們也以心靈力量的方式，每個人寫張小卡片送給孩子一些話。由以上星光班教師們給孩子的話，可以看到青年大學生自己的內在心靈，已長出了「能看待每位同學的獨特性的美好」的有溫度的觀察，而以溫暖鼓勵的話語送給孩童們，以「互動」而帶來愛的美善心靈力量，這樣的教師內在心靈的陶養旅程，成為一種愛的師培模式的心靈圖景與對下一代的希望！

值得注意的是，這樣引入節慶帶來的溫暖覺，需要整體場域空間氛圍的藝術性營造，在本耕讀學堂空間中的華德福教學空間及大窩室內，可以自由挪出圍園的木質空地及像家一樣的大客廳，這樣的場域似乎較能營造敬虔與溫暖的節慶流動，同時滋養大學生與小學生的心靈。

（3）期末後寒假（1-2月）青年自發的「食農營」──課程延伸至社區場域

本課堂行動研究在2021寒假產生了一個，學生自發自主規劃的「食農營」團隊，這是一群大學生自發性設計的服務教育團隊，以青年的力量為大學周邊社區中小學生們辦理假日食農營，這群大學生以志工性質籌組這免費的社區教育活動，其中青年社會服務的心靈可見一斑。青年們為了共同的教育與社會理想，自行組織工作、設計食農課程、實踐所學教育理念，針對每次活動中的教育現象進行行動省思。這樣的大學生自發性的社會參與教育行動，對於整體社會的土地環境倫理、公民素養教育、生態健康復育、大學生社會責任參與等，都有重要的意義與價值。此行動整體共譜了大學生攜手小

學生一起進入食農教育，更是自發性參與永續發展、教育共好的扉頁。

以下食農營活動內容說明了耕讀課的「農事學習場域」，已悄悄促動了青年自發的「社區關懷」與「土地友善」場域行動。

耕讀團隊大學生行動中的食農教育企劃，在「農」的方面，大學生帶領小學生從親手做開始，包含社區周邊環境的走讀參與、參與農業耕種及生態體驗，培養學習者簡單的農作技能，並透過體驗的過程，觀察及認識生態環境與農園樣貌，提升小學生對土地的情感、了解環境與農業的關聯及重要性。本食農教育行動在「食」的方面，則透過帶領小學生的食物料理方式，從中去明白在地食物的文化價值，進而維護在地的飲食文化。本行動中設計的食農教育課程包括：1.認識農業、瞭解菜園並整頓田地；2.認識作物特性、農事體驗；3.增加孩子與土地的情感；4.理解何謂友善農業及其效益；5.增加對家鄉之認同感，進而支持在地農業；6.知道如何吃得健康、收成作物並品嘗自己種的作物。

本文行動研究者主持人成虹飛教授與共同主持人薛曉華邀集學生幹部們共同探究這個青年自發的食農營行動，我們認為其中帶來了重要的教育意義。此次企劃行動「食農營」──大學生攜手小學生實踐的行動，帶給大學教育及中小學教育重要的貢獻如下：（薛曉華、成虹飛、蔡孟桓、王子綺、莊哲瑜，2021）

1. 在十二年國教課綱的實踐意義上，食農教育可以做為中小學生與大學生攜手連結的生態永續橋梁，亦是素養教育的接軌。

2. 大學生之所以能夠自發地參與社會性的教育志業，係來自青年本身對於大地的共好情感以及對於教育的參與互動心，這樣的行動力是來自他們親身經歷過的大學課程經驗，所統整的一種互動、共好、而自發的青年心靈。

3. 對大學生的師培教育的啟發，由大學生親身參與設計與實踐的活動，對於大學生自身產生各種重要素養能力，實踐了參與的認識論及做中學的師培教育。

4. 對中小學生而言，食農教育是一種五感體驗與實作的活動，受到孩子們的喜愛，並從中得到實作技能、大地情感、食農相關的認知，是一種素養導向的永續發展教育的重要可行媒介。

5. 本食農營大學生親身籌組學習與服務社群，對於當前重視大學社會責任、永續發展、服務學習、在地責任的時代，帶來了重要啟發。

3　第二學期春夏（2-7月）耕讀學堂

　　耕讀學堂在第二學期的2021年二月春天中，如大地復甦般迎接新的同學，在二月分例行的課堂介紹、導引大家進入這個互動與共好的流動之後，緊接著是三月分的春耕秧苗的特別農事上路，而後歷經三月分到四月春天的（鬆土、播種、植栽（菜苗）、灌溉、施肥、照顧）等農事工作，而該學期比較特別的是四月發生的──農場小狗賴皮老病的「生命化育」事件，由同學們自發發起的生命照顧行動。接著五月到六月分的期末，更歷經了臺灣的COVID-19疫情爆發的各級學校大規模停課事件，原本服務孩童的星光班、食農營都被迫停課；而以農藝工作為主的耕讀教育，也被迫轉為線上課程，但可貴的是，五月分的耕讀師生線上交流，從讀書會、電影欣賞、兒童觀察藝術的引入等，讓五月分線上課的耕讀師生巧妙地沐浴在另一種教育心靈的沉澱與深化。

　　三月分到四月春天的（鬆土播種、植栽（菜苗）、灌溉、施肥、照顧等農事工作（成虹飛、薛曉華，2021）：

（1）三月分春耕秧苗戶外農事體驗──農作場域帶給學生的身心滋養

　　在華德福教育中，春耕秧苗是許多華德福中小學必經的春季農事，它讓孩子們透過五感親近大地，也感受秧苗種入土壤裡的那份敬虔大地與期待！本行動授課者阿花老師也很重視將這份連結個體於天地的共好土地情懷，分享給網路世代與大自然較為疏離的大學生們。於是三月分由阿花老師率同學們前往位於香山的融合農場，捲起褲管踩進泥地，將手捧著的苗，彎下腰以敬虔的心、秩序性間隔整齊的美感，一一地插秧。由事後這個耕讀團隊Line群組的師生對話，可見大部分青年同學們都能有這層親身秧苗的獨特體會。

阿花老師：「為什麼華德福教育這麼重視農耕課？為什麼農耕課那麼
　　　　　重要？請問大家週五去插秧後，有發現任何線索嗎？我們
　　　　　花了許多工夫跑到香山去做這件事，有任何不一樣的感受
　　　　　嗎？期待每個夥伴用兩三句話分享一下！」

我不太確定我的感受跟「華德福很重視農耕課」有沒有關係，但在插
秧的時候，我感覺到一種期待，這期待是對於生命可能的發展！另外
雖然嘴上說著不知道秧苗能不能順利長大，但其實之前也來插過秧、
也聽說插的秧苗最後都有長成稻米收割了～心中另一種感覺是「相信
會好好長大」的信任！我覺得這兩種感覺在面對小孩時都很重要，其
一是之前說過的油然心生的圖像，「藉由這個圖像慢慢引導使他成為
良善的being」，長成的稻米就是這樣的一個圖像；其二是對於新生命
的敬佩和信任，新生命／孩子會需要我們的幫助（對應的把秧苗插進
土裡）而能穩穩地站在土地上，但孩子也有強大的生命力、適應力、
探索世界的能力……適當地讓新生命嘗試、闖蕩，也許會換我們驚艷
和讚嘆！而這也讓我想到《教學的勇氣》之中提到的：兩代人的共
舞！（學生綺，2021年3月）

之前有問過我妹一句話：「你一天接觸大自然幾次？」我想了想，腳
穿鞋子是鞋子踩在土地上，在都市裡的日常規律也鮮少接觸到植物，
我的答案幾乎是零次。後來我開始慢慢增加與自然接觸的機會，以往
可能會怕光腳走路、不敢抓蚯蚓或是覺得什麼很噁心之類的，現在覺
得這些都是很自然的事情，畢竟在科技發展之前人類都是這麼跟土地
相處的。重點是在與自然相處時，就算不講話也不用擔心任何尷尬問
題，靜靜與它相處可以得到心靈上的平撫。（學生桓，2021年3月）

（2）「圍籬」的耕讀農事體驗──農事場域帶給青年的圖像滋養

　　三月中的另一個重要農事「圍籬」活動，從農事體驗的師生工作中，充
滿了身體勞動的意志、共同合作工作的師生社群情感、以及邊工作邊聊聊更

能暢開心靈的思考，整體在一種「互動、共好」的參與工作中，帶出「自發」提問與探究思考教育議題的流動。

在圍籬農事工作前，授課者成虹飛老師特別與學生們提到圖像式的思考，在華德福教育裡是很重要的。然後邀請每一個人說一說，在星光班，我們即將會跟孩子的相處，他們每一個人的圖像是什麼？

> 為什麼會談到這個圖像式的思考？是因為我們在坐下來以後，我請他們轉頭看一看剛剛帳篷區的工具的、還有廚具的，這個已經跟原來非常大的不同的圖像，現在當然整齊乾淨的多了。我邀請他們去注意到眼前的這幅景象，跟我們整理之前的景象的差異。然後，我告訴他們說，現在我們是回過頭，來看到這兩個不同的景象，由整理前跟整理後，我們同時也可以去「**預想一個未來的圖像**」，我說，能夠在內在形成一個未來的圖像是很重要的一種能力，當你在內在形成你想要的圖像的時候，你就有一個清楚的方向去行動、去實現這個內在的圖像，然後我才連結到星光班，我們將要帶的孩子，你希望看到孩子跟你怎麼樣的相處？你想要的圖像是什麼？他們每個人都試著去說出了自己心中的圖像，那我希望每一個人在這個他所參與的活動當中，他不只是跟著大家行動而已，他是帶著自己想要實現的圖像，從事一個有目的的行動。（阿花老師口述，2021年3月）

（3）「厚土栽培」的農事課堂風景
──農法場域帶給學生的大地復育意義與多元感官滋養

授課教師阿花事後回觀厚土栽培的意義：農法與教育的意義──厚土栽培帶來復育土壤、永續發展與感官開發。

> 我很強調就是為什麼我們會做這個厚土栽培，它除了是要復育土壤，那也是一種提供有機質的栽培方式，而且回收這一些我們一般會丟掉的廚餘，這些天然的落葉、牛糞等這些材料，在環境永續上的意義之

外呢，我特別強調，這個因為厚土會用到各種不同的材料，像豆渣啦、牛糞肥啦、落葉啦、咖啡渣啊，那這些都是有非常不同的顏色、氣味、質地，除了他們能夠帶來不同的養分的作用以外呢，其實它對於孩子們感官的開發，是非常豐富的一種經驗。（阿花老師，2021年4月）

華德福教育由四肢來喚醒我們的心，由心再來喚醒我們的腦，得到最後的知識概念。為什麼要親自帶著孩子，來做完成這個厚土栽培的活動，它的教育上的意涵是什麼。（阿花老師，2021年4月）

4 小狗賴皮老病死的「生命化育」事件

農場小狗之一老狗「賴皮」，從三月上旬開始身體不對勁，授課老師成虹飛從帶牠赴獸醫拿藥回來開始，其實就預知了這隻老狗生命可能快要自然垂危，然而從這隻老狗賴皮每日身體的變化，成為三月上旬到四月以來耕讀團隊Line群組場域的主角後，青年大學生們「自發」輪番地發起接續照顧這隻老狗的陪伴照顧行動，甚至尊貴地送牠走完最後一程。當時群組上每日師生接力觀察老狗狀況、在互動共好的尊重生命情懷中，協力善待這一個垂老的生靈。這個自發互動共好的力量實在是珍貴的人間與動物互動的溫暖，當時Line群組日日接力著師生互動對話善待一隻老狗的畫面，最後也由授課者成虹飛老師在群組上寫下一些「生命化育」的省思、以及共同主持人薛曉華做一些補充的生命教育觀點，為這場農場垂老狗兒的照顧送終事件，畫上了一個生命教育的休止符。

老狗上天堂當天，老師們在Line群組場域寫下了生命教育的意義：

虹飛老師：賴皮原本是個小時受到驚嚇躲在青青草原的隱蔽處存活下來的小狗，很容易緊張焦慮而有攻擊性的防衛姿態。但是來到攬星以後，大家的善待改變了牠，這個世界對牠而言不再是充滿威脅敵意，而是有許多願意接納牠與愛護牠的人。牠送我們一個禮物，就是告訴我們，我們是值得信賴的人。牠很體貼，今天是風和日麗的週六，牠

選擇昨晚安詳離開這個世界。謝謝賴皮，也祝福賴皮！（阿花老師，
2021年4月）

曉華老師：從一個小時侯受驚嚇創傷的小浪浪，變成帶著攻擊防衛的
皮狗，最後老年時成為如此受到接納關懷的幸福狗狗。賴皮的故事很
感人，同學們接力善待照顧垂垂老病的小生命，更是動人。記得阿花
老師在秧苗的行前課堂上，曾告訴大家，之前去國外農場看到那些特
殊需求的學生，他們的臉上是洋溢著幸福的，那就是被接納與善待的
臉。而賴皮也是如此，在農場被大家善待，療癒了內在心理，完滿了
此生的尊嚴與幸福。頑皮活潑的賴皮好像告訴了我們，去接納與善待
這世界上受傷的生命、特殊需求的個體，是如此珍貴！……就好像大
家也是如此善待、接納星光班的孩子們一樣！頑皮的賴皮變成狗狗天
使了，牠的故事也仿如農場的天使老師呢！祝福賴皮天使～含笑於靈
性世界！（本課堂教學實踐研究共同主持人曉華老師，2021年4月）
學生美回饋：「沒錯～曉華老師教的好貼切！」
曉華老師：謝謝美！好多同學們都是農場動植物或星光班小孩們的守
護天使老師，特別是一週來同學們自發接力合作善待賴皮，實在令人
敬佩、感動！

5 星光班突發小插曲：從鄰居抗議到「戶外星光」的場域事件處理

2021年四月底也曾發生一件小插曲，就是授課老師成虹飛收到鄰居抗議
星光班孩子們太吵的事件，但是授課老師很快應變告訴同學們剛好來調整室
內角落空間的場域，還有開拓戶外星光空間。經過鄰居抗議後，授課老師阿
花在Line群組場域告訴大家：

夥伴們，昨天大家已經初步重新配置大窩的環境空間，我們需要發展
各個角落的特色與功能，比如閱讀角、科學角、音樂角、藝術角、桌
遊角等等。另外，我在想是否可能吃飯前帶孩子到操場好好動一動、

玩一玩？或是玩一些有品質的團體遊戲？（這可以向童年廣場學習！）尤其幾個好動的男生，相信他們回到大窩會明顯的平靜許多。這呼應華德福核心的學習原理——呼吸。孩子們白天已經坐在教室「吸」了許多東西，放學還要去安親班繼續「吸」，一定悶壞了。他們來到星光班，需要好好地「呼」以找到平衡，才會想追打玩鬧。我們的學校教育常常忽略孩子呼吸平衡的需求，加上3C的氾濫，因此產生許多健康與行為的問題，而且越來越難處理。大家參考看看。（阿花老師，2021年4月）

接下來的隔天，「戶外星光」的學習場景卻巧妙地形成了！大學生們接送小學生放學後來到清大南大校區走走跑跑，大學生們看到小孩子們在黃昏中笑逐顏開的畫面，也一掃昨日因鄰居抗議的忐忑不安與失落感！從中我們也看到教師在面對衝突事件時是如何一步步地以身示範，帶著學生看著這樣的真實人生與生活。而這個戶外星光的插曲也成為之後大家思索星光班轉化為：一開始先「戶外星光」的可能性？……然而許多計畫趕不上變化，很快地走到下一週，臺灣又面臨了因疫情的被迫大規模停課。

這一段插曲讓我們看到了課堂師生因應不斷變化的事件，自主應變場域的轉化能力，也是社群於鮮活的場域工作中共識力的一次次形成。

6 2021年5月疫情後兒童照顧方案的轉化：「線上場域」兒童觀察研討
——帶來「從有溫度的外在實體場域」到「愛的線上觀察場域」的轉化

經歷2021五月中臺灣在COVID-19肆虐下全國各級學校進入停課不停學，因此本行動研究耕讀學堂也走入線上課程，星光班則是暫停實體課後服務。這個師生向來有多重實體空間的耕讀學堂，原本在戶外農園工作及像家一樣的大窩室內空間學習，師生與夥伴之間在緊密互動與接納的愛的氛圍中，突然要搬到線上的空間，一開始許多同學覺得很可惜，但也很快地持著像U理論般的心靈，轉化這個原本緊密交流的內在空間。在疫情之前的線上「教學的勇氣」讀書會，或許正先試驗了這樣在線上空間仍願意開放心靈的

對話空間。

在原本耕讀學堂下學期的課程內容，授課者成虹飛老師除了安排攬星農場的農事體驗工作外，在教育的師培方面則是帶領青年大學生認識華德福教學中的兒童觀察與兒童研討。因此，授課者阿花帶領這個觀察方法的教學設計是，帶大學生們在線上討論電影《我的章魚老師》，從主角與一隻章魚間的互動觀察關係，認識一種互為主體的，從客觀觀察到共感同理的互動認識論，也是一種整體性的認識論，學生們經過這一堂電影欣賞討論，多能引申問出不少與孩子間互動的課題，從「我的章魚老師」對動物的平等尊重，到對於每位孩子的獨特性的尊重，從學期末每位修課同學的報告「我的XX小孩老師」，可以看到同學們有這樣的意識轉化。關於兒童觀察的這個方法，授課者虹飛老師則是從「看見」的自我參看開始，讓同學們說說從小在學校中何時被看見的經驗、以及沒有被看見的感受。接著授課者阿花鼓勵每位大學生選擇一位星光班的小學生，進行畫兒童的嘗試。「外在的形貌是內在原理的展現。」——授課教師由這句話讓大學生重新去體會一種歌德觀察法式的客觀觀察、不帶偏見的細膩的觀察。授課者也舉例說明在華德福教學的兒童研討裡，教師團如何專注地為一個獨特個體的自我實現而努力，一起觀察、一起討論、一起研究孩子的生命史、甚至為孩子帶來禱詞的祝福，這樣的一起相互支持、互相補足彼此的觀察和行動的過程，正是透過團隊學習一起深層觀察、一起學習的過程。對於教育及教學者，唯有透過深度的觀察認識，方能根據兒童的需求與發展需要，來回應、滿足、啟發、引導兒童的潛能……。教育工作者要學習由外而內層層剝繭般地，先共同確認「看見」兒童，然後確認「聽見」兒童，最後再以「愛的認知」在教師團隊中頓悟並引導出兒童潛在的奧秘本質。這便是「看見你、聽見你、成為你」的「愛的認識」。如此練習從外在的審視獲得內在狀態的訊息；當教育工作者在與兒童相遇時，除了利用自己感知的感官，心靈盡可以關注兒童的外在——已成形的形體，勾勒出清晰的兒童畫面。Steiner稱這種能「看見」感覺、聯結思想，進而建構畫面的能力為觀象力（imagination）——清醒的圖像式認知。

在本課堂近期末的線上課程中，有數週的課程是星光班老師輪流分享自

己對某一兒童的「素描畫」，由此兒童的圖像的觀察形成一種內在感官——知道兒童「是誰」。這也是鼓勵有志身為教育工作者的大學生們，要能培養在圖像裡工作的能力。由期末的兒童觀察畫的分享來看，許多同學已長出細膩觀察描繪兒童的能力，且能從外在形貌的觀察打開另一種對於人的覺知，並在分享中聆聽夥伴們的回饋。最重要的是，去除對於孩子的偏見，形成一種動態觀察的覺知視域，以正向的心靈去欣賞孩童不斷的成長與改變。這樣的兒童觀察與兒童研討的嘗試，為疫情期間的線上課程「從有溫度的外在實體場域」轉化到「愛的線上觀察場域」，同樣搭起了另一種相互看見、相互聆聽，師生團隊仍是一個生機的生成式社會場域，在這裡的線上，愛的認識論與求真團體社群工作的心靈圖像，在彼此交流與共同關懷兒童的探究中，不停學地耕耘著。

7 2021年6月師生「耕讀」教學的教師心靈：疫情期間「教學的勇氣」讀書會帶來「內在心靈場域」

由於耕讀學堂是一整個帶狀——蘊含著師生整體身心靈的課程行動，大學生們不只要學習真實地照顧農園大地，還要真實體驗學習照顧星光班的孩子們。實踐場域中一邊從事服務工作，一邊學習教育的心靈——如何當老師？當老師的生命任務與使命？這些都需要在生活中（超越課堂外的時間）點滴地耕耘。心靈是屬於內在精神自由的層次，而非外在動力的驅使，教育心靈的耕讀，有時它的可貴之處便在於「自發」地投入，而非課堂制式作業的要求。自由邀請帶來學生自發的意志，在此耕讀的問心——教師任務的確認與生命道路的叩問下，本行動研究課堂教師成虹飛邀約耕讀夥伴大學生自願加入的「教學的勇氣」的讀書會，便於2021年4-6月的線上共讀對話中，一次次遇見了彼此對於當前體驗——當著星光班教師、以及未來走向教師道路的心靈之旅。為什麼要選擇這本書與耕讀團隊、星光班青年學生共讀這本書呢？我們認為，其中的教師心靈原理，正是教育原理，其中的信念是一致，老師自身的實踐就是這個圖像，不只是大學教育。再者，我們的耕讀、星光、社群模式、核心，都是有生命的有機體，其中的理念也是適合大學帶

小學生的課堂來加以活化地實踐。以下觀察札記，可以看出本課程在疫情中的停課不停學期間，更希望耕耘準教師邁向師資的內在心靈。

《教學的勇氣》主要想帶給青年大學生們，教師的心：在教學中的認同與統整。書中提及：

> 好的老師具有聯合能力。他們能夠將自己、所教學科和他們的學生編織成複雜的聯繫網，以便學生能夠學會去編織一個他們自己的世界。這些編織者用的方法不盡相同……。好老師形成的聯合不在於他們的方法，而在於他們的心靈──這裡的心靈是取它古代的含義，是人類自身中整合智能、感情、精神和意志的所在。

這樣的理念與人智學對人的完整性的「意志、情感、思考」的想法是相通的。帶著這樣的教師內在整合心靈，老師才能進一步與學生的全方位的生活做全人發展的連結，誠如書中所云：

> 當優秀教師把他們和學生與學科結合在一起編織生活時，那麼他們的心靈就是織布機，針線在這裡牽引，力在這裡繃緊，線梭子在這裡轉動，從而生活的方方面面被精密地編織伸展。

另外，本書也提到

> 良師的力量在於他們有能力喚醒我們內心的真實，我們日後才意識到那真實對我們的生命有多麼重要的影響。

因此在本讀書會中，導讀者阿花老師也經常透過一些團體小活動，試圖打開夥伴成員們彼此的內在心靈、練習在互動中傾聽彼此的心聲！就像本書中有云：

那位良師，他讓我看見屬於自我中未被發現的一面。……他毫不保留地打開他的心門，讓我聽到他的心聲。

而本課堂阿花老師也經常放下自己身為教授的身段，跟同學僅可成形成平等的夥伴，成為求真的共同體。阿花老師曾告訴學生：「我教書教了近三十年，到現在有時還是會恐懼！」。本行動研究的兩位主持人也是這個《教學的勇氣》讀書會的導讀與陪伴老師。對於青年學生，我們認同本書帶來與年輕人工作的重要意義，如書中云：

> 把我年輕時導師賦予我的厚禮饋贈給年輕人。我這樣做的時候，我的自身認同和自身完整才有新的發展機會——在每一次與學生的生命重新相逢時獲得發展。

（本文研究者參與觀察讀書會札記，2021年6月）

另外，經過師生社群讀書會充分地討論，學生們多認同我們目前耕讀團隊的社群文化因為非常溫馨、接納、包容彼此，因此很多成分是像互相取暖的療癒模式社群。但是避免太走向同溫層，或是有些議題在群組上的討論有時會不了了之，在目前成員也感受到成員們多能開放心靈、平等地共同探究一個課題、一起尋求問題解決的方式，青年學生們認同我們彼此正邁向一種「求真的共同體」，在這裡師生一起對話探究，彼此都可能成為彼此的老師。

期末座談會中，學生們對於耕讀這個「場域的圖像」是什麼呢？

> 如果圖像一點的話，我想我會把星光班比喻成是一團營火，我們每一個人就是一個木材，我們每個人加進來，讓這個營火再更旺，然後每一個小孩圍在外面，他們可以藉由這個營火，獲得一些溫暖，可以從中間學習到一些東西。……然後可能在別的地方生起另外一團這樣的營火，藉由這種方式，把這個溫暖擴散出去，這是我個人對於這個星光班的圖像（訪男大生ROY，2020年12月28日）

我認為是一棵樹的感覺，比較象徵是星光班的東西或是我們自己，從
別的地方吸取養分，然後長大，到最後這棵樹又結果實。這棵大樹落
下來的那個可能只是果實，或只是成其他動植物的養分，最終小草、
土壤也會被原本這棵樹吸收，成為一個循環。就是自己有付出，就會
有收獲的概念。（訪女大生王子麵，2020年12月28日）

我在這個地方為孩子付出，他們相對的也有這些回應，我覺得蠻好
的，這個場域可以讓自己有一個可以……去嘗試的空間吧，可以去激
勵這些孩子，孩子也可以在這過程中得到溫暖這樣。」（訪男大生
ANDY，2020年12月28日）

那我會說是種子，因為種子就是慢慢在土裡面長大，但長出來的每個
小幼苗都長得不一樣，而且長大之後會變成什麼也不一樣，感覺他們
現在就在土裡醞釀，接下來就會慢慢的長成屬於他們的東西，形狀、
顏色也會不一樣。（訪女大生美美，2020年12月28日）

　　由以上幾則期末學生訪談，學生真實感受，可以看到這樣一個耕讀課的
參與世認識論、深度體驗學習、在整個農場生態與夥伴共學社群中呼吸流
動，整個課堂對學生來說是很不一樣的體驗，對老師角色及教育的親身體
會，甚至對於大學教育的另一番見解的獨創，都是非常寶貴的青年學生聲
音，因為本耕讀行動研究的課程有一個很獨特之處：環境生態不斷地往前流
動輪轉，師生行動不斷往前耕耘推進，夥伴工作共學不斷在場域中生成，新
的身心靈學習也不斷從中滋養……！接下來，本行動研究隨即在期末後的暑
假又「自發性」登場的是，不停學的線上讀書會。

8　第二學期後的暑假（7-8月）不停學的線上讀書會

　　炎炎夏日，大學裡大部分課程是隨著學期結束而靜止的，遇上2021年疫
情期間的暑假，校園中更是很少見到師生在校園互動的場景。然而，耕讀學

堂的「場域」，師生的對話與互動卻是不停息的。耕讀學堂因為有實體的農園，每日都需要由師生輪值去照顧農場動植物，服務的值日生需要每日在師生線上群組紀錄分享農場點滴，與農園互動，無論是學期間或寒暑，無論是否為疫情期間，因「互動」產生的不停學，自然地成為暑期師生一種「自發、互動、共好」的大學延伸的課堂教學圖像，當有一些教育的元素自然地流入，那又是一場師培心靈的耕耘風景。這個風景對於本行動研究有特別的意義，因為透過「大學生農園」所耕讀的另一種師培課，以及透過「星光班」的課後照顧方案，在疫情期間，星光班暫停了，大學耕讀學園在線上卻能延續這樣的對課後照顧方案及大學耕讀學堂的，自發展開的讀書對話與省思，使得本行動研究是真實自然地「自發」地發生了「互動與共好」的停課不停學的學習心流。

面對這一年來行動研究場域所走過的點點滴滴，其複雜性與充滿變化的是「場域不斷轉化與層層堆疊」的動態，也誠如我們一開始所描繪的，這是一個生機互動的課程，他不斷在演化蛻變中，對此生成化育的課程與教育省思，以下我們將以幾個「地方—場域」相關的教育理念來呈現這個「互動、共好、而自發」的生機課程圖景。

四 行動中相遇的知識──場域為根基的教育（PBE）、深度學習（NPDL）、及生成式的社會場域

本課程經過兩學期及一個寒暑期的課堂行動研究，並以行動敘事的取徑探究之，發現從大學課程行動中相遇了諸多教育理念，其中與大學地方學相關的論述主要有，「場域為根基的教育」（PBE）、「深度學習」（NPDL）、以及轉向「生成式社會場域」的大學教育。

（一）場域為根基的學習

所謂「場域為根基的教育」（Place-Based Education，以下簡稱PBE），

eduInnovation（2021）這份文件說明了：我們都經歷過一個地方或場域的力量，那些我們深深浸潤於其中的時刻，體驗我們周圍的世界，以及在那裡發生的，是真實而有意義的學習。那些時刻是生機鮮活的、和發自內心的體會。「地方」，有很多可能是從我們居住的地方學習，也有從旅行中學習、跨越全球、他鄉中的一個地方，再進入到我們所關注到的一個社區等等，多元遠近的地方想像。

　　首先，這樣的「場域」是超越「區域」的，是「全球—在地化」的場域意義；其次，它是跨越人文社會與自然科學等跨領域的學習。PBE是一種學習方法，它利用一個場域的情境優勢來創建一種真實的、有意義的、引人入勝的學習情境，為學生提供連結生命的、兼顧社會性與個別化的學習。更具體地說，以參與投入（engagement）作為一種身臨其境的學習體驗（an immersive learning experience），讓學生置於與一個地方的投入中，將產生一種深刻的與環境連結的學習。並將此跨領域學習經驗作為學習其他課程學科的基礎，甚至產生社區與全球（或國際間）間的連結。

　　基於這樣的廣義的地方學探問，本文經過課堂教學行動研究後的省思，發現本「耕讀學堂—生命化育」課程與PBE之理念充分相遇且連結式地體現。因此，這樣的「場域」就不限於「在地」（local）的鄰近社區，就大學的「地方學」來說，本文「耕讀學堂」課程行動帶來超越某區域地理範圍的地方學想像，而是以一個座落於清大周邊的「攬星農園」為場域的基礎，而不以「地理區域」為主要範疇，在其中的時空連結，有全球的生態元素，也有在地的教育元素。因此，在此生態農作與社區在地教育服務期間，本課程讓大學生置身於一個農園場域中，產生與全球生態（大地農作與動植物照護）及在地教育間（服務清大周邊需要照顧的小學生）的一種「全球—在地」間的連結。

　　PBE的願景是：將學習連結於社區及我們所處的周遭世界。PBE的圖像是一種將「場域」視為一種促進個別化學習（personalized learning）的槓桿支點，所生成的任何時間、任何場域的學習。PBE以幾種重要的方式促進個別化的學習（eduInnovation, 2021）：1. 允許學生有發聲與選擇的空間，來決

定他們要學什麼？如何學？何時學以及何處學？2. 依照每位學生的優勢能力、需求與興趣，量身訂做學習。3. 促進學習的高品質的展現與熟成。4. 促進學生的自主能動性（students agency）。

另外，由這個PBE教育的設計原則可知，整體過程是重視從在地到全球的脈絡、學習者為核心的學習、探究為基礎的學習、設計思考方法的運用、以社區（共同體）為教室、並從事跨領域導向的學習（eduInnovation, 2021）。

PBE的課程設計主要運用原則的如下（eduInnovation, 2021）：

1. 從在地到全球脈絡的關注：以一個在地的學習作為一個用於理解全球挑戰、機會、及可能連接的平臺。
2. 以學習者為核心：學習是與個別性充分相關的事務，並鼓勵學生成為行動主體。
3. 以探究為基礎：學習是立基於觀察、提問、預想、數據收集等方法，從而理解經濟、生態、和社會政治世界的歷程。
4. 設計思考：設計思考通過課程提供一種系統性的方法，使學生對於所處社區場域產生有意義的影響。
5. 社區（戶外）為教室：社區為學校提供了一種生態體系，其中地方和區域專家、經驗與場域都是廣義的「教室」的一部分。
6. 跨領域的專案學習取徑：課程是與真實世界相符的，在其中，傳統學科領域的內容、技能和特色都是通過一種整體的、跨領域的、經常以專案為導向的方法進行教學，所有學習者都有責任感並能面對挑戰。

本研究耕讀學堂的課程教學行動在PBE的學習意義上，是相映其設計原則的，研究發現如下：

1 場域空間圖像──全球性與在地性的連結內容

耕讀學堂充分運用全球性理念教育──華德福教育精神的核心──為思考、情感、意志和諧的發展，因此耕讀學堂嘗試在過去教育偏重於認知的失

衡發展下而找到情感與意志的平衡。本課程嘗試以全球性理念教育滋養大學生產生獨特的生命教育體驗，而後以自身更成熟與服務愛的心智，進一步貢獻於社區的學童課後照顧服務。

2　場域學習圖像——學習者為中心的課程、探究為根基的學習過程、設計思考的運用、社區農園場域為其生態體系

　　耕讀課堂透過一種室內與戶外共築的「生成性社會場域」的學習空間，體現了一種以「參與式共創」（co-creation）師生平等共築的共學關係，無論在共讀、共耕、共炊中，耕讀學堂中的每一份子對於學習場域經日累月的面對大小的問題與挑戰，都需要加以探究討論、問題解決、系統思考、找出未來行動方案，因此不斷產生「共創」的學習與行動歷程，此為二十一世紀高等教育轉化為一種「學習型組織」，經由「場域學習」進而對大環境發揮個體及社群影響力的一種新學習展現。

　　（1）**共讀共耕的運作模式**：耕讀學堂師生於暑期期間共創建構了新的運作模式，課程團隊師生自發地延伸出「星光班」課後照顧服務，而「星光班」（夏令營與夜間課後照顧服務）與「耕讀學習」（大學部課堂新學期繼續運作）又不斷共構與生成，發展下一步的新的運作模式。

　　（2）**學習共創的團隊模式**：耕讀學堂許多大學生經過共讀共耕的行動學習洗禮中，不少學生成為學習的主要發動者，他們組織核心小組並投入各種分工合作，學生成為助教甚至是教育工作者，此種學生行動潛力的最大發揮，是學習型組織中師生關係與課程組成的新體現。目前師生正醞釀成立獨立運作的大學生社團，以謀求長期運作的條件。

3　場域知識圖像——跨領域導向的學習

　　「耕讀學堂」經日累月地需要師生一起探究學習大大小小的農園生態照護與教育服務課題，是跨越人文社會與自然學科領域的。在農園大地照護的相關知識上，師生需要共同探究學習農法、生態環境、戶外農園建築、動植物等生物的自然科學；作物收成時師生需要探討作物的經營方式與社區流通

等涉及經濟學與社會企業等知識；在星光班課後照顧的教育服務上，師生需要不斷探究教育學、心理輔導、助人工作等社會人文導向的知識，因此整個知識學習的圖像是跨領域的學習。

（二）不一樣的大學學習：深度學習與轉化學習觀

近年來，先進國家的教育改革浪潮開始在探究學生的深度學習，掀起一股「深度學習的教學論」（New Pedagogies for Deep Learning，簡稱NPDL），亞洲國家亦然。本行動研究2020年實施的經驗中也發現與此深度學習的四個要素相遇，以下簡介也說明之：

根據Joanne Quinn（2019）在「Corwin Connent」所敘述 "What's Deep About Deep Learning?"，本研究上述的課程行動敘事相遇的NPDL四個原則說明如下：

1. **學習夥伴關係**：隨著教師、學生、社區等成為相互聯繫的共同設計者（co-designers）與共同學習者（co-learners），新的學習夥伴關係於焉形成。本課堂「耕讀學堂」與「星光班」的教育方案都是在這樣的師生不斷對話與共同設計的夥伴關係。

2. **學習環境**：如果我們想要培養有活力、創造力、好奇心、想像力和創新的學習文化，那麼我們需要創造一個讓學生感到安全的冒險學習空間。這始於教師有意識地建立一種有歸屬感的規範，其中每位成員的聲音都很重要，樹立同理心，深度地聆聽學生的需求和興趣，並設計學習任務讓學生感到自己有能力作為學習者。如果我們希望學生成為對世界好奇、相互連結的合作者（connected collaborators），那麼我們需要提供實體的和數位的多維混成空間（physical and virtual multidimensional spaces）──在其中人們可以產生彈性靈活的協作，可以提供安靜反思和認知的地方，可以進行探究與溝通的活動區域，以及可以產生豐富資源的交流。本課堂「耕讀學堂」與「星光班」正是這樣經由共學、共耕、共炊、共食創造這樣的「環境場域」歸屬感。

　　3. **數位科技的使用**：隨著我們從過去要求學生成為知識的消費者，到期待他們成為未來真實世界的問題解決者，數位世界為我們提供了一種聯繫在地和全球間的協作機制。眾多選擇讓教師有效運用各種數位媒介，作為學習的有機組成部分，進行深思熟慮的使用。在學習設計中，教師需要從各種各樣的選擇中選擇最合適的數位媒材，並確保學生具有不僅可以簡單地使用這些選擇，而且可以分辨他們如何利用這些選擇來建構知識、進行協作而生產新的知識、分享新的學習成果。本課堂無論是與青年大學生的「耕讀學堂」與小學生課後照顧「星光班」的學習與設計，除了實體真實的互動，更透過Line群組形成師生不斷討論對話共同守護大地，共同思考如何照顧孩子的交流學習園地。

　　4. **教學實踐**：教師需要知道如何搭建經驗和挑戰的鷹架，根據學生的需求和興趣進行微調，並通過關聯性（relevance），真實性（authenticity）和真實世界的連結性（real-world connections）來產生最大化的學習。他們需要廣泛的策略來滿足學生的各種需求和興趣，並且需要對行之有效的學習方式深刻的理解（例如探究和問題導向的學習PBL）。除了這些基本的有效教學法，教師也會不斷發展新的創新實踐，並為了真實學習與評量的需要適時運用數位媒材。因此，在這樣的教學實踐信念下，本課堂「耕讀學堂」與學生共創方案的方法也不斷融入新的創新實踐方式，例如討論未來投入社會設計方案。

（三）以「生成式的社會場域」來促進大學生素養的形成

　　Otto Scharmer（2019）所提出，**今日我們的大學和學校最主要的問題是缺乏改變──不斷升級轉化的素養。轉化的素養是指領導變革的能力，即通過以下方式將運作的層級從1.0和2.0升級轉化到3.0和4.0：**1. 從個別性與社群集體性中看見自己──即自我意識的覺察；2. 提升好奇心，同情心和勇氣；3. 打開並深化聆聽與對話的空間；4. 重塑組織型態：從集權模式轉化到生態系統；5. 形塑一種整體論視域上的治理運作機制；6. 擁有深度轉化的空間：

來回進出。

　　教育者長期找尋探問，到底什麼是「教育」作用發生的關鍵要素？這個問題會隨著時代有不同的改變：從傳道授業的師者、到課程教材為中心、到學生為中心。而21世紀的大學，什麼會是新的教育關鍵力量呢？Otto Scharmer（2019）特別指出，學習者和改革促動者必須能夠經驗並滋養一種「生成性社會場域」（generative social fields）。誰是能夠使所有人都能獲得一種深刻的學習旅程、轉化性學習循環的「關鍵教育者」呢？在義大利瑞吉歐教學方法中當時已看到：繼「學習者」和「教學者」是第一、二個關鍵教育者，「場域」則浮現成為本時代教育中的第三個關鍵教育者。在此基礎上，我們更要發展一種培養「生成性社會場域」的學習樣貌——其中學習者、教師、家長、社區成員、和大自然之間的關係，這是通往更深層次知識來源的強大管道，這就是**「第四位教育者」**——**各種關係（包括學生、老師、場域環境等）交織下的「生成性社會場域」**。什麼是一所偉大的大學，一所偉大的學校？正是此種社會關係網路建構下的「生成性社會場域」（generative social fields）。

　　在這樣的生成性社會場域中，師生關係發生的重要的轉變，教學就必須轉化為「行動學習」（Action Learning）。誠如Otto Scharmer（2019）所指，學生必須從做中學，「行動學習」將顛覆了傳統的師生關係。傳統的教育關係側重於（由教授老師）講述解釋和（由學生）聽講。在行動學習中，學生是變革推動者或如企業家的行動者；老師則是教練，是為了學習者創造未來最大潛能發揮空間的協助者。大規模開展行動學習需要非常不同的學習基礎結構（learning infrastructures），學習場域（包括教室）的主要目的不再只是教學內容的傳遞，而是創造出行動及反思，這其中也需要有不同類型的教授，才能為以學生為中心的學習形態提供深度行動學習的空間。

　　「耕讀學堂」課程展現了21世紀大學教育時代性意義。本課程透過一種室內與戶外共築的「生成性社會場域」的學習空間，體現了一種「參與式共創」（co-creation）師生平等共學關係，無論在共讀、共耕、共炊中，耕讀學堂中的每一份子對於學習場域經日累月的面對大小的問題與挑戰，都需要加

以探究討論、問題解決、系統思考、找出未來行動方案，因此不斷產生「共創」的學習與行動歷程，此為二十一世紀高等教育轉化為一種「學習型組織」，經由「場域學習」進而對大環境發揮個體及社群影響力的一種新學習展現。

整體而言，「農耕與生命化育」這個系列性的大學課程，最獨特之處或許是其中所建構形成的一種「生成性」（becoming）的自然與社會的共同體「場域」（place），這個共同體的場域中的大地動植物與人們是在經日累月中不斷發生新舊事物交替流變的演化、流動歷程，例如，「攬星農場」中生態與動植物生命的不斷變化；「室內大窩」（星光班）中小孩子、大學生、家長、老師間的互動關係不斷形成與轉化，在這樣有別於一般「教室─講臺─桌椅─書本」的室內課堂空間而言，相對而言是非常「活生生」的整體的「真實世界」，相較之下更是複雜多變。而正因為如此充滿變化與複雜，置身於其中的大學生，一方面需要也自然會長出「觀察」的能力與「感通」他人的感受力，一方面也經歷著「善待」彼此的共生關係。

此等種種從「生成性場域」開展出的大學生「觀察」能力，同時也伴隨著善待彼此的關係發展──善待觀察環境、感通而善待他人、善待自己。也就是本課程行動研究發現的一種大學生「共好」（人透過觀察與天地環境產生並生相依的連結）、「互動」（人透過觀察與他人產生理解性的連結）、「自發」（人透過觀察自己與自我內在世界產生探究性的連結）。而這個「觀察」、「感通」與「善待」也正是人智學──人與世界連結（如歌德觀察法）與整體性參與的認識論的重要核心。

我們也觀察到這些大學生經歷這樣在場域中整體性參與的認識論的洗禮，從人與外在內在世界的「觀察」，點燃了內在心魂的感受力與愛的情感流動，也就是從「感通」與「善待」，從而又滋養一種「活化的思考」（living thinking）──帶著感受力的思考，進一步產生不斷往前行動的「意志」（will）──一種對世界燃起內在熱情的火焰之苗！

五 結論與啓示

本課程耕讀學堂在「場域為基礎的大學教育」的實踐意義：是高等教育的社會責任與未來；是大學地方學的另類想像與未來；從中耕耘的地方學，是理念與實踐發揮於大學教育的意義：從小而美的課程行動實踐場域，師生如家一般的社群邁向永續發展與融合的多元學習森林。

整體而言，本文行動研究「耕讀學堂」與「場域為基礎的教育」（PBE）的理念實踐相遇，也帶來大學生素養學習的重要意義，是在創造一種與日常生活結合的對話性社會場域課程實踐（生與師成為共學夥伴的「吾—汝」關係）的「互動」中；是在搭建一種與大地萬物間學習照顧與相處的環境（本課程的自然農園）下，萌生環境永續責任與友愛共生的「共好」情懷中；而後促進大學生「自發」地探討問題、探索人生、探究自我的「自主學習」旅程。耕讀學堂即建立在「參與知識觀」的整體性認識論，重視學習者與世界的相遇連結，從中萌生責任感與自覺地與萬物共存。

最後，本文以成虹飛的大學課程圖像作為結語：「『生機互動的課程觀』將課程視為一個『場域』中的生命體，猶如一棵植物會從種子萌發，並需要合適的『場域』——土壤環境、陽光、水、空氣，同時需要有充足平衡的養分，在特定的時空脈絡中，成長為獨特的生命樹，進而開花結果。」

參考文獻

成虹飛、薛曉華（2020年12月）。長出「地方感」的另類「大學地方學」：一
　　個大學「耕讀學堂」課程開展人地共好的行動研究。發表於「人地共
　　好：新課綱時代的地方學與大學社會責任」學術研討會。2020年12月18
　　日淡江大學教育政策與領導研究所主辦，中華未來學校教育學會、臺灣
　　教育研究院社協辦。地點：淡江大學覺生國際會議廳。

成虹飛、薛曉華（2021）。「師生共創自發、互動、共好的師培模式與課後方
　　案：一個行動研究。行政院科技部專題研究成果報告（編號：MO
　　ST109-2410-H-007-082-），未出版。

薛曉華、成虹飛、蔡孟桓、王子綺、莊哲瑜（2021年11月）。你「農」我
　　「農」──相「育」在食農：一群大學生與小學生共進耕讀的行動敘
　　事。發表於「2021第十二屆教育創新國際學術研討會2021 Intern-ational
　　Conference on Educational Innovation（ICEI）」。2021年11月26-27日國立
　　清華大學竹師教育學院主辦，地點：線上國際學術研討會。

eduInnovation (2021) *What is Plac-Based-Education and Why Does it Matter*?
　　Retrieved from https://www.gettingsmart.com/wp-content/uploads/2017/02/
　　What-is-Place-Based-Education-and-Why-Does-it-Matter-3.pdf.

Joanne Quinn (2019). *What's Deep About Deep Learning?*. Retrieved from
　　https://corwin-connect.com/2019/09/whats-deep-about-deep-learning/.

Otto Scharmer (2019). *Vertical Literacy: Reimagining the 21st-Century University*.
　　Retrieved from https://medium.com/presencing-institute-blog/vertical-literacy-
　　12-principles-for-reinventing-the-21st-century-university-39c29 48192ee.

第三篇
大學地方學內涵的深耕與加廣

12

新竹考棚的歷史地景及其文化脈絡[*]

陳惠齡^{**}

摘　要

　　竹塹城為北臺文學之冠，考生濟濟，考棚原址在南門區域，西側有明志書院，東側有孔廟學宮（今大成街），北有關帝廟，廟中亦設有義學及書房。由考棚、書院、儒學／廟、武廟、經館五者，在清領時期，儼然形成一考學聚落。彼時毗連之考棚邊街及考生賃屋之巷弄，至今猶存「試院巷」、「書院街」、「中巷」（諧音「包中」）之舊名，此外，亦沿用昔日具有建物地緣的街道名，如「大成街」（原孔廟大成殿崇聖殿牆後）、「文昌街」（原孔廟前）等。

　　本文以新竹考棚／試院作為指標性研究的核心節點，主要取徑地方性景點建物等物質性生產的過程，而以街道的命名（考棚邊街等）、再生產之新空間（中巷文化區）、區域邊界的劃分（新竹南門區域），以及相關地方史料文獻，重新考察新竹南門區域文化地圖及其所形成極具特色的文教考學聚落，並藉此勘知生產地方性的地方主體，是如何與地方化的時間空間，展開其綿密的互動，並串連起區域社會的生活特質。

關鍵字：考棚、中巷、關帝廟、明志書院、新竹南門、地方學

* 本文初稿宣讀於「2021年第二屆屏東學學術研討會：地方學的形塑與發展」（屏東市：國立屏東大學人文社會學院主辦，2021.12.03-04），承蒙特約講評廖振富教授多所指教。復蒙匿名審查者惠賜卓見，經修訂並增補資料後刊載於《臺灣文學研究學報》第34期（2022年4月），頁163-197。本論文為科技部多年期專題研究計畫：「消失的歷史地景：以塹城南門區域考棚、郵便局與新竹寺為考察」（MOST109-2410-H-007-077-MY2）之部分成果。感謝清華大學臺文所陳信穎和林皓淳、清華大學華文所陳敬鴻、竇奕博同學協助檢索資料。
** 國立清華大學臺灣文學研究所教授。

一　前言：「此曾在」的新竹南門區域文化地圖[1]

　　竹塹自開發伊始，迄今已有300多年之歷史，由王世傑（1661-1721）拓墾拉開序幕；[2]而「竹塹」之名，則源於平埔族道卡斯（Taokas）部族之部落Vutkaru社，一名Tek-chhàm社位置之中心的近音譯字。[3]歷經竹城、土城、石城三個階段的城市意象，則始於清雍正11年（1733）同知徐治民環植刺竹為城之典實。鄧傳安〈新建臺灣府淡水廳城碑記〉述及：

> 淡水廳治，距郡城三百里而遙。厥初環植刺竹為衛，故以竹塹名城。後又增礮臺於四門樓上。生聚日久，周遭皆居民，四門如故，竹塹已有名無實。……道光六年，閩、粵分類之擾，淡水受害最後，而勢甚炭炭。賴制府孫公東來，克奏膚功。去疾既盡，即請建城垣；……有城不可無池；城既畢，乃濬濠而橋其上，并為水涵以走潦水。向之竹，今既為城；向之塹，今復成濠。[4]

1　「此曾在」（That-has-been）一詞，是羅蘭・巴特（Roland Barthes）對於攝影本質的一種概念解說，其義為：「相片中有個東西曾在那兒，且已包含兩個相結的立場：真實與過去。」參見羅蘭・巴特著、許綺玲譯，《明室——攝影札記》（臺北市：臺灣攝影工作室，1997.12），頁93。本論文挪借「此曾在」的概念，即旨揭現今已「看不見」，卻「曾經真實存在」的新竹考棚地景，其所牽繫的區域人文故事，並未隨時空全然消逝。

2　有關竹塹地區開發史，以王世傑作為創始人物，殆無疑義，惟由於文獻不足，王氏拓墾新竹的年代考，說法有數種：康熙30年（1691）、康熙41年（1702）或50年（1711）間、康熙57年（1718）等說不一。相關資料與考證，可參張德南，〈王世傑史料析釋〉，收入《從清代到當代：新竹300年文獻特輯》（新竹市：竹市文化局，2018.07），頁285-304。惟按上述諸種年代考，於今名之為「新竹300年」，也屬合宜。

3　有關「竹塹」地名源起與「竹塹社」、「竹塹埔」之繫連，說法紛紜。此處則依據伊能嘉矩著、吳密察譯，《伊能嘉矩・臺灣地名辭書》（新北市：大家／遠足文化事業公司，2021.01），頁175-179。另可參陳國川有關新竹地名演變的考證：〈新竹市街的出現與發展〉，《從清代到當代：新竹300年文獻特輯》，頁368-369。

4　〈新建臺灣府淡水廳城碑記〉全文，見何培夫主編，《臺灣地區現存碑碣圖誌・新竹縣市篇》（臺北市：國立中央圖書館臺灣分館，1998.06），頁156-157。

竹塹興築石城，其後並建四座城門和礮臺，同治10年（1871）城內已分有東
西南北四個市街名稱。[5]惟循著清領、日治、民國三階段的城市歷史脈絡觀
之，依城內各項的機能配置，主要呈現為南北分區的現象。（見圖1）

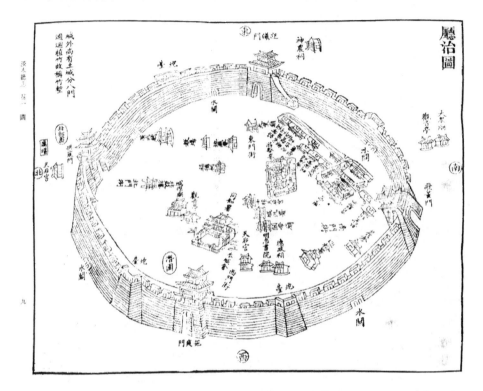

圖1　同治十年（1871)淡水廳治原圖

（資料來源：陳培桂《淡水廳志・卷一》，圖九）

　　南半區有遊擊署（即武營頭）、文廟、書院、試院（即考棚）等軍事機
關與文教中心；北半部則沿著米市街和北門街為主要商業，至於廳署則位處
於南北區之中心的政商混合區。早期王世傑等人墾拓之地，如暗街仔（即今
東前街36巷）、北門街、水田街一帶及西門街、中巷至南門街，是城內主要

5　見林松、周宜昌主修，《新竹市志・卷一土地志・第四篇市街（城池）》（新竹市：新竹
　　市政府，1996.03），頁①283。

的農地及住宅區。這樣的分布，也反映了早期的開墾背景。[6]

　　日治初期竹塹城因日軍占領而使城內極具軍事色彩，東門外的五穀廟和南門內的考棚，皆改作為避病院及衛戍病院，此外，南門內的清季電信局也改成日軍第三野戰郵便局。原明志書院也一度改作衛戍病院，後又設為國語傳習所。其間新竹市並歷經五次街市區改正計畫，歌薰門和挹爽門及城牆皆遭拆除，[7]昔日塹城由自然足跡形成，且具有防禦功能的彎曲道路，也在以「新竹廳舍」為中心的棋盤式與放射狀道路系統規畫中，被改直、拓寬或使之延長以貫穿市街，其中新闢之街路，並取道於原有的公共建物或地方名園，如明志書院即被西大路與西門街劃過，考棚則被闢為文昌街，東瀛福地也被東門前街直截穿過。[8]在日本統治者強調市街機能的現代城市計畫中，極具中國傳統特色的城牆、明志書院、試院場與義倉等文化景觀，就此湮沒於歷史中。（見圖2）

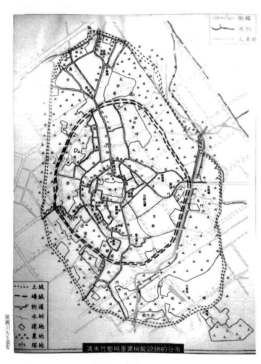

圖2　清末竹塹城重要機能設施分布圖

（李正萍繪製，陳國川先生調製）
（資料來源：《迎曦飛越一八五：新竹東門城
　影像專輯》，頁18）

6　林松、周宜昌主修，《新竹市志·卷一土地志·第四篇市街（城池）》，頁①291。
7　拱宸北門城則是在市區改正（1905）前，因北門街金德商號祝融延燒波及而焚毀。
8　林松、周宜昌主修，《新竹市志·卷一土地志·第四篇市街（城池）》，頁①298-①305。

　　戰後進入民國的新竹州，一度改為省轄市，後又改為新竹縣轄市，國府接收後的都市規畫，大致承續日治末期的計畫，直至民國70年。竹塹城雖大致仍具有行政區、文教中心、商業、工業以及住宅區等都市機能，但機能區則有所轉移。原來的州廳修復後，先是成為縣政府，後則為市政府（中正路），周圍匯集地方法院、縣議會、稅捐處、警察局等，形成了現今主要的行政區域。此間改變固然不大，但昔時舊城區的文化設施，如孔廟改為校舍文教等場所，[9]後因商業或經濟利益，而將此文化用地轉為商業用途，以致孔廟拆遷至東區麗池公園區域，與新竹動物園比鄰。原明志書院在日本殖民時期，歷經多次的變更用途，不僅早已失去教育的作用，更在都更計畫下，夷為現今的西大路。舊考棚區更是不復見一磚一瓦，早已消失在住民的認知與記憶中。總覽舊時南門文教區，倘非遭拆毀，即是由南門移出而至城區外，此亦意謂著「竹塹城」所代表的生活風物、空間景觀的型態與機能的改變。

　　尋溯清領時期的城內機能，雖設東門於暗街仔（曰迎曦）、西門於石坊腳（曰挹爽）、南門於考棚區（曰歌薰）、北門於北鼓樓（曰拱宸），[10]大致可以城隍廟做為塹城中心地標，城隍廟以南，歌薰門（南門）以北，在此區域包含廳治（今市政府）、儒學／文廟（孔廟）、武廟（關帝廟）、試院（考棚）、書院（明志書院）、郵便局（今武昌郵局）、新竹寺（今南門里集會所）等等，即清領時期南門大街（約今之南門街）左右兩旁腹地，此區滙集塹城政治、宗教、文教、交通之樞紐，可界定為南門區域。

　　在開臺進士鄭用錫與文士林占梅的儒風詩教濡染之下，竹塹文學向稱北地之冠，蘊育人才無數，科舉中式者不知凡幾，三百年來，詩社酬唱未絕。

9　如創立於1939年，今建華國中前身的新竹高等女子家政學校，校址即設在大成街孔廟，其後於1946年改制為新竹初級中學、縣立新竹中學等，皆設校於孔廟。資料參見「國家文化資產網」歷史建築：「建華國中第一棟」：https://nchdb.boch.gov.tw/assets/overview/historicalBuilding/20180306000003（2022.04.15檢索）

10　分見陳培桂，《淡水廳志・卷三・志二・建置志》（臺北市：臺灣文獻委員會，1977），頁26；以及林松等主修，《新竹市志・卷首下》，頁135。

清朝光緒年間，變更臺灣行政區域為三府一州三廳十一縣，其中除三府考棚外，十五州廳縣，惟鳳山與新竹特設考棚，餘皆借用書院為常（如宜蘭仰山書院內即附設考棚），足以反映鳳、新兩地人文薈萃之一斑。

當科舉為新制教育所取代，臺灣各地區考棚建築在日本殖民政府都市計畫與土地開發利用下，自難逃拆除之命運，而成為看不見的歷史地景。洎九〇年代以降，臺中考棚在學者努力考掘研究下，得以發現，並受地方政府重視，列入文化資產保護。記錄臺灣百年科舉歷史的考棚文史，無論是就文物遺構的價值或學術文獻的意義，或觀其流風遺韻的地方生產，或對照歷史時代的遞嬗，或從都市街道的變遷脈絡角度，皆具有地方知識考掘與在地文化傳播的重要課題意義。本文因擬以新竹南門區域考棚為研究焦點，茲因從清領、日治以迄民國，南門區域向為政教、經濟、宗教重鎮，藉此區域文化地圖中的考棚歷史地景，及其所繫連之人文脈絡、文教聚落節點，除了檢覈相關史料，再作深入考掘，亦冀能再現區域歷史現實，補強地方史看不見的「現場」與「故事」。

二　新竹考棚的歷史紋理及其特殊的空間景觀

「一鈎曉月挂春城，老少咸來入考棚。廩保臨監防頂替，漢番閩粵籍分明。」[11]臺籍前賢黃純青這首科舉詩，寫實勾繪了清代士子入考棚應制科考的情狀。考棚為貢院的俗稱，為古代縣、府、院試的考場，亦稱試院、校士院、校士館或校士場屋。[12]依據《六部成語註解‧禮部成語》中「棚規」條目之注解：「各省學政官出考所屬府州縣，其地未設試院，應搭蓆棚為號舍，名曰考棚。」「小考之所曰學院亦曰考棚，以其分棚列考故也，規者規費，即府廳州縣所津貼學臺者，棚為學臺考試之所，故即以棚規稱之。」

11 黃純青〈漢番閩粵〉，《晴園詩草‧科舉三十七首》（臺北市：龍文出版社，1992.06），頁79。

12 以下有關貢院資料及構造，參高育仁等主修，《重修臺灣省通志‧卷七‧政治志‧考銓篇》（南投市：臺灣省文獻委員會，1997.02），頁41-44。

（標點為筆者所加）[13]歷來考棚規模大小不一，但建築體制相同，方位大抵座北朝南，南有廣場，東西有牌樓，院北始為貢院大門。廣場三面圍木柵，東西兩旁為考生作答食宿之「號舍」，大省多至萬間，小省亦有四、五千間，每人一間，亦有因考生眾多，臨時搭蓆棚，考畢即拆去者。（見圖3）考棚內外布置嚴密，有如今之闈場，昔考場四周圍有荊棘，以防閒人擅入，亦稱「棘圍」。

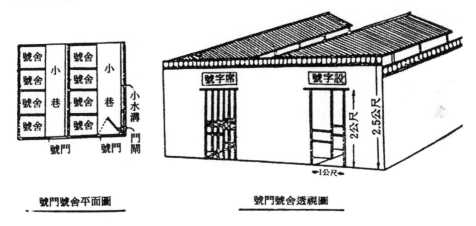

號門號舍平面圖　　　　　　號門號舍透視圖

圖3　考棚號舍構造圖

（資料來源：《重修臺灣省通志・卷七・政治志・考銓篇》，頁43）

　　臺灣於清領初期並無專設的考棚，是以每次舉行歲、科兩試時，均需假臺灣府學西偏之海東書院（臺南市內）充之。[14]迨乾隆2年（1737）巡臺御史單德謨奏請建試院考場，獲乾隆帝批准，[15]兩年後遂有臺灣府考棚設立於

---

13 本資料係引自臺灣大學圖書館「戴炎輝文庫」之一：內藤乾吉解題，《六部成語註解》（京都市：弘文堂印刷部，昭和15年／1940.9），頁72、144。該書依吏、戶、禮、兵、刑、工六部，臚列該部之重要「成語註解」，並附有「補遺」與「訂正」。此處引文為「棚規」條目註解及其「訂正」。

14 高育仁等主修，《重修臺灣省通志・卷七・政治志・考銓篇》，頁132。

15 乾隆二年十二月十七日（庚戌），命建臺灣考棚。諭曰：「據巡視臺灣給事中兼理學政單德謨奏稱：『臺灣考試生童，向來未建考棚，止就海東書院之便；而地方湫隘，實不能容。遂別開門逕，通於聖廟戟門外，搭蓋棚廠；未免雜沓喧囂，鄰於褻慢。且應關

府治之東方坊（位臺灣縣儒學之左），後又移至道署之北衙舉行，設備極為粗陋。直至道光13年（1833），分巡臺灣兵備道兼提督學政周凱任上，因臺灣文風漸盛，應試者逐年增加，而四縣三廳文童更高達兩千餘人，分棚考試則為必然。因此邀請臺灣南北紳商，籌捐鉅款，請當局別擇府署鴻指園之右起工，新建臺灣府考棚一所。至道光18年（1838）全部竣工；規模極為軒敞，合計可容座號三千餘位。自是各廳縣文童，始得同時同處合棚考試。其後陸續興建者則有光緒元年（1875）年臺北府考棚、光緒15年（1889）於新設臺灣府（今臺中市）考棚，自此原擴建而移至臺灣府署西北之「臺灣府考棚」（今臺南市衛民街、武德街一帶），則改稱為「臺南府試院」。[16]

上述三府考棚設置之外，其餘州廳縣，如光緒元年（1875），鳳山縣亦由貢生蔡垂芳倡建考棚於縣治內；[17]光緒2年（1876）宜蘭縣則由首任知縣邱竣（一作「峻」）南倡捐，而於仰山書院內（文昌廟旁）附設考棚；[18]迨至光緒13年（1887）竹塹縣方由知縣方祖蔭倡捐興建考棚。

防不密，易滋弊端。應請照內地之例建立考棚，以昭嚴肅』等語。向因臺灣應試人少，故未建立考棚；今人文日盛、生童眾多，非復疇昔之比。著該督、撫轉飭地方有司，相度地方情形，修造試院；俾官牆肅靜、考試謹嚴，以重造士育才之典」。參見《清高宗實錄選輯・卷五十九》（臺北市：臺灣銀行經濟研究室，1964.06），頁11。

16 資料源自高育仁等主修，《重修臺灣省通志・卷七・政治志・考銓》，頁132；另參見「國家文化資產網」：「清代考棚遺構」公告資料。https://nchdb.boch.gov.tw/assets/overview/historicalBuilding/20210415000003。（2021.07.08檢索）

17 鳳山考棚的遺址未明，惟近期修復之高雄「鳳儀書院」園區建築，亦有「試院」一景，謂之：「為鳳山縣舉辦縣試的地方，原有屋36間，現僅存五開間建築一座。」此外，亦有仿考棚號舍構造之展示。

18 有關宜蘭考棚文獻，可參黃文瀚，《宜蘭仰山書院文人及其制藝研究》（臺北市：臺灣師範大學文學院國文學系博士論文，2021.07），頁31-34。依據《重修臺灣省通志・卷七・政治志・考銓》所載，道光二年噶瑪蘭通判邱竣南倡捐，於仰山書院內附設考棚（頁133），惟黃文瀚依據史料判釋邱峻南履宜蘭縣首任知縣，時為光緒二年，「道光二年」應是誤植（頁31）。

（一）新竹考棚興建小史與方祖蔭〈創建試院碑〉

雍正9年彰化、淡水分治後，淡水廳治設於竹塹，惟竹塹始終未有儒學，亦無學額分配，生童僅能依附彰化縣學。因此，竹塹名士如王士俊、郭成金、鄭用錫、鄭用鑑等，早年只得遠赴彰化入學。歷雍正、乾隆、嘉慶三朝，經過八十餘年來，竹塹官吏士紳的努力爭取，終得以在嘉慶19年（1814）設立儒學（淡水廳學），並在嘉慶24年（1819）正式開考，歲考文童6名，武童2名，科考文童6名，外撥府學文童3或2名，武童2或1名，廩膳、增廣各4名，四年出貢1人。[19]其後道光3年（1823），鄭用錫成為臺籍第一位進士之後，竹塹文風益盛。[20]

光緒元年（1875）設臺北府，府治設於臺北，分轄新竹、淡水、宜蘭三縣，儒學一分為三。原淡水廳學，改為新竹縣（含苗栗）儒學。光緒11年（1885）11月，方祖蔭以埔里社廳通判調署新竹知縣兼攝苗栗縣事。次年（1886）春，主持縣試，因未有考棚，以致「集多士於公庭」，造成「雜遝擁擠，無以嚴防範而重甄陶」，於是與竹塹地方士紳合力捐輸，在縣南門巡檢司口，費八月建成考棚。光緒13年（1887）方祖蔭立〈創建試院碑〉載錄此事：[21]

19　見林松等主修，《新竹市志・文教志・卷五》，頁272-278，另參見詹雅能，《新竹文史研究論集》（臺北市：知書房出版社，2012.12），頁13。

20　在鄭用錫之前的臺籍進士，尚有臺灣縣陳夢球（康熙甲戌科，1694年）、諸羅縣王克捷（乾隆丁丑科，1757年）、鳳山縣莊文進（乾隆丙戌科，1766年）等，惟後三人或因入籍滿人、或是隨親移居臺灣，或高中後回歸祖籍，只有鄭用錫是首位土生土長的臺灣籍進士，因稱「開臺進士」。感謝審查人提供臺籍進士名錄。

21　試院碑原立於縣城內考棚儀門外北首。高五尺五寸，寬二尺二寸五分；座高一尺，寬二尺八寸五分。正書十五行，行三十六字。現已不存。碑文可參陳朝龍、鄭鵬雲纂輯，詹雅能點校，《新竹縣采訪冊》卷五・碑・碣（上）（臺南市：國立臺灣歷史博物館，2011.10），頁247；另參黃旺成、郭輝纂修，《臺灣省新竹縣志・教育志・卷七》（新竹縣：竹縣文獻委員會，1976.06），頁59，以及《臺灣省新竹縣志・藝文志・卷十一》，頁173-174。

……粵稽新竹為竹塹故址，其邑試先附於彰化；嘉慶十五年間，先伯祖勤襄公總制閩浙，巡視臺疆，始奏歸淡水廳治。迄同治十有三年，沈文蕭公巡臺，復請旨分置郡縣。前人經營改設，具有精心；官斯土者，顧可因陋就簡，聽其校士無所而不為創建試院之舉乎！

爰亟集款捐廉，謀諸紳，擇縣署之陽、地名巡司口者，平基定向、庀材鳩工，經始於夏五月、告成於月之辛丑。院宇凡三重，堂區規模宏敞，兩廊列坐一千號。門樓前拱甬道，圍墻井列。後建閣高聳，供奉奎星神像。……。

碑文除了載記考棚興建始末，文末並推崇有訓導施天鈞、府經歷李繼昆、典史傅若金、紳董林祥靉、林汝梅、陳濬芝、鄭如蘭、李聯萼、高廷琛、陳其德等人共商厥成籌建之功。因此勒石碑兩座：一紀建置事實，一紀捐項姓名。〈創建試院捐名碑〉記錄二十六筆捐資者名諱及其捐額，共計捐銀九千一百四十八元正。[22]

　　就創建碑文所述新竹考棚建物結構，大致與一般考棚差距不遠。且以近年修復之臺灣府儒考棚（臺中考棚）為想像之例（見圖4），此為臺灣僅存之考棚建物。臺灣府儒考棚做為全臺考生參加鄉試之用，原為清光緒18年（1892）臺灣省城（以今臺中市為省會）小北門街內建築群的主體部分，[23]清末因建設時間短暫，隨之而來的日治時期，將原有城內建置拆除，僅大北門樓及本建物保存而拆遷，因此清末發展痕跡已不復見。「其建築主體為五開間，均為福州木構架工法之官署格局作法，正間抬梁，左右次間穿斗，前後有軒，圓形柱珠，設色以黑漆為主，二側有附屬房舍，並殘留有日治時期遷建後之加設隔板構造痕跡。」[24]臺中考棚遺構，保有完整大木構架及捲棚

---

22 見〈創建試院捐名碑〉，陳朝龍、鄭鵬雲纂輯，《新竹縣采訪冊》，頁248-249。

23 此處資料引自「臺中市文化資產處」網頁，惟說其明文字不夠精確，一來依據《重修臺灣省通志》所載（頁132-133），彼時稱「臺灣府」（今臺中市）而非「臺灣省城」；二來興建臺中考棚，應是光緒十五年而非十八年。

24 臺中考棚於日治初期曾作為臨時警察官署，大正七年（1918）年因臺中州廳廳舍的擴

廊軒，具中國江南傳統建築的風格。

圖4　修復之台中府儒考棚號舍

（資料來源：2020.07.11親自拍攝）

　　〈創建試院碑〉文揭明：「冀諸生之發軔於斯者，日就月將，以經術為經濟，勉為國家有用之才，俾學校揚庥而海邦生色」，[25]不僅是地方官府作育英才的職志，也是在地仕紳的心願，因此歷來考棚建造經費，地方仕紳捐款挹注的金額，甚至超過公家的捐銀。如艋舺貢生洪騰雲於光緒6年（1880），即因府城建造考棚行署，捐助田地並經費銀兩，彼時臺灣巡府劉

建工程而拆遷，移現址作為警察俱樂部而得以保留，其遷建歷史見證清領時期官署群落至日治州廳區之都市變遷，極具保存及建築研究價值。資料參見「臺中市文化資產處」古蹟類「臺灣府儒考棚」網頁。https://www.tchac.taichung.gov.tw/building?uid=33&pid=19（2022.04.16檢索）。

25　見〈創建試院碑〉，陳朝龍、鄭鵬雲纂輯，《新竹縣采訪冊》，頁248。

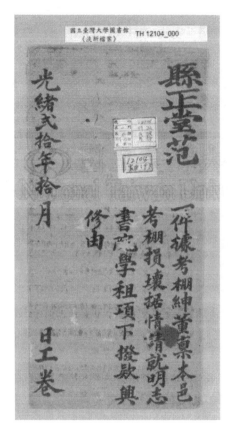

銘傳遂上奏並奉硃批「急公好義」四字，崇其功德並建石坊以獎勵。牌坊題聯：「慷慨荷宸褒，見義勇為，綽楔留芳千古仰；捨施先試院，有基勿壞，士林遍譽一時新。」尤能表顯鄉閭重斯文與養士之德風。[26]

《淡新檔案》亦有多則載及光緒20年（1894）新竹考棚損毀稟請撥款修葺之奏摺，如「具稟考棚經理紳董林汝梅、鄭如蘭、李聯蕚、陳濬芝、高廷琛、陳朝龍等為考棚損壞召匠議估稟請撥款修葺事」，修復款項則依據考棚紳董意見，擬請就明志書院學租項下撥款興修。[27]（圖5）

◀圖5 《淡新檔案》「新竹考棚損毀稟請撥款修葺摺」奏摺

（資料來源：ntul-od-th12104_000）

---

26 有關洪騰雲捐銀興建考棚事蹟，可參莊永明，〈急公好義洪騰雲〉，《臺灣紀事——臺灣歷史上的今天》下冊（臺北：時報文化出版公司，1996.03），頁762-763。「急公好義坊」原係三級古蹟，現則改列為臺北市「直轄市定古蹟」。感謝匿名審查者悉心匡正並惠示資料。石坊原立於衡陽路，日人據臺始拆遷新公園內現址（今二二八紀念公園）。由劉銘傳興建基隆臺北間之首部火車，以「騰雲號」命名的火車頭，亦展示於此。2019年12月15日「瀛社110週年慶全國詩人聯吟大會」，以「臺北考棚」為詩題，諸多詩作皆敘及洪騰雲建造考棚或騰雲浩氣火車頭之典。https://2019.tpps.org.tw/forum/news/pages?id=18。（2022.04.15檢索）

27 分見《淡新檔案》：ntul-od-th12104_001、ntul-od-th12104_000。http://dtrap.lib.ntu.edu.tw/DTRAP/item?docid=ntul-od-th12104_001&query=%E8%80%83%E6%A3%9A+corpus%3A%E6%B7%A1%E6%96%B0%E6%AA%94%E6%A1%88&corpus=%E6%B7%A1%E6%96%B0%E6%AA%94%E6%A1%88&num=10&highprec=1。（2021.08.30檢索）

　　方祖蔭主持竹塹之際，為政老成練達，尤措意於人材之培育，除捐俸建考棚外，亦曾捐俸修葺坍塌的明志書院，使復舊觀。在任三年，政清人和。曾撰有〈竹城感懷〉詩二首：「三十年來逐宦場，自憐肝膽照秋霜。胸中別有炎涼意，半是冰心半熱腸。」「捧檄東來宰海濱，一官惟恐負君親。口碑滿地吾翻愧，不信公評竟有人。」[28]其深孚竹塹之人心，或可想見一二。後以功陞基隆撫民理番同知，延舅與兄分司文案、錢糧。中法之役，舅先罹難，俄而，兄亦歿於兵。之後，祖蔭以功績擢臺南知府，賞戴花翎，欽加三品銜。歿後，竹人祀之德政祠。[29]

（二）新竹考棚所在地及特殊的區域地緣景觀

　　依據史料所載，方祖蔭與仕紳合力所建之新竹考棚（試院），原址為竹塹城南門巡檢署址：

> 舊竹塹巡檢署在縣城南門內。乾隆二十一年，與廳署同建。五十五年，巡檢張啟進詳修。道光九年，巡檢易金杓重修。同治十二年傾圮，巡檢借寓公所。光緒十二年，署知縣方祖蔭詳准即其地改建考棚。[30]

按巡檢署和廳署同時於興建，後因巡檢署坍毀，遂由署知縣方祖蔭在其遺基上改建為試院。考棚設於巡檢署舊址，各文獻所載皆同，殆無疑義，[31]然則

28　「《全臺詩》博覽資料庫（漢珍）」：http://turs.infolinker.com.tw/wordpress/?p=4975。（2021.08.30檢索）

29　見黃旺成、郭輝纂修，《臺灣省新竹縣志・人物志・卷九》，頁20。

30　見陳朝龍、鄭鵬雲纂輯，《新竹縣采訪冊》（清代臺灣方志彙刊　第三十五冊）（臺北市：遠流出版事業公司，2011.10），頁84。

31　有關舊巡檢署圮毀的年代，鄭鵬雲、曾逢辰纂輯，《新竹縣志初稿》另一說法為光緒13年（臺北市：成文出版社，民國57年王世慶校訂排印版），頁14。惟試院創建為光緒12年，「創建試院碑」則立於光緒13年正月，據此推論舊衙署不可能毀於光緒13年。

巡檢署舊址究竟在何處？據《新竹市志》所載，清領時期的「考棚」範圍，
地跨今日的文昌街，約當今日新竹市東區文昌街、西大路、中南街與南門街
所圍的區塊內。[32]

　　幾度實地考察田調，因市街規畫改名之故，目前雖無法察知考棚確切的
原址，然藉由相關文獻資料及新竹地籍圖上的舊街名（如考棚邊街、試院巷
等），進行踏查，得知考棚鄰近竹塹新禮拜堂，惟此區自清領時期即因巷弄
多且窄仄，竟日漸滋生獨特的情色經濟與艷異風光，歷經日治階段，不僅形
成了新竹的遊廓區，泊至戰後猶是以情色與娛樂聞名的私娼寮屋舍區塊。故
而，屬乎儒教的考棚文風，竟與神聖的西方教會、淫靡的煙花柳巷，雜揉為
一處奇特的迴轉全景，間也浮顯這個區域的諸歷史交會，包括已然消逝的考
棚地景，以及被推進到現在和未來的南門「中巷」區域。以下即從考棚與教
會的毗鄰性，以及考棚與異質性的中巷街塊，所產生地緣風景線的巨大裂
隙，來討論考棚的空間景觀。

1　中國儒教與西方耶教：考棚旁的竹塹新禮拜堂

　　現今位於新竹市勝利路247號的新竹長老教會，[33]為馬偕於1878年所創
立，歷史悠久，據教會史料所載，此為北部教會史記錄中現存最早的記
錄。[34]依據新竹教會大事紀要（1872-1988），大致將教會發展概況分為五期：
（1）預備時期（2）竹塹禮拜堂（清縣衙門旁）時期（3）竹塹禮拜堂（中巷
考棚旁）時期（4）新竹禮拜堂時期（勝利路現址）（5）臺灣光復後時期。[35]
其中第三期的教會位址即毗鄰考棚。透過《臺灣日日新報》、〈新竹教會簡
史〉、《臺灣教會公報》所載的新竹教會遷移小史，隱然浮雕出新竹考棚的
位置：

32　林松、周宜昌主修，《新竹市志・卷一土地志・第四篇市街（城池）》，頁①286。

33　今新竹教會因位於兩條街道的交叉口，因此有兩個地址：一為勝利路247號，一為新竹
　　市中山路175號。

34　〈臺灣基督長老教會──新竹教會簡史〉，鄭葦舟等編輯，《臺灣基督長老教會新竹教
　　會設教110週年紀念特刊》（新竹市：臺灣基督長老教會新竹教會，1988.12），頁12。

35　同前註，頁4-11。

　　新竹基督教會創立以來。歷多年所。規模頗大。<u>設講義堂於南門考棚邊右畔</u>。信徒三百餘人。[36]

　　……由於「竹塹禮拜堂」不敷使用，於<u>1899年遷移至中巷內，即新購位於鄰近考棚之魁星樓</u>，又鄰舊同知署衙之旁之連棟宿舍（即今南門街111巷16弄8號），而修建為禮拜堂，教堂門框上有灰泥砌成扁聯，橫書「耶穌聖教」，於8月20日舉行獻堂典禮，即「中巷禮拜堂」。[37]
（底線為筆者所加）

今新竹教會的前身，即是文獻中所提及的「竹塹禮拜堂」和「中巷禮拜堂」。「中巷禮拜堂」不僅作為北臺灣重要的宣教中心，也是新竹內城教會的總部，[38]作為初代教會的「竹塹禮拜堂」，原是馬偕所興建。據《馬偕傳道記》所載：「竹塹是個有四萬人口約有城牆的都市，我於1872年在淡水登陸後第一次沿西海岸旅行時就到過該處。我在那裡有個『先知小樓』（Prophet's Chamber，客棧之意）。」[39]這是馬偕追記竹塹的最初經驗。《馬偕日記》也載記了馬偕的竹塹行蹤與建堂始末，如敘及1872年10月24日初履新竹，下榻在不甚喜歡的「竹塹最好的旅店」，[40]其後則多次來塹城行醫、拔牙；至於

36　《臺灣日日新報》，「新竹通信／自立門戶」（明治44年，1911-07-31，日刊03版）。

37　同年12月17日亦設立「客雅庄教會」，茲因同一市區有二間教會，故稱「中巷禮拜堂」為城內教會，「客雅庄教會」為城外教會以區別之。引文及相關資料，參〈新竹教會簡史〉：http://pct-sintek.org.tw/?act=view&ctl=Article&id=7207。（2021.08.31檢索）。

38　有關「中巷禮拜堂」原址，依據本人親往田調，確如〈新竹教會簡史〉所明：「即今南門街111巷16弄8號」，陳國川於《臺灣地名辭書‧卷十八　新竹市》（臺北：國史館臺灣文獻館，1996.09），則誤植為：「原址在今南門街111巷16號。」（頁123）。

39　見《臺灣教會公報》，第2527期（2000.08.06）：http://www.laijohn.com/book6/541.htm。（2021.08.20檢索）

40　見馬偕（George Leslie Mackay）作、林昌華等譯，《馬偕日記I：1871-1901》（臺北市：玉山社出版事業公司，2012.03），頁77-78。透過日記諸語彙，如「狹窄的街道」、「低矮房間」、「黑暗」、「豬圈」、「極大惡臭的髒水池」、「骯髒、粗糙的泥牆蓋滿蜘蛛網、灰塵以及由隔壁傳過來的煙」等，顯見對於竹塹的第一印象不佳。

設堂傳道則見於1878年11月17日的札記：「於午前開設了竹塹禮拜堂，孽（林孽）、劉（和）和我講道。看了126位病人，在晚上，九（陳九）、劉和和我講道，……整天都擠滿了人」；1899年8月20日的日記則記錄了開設竹塹新禮拜堂的概況：「上午9點，417人在我們的新禮拜堂聚集。……幾乎島嶼這一邊的每個宣教站都有代表來。」[41]可見新堂規模宏大。

綜上而知，1878年禮拜堂先是於竹塹租屋設教（原址位於清朝衙門旁，今新竹市西門街13巷內），其後由於「竹塹禮拜堂」不敷使用，遂於1899年遷移至中巷內，新址即鄰近考棚之魁星樓。竹塹城的中巷既是清朝的試院（考棚），彼時遂流傳一俗諺：「什麼命食到竹塹餅，什麼腳行到倒吊嶺。」傳神地勾勒文武秀才或步行或坐抬轎，皆來到竹塹應考的區域即景。[42]

惟因教會位於中巷一帶，附近娼館林立，據教會簡史所載：「神女出沒，妓女浪子的調謔聲音，破壞莊嚴的祈禱會，更有『耶穌愛我，我知明』等揶揄嘲笑歌聲。」[43]以傳道為使命之教會，遂有遷移之議，並得加拿大籍劉忠堅牧師（Rev. Duncan Macleod）將故鄉信徒捐款全數奉獻，購置位於西城門口現址的土地。1921年動土建堂，而於1922年竣工，因新禮拜堂與客雅庄教會相距不遠，因而合併為今之新竹教會。[44]原中巷禮拜堂雖然已改建為大樓，惟舊址門牌猶在。（見圖6）今之考棚，已不復見舊址，只有透過與文獻所載門牌相符的中巷教會遺址，方能召喚昔日毗鄰教會的考棚地景想像。（見圖7）

---

41 分見《馬偕日記I：1871-1901》，頁355；《馬偕日記III：1892-1901》，頁419。

42 有關建堂始末。見《臺灣教會公報》，第2527期（2000.08.06）、第2540期（2000.11.05）http://www.laijohn.com/book6/541.htm。（2021.08.20檢索）

43 〈臺灣基督長老教會──新竹教會簡史〉，鄭葦舟等編輯，《臺灣基督長老教會新竹教會設教110週年紀念特刊》，頁14。

44 「竹塹禮拜堂」於1899年因遷移而更名「中巷禮拜堂」後，同年12月在客雅庄莊家後（今新竹市客雅里中和路）亦設立「客雅庄教會」，因稱「中巷禮拜堂」為城內教會，「客雅庄教會」為城外教會以區別之。參見http://www.laijohn.com/PCT-W/3/30046/ST/hist.htm（賴永祥長老史料庫）

1899、8、20　中巷教會獻堂

圖6　中巷禮拜堂（原考棚魁星樓旁）

（資料來源：《台灣基督長老教會新竹教會設教
110週年紀念特刊》）

圖7　南門街111巷16弄8號「中巷
　　　禮拜堂遺址」（今南門街111
　　　巷16弄8號大樓民宅）

（資料來源：2021.08.22親自拍攝）

2　文教區與風化巷：試院巷、考棚邊街與中巷的錯置交匯

　　環繞考棚地區的古街道名，計有「考棚邊街」、「試院巷」、「書院街」、
「中巷」等。在田調踏查的研究中，舊「地名」提供了極為豐富的歷史線索
與地方資訊。吳密察嘗就臺灣地名的表記現象，如地方志、官員的文集筆
記，多取其「意」，而如伊能嘉矩等學者的田調採集地名，則多取其音，遂
提出「地名可分成建制性的正式地名和生活者的自然地名；也可以分成文字
化了的地名與未文字化的地名」之論。[45]此論也頗適用於說明昔日竹塹考棚
周邊，屬於官府建制性的地名，如「試院巷」、「書院街」等，以及在地住民
用以形容區域日常生活環境的「考棚邊街」和「中巷」。而當地名或街道音
讀改變時，間也表露了區域地貌的遷變軌轍。如清領時期之考棚邊街，[46]至

45　吳密察，〈《臺灣地名辭書》與臺灣地名的解讀〉，伊能嘉矩著、吳密察譯，《伊能嘉
　　矩‧臺灣地名辭書》，頁8-9。
46　關帝里第七隣呂隣長口述，南門街61巷另一住戶亦言童年時期家戶地址即為試院巷。
　　訪查日期為2019.12.15。

戰後，先是改為「試院巷」（見圖8），今又改為「南門街61巷」，至於「中巷」的音讀也有了轉異。

圖8 原試院巷／南門街61巷

（資料來源：2021.08.22fup 親自拍攝）

　　針對上述四個地名的查考，可先從陳國川《臺灣地名辭書卷十八：新竹市》所載，管窺一二：[47]

> 在清代，由衙署出南門有兩條次要道路，其一由衙署前經西門街（今西安街，屬中央里）轉明志書院東側的書院街，接考棚邊街後再由南門大街出南門；其二是從衙署左側谷倉口（中央里）經中巷（南門街111巷4弄）接考棚街轉南門大街出南門。<u>書院街</u>因位在明志書院而得名，……日治初期，新竹街實施市區改正計畫，明志書院拆除，書院街之名消失，而以關帝廟至西大路間的街塊，總稱<u>中巷</u>。自此以後，中巷之名分化成二義，其一指街塊，此街塊因巷弄複雜，形勢隱密，而吸引私娼聚集……其二指巷道，……目前，中巷所指的是南門街

---

47 陳國川，《臺灣地名辭書・卷十八　新竹市》，頁120。

111巷；原「中巷」則稱中二巷；原書院街稱中三巷；此外，並增南
門街111巷2弄稱中一巷。

引文說明古今地名的衍異之外，也提及此中巷街塊因巷弄隱密，而成為市區
內的風化區。溯其演化之因，或許與歷史背景因素有關，如清代舉子赴試大
多在此巷弄賃屋而居，以及附近武營頭向為清領至日治時期兵營駐地，種種
因素逐漸形成私娼聚集的風月場所。

　　有關「中巷」，由於今昔都市改造、巷弄遷變，以致各家說法不一，甚
至有誤指「中巷」，乃新竹市南門街112巷或116巷者。[48]經筆者由多次實地
考察，及比照新竹市地籍圖，確認「中巷」一辭，在清領時期，最早主要指
谷倉口至考棚，南北縱向的「中巷」，今稱「中二巷」（即111巷6弄），其後
漸向兩旁擴延，有如反寫的「止」字，其右路緊沿關帝廟左側，今稱「中一
巷」（即111巷2弄）。後來由於附近另有清領時期的書院街，與前二巷略成平
行之三路，故今稱此街為「中三巷」（即111巷16弄），此三巷大致均有橫向
連通之巷弄。因此，所謂的「中巷」，不能以最原始的單一巷弄來解讀，恐
需溯及清領時期即呈現區塊概念的「中巷」。如今，中二巷（即111巷6弄），
因道路拓寬貫通，已可北接今西安街，南接文昌街，已不適合再稱為
「巷」，[49]其餘各巷，迄今仍保持1公尺左右的窄巷樣貌。

　　尋溯「中巷」巷道名稱及其流變史，理應將之植入歷史脈絡中進行觀
察，從前文所述地名的表記意義而發，既名之為「中巷」，除了可能作為街
道形式的釋義（如「區域中間方位之巷道」），另一命名之源，不無有反映該

---

48 李家儀，《以文化／歷史之名：1990年代後期以來新竹市公共空間再造之分析》（新竹
　　市：交通大學社會與文化研究所碩論，2005.08），頁117。有關「中巷」古今地名之查
　　考，另見林松等主修，《新竹市志・卷一　土地志》中「中巷」條目（亦為陳國川所撰
　　寫），然有關中巷原址卻誤植為「南門街116巷6弄」（頁①10）。經本人多次實地踏查並
　　拍攝巷道門牌號碼，確認中巷原址為111巷6弄。
49 現今之「中二巷」（即111巷6弄），其西側另有一歧出巷弄，門牌亦為111巷6弄，詢問
　　年長居民，亦稱其巷為中二巷。

地區之特色人文景觀意涵，如取其試院地區「高中」科舉的吉祥諧音。新竹在地知名的文史研究者張德南即言巷道取名為「中巷」，即寓有士子為求吉兆之意，故「中」之音讀應為「ㄓㄨㄥˋ」。[50]（見圖9）

　　承上，清領時期之「中巷」地名所寓含之區域特色，宜乎是配搭考棚地景的科舉文風再現，然則是否也有逸出文教圈正常的人際網絡與異質性地點？如果有，其內隱式的聯繫介質是什麼呢？證諸古典小說所傳述京城士子與歌舞名妓的交遊情節，足以說明青樓風月場與文士社交圈的交涉互動，[51]所形成既富文藝教化又兼具世俗情欲的空間場域性。由是而觀，清領時期竹塹考棚試院與青樓妓院的空間場域連結，或有其可能性，至於確鑿的中巷風月文化，則已見諸前述「中巷教會」於日治時期的遷移史話。

圖9　現今中巷風光

（資料來源：2021.08.22親自拍攝）

50　張德南，《竹塹影像憶往》（新竹市：新竹市立文化中心，1996.05），頁96。

51　有關青樓風月場所的多元空間性，可參王鴻泰，〈青樓名妓與情藝生活——明清間的妓女與文人〉，收入熊秉真、呂妙芬主編，《禮教與情慾：前近代中國文化中的後／現代性》（臺北市：中央研究院近代史研究所，1999.06），頁73-124。

　　至於關帝廟旁的中巷，之所以匯聚娼妓，據廟方所言是因鄰近「武營頭」之故（今已改建為「新竹生活美學館」）。[52]武營頭因位於竹塹城內北路右營遊擊署之前而得名，原是清朝部隊的屯兵演練教場，日治時期則改建為官民交誼廳和公會堂等公眾集會場所與教化展演之場地；戰後初期修復為「中山堂」，其後又改為「省立新竹社會教育館」。[53]自清領至日治，此地軍兵民眾既多，復又具有類臺灣廟埕廣場之聚會場所性，自然極易吸聚聲色犬馬之特種行業落戶於此。

　　戰後新竹的特種行業，主要集中於建國公園及中巷，[54]1950年代的「中巷」被警方列為特種行業區，間亦造成鄰近中巷的關帝廟方的困擾。寺廟管理委員會在江雲水主委的帶領下，於1996年迄2002年陸續斥資收購廟旁周邊之數十戶私娼寮，並於2000年買下緊鄰廟牆之四戶後，即於原地改建為多功能用途之「忠義圖書館」（見圖10）。[55]2002年廟方並協同關帝里里長提出「新竹市南門街社區總體營造計畫——中巷文化教育學園規畫」之企畫案；[56]2013年復又與中華大學協同承辦新竹市文化局委託之「竹塹南門舊城區駐地工作站暨藺草工藝推廣傳承計畫」。「藺草工藝」本身即是竹塹著名的歷史性

52　本人於2021.11.06再次往赴關帝廟田調，管委會江明珠執行長即解說是因軍營所在處之故。考之廟史沿革，自1895年日軍據臺初期，關廟亦被占為陸軍憲兵隊駐屯所，長達三年之久，方恢復祀典。

53　有關武營頭資料，分見林松等主修，《新竹市志‧卷一　土地志》，頁10-11；潘國正編著，《新竹文化地圖》（新竹市：齊風堂出版社，2007.01），頁32；另參「新竹市政府都市發展處」「迎曦之路‧生活美學館」網頁：
https://pathofsunrise.hccg.gov.tw/attraction/vi sit-27/。（2021.11.07）

54　建國公園位於新竹舊城區，為武昌街、文昌街、西門街交會之三角公園，居住附近的老人家則習於聚集此地。有關新竹市府針對掃黃政策及空間再造之「清樓專案」與「建國公園整建工程」，可參李家儀，《以文化／歷史之名：1990年代後期以來新竹市公共空間再造之分析》，頁120-142。

55　圖書館位於二樓，內部主體為大禮堂式的教室及小型圖書室，提供各項推廣文化教育之授課教室。

56　參李家儀，《以文化／歷史之名：1990年代後期以來新竹市公共空間再造之分析》，頁131-132。另見關帝廟廟務發展資料。

與地方性特產，歷經清光緒、日本大正、昭和初期，幾成為臺灣藺草業獨霸者的「金泉發藺紙工廠」，其奠基起家之處，即位於新竹南門區。[57]綜上所述，可見關帝廟積極投入改造中巷的歷史古貌與再現南門文物風華的用心。

圖10　關帝廟「忠義圖書館」二樓授課教室實地參觀

（資料來源：2021.11.06親自拍攝）

　　今關帝廟已戮力翻轉「中巷」社區文化，使之由「風化區」而轉為「文教區」。此外，據新竹在地文史耆老所言，若干名人仕紳亦曾棲居於「中巷」，如《黃旺成先生日記》即載記多則赴友人「中巷」私宅之聚會活動（1917-1927年間）。[58]新竹市文化局嘗於2018年9月12日發布「社區深度之

---

57 金泉發藺紙的經營史，可參張德南，〈臺灣藺著業翹首——金泉發（1878-1939）的初探〉，《新竹區域社會研究》（新竹市：竹市文化局，2011.12），頁263-271。

58 參見《黃旺成先生日記》（1917-12-03、1927-02-04、1927-09-18等則），茲舉1927-09-18例示：「民眾黨綱領政策說明會：午前在家享了半天的清福　午餐後如約到定錦家看他們撤屏工作　準備做今夜的會場　滿室飛灰無可坐處　警察課要求今夜特務加入嚴拒之　午後在青年會與小張們閒談　忽有吳江來與小張論四書　吳江大發驕傲　侮辱滿座的人　晚在順臣兄店用飯　夜到民眾黨支部　待至八時起予為說明綱領黨則出席約二十人　講了【約】莫半鐘後　全老曾、洪水俊到中巷受榜招待　歸已十二時過。」見中研院臺灣史研究所「臺灣日記知識庫」：https://taco.ith.sinica.edu.tw/tdk/%

旅：竹塹・舊城　漫遊行」，並標示路線圖：「中央路風華老店漫遊→暗街仔→古市巷→東前街懷舊導覽（東門堡福德祠→第一間百貨公司）→關帝廟（碗公會）→藺草文化DIY→關帝廟文化導覽→探訪舊考棚→南門街→楊氏節孝坊→814麗香冰店參訪。」其中有關「舊考棚」的連結即是「中巷」。[59]新竹市政府既意在建立區域文化資產保存共識，並規畫「探訪舊考棚」之景點，則不宜只疏簡連結於「中巷」，而應更深入理解以「考棚」作為南門區域中心之相關文化文教等文史資產。

三　南門文教地景：崇文雅會的考學聚落

各處考棚所在處皆毗鄰相關之文教腹地區，已然是一種常見的、互為表裡性的即景，一如臺北考棚旁即有明道書院、鳳山考棚東邊則設有鳳儀書院、宜蘭考棚則位於仰山書院旁（文昌廟東側）。[60]昔稱「淡蘭文風為全臺之冠」[61]，竹塹文風鼎盛，濟濟多士，誠如前述彼時考棚原址在南門區域，西側有明志書院，東側有孔廟儒學泮宮（今大成街），北有關帝廟之義學、書房，在清領時期，儼然形成一考學聚落。[62]以下即針對周邊文教機構，如明志書院、文武廟等設教興學概況，以明考學聚落之區域特色，並兼論其遷變始末。

E9%BB%83%E6%97%BA%E6%88%90%E5%85%88%E7%94%9F%E6%97%A5%E8%A8%98。（2021.10.10）感謝張德南先生提點黃旺成父親與新竹中巷的淵源（曾於此處經商），惟黃旺成童年是否居住中巷，尚待確認。

59 https://culture.hccg.gov.tw/ch/home.jsp?id=289&parentpath=0,3,42&mcustomize=onemessages_view.jsp&toolsflag=Y&dataserno=201809120081&t=HcccbOnes&mserno=201809120013。（2021.11.05檢索）

60 見杉山靖憲編著，《臺灣名勝舊蹟誌》（臺北：臺灣總督府，1916.04），頁576。

61 見沈葆楨，〈福建臺灣奏摺──臺北擬建一府三縣摺〉（同治13年／1875年），《臺灣文獻叢刊・第29種・福建臺灣奏摺》，頁57。http://lib.cysh.cy.edu.tw/taiwan/Content/content.asp?bookno=29&chptno=46&startPage=3。（2021.07.12檢索）

62 見李正萍所繪「竹塹城內土地利用圖」，收錄於林松等主修，《新竹市志・卷一　土地志》，頁①284。

（一）儒學／孔廟

清領階段的教育機構，中央有國子監太學外，府、縣、廳、州有儒學；地方上則有書院、義學、社學、土番社學、民學之設置，皆為科舉而設。淡水廳儒學創立於嘉慶22年（1817），後光緒元年裁撤淡水廳，因改稱新竹縣儒學。

清代淡水廳儒學學宮，設於竹塹城孔廟（文廟），亦名廳儒學。儒學設置於縣城內東南營署左畔，此為乾隆中葉設立廳署時，已定置之學宮位置。中為大成殿，東西兩廡，前為欞星門，崇聖祠在後殿，左為文昌宮；又左為明倫堂，為學廨舊址，在游擊署前曠地，因未設廳學，而借用建設為演武廳。經士紳稟請歸還，臺灣總兵武隆阿遂勘丈定界，於現地建築學宮。迨嘉慶22年（1817），同知張學溥興造，並舉貢生林璽、廩生郭金城、鄭用錫等捐題建造，直至道光4年（1824），由同知吳性誠報竣。9年（1829），同知李慎彝補建昭忠、鄉賢、名宦、節孝四祠；11年（1831），貢生林祥雲補建牲所。其後同知婁雲購柯姣園地，添建圍牆，倡捐重修。廟宇總計七百八十七坪，地基二千零十三坪，此為地方政府之最高教育設施。儒學相關之經費來源可分為學田與學租。歷任學官所掌學務主要有四：一為每年例祭孔子，二為指導生員習業，三為舉行考課，四為管理經費。[63]

清領階段的新竹儒學原址（即孔廟的建築舊址）在今天新竹市成功里的武昌街、大成街、林森路、復興路4條街道所圍繞的區域。[64]惟日治初期曾被充作日軍新竹守備隊兵舍，祭典暫時廢止，後因民眾抗議而恢復。1896年（明治29）臺灣總督府於全島各處設置總督府直轄之國語學校及附屬學

---

63 資料參見林松等主修，《新竹市志・卷五　文教志》，頁⑤272-278；鄭鵬雲、曾逢辰纂輯，《新竹縣志初稿・卷三　學宮》，頁89；以及波越重之，《新竹廳志・第九篇・教育》，頁275-276。

64 參「新竹市孔廟──臺灣宗教文化地圖」：https://www.taiwangods.com/html/cultural/3_0011.aspx?i=169。（2021.07.12檢索）

校，[65]大都利用當地孔廟或書院作為學校設施。孔廟因而成為日治時期許多學校的校址或創設地，如新竹公學校（今新竹國小）、新竹市立／縣立初級中學（今新竹高中）、新竹家政女學校（建華中學）、新竹工業學校（今新竹高工）等校。[66]

　　戰後，因孔廟廢隳不堪崇祀，加上隔鄰市集擴張，而廟之全部範圍逐漸置於市廛雜沓之中，竹邑人士因倡遷建之議，而以原址闢為攤販市場之用。民國46年（1957）遷建至竹市中山公園之南隅（今新竹市東區公園路152號，近新竹市立動物園），次年完工。[67]

（二）明志書院

　　明志書院於清乾隆28年（1763年），由福建汀州（今福建省龍巖市永定區）貢生胡焯猷，將其位於興直堡興直庄（今新北市泰山區明志路二段276號）屋宅與八十甲田業與年收租穀六百餘石，捐設而立，[68]號稱「北臺首學」。清乾隆46年（1781年）因淡水廳廳治設在竹塹（今臺灣新竹市），官紳以其距廳治太遠，於是明志書院又遷建於竹塹關帝廟之西、內天后宮以南（今新竹市西大路與西門街交會之東側），書院之東側道路，即以「書院街」命名（今新竹市東區南門街111巷16弄）。並與隣近的中巷、考棚、關帝義塾、孔廟儒學等等，形成一完整的考學聚落。

---

65 據明治29年（1896）5月21日總督府令第4號，公布國語傳習所之名稱及位置共14所。資料引自黃旺成、郭輝纂修，《臺灣省新竹縣志・卷七・教育志》，頁105。

66 參見黃旺成、郭輝纂修，《臺灣省新竹縣志・卷七・教育志》，頁207-208；另見陳國川，《臺灣地名辭書卷十八：新竹市》，頁119，及其另作〈新竹市街的出現與發展〉，《從清代到當代：新竹300年文獻特輯》，頁376-378。

67 孔廟遷建始末，可參〈新竹孔廟遷建碑記〉，資料來源：「國家圖書館　臺灣記憶」：https://tm.ncl.edu.tw/。（2021.08.31檢索）

68 陳培桂編撰，《淡水廳志・學校志・卷五》（臺中：臺灣省文獻委員會，1977），頁122。

由於明志書院的遷建，故又可分為「泰山明志書院」（1763-1780），與「竹塹明志書院」（1781-1895）兩時期。前者因書院遷往竹塹，改留為租館，聽由生童照舊在此肄業。經過日治、民國時期，經歷數次修繕，大致為

現今所見建築格局。後因年久腐朽，書院樑柱倒塌，2005年9月26日再次重修落成，為北臺灣教育史留下珍貴史蹟。後者，則在乙未變革，一度充作日軍衛戍病院，後又充作新竹國語傳習所、新竹公學校，[69]後又因市區改正計畫開闢道路（今西大路）而遭拆毀，此一歷史建築從此消失，今日只餘下取名「明志書院停車場」的交通設施。此停車場現址原為日本殖民時期修建的現代西醫院，1945年臺灣光復後，改稱為省立新竹醫院。復於民國80年，因都市計畫變更為停車場用地，而於2001年竣工。[70]（見圖11）當初選擇以此歷史建物命名，或許在提醒後人撫今追昔，緬懷其正前方早闢為道路的明志書院。

圖11　今新竹大遠百旁之明志書院停車場一樓的落成紀念碑

（資料來源：2021.08.22親自拍攝）

---

69 黃旺成、郭輝纂修，《臺灣省新竹縣志（四）‧教育志‧卷七》，頁19。
70 資料參見「明志書院停車場落成紀念」碑文（立於明志書院停車場內）。

　　明志書院的「明志」二字，取諸葛孔明家訓：「非澹泊無以明志，非寧靜無以致遠」，並有「爰標明志之名，冀成致遠之器」之意。清道光9年（1829年），開臺進士鄭用錫任院長。道光14年（1834年），鄭用錫赴京任官，鄭用錫族弟鄭用鑑接任院長；在其執掌新竹明志書院三十年，士子中舉的數量逐年增多。其中舉人陳維英曾受業於此，後陳維英掌教艋舺（今臺北市萬華）學海書院及噶瑪蘭廳（今宜蘭）仰山書院，[71]名震臺北、宜蘭，故北宜文風，蓋可謂間接受明志書院的影響。

　　重視道德教育是中國歷代書院最重要而且共通的特色，朱熹在〈白鹿洞書院揭示〉云：「竊觀古昔聖賢所以教人為學之意，莫非使之講明義理，以修其身，然後推以及人，非徒欲其務記覽，為詞章，以釣聲名，取利祿而已也。」[72]明志書院今雖不存，惟在彼時教學子以四書、經史、詩賦之類，以應科考，並重視品德教育，對於傳統文化的傳承，北臺文教的發展，人才的培育，厥功甚偉。

（三）關帝廟與義學、義塾

　　新竹武聖廟（今關帝廟）由時任淡水廳同知王右弼倡建，迨乾隆41年（1776），清廷為收表彰前烈，懷柔百神之效，將關帝定諡「忠義」，而關帝廟則於隔年（1777）竣工，廟史悠久，現為國家三級古蹟。前殿供奉武聖關聖帝君、岳武穆王，並供奉武成王以下歷代列祀武廟神位，後殿則奉祀文昌帝君、朱衣公、魁星公、倉頡夫子、關聖帝君先代神位。[73]武聖廟位處南門

71　相關事蹟可參看詹雅能，《明志書院沿革志》（新竹市：新竹市政府，2002.10），頁84-87。

72　宋・朱熹，《晦庵先生朱文公文集（下）・卷第七十四》（臺北市：大化書局，1985.05），頁1368。

73　本節有關關帝廟之資料，參見「新竹關帝廟沿革記要碑」所載，以及〈新竹武聖廟沿革史〉，范天送、鄭煌等編，《新竹武聖廟沿革》（新竹市：新竹武聖廟管理委員會編，1990.10），頁14；林松、周宜昌主修，《新竹市志・卷一　土地志　名勝古蹟篇》，頁①406。關帝廟之落成年，說法不一，本文暫以「廟方沿革記要碑」為據，且待來日再詳加考證。

文教區（今之南門街即清代文興街），香火鼎盛，復因廟中有文昌殿，是為清考生祈福金榜題名處所。據廟前「新竹關帝廟沿革記要」勒石：「清‧同治六年，淡水同知嚴金清以興養立教為號召，以義倉捐穀所劃出資金，創設義學，城內設四經館，南門內關帝廟左旁，亦為其中之一。」（見圖12）

圖12　「新竹關帝廟沿革記要」碑

（資料來源：2021.11.06親自拍攝）

　　關帝廟參與地方興學與經館的社會教化實踐，最為人稱道者，當屬義學。依據《新竹廳志》所載，社學乃是義學，教育社番者，謂為土番社學。有關新竹義塾之設，始自同治6年（1867），由淡水同知嚴金清設立義塾15處，其中新竹廳，有竹塹城4處與中港、新埔兩社之義塾，而塹城內之義塾

全為漢人子弟而設，中港、新埔則為民番共學。及至同治9年，則增設舊社庄及南門外竹蓮寺兩處義塾。[74]

　　日治以降，佐久間尚孝和張麟書等人籌設昭和義塾。[75]創設緣起，旨在收容市內無方就學以及中途退學之子弟，期能藉由就學，而長其智識。經向當局申請認可，總計收容子弟五十名，遂於1931年在南門關帝廟內設置義塾。[76]教師主要為公學校訓導，彼時新竹寺住持佐久間尚孝和鄭煌兩位也參與其中。據鄭煌日後回憶，昔參與義塾者，尚有教日語課的林玉龍、教數學的魏清溪、教數學和日語的郭傳峰等人，而鄭煌本人則教授漢文。[77]

　　本人實地至南門街關帝廟查看「新竹關帝廟沿革記要」（2009年11月修建落成碑銘），見「設立義塾」條目下載記：「民國十五年（1926年）廩生吳逢沅於本廟設塾教讀漢文，在日本殖民下維繫祖國文化。其後儒士多人也曾設教於此，民國十九年——鄭煌主事」。碑銘中雖提及鄭煌，並未載及昭和義塾及佐久間尚孝。觀諸廟內陳列之廟誌史〈新竹武聖廟沿革史〉大事記，則敘及民國27年（1937）重修本廟，前清廩生吳逢沅、通儒鄭得時、范耀庚等，獲新竹地方人士支持，在本廟設六也書塾，專授漢文。[78]惟稽核文獻所

74　參見波越重之作、宋建和譯，《新竹廳志》（新竹縣竹北市：竹縣文化局，2014.12），頁282-283。

75　見《臺灣日日新報》「新竹有志籌設義塾」（昭和6年，1931-05-09，夕刊n04版），即載明新竹市佐久間尚孝、張麟書、李仕、鄭煌等，鑑及本島人子弟，有因家計事情，希望能就學，卻力未能支；或雖入學而中途退學，加上彼時就業困難，若無事而喜遊，恐終怠惰成性。且若不就學，也無由長其智識。因此籌設新竹昭和義塾。

76　見《臺灣日日新報》「昭和義塾の開校式」（昭和6年，1931-05-26，日刊，05版）。

77　參陳騰芳、潘國正等著，〈「希望工程」新竹版——資深記者鄭煌創辦義塾的故事〉，收於潘國正著，《一生懸命：竹塹耆老講古》（新竹市：新竹市立文化中心，1995.06），頁64-69。

78　見《新竹武聖廟沿革》，頁14。另見《臺灣日日新報》「新竹特訊／認可書房」（大正12年，1923-09-09，日刊06版），則載及新竹郡下認可漢文書房十三處，即新竹南門外靜課軒書房、同南門漢文專修書房、東門六也書塾、北門學渠齋書房、西門養蒙書房、新竹街客雅育英書塾、湳雅集益堂書房、金山面養正堂書房、湖口庄文行書房、紅毛庄維新書房、大家庄育英書房、關西庄馬武督沙灘文光書房、赤柯山、赤坷坪大正書塾等。其中「南門漢文專修書房」應指關帝廟之義塾，惟六也書塾並不在關帝廟內，

載「日據時期新竹地方非正式設立之重要書房概覽」，標示書房所在地「南門關帝廟」之塾師，僅見吳逢沅；至於「六也書房」則列於「正式報設之書房」，所在處為北門區，鄭得時為塾師。[79]

日治初期傳統文人因仕宦之途受阻，紛紛開設書房（以教授漢文為主之私塾），一來為謀稻粱，二來則以傳承漢文作為民族精神寄託。依據資料，1902年（明治35）全省書房即有1822所。臺灣總督府見書房數激增，恐影響實施新式教育，遂於1898年（明治31）頒布「書房義塾規程」，然相關規程並未涉及義塾，其規程重點主要在於將書房納入管理，並明文規定書房之設立需經過申請許可，此外對於課程及授課教科書也有規定，書房因此可視為「代用之公學校」。[80]

位處南門文教區域的關帝廟，自清領、日治即設立義學並兼辦書房，迄今仍開班招生「成人鄉音班」、「書法班」和「親子讀經班」等不收費之推廣活動。招生簡章中旨揭此社造活動以回復南門街往日文教特色為宗旨，其中成人鄉音班則以「明志書苑」冠之，不無有賡續文教大業之志。關帝廟不獨作為一處安頓人心的神聖他界，更充分發揮宗教淑世的情懷，推動教化，培育在地英才，因而也是南門考學聚落的一處文教地景。

四　結語：在那裡？那裡來？有什麼？那裡去？

櫟社詩人張麗俊（1868-1941）〈題考棚舊址〉云：「雲程發軔樹先聲，

而是東門。另依據曾秋濤之孫曾煥儀口述歷史，則敘及曾秋濤先後開設四個漢書房，分別是日治時期的「雅宜書齋」、魚寮（今新港里）的「東山書房」、新竹市關帝廟的「六也書房」，以及光復後位在新竹市北門街88號（現改建中）的「三省學堂」。訪談資料參柳書琴，〈竹塹城外文采風流：曾秋濤及其創建的來儀、御寮吟社〉，《全球客家研究》第4期（2015.05），頁168。

79　黃旺成、郭輝等纂修，《臺灣省新竹縣志（四）・卷七・教育志》，頁121。關帝廟內設置民間書房，並由吳逢沅掌執教務，殆無疑義，惟關廟是否設置「六也書房」？又六也書房究竟位處東門、南門或北門，眾說紛紜，尚待更深入考證。

80　參見林松、周宜昌主修，《新竹市志・第五卷・文教志》，頁371。

此日重遊倍愴情，三十年前觀榜地，宮牆變造陸軍營。」[81]詩文雖以臺南吳園考棚為描述主體，卻道盡全臺考棚地景歷經政權遞嬗的滄桑變貌。乙未鼎革之後，在日治政府啟動現代都市化政策及其支配權之下，所有的市區空間都被改建為實現國家化與軍事化的龐大網絡，以致帝國初期的公共建築設施，也大都由軍事設施開始，或利用接收自清廷的公共建物，[82]進而擴充推進，朝向殖民統治的實踐標的。一如前述新竹明志書院被充作日軍衛戍病院、日語傳習所、新竹公學校，最後更因拓建道路而拆除。至於新竹考棚命運，則更為乖舛。昔日方祖蔭與諸仕紳鳩資興建的新竹考棚究竟何時拆毀？抑或猶有殘存遺跡？目前文獻不足徵，雖多次踏查，詢之當地耆老，亦未得其詳，目前只能針對臺灣堡圖上所遺存「考棚邊街」之地名，進行繪圖重製，藉以琢磨於空間想像，而推估出「中巷」約位於今日西門街、西安街一帶，考棚邊街則是沿著考棚，以弧線呈現，相當於今南門街61巷。

目前足堪見證新竹考棚興廢滄桑史的可視之文物，即竹塹名士林占梅原裝置於（林恆茂）祖廟前之雌雄石獅。在這一對石獅的遷移史中，新竹考棚（試院）即作為一個重要的轉運節點。依據林占梅曾孫林家興（1907-1955）〈石獅記〉手稿所載：「石獅刻成，而祖廟未完成，光緒年間新竹知縣安置於試院前，本島改隸後，新竹市區改正，撤至武營舊址，武德殿完成後移至殿前。」石獅的移徙路徑，並由武德殿續往神社、中山堂，最後則抵達今之新竹市議會前。[83]

從社會學研究的角度來討論地方主體性時，阿君・阿帕度萊曾提出以一種特殊的儀式，來維持空間建物遷移或某些社區鄰坊持續消解的現象。所謂

---

81 《水竹居主人日記》（1926-02-28），參「臺灣日記知識庫」：https://taco.ith.sinica.edu. tw/tdk/%E6%B0%B4%E7%AB%B9%E5%B1%85%E4%B8%BB%E4%BA%BA%E6%97% A5%E8%A8%98/1926-02-28?w=%E8%80%83%E6%A3%9A&p=%E8%80%83+%E6%A3 %9A（2021.08.30檢索）

82 相關日治階段新竹街市改正及建築等資料，可參黃俊銘，《新竹市日治時期建築文化資產調查研究》（新竹市：竹市文化出版，1999.06），頁16-23。

83 有關試院石獅遷移始末，可參張德南，〈議會石獅的淺釋〉，收於氏著，《新竹區域社會踏查》（新竹市：竹市文化局，2019.12），頁97-106。。

儀式當不只是一種有意的表演、再現與行為實踐，或只是將空間和時間本身社會化和地方化，而是必須注意其具有主動、有意且生產性的特徵，亦即儀式以高度的特異方式將持存與延展之物給予地方化了。除了讓這類範疇具有名字、性徵、價值、意義、癥候與可解讀性外，更重要的是必須將記錄時間與空間社會化的文獻（作者名之為民族誌記錄），從鄰坊史推向生產地方性的技術史，並結合各行業人士，如民族誌學者、知識份子、行政人員、語言學家、傳教者等共同生產出在地範疇，進而使在現代條件下探究地方性生產的民族誌更具普遍性的貢獻。[84]

　　本文構設命題的初衷，在於探尋「新竹考棚」一系列的問號，包括考棚的遺址在哪裡？考棚的體制從哪裡來？考棚周邊的景觀有什麼？考棚最終哪裡去了？本文取徑地方性景點建物等物質性生產的過程，而以街道的命名（考棚邊街等）、再生產之新空間（中巷文化區）、區域邊界的劃分（新竹南門區域），以及相關地方史料文獻，並以考棚／試院作為指標性研究的核心節點，重新考察新竹南門區域文化地圖及其所形成極具特色的文教考學聚落，除了藉此勘知生產地方性的地方主體，是如何與地方化的時間空間，展開其綿密的互動，也期能將此新生產的地方知識，轉為更具實踐性與普遍性，能串連起區域社會生活特質，定位出地方的主體性意義。

---

84 阿君‧阿帕度萊，《消失的現代性：全球化之的文化向度》（臺北市：群學出版公司，2009.12），頁257-261。

參考文獻

一　專書

朱　熹，《晦庵先生朱文公文集（下）》（臺北市：大化書局，1985.05）。

不著撰者，《清高宗實錄選輯》（臺北市：臺灣銀行經濟研究室，1964.06）。

何培夫主編，《臺灣地區現存碑碣圖誌・新竹縣市篇》（臺北市：國立中央圖書館臺灣分館，1998.06）。

林　松、周宜昌等主修，《新竹市志》（新竹市：新竹市政府，1996.03）。

林榮洲總編，《迎曦飛越一八五：新竹東門城影像專輯》（新竹市：竹市文化局，2014.08）。

范天送、鄭煌等編，《新竹武聖廟沿革》（新竹市：新竹武聖廟管理委員會，1990.10）。

韋煙灶主編，《從清代到當代：新竹300年文獻特輯》（新竹市：竹市文化局，2018.07）。

高育仁等主修，《重修臺灣省通志》（南投市：臺灣省文獻委員會，1997.02）。

張德南，《竹塹影像憶往》（新竹市：新竹市立文化中心，1996.05）。

張德南，《新竹區域社會研究》（新竹市：竹市文化局，2011.12）。

張德南，《新竹區域社會踏查》（新竹市：竹市文化局，2019.12）。

陳國川，《臺灣地名辭書・卷十八・新竹市》（南投市：臺灣文獻館，1996.09）。

陳培桂編撰，《淡水廳志》（臺中市：臺灣文獻委員會，1977）。

陳朝龍、鄭鵬雲纂輯，《新竹縣采訪冊》（清代臺灣方志彙刊　第35冊）（臺南市：臺灣史博館，2011.10）。

黃旺成、郭輝纂修，《臺灣省新竹縣志》（新竹市：新竹縣政府，1976.06）。

黃俊銘，《新竹市日治時期建築文化資產調查研究》（新竹市：竹市文化局，1999.06）。

黃炳南，《晴園詩草》（臺北市：龍文出版社，1992.06）。

詹雅能，《明志書院沿革志》（新竹市：新竹市政府，2002.10）。

詹雅能，《新竹文史研究論集》（臺北市：知書房出版社，2012.12）。

熊秉眞、呂妙芬主編，《禮教與情慾：前近代中國文化中的後／現代性》（臺北市：中央研究院近代史研究所，1999.06）。

潘國正，《一生懸命：竹塹耆老講古》（新竹市：新竹市立文化中心，1995.06）。

潘國正編，《新竹文化地圖》（新竹市：齊風堂出版社，1997.09）。

鄭葦舟等編，《臺灣基督長老教會新竹教會設教110週年紀念特刊》（新竹市：臺灣基督長教會新竹教會，1988.12）。

鄭鵬雲、曾逢辰纂輯，《新竹縣志初稿》（臺北市：成文出版社，據民國五十七年王世慶校訂本影印）。

內藤乾吉（Torajirō Naitō）解題，《六部成語註解》（京都市：弘文堂印刷部，1940.9）。

伊能嘉矩（Ino Kanori）著、吳密察譯，《伊能嘉矩‧臺灣地名辭書》（新北市：大家／遠足文化事業股份有限公司，2021.01）。

杉山靖憲編，《臺灣名勝舊蹟誌》（臺北：臺灣總督府，1916.04）。

波越重之作、宋建和譯，《新竹廳志》（新竹縣竹北市：竹縣文化局，2014.12）。

阿君‧阿帕度萊（Arjun Appadurai），《消失的現代性：全球化的文化向度》（臺北市：群學出版有限公司，2009.12）。

馬　偕（George Leslie Mackay）作、林昌華等譯，《馬偕日記：1871-1901》（臺北市：玉山社出版事業公司，2012.03）。

羅蘭‧巴特（Roland Barthes）著、許綺玲譯，《明室──攝影札記》（臺北市：臺灣攝影工作室，1997.12）。

二　期刊論文

柳書琴，〈竹塹城外文采風流：曾秋濤及其創建的來儀、御寮吟社〉，《全球客家研究》第4期（2015.05），頁168。

三　報刊雜誌

《臺灣日日新報》，（明治44年）1911-07-31，日刊03版。

《臺灣日日新報》，（大正12年）1923-09-09，日刊06版。

《臺灣日日新報》，（昭和6年）1931-05-09，夕刊n04版。

《臺灣日日新報》，（昭和6年）1931-05-26，日刊05版。

《臺灣教會公報》，第2527期（2000.08.06）、第2540期（2000.11.05）。

四　學位論文

李家儀，《以文化／歷史之名：1990年代後期以來新竹市公共空間再造之分
　　析》（新竹市：國立交通大學社會與文化研究所碩論，2005.08）。

黃文瀚，《宜蘭仰山書院文人及其制藝研究》（臺北市：臺灣師範大學文學院
　　國文學系博論，2021.07）。

五　電子資料庫

「國家圖書館　臺灣記憶」，〈新竹孔廟遷建碑記〉：https://tm.ncl.edu.tw/
　　（2021.08.31檢索）。

〈新竹教會簡史〉：http://pct-sintek.org.tw/?act=view&ctl=Article&id=7207
　　（2021.08.31檢索）。

中研院臺灣史研究所「臺灣日記知識庫」，《水竹居主人日記》：https://taco.
　　ith.sinica.edu.tw/tdk/%E6%B0%B4%E7%AB%B9%E5%B1%85%E4%B8%
　　BB%E4%BA%BA%E6%97%A5%E8%A8%98/1926-02-28?w=%E8%80%
　　83%E6%A3%9A&p=%E8%80%83+%E6%A3%9A（2021.08. 30檢索）。

中研院臺灣史研究所「臺灣日記知識庫」，《黃旺成先生日記》：https://taco.ith.
　　sinica.edu.tw/tdk/%E9%BB%83%E6%97%BA%E6%88%90%E5%85%88%
　　E7%94%9F%E6%97%A5%E8%A8%98（2021.10.10檢索）。

「漢珍數位圖書公司」，《全臺詩》博覽資料庫：http://turs.infolinker.com.tw/
　　wordpress/?p=4975（2021.08.30檢索）。

《淡新檔案》：ntul-od-th12104_001、ntul-od-th12104_000：http://dtrap.lib.ntu.

edu.tw/DTRAP/item?docid=ntul-od-th12104_001&query=%E8%80%83%E6%A3%9A+corpus%3A%E6%B7%A1%E6%96%B0%E6%AA%94%E6%A1%88&corpus=%E6%B7%A1%E6%96%B0%E6%AA%94%E6%A1%88&num=10&highprec=1（2021.08.30檢索）

「國家文化資產網」,「清代考棚遺構」公告資料：https://nchdb.boch.gov.tw/assets/overview/historicalBuilding/20210415000003（2021.07.08檢索）。

「國家文化資產網」,「建華國中第一棟」：https://nchdb.boch.gov.tw/assets/overview/historicalBuilding/20180306000003（2022.04.15檢索）。

「新竹市孔廟——臺灣宗教文化地圖」：https://www.taiwangods.com/html/cultural/3_0011.aspx?i=169（2021.07.12檢索）。

「新竹市政府都市發展處」,「迎曦之路・生活美學館」：https://pathofsunrise.hccg.gov.tw/attraction/visit-27/（2021.11.07檢索）。

「臺中市文化資產處」,古蹟類「臺灣府儒考棚」：https://www.tchac.taichung.gov.tw/building?uid=33&pid=19（2021.08.27檢索）。

沈葆楨,〈福建臺灣奏摺——臺北擬建一府三縣摺〉（同治13年/1875年）,《臺灣文獻叢刊・第29種・福建臺灣奏摺》,頁57。http://lib.cysh.cy.edu.tw/taiwan/Content/content.asp?bookno=29&chptno=46&startPage=3（2021.07.12檢索）。

13

澎湖‧群島：

從舢舨漁業初步考察的一些反思

林寶安[*]

摘　要

　　長期以來，人們習慣於將澎湖當作一個單一的整體來看待，是一個以馬公市為核心、其他地方都被整合進來的世界。雖然此一行政上的「澎湖」單位從很早就持續存在，然而，面對現實上由90座島嶼（其中19座有人居住）所組成的群島社會，馬公市究竟如何能夠整合這些島嶼漁村，卻無疑是個重要的歷史問題，也是過去較少被思考討論的課題。

　　最關鍵的當然是交通運輸。做為群島組成的社會，交通運輸條件對島嶼之間的交流與整合留下最深刻的影響。最簡單的例子就是西嶼，直到1970年因為跨海大橋通車而跟馬公市直接連通之後，西嶼才脫離一座「離島」的命運。在跨海大橋之前的幾百年時間裡，西嶼就是一座遺世獨立的離島，唯一的對外交通工具就是過去那些不怎麼安全、也不怎麼有效的船隻。這個標準也同樣適用於白沙島，雖然時間要提早到1937年，當時因為二座連接中屯島的橋梁通車把白沙島跟澎湖本島連接，才讓馬公市有辦法直接從陸地連通而直接延伸進去跟白沙相互交流。不過時至今日，在白沙、西嶼這二座島嶼的耆老身上，我們依然聽到保有非常特殊的當地臺語口音，或可說是過去這種因為身為離島而存在相對獨立性的最佳證據。

---

* 國立澎湖科技大學通識中心社會科學組教授兼研究發展處研發長

本文從離島如何生存運作的角度，重新思考各離島與馬公、以及與臺灣跟大陸的關係。對於島嶼作物產出大多僅足以供給島上人們半年左右所需的條件下，離島漁村的人們為了生存下去，究竟開展出怎樣的對外海上交通關係，並且對這些離島漁村留下哪些更為長遠的影響，都是本文嘗試透過現有文獻與田野口述歷史作初步整理分析的所在。

關鍵字：澎湖群島、馬公、白沙、西嶼、舢舨、帆船、生存、商業、貿易、
出稼、移民

一　前言：重新認識澎湖做為「群島」的本質

　　臺灣社會在2021年5月中以後歷經幾個月苦悶疫情的衝擊之後，可算是引人注意討論的大事之一，或許是「斯卡羅」這部影集的首播所帶來的諸多反應。本文並無意討論這部影集，而是因為該影集的第一集出現澎湖漁商跟部落交易的描述，令人對於澎湖漁民商人的角色及其與臺灣各地之間的商業貿易關係產生好奇。這些影片裡的澎湖漁民與商人，是來自馬公？或是來自澎湖其他島嶼、其他漁村？他們到臺灣買賣貿易的是哪些商品？他們的利潤如何？……？

　　會有這些問題，主要來自筆者近年來在澎湖累積一些初步澎湖研究心得的反思。身為從臺灣來到澎湖的新移民，筆者的澎湖研究進行得頗為艱難。一方面，雖然在澎湖的田野調查會獲得在地各漁村耆老與一般民眾相當友善的回應，但是筆者過去出身臺灣鄉村農家的經驗與在都市接受學術訓練的方式，都跟澎湖這個群島所構成、以討海為生的社會生活形態存在相當大的差異。正因為對這種在地生活知識的欠缺，使得田野訪查與澎湖研究的進展相對困難。另一方面，雖然隨著在澎湖居住教學研究日子的累積，而逐漸豐富了更多在地日常生活知識與常識，但是在攸關澎湖的重要在地知識，例如有關漁業討海捕撈體系、海洋魚蝦貝類生態等等，則又是全然陌生的專業領域，需要涉獵更多跨領域的文獻。無論如何，從轉到澎湖任教而開始嘗試跨入澎湖研究以來，雖然走得跌跌撞撞，卻也慢慢累積出一些心得，以及留下一些疑惑。

　　令人感到疑惑的地方之一，是既有文獻對於商業貿易活動的研究分析相對有限。例如各種地方志書對於經濟活動的討論，基本上是以農業、漁業、工商製造業等方式分章節整理分析，並且論述方式採取以生產製造為主要取向，對於商品交易買賣如何運作的課題著墨十分有限。但是，過去這些有關澎湖社會經濟發展的文獻，卻又都會論及澎湖因為土地貧瘠、雨量與水源嚴重不足，加上冬季長達半年猛烈且帶有鹽分東北季風的吹襲，不僅造成農作物只能以番薯、高粱、花生三大旱作為主，並且作物收成也僅能滿足住民大

約半年左右所需（各鄉稍有不同）。因此，如何取得不足的糧食來源，就成為澎湖群島各漁村所面對的最基本課題，而這無疑就涉及如何對外進行貿易買賣運輸，卻也是過去較少著墨之處。

法國史學家布勞岱在其《地中海史》經典研究裡，曾對於地中海島嶼有過以下的討論，他說地中海：

> 沒有一個島嶼的生活能確有保障。每個島嶼尚未解決或者解決不了的大問題，就是怎樣依靠自己的資源、土地、果園和畜群生活，**以及由於做不到這一點而怎樣向外求援**。除去個別例外，所有其他島嶼都是飢餓之鄉（Braudel, 2002:168）。（粗體為筆者所加）

基本上，布勞岱對於地中海島嶼的討論，似乎可以用來觀照澎湖群島的過去歷史。從歷史文獻來考察，過去的澎湖群島幾乎就是不間斷地遭受飢餓、饑荒威脅所串連起來的歷史。因此，以林豪《澎湖廳志》（1964）、蔣鏞《澎湖續編》（1961）、以及《清季申報臺灣紀事輯錄》（1968）這三本記載澎湖饑荒之年的相關志書著手整理，便發現清朝在1705-1894年共計190年間，澎湖就累計有54年遭受災厄侵襲（詳見附錄），包括乾旱6年、大風雨27年、下鹹雨為災13年、饑荒19年、大疫5年、蝗災1年，也就是平均每3.52年就發生一次天然災禍（表一）；其中除了直接記載為饑荒之年外，其他災禍也都不是直接影響作物收成（如乾旱、大風雨、下鹹雨、蝗災等），就是影響更深遠的瘟疫（大疫）。

表一 1705-1894 澎湖災荒統計

災荒類型	累計年數
大風雨	27年
饑荒	19年
下鹹雨為災	13年
乾旱	6年
大疫	5年
蝗災	1年
平均每3.52年發生1次	

　　那麼澎湖各地的居民又是如何能夠度過這些遭受災禍、饑荒重創之年？從澎湖歷史志書的資料來看，官府面對地方饑荒災情，首先能做的就是賑災。在饑荒之年特別提及的賑災方式，有賑災、發放銀米、平市、以及施粥等共計9次紀錄，其次，則是清朝以饑荒等問題而昭蠲、昭免當年賦役的記載。然而眾所皆知，做為群島之鄉的澎湖，其實面對著冬季長達半年的東北季風之苦，不僅百物不興，甚且難以對外連通；因此，如果饑荒災禍發生於夏末入秋之後，等到訊息上報、上級官府命令賑災處置時，往往就會面對遭遇大風浪阻隔的困難。例如道光12年（1832）澎湖大饑荒，當時擔任興泉永道的周凱奉檄前往澎湖勘災，卻遭遇極其困難的風浪，遲遲無法抵達澎湖：

> 東風偏作劇，漂泊月有餘；幸不葬魚腹，居然到澎湖。臺陽鎮道府，早檄大令徐（鳳山縣知縣徐必觀）。沈（鳳山興隆巡檢沈長菜）、施（嘉義大武壠巡檢施模）二巡檢，先後臨災區。折桅與斷舵，傾覆尤堪虞（**臺灣於十一月即委三君勘災，皆因風色不順，屢次折回，二月始到**）（蔡廷蘭，1959：51）。（粗黑體為筆者所加）

　　事實上，澎湖對外的航運交通，若是一切順暢，無須一日即可抵達廈門、鹿耳門。依據胡建偉約1771年付梓的《澎湖紀略》〈水道〉一節指出，

「自澎湖航海，西至廈門水程七更，東至臺灣鹿耳門水程五更。志約六十里為一更，然亦無據也。樵書二編云：更也者，一日一夜定為十更，以焚香幾枝為度。**船在大洋，風潮有順逆、行駛有遲速，水程難辨**」（胡建偉，1961：15）。也就是說，雖然原則上一日內可達，但是胡建偉指出「風潮」因素使得水程難辨，或是周凱前面更困難的經歷（農曆11月出發、2月始抵達），都充分反應澎湖群島每年入冬之後的現實是，若非讓澎湖難以對外連通，即是日程難以預度。

　　基本上，澎湖群島在每年入秋冬以降前後約半年的時間裡因為東北季風熾盛，因此難以對外連通、難以出海捕撈作業、難以進行日常社會經濟活動、難以維持正常生活的運轉，就是澎湖人幾百年來的生活寫照。即使遲至今日，在船舶設備、動力均已日益先進之際，一旦東北季風特別強盛的日子，也會使得澎湖對外對內的交通船宣布停駛。2020年底，澎湖南海離島便因長期持續的強風急浪，使得部分交通航線持續停擺，造成民生物資、醫療藥品、郵件等遲遲無法送達。[1]今日動輒幾百噸且動力導航設備極其優良的交通船況且如此，過去幾百年來僅能依靠風力或搖櫓人力的帆船，根本就難以渡海。在本文看來，這也就成為澎湖群島對外連通受天候條件影響所形成的一種結構限制，也對澎湖社會經濟帶來在基本生活結構上的許多烙印。

　　無法對外連通，澎湖七美友人常苦笑戲稱為「關」島。但是這樣無奈的表述，放在幾百年來遭受饑荒所苦的日子，就會變成攸關人命的大事。因此，學習如何在如此艱困、可能遭到阻隔的島嶼環境中生存下來，也就成為澎湖群島人民共通的生活底蘊。想辦法用乾製、醃製方式儲存各種食物，以備因應「關」島或災荒之需，也就順理成章。其次，想辦法在島嶼乾旱的土地上，把每一塊土地都盡可能拿來耕種，則是更重要的生存辦法；至今留下來極少數照片（圖一、對照圖二）或是戰後空拍澎湖景象（圖三、對照圖

---

[1] 2020年10-12月期間，南海交通船受風浪阻隔停駛將近一個月、近10天，造成各種物資運補中斷問題，持續受到在地媒體的報導。見《澎湖時報》〈3級離島斷糧近月　海象不佳交通船停駛　陳佩真籲專船送物資〉（20201027）、《澎湖日報》〈交通船克服風浪　離島民生物資醫藥品補足〉（20201208）。

四），全數呈現土地在過去都是被開墾成一畦一畦耕種的景象，分明就是過去漁村一種極力想要自給自足的表現。但是這二個畢竟只能算是消極的辦法，一旦「關」島過久依然會出問題！布勞岱前面說過，如果做不到自給自足，要「**怎樣向外求援**」，也就成為每座島嶼攸關生死的重大課題，澎湖群島也是一樣。

圖一　1895年西嶼外垵漁村周邊的土地、山坡地，全數被開墾為山園、梯田耕種
（取自秋惠文庫）

圖二　現在田園早已荒廢的外垵漁村
（林寶安拍攝，20200212）

圖三　1963年的西嶼大池角漁村

（美軍空拍圖，取自中央研究院地理資訊中心）

圖四　　2020年大池角漁村周圍土地幾乎全數離農被銀合歡占據
（取自江昭蓉空拍照）

胡建偉在18世紀後期對澎湖見聞的記載，解答了部分的問題。他說：

> 澎湖自歸版圖而後，生齒日繁、資用日廣，況地土磽瘠，不產百物，
> 所有衣食、器用悉取資於外郡。如布疋、綢緞、磁瓦、木植等貨，則
> 取資於漳泉；米穀、雜糧、油糖、竹藤等貨，則取資於臺郡；無一物
> 不待濟於市，則通商惠工實守土者之所有事也。況一十三澳並無馬
> 頭、市鎮以及墟場交易之地，率皆遠赴媽宮埠頭購覓買售。然媽宮之
> 所以諸貨悉備者，固在於坐賈開舖之人，而亦半藉於往來商船隨帶
> 臺、廈貨物，以致於足用也。市顧不重哉！（胡建偉，1961：43-44）

　　胡建偉18世紀後期對澎湖的觀察，對於認識澎湖的歷史與對外關係，具
有重要的意義。首先，胡建偉指出當時澎湖在對外關係上，隨著人口成長、
需求也水漲船高，但是澎湖本身卻因土地貧瘠，無法供應人民基本飲食需

求，需要仰賴外部供應；況且各種民生物資匱乏，也就造成「所有衣食、器用悉取資於外郡」的地步。其次，在對外來物資的依賴方面，來自原鄉大陸漳泉的物資屬於相對精緻、高級的生活物資器用，而來自臺灣的則是比較屬於初級產業的糧食物資。也就是說，胡建偉在250年前留下的這段記述，除了說明澎湖主要仰賴的貿易網絡在於大陸漳泉與臺郡之外，也清楚呈現漳泉與臺郡之間在商業貿易位階上的差異。第三，當時整個澎湖群島一共一十三澳卻因為欠缺市集交易場所，都需遠赴媽宮購得所需。從都市城鄉體系的角度來說，這就說明馬公在整個澎湖群島的核心地位。

雖然從胡建偉的記載能夠翔實地說明當時澎湖的對內對外關係，但是就算馬公真的是供應整個澎湖群島的都市核心所在，卻還是無法解決因為天候因素造成的「關」島難題。基本上，「關」島難題在馬公並不嚴重，關鍵當然在於馬公本身就匯集整個澎湖群島對內、對外貿易網絡與街市商舖的物資，「諸貨悉備」，相對可以供應豐富無缺。但是一離開馬公之後的各離島漁村又會如何呢？過去無法解決風浪過大的「關」島問題，也就會讓「離島」陷入島上物資難以為繼的困境。問題是，哪些島算是澎湖的離島？

雖然這樣的問法頗為奇怪，卻真實指出澎湖「離島」的指涉範圍曾經有過改變的事實。對於今日許多來到澎湖觀光旅遊者來說，澎湖本島可能包含馬公市、往機場過去的湖西鄉、再往北的白沙鄉、以及經過跨海大橋之後的西嶼鄉。白沙、西嶼雖然路途相對遙遠，卻都是車輛可以輕易到達之地，都可以算是澎湖的本島範圍之內。離開這個範圍，就是澎湖離島，或是說才是澎湖離島！但是，這樣的理解只適用於現代，並不適用於1970年跨海大橋通車之前的西嶼，也不適用於1937年二座橋通車之前的白沙（參考圖五）。在那二個年代之前，西嶼或白沙分別都是實實在在的「離島」，因此也都需要解決如何對外連通的問題。

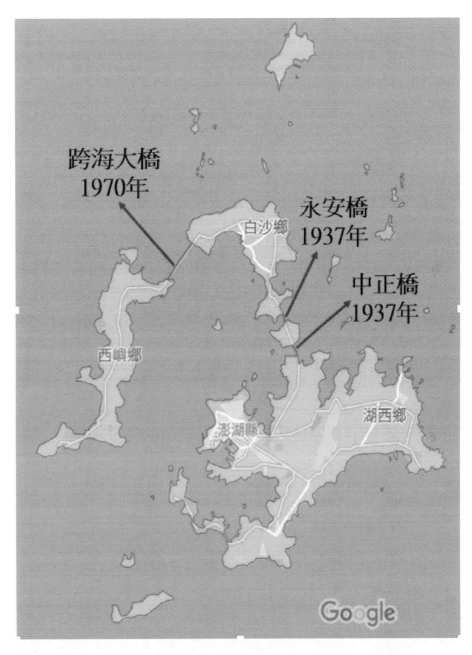

圖五　澎湖不同年代的橋梁通車才讓本島分別跟白沙、西嶼連通

用最戲劇性的話說，西嶼跟白沙這二座島嶼在橋梁通車前後的最大改變，就是從「離島」變成了「本島」！在「離島」的階段，西嶼跟白沙都需要對外連通的港口，以做為島上人員、民生物資、各式商品、訊息對外交流與交換的管道。因此，過去做為「離島」時期主要連通馬公的渡口：西嶼的大菓葉跟白沙的瓦硐，也就分別獲得某些特殊的社會經濟發展機會。至今在早已人去樓空的西嶼大菓葉海邊還留有一座擁有巴洛克門柱的廢棄「商行」，讓人還可依稀藉此憑弔那往日的繁華，附近則還殘留不少廢棄的民宅，都是曾經作為重要渡口的遺跡。而當地二崁陳姓耆老告訴筆者，大菓葉在民國四十年代甚至都還設有軍中樂園，似乎都說明這個渡口曾經走過的商業景象與燈紅酒綠。

另一方面，白沙的瓦硐也是不遑多讓。若非瓦硐曾經是白沙對馬公的主要渡口，以今日瓦硐人口嚴重外流的景象，實在很難理解何以當初白沙富豪張百萬會選擇這裡建造他的八落大宅院；更難想像的可能是瓦硐在日治1902年僅有人口595名的小村落，卻具備能夠培育出高達24位的醫生，以及多位文人仕紳與老師的社會經濟能量（許雪姬，2002a），[2]這樣高度的反差，當然耐人尋味是如何辦到的?!

二 「離島」的對外關係：從瓦硐渡口與移民談起

做為「離島」的白沙、做為白沙渡口的瓦硐、以及當時離島對外的整體圖像為何，是一件尚須更多研究努力才能慢慢拼湊圖像、解開謎題的困難工作。本文目前僅能利用過去幾年的田野資料，以及跟現有某些文獻對話，嘗試提出一些初步的看法，並做為未來研究的參考。

瓦硐做為離島白沙島的對外渡口所帶來的影響，目前並未受到深入的研究；若有研究談及瓦硐，大多是有關張百萬致富傳說與家族事蹟時的背景。

---

2 除了此處及以下的討論之外，大菓葉跟瓦硐是筆者希望未來能夠進行深入研究的渡口，以期能夠從中瞭解因為交通運輸條件改變（關鍵橋梁通車），對於特定渡口以及整體當地島嶼社會經濟型態的影響。

然而，透過在地耆老的口述歷史，卻也多少拼湊出一些蛛絲馬跡。例如1932年出生、居住瓦硐村的吳連池，就提及過去帆船時代的瓦硐，在：

> 碼頭這裡很熱鬧，丁發的船早一趟、晚一趟跑馬公。這一艘丁發船是交通船，那時還是帆船的時代，還沒有發動機，都還是帆船運載，駛起駛落，那一艘後來可能二座橋通車沒生意就賣掉了。那時候白沙鄉的赤崁、岐頭、講美、中屯、港尾所有要進出的貨，都會來靠我們的碼頭，因為都靠在瓦硐這裡出入，所以以前碼頭真的非常熱鬧，可是那時候還沒什麼車，都是要靠人去擔。各地的人都會來碼頭這裡等船（林寶安，2020a：101）。

值得注意的是，正因為瓦硐是當時白沙鄉往返馬公的主要渡口門戶，隨著每天帆船的往返，「碼頭真的非常熱鬧」，帶動著白沙島上各地人們如同潮汐漲退一般往返瓦硐集散，以便搬運需要進出白沙島的各種貨物商品。也是因此，當地另一位吳姓長者便特別指出，這也使得瓦硐跟白沙島上各漁村都有直接往返連通的道路（條條道路通瓦硐？），以便利貨物商品的搬運。

但是瓦硐港其實並不限於對內跟馬公之間對渡的貨物商品往來交易。根據通梁耆老張義男（1940年次）的口述，瓦硐其實還有直接跟大陸之間的帆船貿易：

> 以前用帆船跑大陸，主要就是載石料、載木材回來，不是在馬公，都靠巷港（瓦硐），那時候叫做巷港（瓦硐）橋頭。我們通梁這裡太淺了，帆船沒辦法進來，巷港那邊比較深，帆船可以進來。那時候橋〔中正橋與永安橋〕還沒通之前，我們要去馬公，要坐船也都要去巷港（瓦硐）那邊坐，整個白沙也都是在那邊坐。
>
> 以前帆船從巷港（瓦硐）進出的時候，除了巷港那邊他們本身的帆船之外，我們通梁也有兩艘，一艘是隔壁姓鄭家族的，那艘和泰就五個姓鄭的合股，我們張家那艘叫做和興。那時候有錢人會請人從大陸打

造墓碑回來，像我們隔壁姓林的家族因為有錢，就會過去大陸請人打墓牌，再載回來這樣。他們家族的發展就是都在做生意的，在馬公做生意，那時好像開店在賣百貨，衣服、鞋啦，好像叫和民商店。有一次，我那個大伯仔在跟我說，他說有一次帆船已經回到可以看到目斗嶼，說看到那個燈塔就像一隻釣竿這樣，結果突然天氣一變，又沒有風，沒辦法回來，就只能放著隨潮流讓他漂流，漂流了七天七夜之後，再碰到有風面（起風），可以駛帆之後，才有辦法回來。那一艘帆船就是三桅的大帆船，可以坐上百人哪種。也因為這種天候因素，所以要跑大陸的帆船，一般出海都會帶很多東西在船上，因為沒辦法預測風浪能否順利，為了避免在海上漂流沒東西吃、沒水喝，所以都會帶很多東西（林寶安，2020a：29-30）。

值得注意的是，在地人直到今日對瓦硐的稱呼，依然使用「巷港」一詞。據多位報導人指稱，這是因為白沙島靠澎湖內海的海域，幾乎都是平緩的沙灘，並無天然良港，唯獨瓦硐海域卻有一條從海岸往外延伸較深的航道，可以讓吃水較重的大帆船進出；但是這條天然航道並不寬敞，頗似海中一條巷道，因此而有「巷港」之稱。其他漁村海域因為無此海中較深的巷道可以通航，因此都跟此處的通梁一樣屬於所謂的「候潮港」，也就是說一旦退潮就裸露成一大片沙灘，船隻根本無法航行，需等漲潮才能進出。瓦硐之所以成為白沙往返馬公的渡口，也就是因為其他漁村都受到候潮港的屬性限制無法讓船隻正常進出，從而促成瓦硐在「離島」白沙時期取得渡口的優勢地位。

其次，過去帆船時代的貿易運輸，因為以運用風力為航行基礎，一旦如此處所提碰到天候突然變化，也就無法如期抵達。因此，風力突然變大、變小，風向突然改變，都會影響帆船能否正常抵達（更別說突然碰到暴風雨、甚至颱風）。[3]帆船時代的運輸與貿易，也就是這麼一個「無法如期到達」完

---

3 操帆航行，需要經驗技術，更需要風力。沒有風，帆船在海上只能任由洋流漂流而

全是「司空見慣」的時代寫照。以耆老張義男此處口述的故事，也就不難想像在那艘帆船因為無風只能漂流的七天七夜裡，所有跟該艘帆船船長、船員有關的家屬親戚，以及等候船上貨物商品與訊息抵達的貨主，會是如何焦急地每天到瓦硐港口去瞭望等候，就希望能夠等到船隻的歸來，或是能夠聽到隻字片語有關船隻安危的任何訊息。過去海洋文學裡似乎頗為普遍存在的「等候」旋律，或是許多島嶼有關望夫石之類的傳說，無疑跟這風浪的作用造成無法如期、不可預期歸來的延宕，以及與漁船因為風浪失事脫離不了干係。

　　當然，張義男有關瓦硐的口述歷史記憶，還指出瓦硐做為白沙對外連通的港口，並未壟斷瓦硐港的使用；鄰近的通梁也有二艘帆船以瓦硐為進出港，從大陸載運石料、木材回來。這樣的訊息，一方面反映當時各漁村除了從事捕撈作業的漁船之外，似乎多少都還會有從事貿易的帆船存在，擴大吾人對於當時漁村社會經濟型態似乎更為多元的想像。如同後面章節有關澎湖其他漁村的一些口述歷史所述，將可以發現許多漁村除了討海漁民之外，也多少都有從事貿易活動的帆船。另一方面，這些帆船恐怕不會如張義男所述，僅僅前往大陸運輸石料木材，在商品方面也夾帶一些日常民生物資，甚至在運輸貿易的港口也延伸到臺灣各地，應該是可以合理接受的推論。許雪姬（2002b）有關瓦硐移民的研究，為瓦硐可能的運輸貿易網絡提供了間接但關鍵的證據。

　　許雪姬在2002年的另一篇文章〈澎湖的人口遷移：以白沙鄉瓦硐村為例〉（2002b），運用所採集瓦硐各姓氏族譜的記載，極其辛苦地整理出各姓氏後代在不同時期的遷移記錄，並跟過去解釋澎湖人口遷移重要學者尹建中（1989）的論點進行對話。她針對瓦硐村在1750-1850年期間的遷移現象討論指出：

走，更因為沒有今日機動船的動力可直接朝港口目標前行，順風與逆風操帆則又有完全不同的技術。因此張詠捷（2010）的口述歷史與筆者的田野訪查，耆老都異口同聲有關海上操帆的困難，以及因為風力改變，以致即使眼看已經到了家門口，都可能風向一變，大半個月回不了家的困難。

此期遷移，以遷到臺南11人、鹿港8人、基隆9人為最多，遷往高屏一帶只有3人。另有外遷彰化有3人，竹塹有1人，更有3人遷回大陸；另戴姓有遷往泰國者，由這些數據顯示和尹建中認為此期大都遷往恆春的看法，有所不同。依個人的看法，澎民選擇定居的口岸，必和澎、臺間的貿易口岸有相當密切的關係。換言之，那些港口和澎湖通行，**那些港口就較有可能成為澎民的移民地**（許雪姬，2002b：89）。（粗黑體為筆者所加）

　　許雪姬在這裡提出二大重點。首先，依據整理自瓦硐主要姓氏族譜的遷移記載，各姓氏人口的遷移目的地從臺灣由南到北相當分散，不同於尹建中認為此一時期澎湖人主要遷往恆春的推論（尹建中，1998）。因此，本文依據許雪姬一文所提供的瓦硐各族譜遷移資料進行重新整理，獲得瓦硐各姓氏家族橫跨二百多年、高達277名的遷移資料（表二、表三），提供對於這座白沙對內對外口岸網絡的認識。從表二可見，瓦硐人在1750年以前仍有2成比例遷回大陸，但是此後均在1成以下，呈現出移民似乎大多不走回頭路的情形。相對而言，瓦硐人最主要的遷移目的地就是臺灣，也具體呈現大陸移民澎湖之後再次移民的模式，同時說明澎湖成為重要人口再移出地的現象。

表二　澎湖白沙鄉瓦硐村各姓氏人口遷移紀錄

移入地	-1750		1750-1850		1850-1908		1908-1960		總計	
	人數	%	人數	%	人數	%	人數	%	人數	%
澎湖	3	10.7	2	5.1	8	20.0	12	7.2	25	9.2
臺灣	19	67.9	36	92.3	27	67.5	144	86.7	226	82.8
大陸	6	21.4	1	2.6	4	10.0	4	2.4	15	5.5
外國	0	0	0	0	1	2.5	6	3.6	7	2.6
合計	28	100	39	100	40	100	166	100	277	100.0

（資料來源：重新整理計算自許雪姬，2002b：86-88，表格資料。）

　　除此之外，更重要的是許雪姬認為瓦硐人的遷移行為，應該跟貿易口岸有明顯的關連。「換言之，那些港口和澎湖通行，那些港口就較有可能成為澎民的移民地。」（許雪姬，2002b：89）表三有關瓦硐各時期遷移前往臺灣移居地日益分散的趨勢，是否也就意味著瓦硐跟臺灣各地之間的港口連通，存在不同時期差異的模式？例如，1750年之前的移居地，竟然絕大部分移往臺灣北部與金包里，而直到日治之前的其他時期也有許多不同的移居地，例如基隆、苗栗、竹塹、嘉義等。那麼，瓦硐村移民移居地分散現象的意義為何？這代表小小一座瓦硐漁村港口，其實本身就跟臺灣南北各港口之間存在緊密的貿易往來關係？或是說，瓦硐的移民主要還是透過馬公往外遷移？

表三　澎湖白沙鄉瓦硐村各姓氏人口遷移（臺灣）之情形

-1750		1750-1850		1850-1908		1908-1960			
金 包 里	9	臺灣	1	臺北	1	臺北	21	嘉義	7
臺灣北路	6	基隆	9	彰化	3	基隆	9	北港	3
鹿　　港	1	苗栗	1	鹿港	3	桃園	1	臺南	37
臺　　南	3	竹塹	1	嘉義	2	臺中	4	鳳山	7
		臺中	2	臺南	16	豐原	1	楠梓	2
		彰化	3	高雄	1	彰化	1	高雄	34
		鹿港	8	屏東	1	員林	3	旗山	1
		臺南	11			霧峰	1	屏東	8
						斗六	1	臺東	1
						麻豆	2		
合　　計	19	合計	36	合計	27	合計		144	

（資料來源：同表二。）

三　偷渡與透西：民間自主的航行運輸

　　雖然許雪姬對瓦硐移民的研究指出，「澎民選擇定居的口岸，必和澎、臺間的貿易口岸有相當密切的關係」（許雪姬，2002b：89），然而這卻和當時清朝對於澎臺廈之間的對渡口岸規定有所不同。從清朝有關臺廈之間所開放的貿易口岸來說，清初僅開放廈門與鹿耳門（府城）做為對渡正口，後來在乾隆49年（1784年）開放鹿仔港對渡泉州蚶江，乾隆53年（1788年）再開放八里坌對渡福州五虎門，使全臺「指定對渡」大陸三正口之勢正式形成（林玉茹，1996：220-222）。[4]從這個歷程可以發現，從1683年平定明鄭進入有清一朝以後直到1784年之前的一百年間，臺廈之間都僅以廈門與鹿耳門（府城）作為唯一合法的對渡正口。但是在瓦硐對外移民的經歷來看，光是在1750年以前對臺灣的19位移民中，就有15位移民不是移入當時唯一對渡正口（府城）的地區，而是臺灣北部15位與鹿港1位。這要如何給予合理的解釋？

　　首先，偷渡是個因素。在臺灣歸入有清一朝逐漸開拓之際，偷渡之風漸熾，致使浙閩總督高其倬在1726年（雍正4年九月初二日）上奏摺，「奏：為奏聞禁止「短擺」船隻及自備哨船，以杜偷渡事」裡說：

> 竊查臺灣偷渡一節，大為隱憂；而「短擺」之船及自備哨船二種，實為偷渡之津梁。蓋自臺灣至廈門，自廈門至臺灣，俱必到澎湖，此實臺、廈之咽喉。凡一切往來人貨，自臺灣至澎湖可用杉板小船，自廈門至大擔門外，亦可用杉板小船，惟自澎湖至大擔門外，此中間一段，洋面水寬浪大，必用大船方能渡過。向有泉、漳一帶姦习船戶，借稱往澎湖貿易，駕駛趕罾大船，名曰「短擺」，既不到臺灣掛號，又不到廈門掛號，終年逗遛澎湖，往來於大擔門外（雍正硃批奏摺選輯，1972：106）。

4　三口之間指定對渡，因為執行困難，最終於嘉慶15年（1810年）正式開放三正口之間可以「任意對渡」，不再維持原本僵硬的「指定對渡」口岸模式。而這樣的發展，也正式宣告臺灣當時所謂「一府二鹿三艋舺」時代的來臨（林玉茹，1996：220-222）。

　　這段奏摺觸及非常敏感的臺廈澎湖之間的偷渡（貿易運輸）活動，突顯出兩岸、澎湖之間的偷渡行為，顯然並非戰後或是今日才有，而是早在三百年前就已經如火如荼地在臺灣海峽進行。在本文看來最值得注意的是，綿延幾百年似乎始終默默卻活躍在海峽兩岸、澎湖之間的偷渡活動，看來似乎並不受到政權轉變、社會經濟變遷、或是船舶改變等因素的影響而消失，反而更顯示有其本身難以撼動的結構條件與特徵，值得深思。

　　之後王必昌1752年（乾隆17年）主纂《重修臺灣縣志》時，更指出：

> 邇來海不揚波，凡舟□仔、三板頭等小船，每由北路笨港、鹿仔港等處，乘南風時，徑渡廈門、泉州。自東徂西，橫過澎湖之北，名曰透西，例禁甚嚴，趨險者猶如鶩也。（王必昌，1961：60-61）

前已說過，在1784年之前臺灣對外航行的唯一正口是鹿耳門與廈門對渡，其餘均屬違禁之列；然而隨著臺灣中北部的陸續開發，對大陸廈門及其他港口對渡的需求日增，雖然「例禁甚嚴」，但是「趨險者猶如鶩也」，顯示利之所趨，例禁難擋之勢。一方面，這些民間自發性開發出來的「透西」航線，意味著一種對渡正口以外的自由往來貿易關係，也意味著澎湖在兩岸航線與貿易網絡上的地位受到影響。但是另一方面或許更值得注意的是，不論偷渡、透西航線的開發，都意味著兩岸、澎湖帆船運輸貿易業者開發新航線、突破官方航線控制的努力。以當時船隻結構、航行輔助設備、航行航線知識與經驗等來說，偷渡與透西都意味著更多航海經驗智慧累積出來的結果，當然恐怕也意味著背後更豐厚的商業經濟利益。擺回本文關懷的議題來說，前述瓦硐居民之所以能夠有機會在1750年之前高比例地移民到臺灣北部，顯然跟18世紀兩岸、澎湖之間早已發展的偷渡與自由貿易往來行為息息相關。

四　澎湖：更多對外的離島漁村

　　那麼這幅澎湖跟臺灣之間的貿易運輸關係圖像裡，究竟在過去又曾經是

什麼樣的面貌？以今日的認知來說，馬公占據著澎湖對內對外的核心地位，也整合了整個澎湖對內對外的交通運輸網絡。問題是，在過去幾百年的歲月裡，馬公是否真的已經占據著核心的支配地位，能夠有效地控制著所有其他澎湖離島漁村的對外交通運輸？或是就如同前述的偷渡、透西航線一般，其實在過去幾百年的時間裡，存在更多非官方航線的貿易運輸往來關係，也建立起澎湖群島各漁村跟臺灣各地港口之間的密切往來？果真如此，過去澎湖對外貿易運輸網絡，是否也就構造成另一副圖像，一幅雖有核心的馬公，但是各離島漁村其實也有各自對外聯繫往來網絡的景象？

（一）帆船走臺灣：生存之必須

筆者在過去將近4年期間深入澎湖各漁村訪談耆老的過程中發現，許多耆老都會談及村子在日治時期或更早的時代裡，就有大帆船往來臺灣運輸貿易的記憶。其中最特殊的是，幾乎所有耆老都共同提到當時這些帆船，都是去臺灣載運番薯簽回來吃！[5]最常被提到的理由就是因為壞年冬，沒東西吃，一定要出去載運番薯簽回來。例如西嶼鄉竹灣村的許陳巧（1929年次）就提到「那時我父親有一艘三桅的帆船，去布袋載蕃薯簽回來賣人，那時澎湖人若歹年冬，都沒得吃」（林寶安，2019：45）。澎南區虎井嶼的漁民陳見福（1938年次），則指出光復前虎井人為了去臺灣買番薯簽，特別跑去西嶼外垵租一艘帆船到臺灣去買簽回來，並且說當時外垵、內垵都有這種可以跑臺灣的帆船（林寶安，2018：41）。西嶼鄉大池角耆老洪來（1935年次）也提到二戰期間因為物資糧食短缺，他父親跟幾位漁民冒著被美國軍機掃射的生命危險，拼命駛帆船到臺灣布袋去買簽，不然根本沒東西吃（林寶安，2019：70）。

但是，必須前往臺灣布袋等地買簽，其實存在更多的因素。白沙鄉員貝嶼王丁欽（1936年次），就指出背後的關鍵：

5　必須特別指出，澎湖因為欠缺水源無法灌溉，因為土壤貧瘠，根本無法種稻，只能種植三大旱作，番薯、高粱與花生，而居民便以番薯為主食。然因出產不足，均需自外添購。

做山〔指種田〕的收成大概我一家可以吃半年，剩下不夠吃的再去買
來相添，冬天就駛帆去〔湖西鄉〕紅羅買，我爸爸在那裡有一個很好
的朋友，都去那邊買番薯簽回來存放，等自己的吃完之後，就吃那些
買來的。那時候去紅羅買就是駛帆船過去呀！**那時候沒有去馬公買，**
是因為那時候到赤崁以後沒有車子沒辦法過去馬公。……那時候番薯
簽在澎湖買得品質比較好。如果是用帆船去布袋買回來的都有蟲，品
質很不好，那時候煮起來，就算不想吃，但是不吃肚子會餓呀！煮好
就是各種蟲都有，還五色的，可以說是五色蟲，但是還是得吃。（林
寶安，2020a：36）。（粗黑體為筆者所加）

　　這段話指出當時許多漁村前往臺灣買簽的關鍵。首先，最重要的是漁村
本身自己耕種的產出不足，往往僅足夠家庭所需的半年左右，這也是澎湖各
地所面對的相同困難（陳秀娟，1997；陳憲明、林文鎮主編，2002）；至於
其餘不足的就需外出購買，否則即需面對斷糧的危機。其次，以今日交通條
件所見，幾乎澎湖所有離島漁村都仰賴以馬公市為核心的對外供應體系，不
論是民生物資、各種器具、消費娛樂、甚至平常的醫療服務，大部分都可以
從馬公市獲得所需的滿足。然而，此處的訪談清楚顯示，位於白沙離島的員
貝嶼，在過去那個時代，即使航行來到白沙的行政中心赤崁，依然無法滿足
添購所需物資的需求，因為那時候「到赤崁以後沒有車子沒辦法過去馬
公」！這裡顯然說的是本文前面已經指出的關鍵，在中正橋與永安橋將白沙
跟湖西、馬公本島連成一氣之前，白沙就是一座離島。就算藉風力駕船來到
赤崁以後，員貝的王丁欽及其父執輩，依然無法順利前往馬公取得番薯簽。
這時候，既然都需操帆出發，那麼在操帆前往馬公購買來自臺灣的物資，或
是直接操帆前往臺灣購買所需物資之間，選擇後者前往臺灣也就是相當自然
的結果。東嶼坪的耆老呂源治（1941年次）便提及：

　　那時候吃的東西都是從台南進出，因為台南距離東西嶼坪比較近，來
　　馬公的船反而少、而且馬公比較落伍，台南距離近，你要什麼就有什

> 麼，東西便宜又比較好。小時候吃番薯跟番薯簽，是從嘉義布袋跟鹿
> 耳門這邊，從這邊出入，那時候開的都是帆船。（林寶安，2018：70）

前往臺灣，也就接近物資供應的源頭，因此「你要什麼就有什麼，東西便宜
又比較好」。馬公在過去時代受限於交通運輸因素，因此無法充分滿足各離
島漁村的需求，也就難以限制這些離島漁村自己想辦法對外運輸貿易取得所
需。如此看來，都市對鄉村、對離島、對漁村的支配或影響力本質之一，或
許就在於是否具備能夠滿足所需的有效供輸。

（二）帆船：分散式的對外貿易

因為無法容易地從馬公取得必要的生存物資，以及其他因素的作用，使
得過去的澎湖各離島漁村，也都一一地想辦法自己打造帆船，從事對外的貿
易運輸，以便滿足漁村本身基本運作的需求。根據張詠捷《船家寶：澎湖耆
老海洋口述歷史》（2010）一書裡的口述歷史，這些位於馬公以外各島嶼的
漁村耆老，都清楚記得漁村在過去時代裡曾經擁有或多或少的帆船進行對外
貿易運輸（表四）。

表四　澎湖離島漁村報導人口述帆船數概況

鄉名	報導人	民國		帆船數
望安	花宅曾文至	12年次	31	三桅網垵3艘，水垵13艘，花宅15艘
	東嶼坪鍾德勝	28年次	3	三桅3艘
白沙	赤崁鄭其祿	8年次	8	三桅赤崁2艘，員貝、港尾、中屯、岐頭各1艘 二桅赤崁2艘
	岐頭郭有福	22年次	2	三桅1艘、二桅1艘
	吉貝楊進霸	21年次	5	三桅1艘、二桅4艘
湖西	北寮許石在	21年次	3	三桅北寮1艘、南寮1艘、青螺1艘

（資料來源：整理自，張詠捷，《船家寶：澎湖耆老海洋口述歷史》〔2010〕。）

　　表四特別值得注意的，是各離島漁村之間在帆船數量的差距。由表中可見大部分漁村都僅有少數幾艘，但是望安本島水垵與花宅（中社村）二座漁村的帆船數量卻都高達十幾艘之多，反映出望安嶼這二座漁村具有異常發達帆船貿易活動的情形。[6]這不僅跟之前陳秀娟（1997）的研究相符，也跟筆者在望安執行田野的初步訪談結果相當一致，發現當地漁民在戰後大量轉投入遠洋漁船、遠洋商船產業工作，並且後來不少漁民都擔任船長、輪機長等關鍵角色，或許跟當地從過去在帆船貿易運輸活動所累積的豐富經驗息息相關。

　　事實上，澎湖各漁村利用帆船的情形，遠遠超出這些耆老的記憶。日治時期1918年有關澎湖各港口進出船舶的統計（表五），提供吾人了解當時澎湖對外運輸貿易的港口進出概況。整體而言，雖然當時已經有現代的汽船貿易運輸，不過因為受限必須具有碼頭設施，因此只有馬公（媽宮）港能夠進出，至於其他所有各港則都只有帆船貿易。而百年前此一記錄，也已經預示了汽船相對於帆船的壓倒性地位，以及馬公港在當時擔負澎湖主要對外門戶的地位。除此之外，表五另有幾個特別值得注意的重點。首先，即使忽略汽船貿易的部分，光從帆船貿易運輸的角度來說，馬公港依然是全澎湖各港口裡面的主要門戶，並且具體表現在進出的帆船數、平均噸位、以及總噸位數（此處指的是全年進出港次數的統計，同一艘船多次進出就會累計進入記錄，而不是指擁有多少帆船數量的統計）。其次，從平均噸位數來看，各港的差異極大，最低的集中在白沙島，尤其是墊底的吉貝港3.3噸、其次的大赤崁港3.8噸，其餘白沙島各港則在7噸的規模；接續則是白沙島與馬公以外的其餘38港平均10噸的規模，而最高的是馬公港18噸。帆船噸位的高低，當然代表運輸貿易的能量，但是也受到港口進出條件的影響；吉貝與赤崁或許因為進出港口位於砂矼淤積嚴重的區域，因此使得帆船載重受到限制，只能允許噸位較低的帆船進出。

6　望安帆船之所以如此龐大，跟當地在秋冬季節前往南臺灣從事帆船搬運貿易有極大的關係。對照澎湖其他漁村在秋冬季節前往臺灣從事季節性移工（出稼），大多投入各行各業臨時性勞動力市場來說，望安帆船進入的是南臺灣沿岸的區域性運輸貿易活動。參見陳秀娟，1997。

表五　1918年媽宮各港出入口船舶隻數、噸數統計表

港　　名	出港					入港				
	汽船		帆船			汽船		帆船		
	隻數	噸數	隻數	噸數	平均噸數	隻數	噸數	隻數	噸數	平均噸數
媽 宮 港	132	267,135	732	13,734	18.8	133	266,764	758	13,556	17.9
大赤崁港	0	0	211	811	3.8	0	0	191	802	4.2
白沙島各港（9港）	0	0	189	1350	7.1	0	0	187	1278	6.8
吉 貝 港	0	0	325	1074	3.3	0	0	218	1166	5.3
其餘各港（38港）	0	0	1,734	17,379	10.0	0	0	1,751	16,137	9.2
總　　計	132	267,135	3,191	34,348	10.8	133	266,764	3,105	32,939	10.6

（資料來源：澎湖廳編，《澎湖廳第四統計書》，頁72-73。轉引自王右邦〔2008〕。）

　　那麼這些分散在各離島漁村的帆船，究竟起到如何的運輸貿易功能？根據張詠捷（2010）的口述歷史以及筆者（林寶安，2018；2019；2020）的田野訪談所得，這些漁村的對外出口商品，主要可分成以下幾大類。第一類是身為漁村最重要的捕撈所得，不過受限於過去欠缺冷藏設施，因此都是以海鮮的乾製品或醃製品為主，那些也曾經是過去臺灣內陸地區很重要的餐桌飲食。第二類則是澎湖最主要、甚至可能是唯一的經濟作物「花生」的製品，特別重要的則是煉製完成的花生油。第三類則是澎湖居民飼養的家禽家畜，其中尤其重要的就是豬隻的出口，為澎湖漁村居民獲得一筆額外且重要的收入補充。最後一類雖然看似令人意外、卻又是非常自然的物品，就是辛苦地從澎湖海域用粗工取得的珊瑚礁（硓𥑮石），需要眾人一起用畚箕搬運上船的珊瑚碎屑（砂硈），以及利用砂硈燒製取得的石灰。整體而言，澎湖這些用來出口的物資都是屬於澎湖在地產出的一級產業物資，若非直接出售（豬

隻、硓𥑮石、砂矼）就是經過簡易加工後出售（海鮮乾製品、醃製品，花生油、石灰），並不具備非常珍貴希有的價值。

　　相對而言，從臺灣各港口購買載運送回漁村的商品裡，最重要的就是所有耆老都異口同聲說到的番薯簽，也就是前述漁村用以維持基本生存所需的食糧。除此之外，則是生活裡重要的能源來源：土炭與薪柴。畢竟過去的澎湖是個「有草無木」的群島世界，極度缺乏柴薪，以致於甚至連牛屎都必須曬乾做燃料使用（林寶安，2020b）。

表六　1910 年澎湖移出入品（價格一千元以上）

	移入品				移出品		
品名	數量	價格（圓）	%	品名	數量	價格（圓）	%
切甘藷	7,784,336斤	163,167	40.8	醃製魚	462,030斤	100,941	33.3
玄米	3,712,230	139,901	34.9	豬	1,480,892	84,324	28.8
食鹽	1,151,046	14,500	3.6	鹽魚	1,654,077	48,227	14.4
赤砂糖	101,761	9,356	2.3	花生油	84,190	8,884	3.0
糖蜜	447,761	6,286	1.5	干魚	92,658	6,142	2.0
碎米	185,140	5,984	1.4	故鐵	431,410	5,153	1.7
石油	78,295	5,796	1.4	石柴	826,579	4,929	1.5
染料	154,680	4,792	1.2	石皿石磨	3,698	4,683	1.4
木炭	681,610	7,165	1.7	咾咕石	3,480,100	3,241	1.1
白花豆	168,468	3,738	0.9	石灰	1,159,800	3,045	1.0
石炭	826,670	2,286	0.5	干烏賊	14,762	2,889	0.9
禮拜紙	43,402	3,738	0.7	陶瓷器	69,144	1,584	0.5
里	41,691	2,981	0.5	油槽	59,561	1,453	0.5
米酒	28,205	1,687	0.4	石油	31,825	1,350	0.4
甘蔗	389,750	1,577	0.4	雞	8,840	1,253	0.4

移入品				移出品			
品名	數量	價格（圓）	%	品名	數量	價格（圓）	%
薪柴	645,750	1,481	0.3	紫菜	7,030	1,158	0.3
杉丸太	36,744本	1,473	0.3	麥粉	19,520	1,102	0.3
黃牛	779頭	1,370	0.3	杉丸太	7,107本	1,013	0.3
朱豆	36,680	1,204	0.3	海砂	994,600	1,004	0.3
其他		22,034	6.6	其他		13,626	8.09
合計		398,908		合計		299,011	

（資料來源：臺灣總督府殖產局林務課編，《澎湖島之造林》，頁53-54。資料出處：轉引自王右邦〔2008〕。）

　　耆老的口述記憶，從日治時期的統計資料裡獲得支持。表六就是從《澎湖島之造林》取得的1910年資料，清楚對照出澎湖當時進出口商品的品項與金額規模差異。從出口項目來看，除了不清楚價格規模多寡的差異外，主要類別幾乎完全回應前述耆老口述訪談的記憶。但是進口的項目就突顯出耆老的記憶相當有限；除了番薯簽與土炭、柴薪之外，還有玄米、食鹽、砂糖、染料……等各式民生物資，都是仰賴從臺灣進口的要項。考察其背後因素，顯然是這些居住在離島漁村的耆老，其實並未參與這些進口業務，因此無從得知究竟一般馬公商家從臺灣購買移入了哪些商品。但是表六最大、也最需要關注的另一項問題，則是呈現出來當時澎湖對臺灣進出口關係裡的巨大貿易赤字：1910年的貿易逆差高達當年度進口總值的1/4之巨！

（三）貿易逆差的背後：出稼或移民

　　面對巨大的貿易赤字，面對澎湖本身先天資源匱乏難以成為珍貴貿易商品的條件下，澎湖社會又是如何扭轉頹勢、達到對外的經濟平衡關係？對於類似澎湖這樣社會經濟資源不佳的離島處境，最能夠平衡貿易逆差的手段，就是（或者可以說「只剩下」？）人力的輸出。以澎湖來說，這是一項特殊

的輸出「商品」，基本性質是短期勞動力的販售，並且有時間的限制，一旦時間結束，商品隨即從市場上消失。歷史上，這就是過去澎湖已經存在一二百年以上的季節性移工，在每年幾乎固定的時間輸出臺灣各地，直接投入當地的勞動市場，偶爾也待價而沽，但是在幾乎相同的時間會從臺灣各地消失，直接返回澎湖漁村老家。

澎湖季節性移工的出現，至少在19世紀後期即有清楚的記載，如林豪在1894年編纂的《澎湖廳志》便指出「澎民之赴臺謀生者，年以千百計，豈皆不肖者歟？地狹民稠，田不足耕，穀不給於養，不得不尋親覓友，以圖餬口，其情固可憫矣。」（1964：386）到了日治時期，由於殖民政府難得的季節性移工（所謂「出稼」）統計，也就提供了更清楚的瞭解。從表七資料來看，這類「出稼」短期性移工的人數規模在日治時期呈現不斷增長的長期趨勢，對總人口的占比並持續從1成左右攀升到4、5成之巨。雖然如此龐大的出稼人數，有來自臺灣當時諸如高雄築港、大力推動蔗糖栽種加工事業需工孔急的吸引，以及日治政府積極鼓勵出稼等因素的影響，但是澎湖受限本身冬季長達半年無法出海捕撈作業，以及臺灣相對更多元經濟機會的吸引力，也同樣重要。而這些持續增長的出稼者，也在臺灣各地將短期移工所得以匯款（remittance）方式匯回澎湖，也就成為解決、平衡前述澎湖對臺灣商品貿易所留下巨大赤字的關鍵。

當然，季節性移工的匯款，不會是他們在臺灣工作所得的全部，等他們每年歸巢回到澎湖時才會全部隨身帶回。這一部分對澎湖社會經濟帶來哪些影響，就如同今日許多外籍移工匯款的研究一樣，也是後續值得考察的另一個課題。但是另一方面，在澎湖季節性移工長期且持續增長的過程中，也存在著愈來愈多從出稼者短暫停留變成永久性移民的現象（簡鑫如，2013；尹建中，1998；陳憲明、林文鎮主編，2002：14）。而當永久性移民逐漸在臺灣西部各地城鎮都市聚集群居甚至形成「小澎湖」聚落後，因為累積重要社會經濟力量，而在各地分香建造澎湖廟（黃有興，2005）或是在當地形成重要的地方政治勢力（如高雄市），也就成為另外值得關注的課題。

表七　1907-1940 年澎湖人出稼概況表

年別	出稼人數a	人口總數b	a/b (%)	寄回現金數（圓）c	寄回物品折換現金數（圓）d	c+d
1907	5,530	54,388	10.2			
1908	4,761	54,597	8.7			
1909	4,873	55,422	8.8			
1910	6,484	55,427	11.7			
1911	7,736	55,883	13.8			
1912	7,829	56,705	13.8		120,912	120,912
1913	7,870	57,547	13.7		92,776	92,776
1914	7,364	58,766	12.5		68,217	68,217
1915	7,220	57,288	12.6		63,598	63,598
1916	8,909	57,433	15.5		74,080	74,080
1917	11,233	56,932	19.7		105,898	105,898
1918	12,355	56,184	22.0		113,412	113,412
1923	14,588	60,315	24.2	94,124	51,836	145,960
1924	14,913	60,621	24.6	85,825	45,156	130,981
1925	17,163	61,875	27.7	101,514	60,864	162,378
1927	19,892	62,442	31.9	107,340	62,052	169,392
1928	19,516	62,606	31.2	127,494	65,692	193,186
1929	22,203	62,993	35.3	104,437	82,755	187,192
1930	21,730	62,721	34.7	103,341	90,797	194,138
1931	18,812	65,016	28.9	69,632	71,975	141,607
1932	22,728	65,012	35.0	72,043	74,674	146,717
1933	25,512	65,754	38.8	71,775	87,883	159,658
1934	27,143	66,843	40.6	64,653	83,378	148,031

年別	出稼人數a	人口總數b	a/b (％)	寄回現金數（圓）c	寄回物品折換現金數（圓）d	c+d
1935	27,972	67,601	41.4	71,112	87,517	158,629
1936	28,360	68,613	41.3	90,290	90,555	180,845
1937	29,628	68,761	43.1	93,991	118,258	212,249
1938	32,234	69,208	46.6	152,807	131,919	284,726
1939	33,176	68,502	48.4	143,725	163,649	307,374
1940	36,268	67,764	53.5	168,088	91,963	260,051

（資料來源：《澎湖廳第三統計書（大正七年）》；《澎湖廳第四統計書（大正八年）》；《大正八年澎湖廳行政事務及館內概況報告書》；《澎湖郡郡勢一班（大正十五年）》；《澎湖廳統計概要》各年度；《澎湖廳館內概況及事務概要》。引自王右邦〔2008〕。）

五　結語

　　無論是各島嶼漁村帆船各自對外進行運輸貿易的行為，或是從季節性移工到永久性移民的現象，本文都希望探討的是，如何重新思考澎湖的定位，重新認識澎湖做為「群島組成的社會」此一事實，並且重新在群島的視角下思考與認識澎湖。

　　做為群島組成的社會，也是高度仰賴外在資源運輸補充的社會，澎湖不得不高度受到外在世界的影響。過去一、二百年來駱繹不絕前往臺灣的季節性移工與永久性移民，就是這種致命吸引力的最佳詮釋，也是用以檢視澎湖本身以及與外在世界之間關係本質的重要策略。本文花費大量篇幅討論帆船運輸貿易的問題，其實試圖說明的是過去的澎湖，是一個低度整合的城鄉關係體系，馬公作為核心，面對的是分散而且各自可以對外的漁村與離島。過去的問題，主要出自馬公缺乏足夠的能量或是欠缺有效的工具，以滿足各離島漁村光是最基本生存物資的需求，因此也就難以形成對漁村離島較為有效的控制。在此一條件下，各漁村只好自力救濟，想辦法往來臺灣運補以求生

存。當然，因為這樣的運補過程，自然也就建立起各漁村跟臺灣各地之間的特殊關係。例如北寮許石在就指出「（我爸）會去通宵娶我媽媽，是因為載砱仔去通宵賣」（北寮許石在口述歷史，張詠捷，2010：184）。而因為往來臺澎港口運輸貿易的經歷，也可能延伸成為進一步定居移民的起點。

　　從過去整合鬆散的澎湖群島，如何轉變成今日絕大部分離島漁村以馬公市馬首是瞻的模式，所涉及的歷史因素相當複雜，例如1949年戒嚴禁止帆船自由航行、漁船機動化取代帆船的趨勢、航空與航運條件的改變、甚至是國民義務教育的施行……等等，都是具有影響力的因素。但是此一轉變一旦形成，也就對澎湖社會經濟與文化政治都會帶來深遠的影響。這樣的課題，值得未來持續的關心、研究與分析。

參考文獻

Braudel, Fernand，2002，《地中海史》。曾陪耿、唐家龍譯。臺北市：臺灣商務印書館。

王右邦，2008，《澎湖白沙地區的社會與經濟變遷（17世紀初～20世紀中葉）》。臺灣師範大學歷史學系碩士論文

王必昌（1961）。《重修臺灣縣志》。臺北市：臺灣銀行經濟研究室。

尹建中，1998，〈澎湖人移居臺灣本島的研究（二）〉，《硓𥑮石季刊》10：55-75。臺北市：中央研究院中山人文社會科學所。

杜　臻，1961，《澎湖臺灣紀略》。臺北市：臺灣銀行經濟研究室。

林玉茹，1996，《清代臺灣港口的空間結構》。臺北縣：知書房。

林　豪，1964，《澎湖廳志》。臺北市：臺灣銀行經濟研究室。

林寶安，2018，《107年度「澎湖縣馬公市舢舨漁業文化口述歷史」調查研究案成果報告書》。馬公市：澎湖縣政府文化局。

林寶安，2019，《108年度「澎湖縣西嶼鄉舢舨漁業文化口述歷史」調查研究案成果報告書》。馬公市：澎湖縣政府文化局。

林寶安，2020a，《109年度「澎湖縣白沙鄉舢舨漁業文化口述歷史」調查研究案成果報告書》。馬公市：澎湖縣政府文化局。

林寶安，2020b，〈在歲月裡蔓延的銀合歡之島〉。《硓𥑮石》99, 2-34。

胡建偉，1961，《澎湖紀略》。臺北市：臺灣銀行經濟研究室。

許雪姬，2002a，〈日治時期澎湖瓦硐籍的醫生〉，收於《澎湖研究學術研討會論文輯第一屆》頁396-417。澎湖縣政府文化局。

許雪姬，2002b，〈澎湖的人口遷移：以白沙鄉瓦硐村為例〉，收於張炎憲編，《中國海洋發展史論文集（第三輯）》頁62-93。臺北市：中央研究院中山人文社會科學所。

陳秀娟，1997，《澎湖望安島與將軍澳嶼維生方式的變遷》。國立臺灣師範大學地理學系碩士論文。

陳憲明、林文鎮主編，2002，《澎湖的農漁產業文化：西嶼鄉與白沙鄉離島篇》。馬公市：澎湖縣政府文化局。

清一統志臺灣府，1960。《清一統志臺灣府》。臺北市：臺灣銀行經濟研究室。

清季申報臺灣紀事輯錄，1968，《清季申報臺灣紀事輯錄》輯錄（十）。臺北市：臺灣銀行經濟研究室。

張詠捷，2010，《船家寶：澎湖耆老海洋口述歷史》。馬公市：澎湖縣政府文化局。

雍正硃批奏摺選輯，1972，《雍正硃批奏摺選輯》。臺北市：臺灣銀行經濟研究室。

閻亞寧，1991，《澎湖臺廈郊會館之研究與修護計劃》。馬公市：澎湖縣政府文化局。

黃有興，2005，《澎湖廟在高雄市》。馬公市：澎湖縣政府文化局。

謝金鑾，1962，《續修臺灣縣志》。臺北市：臺灣銀行經濟研究室。

蔡廷蘭，1959，《海南雜著》。臺北市：臺灣銀行經濟研究室。

蔣鏞，1961，《澎湖續編》。臺北市：臺灣銀行經濟研究室。

澎湖時報，2020年10月27日〈3級離島斷糧近月　海象不佳交通船停駛　陳佩真籲專船送物資〉。

澎湖日報，2020年12月8日〈交通船克服風浪　離島民生物資醫藥品補足〉。

附錄　澎湖荒年表（1705-1894）

西元	朝代／事件
1705	康熙四十四年乙酉，冬饑。詔蠲本年糧米。
1707	康熙四十六年，冬饑。詔蠲糧米十分之三。
1712	康熙五十一年春，詔蠲本年錢糧應徵粟石。
1717	康熙五十六年，冬饑。詔蠲本年錢糧十分之三。
1721	康熙六十年冬十二月，詔蠲本年粟米（以上本「府志」。（林豪，1964：369）
1731	雍正九年，大風雨。衙署倒塌。（林豪，1964：369）
1737	乾隆二年夏四月，詔免澎湖魚規。先是，施侯平臺，令澎人歲輸魚規千二百兩，名為賞兵之用；至是永行禁革。五月大風，秋九月大風。
1740	乾隆五年閏六月，大風。刮壞各汛兵房（以上採胡氏「紀略」）。
1742	乾隆七年丙寅，臺灣令周鍾瑄運米賑澎湖（「使槎錄」）。
1745	乾隆十年乙丑秋，大風雨。衙署科房倒塌。八月，賑銀六百兩。
1746	乾隆十一年，蠲免額徵供粟（「府志」）。
1757	乾隆二十二年夏四月，有鯨魚自斃於虎井嶼灣上。冬十二月，哨船綏字十三號赴臺運米，遭風飄沒。淹歿戍兵二十二名。
1758	乾隆二十三年春正月，哨船寧字十四號赴臺灣運米四百四十石，在大嶼洋面遭風擊碎，米石軍器一盡沉失，……爾時一連三個月，哨船無米到澎接濟，即民船之杉板頭亦因風阻滯，並無一船販運米石來澎發賣。而澎地又不產米穀，人情惶惶，二千戍兵爭買民間雜糧，以致民亦無食；地瓜乾每斤賣錢五、六十文，即番薯藤、綠豆皮亦爭食殆盡。兵民交困，個個啼饑，地方幾至不寧。（「澎湖紀略」234-235）。
1765	乾隆三十年丙戌九月二十三日，大風。覆沒商船。
1766	乾隆三十一年丁亥秋八月，大風。覆溺多船（以上蔣氏「續編」）。

西元	朝代／事件
1771	乾隆三十六年辛卯，詔蠲全年地丁租稅（「縣志」）。四十五年庚子，有年。
1786	乾隆五十一年丙午夏，饑。冬十一月，有三星夜墜，大如斗，聲如雷。
1790	乾隆五十五年庚戌夏六月初六夜，大風雨。
1794	乾隆五十九年甲寅，秋饑。晚季不熟，次年猶饑。通判蔣曾年施粥半月。
1796	嘉慶元年丙辰，大有年。
1797	嘉慶二年丁巳，詔蠲本年正供租稅（薛氏「縣志」）。
1804	嘉慶九年甲子，大有年。
1806	嘉慶十一年丙寅，晚季不熟。
1811	嘉慶十六年辛未春，彗星見西南，經月乃隱。九月大風，下鹹雨為災。
1813	嘉慶十八年癸酉秋七月二十夜，大風。
1816	嘉慶二十一年，歲饑，傾囊散賑。
1817	嘉慶二十二年乙亥秋八月二十五日，大風，下鹹雨。冬大饑。
1821	道光元年辛巳，大有年。
1831	道光十一年辛卯，澎地大飢，夏旱。秋八月大風，下鹹雨。冬大饑。
1832	道光十二年春三月，猶饑。秋八月二十二日大風，海水漲五尺餘，覆舟溺人無數。
1838	道光十八年戊戌，雜穀、地瓜絲賤甚，每觔價錢十四文。
1840	道光二十年庚子，大風。吉貝嶼洋船擊碎。
1842	道光二十二年壬寅，有年。
1844	道光二十四年甲辰，饑。下數年皆饑。
1850	道光三十年庚戌冬，雜穀失收。

西元	朝代／事件
1850-1851	庚、辛間大飢，與諸紳耆呈請賑卹。
1851	咸豐元年辛亥三月初四日，大風霾，下鹹雨。
1852	咸豐二年二月初一夜，媽宮街火。延燒店屋無數，大井頭一帶皆燼。夏有蟲。七月颱風，下鹹雨，幸旋得大雨洗滌，尚救四、五分。六月，大風颱，臺灣鄉試船壞於草嶼，溺人甚多。
1855	咸豐五年乙卯夏，久旱。通判冉正品出示平市價（採「案牘」）。
1856	咸豐六年丙辰，大疫。死者數千人，大城北、宅腳嶼尤甚。
1857	咸豐七年丁巳，猶疫，五穀價長。
1859	咸豐九年己未夏，大風，海面覆船無數。九月，雜穀有秋。
1860	咸豐十年庚申夏，大旱。秋八月風潮貝風鹹雨為災，民房傾圮，海船擊碎甚多。臬道孔昭慈委員張傳敬勘災。
1861	咸豐十一年辛酉，饑。議賑八罩澳。
1862	同治元年壬戌，有年。夏五月地震，臺灣、嘉義尤甚。時彰化戴逆變作。
1863	同治二年癸亥，大有年。
1866	同治五年丙寅夏，大旱。秋，颱風，下鹹雨三次。民大饑。十二月，歲貢生郭朝熙等，請平市價。
1868	同治七年戊辰，有年。秋七月林投、圭壁二澳大疫。
1869	同治八年己巳，饑。
1870	同治九年庚午，春旱。冬十月下鹹雨。
1871	同治十年春、夏饑。八月十六日風颱大作，港口船隻皆碎。
1872	同治十一年壬申夏，旱蝗。秋八月，暴風鹹雨為災。民饑困尤甚。
1873	同治十二年癸酉春，不雨。三月臺灣道復發洋米千包續賑。四月溫州鎮總兵吳鴻源捐買薯絲一千九百餘擔，遣丁運載到澎發賑。
1874	同治十三年甲戌，有年。

西元	朝代／事件
1875	光緒元年乙亥，大有年。
1876	光緒二年丙子，有年。四月十五、十六等日，洋面風瀕貝風大作，覆舟無數。
1877	光緒三年丁丑夏，大風，下鹹雨。
1878	光緒四年戊寅春，暴風。吉貝嶼小船不能往來，以書繫於桶內，隨流報饑困狀。通判蔡麟祥、副將吳奇勳議：以海中孤島，如吉貝等嶼，民皆捕魚為生。偶遇大風兼旬，不特不能採捕，且無從糴買糧食，坐以待斃，情實可憐，應即籌資賑卹。屬士紳黃步梯、林瓊樹等，查外嶼貧民及島中極貧之家，分別散給。夏，巡撫丁日昌奏：免臺澎雜餉，著為令（詳「賦役書」）。
1879	光緒五年己卯夏，不雨。六月，通判洪其誥祈雨城隍廟，是日澤下尺餘。七月又祈雨，是日澤下三、四尺，民氣稍蘇（蔡玉成採）。
1881	光緒七年一月之間下鹹雨三次，遍野如洗，洵非常災變也。
	光緒七年辛巳夏，不雨。早季梁黍失收。閏七月初七日，颱風瀕貝交作，下鹹雨。
	光緒七年八月，新任通判鮑復康至，親歷山嶼時裏各澳，並渡海至西嶼、八罩等處，撫慰饑民。命紳耆查明戶口，分別極、次、孤、貧，各造清冊，於媽宮澳設籌濟公所。
	光緒七年自九月至明年六月，濟饑民四萬九千餘丁口。
1882	光緒八年夏，不雨。六月十七日大雨連日，澤下六、七尺。是秋有年。
1884	光緒十年夏六月，大疫。冬十一月每夜有大聲，發於海澨。
1885	光緒十一年乙酉夏四月，大疫。法夷事平，卹難民銀米。夏六月，民間猶疫，耕牛多死。
1890	光緒十六年庚寅，大有年。
1892	光緒十八年壬辰夏六月，大風雨三日，平地水深三尺，壞衙署、房屋、商船、五穀無數。八月颱風，下鹹雨。是年地瓜薄收，花生十存

西元	朝代／事件
1892	二、三。十一月初二日，有異魚，入自西嶼之小門港，擱置淺礁上。
	光緒十八年十一月，天大寒，內地金門、廈門大雪盈尺，為百年來所未有。澎雖無雪，奇寒略相等。
1894	光緒二十年甲午春二月，臺灣巡撫邵，奏發帑金八千兩，檄委候補知府朱上泮前往溫州採買地瓜絲併米，到澎賑卹。
	光緒二十年三月福建總督譚，發米二千石，派輪船裝運到澎賑卹。

（資料來源：1. 林豪，1964，《澎湖廳志》。臺北市：臺灣銀行經濟研究室。
　　　　　　2. 蔣鏞，1961，《澎湖續編》。臺北市：臺灣銀行經濟研究室。
　　　　　　3. 清季申報臺灣紀事輯錄，1968，《清季申報臺灣紀事輯錄》輯錄（十）。
　　　　　　　臺北市：臺灣銀行經濟研究室。）

14

博物館與地方學：

以高雄市為例

王御風[*]

摘　要

　　長期以來，關於地方學，缺乏從博物館的角度進行討論。臺灣的博物館如同地方學的發展，在1990年代以後，受到西方生態博物館以及臺灣本土化運動的影響，博物館的關懷角度也開始面向地方及社區。2002年政府所推動的「地方文化館」，更是與社區營造緊密結合，近幾年來許多強調在地的博物館，如國立臺灣歷史博物館、蘭陽博物館、桃園大溪木藝博物館，積極保存地方歷史記憶，更是與地方學的特色相同，但有趣的是，討論地方學時，博物館卻往往被忽略。

　　本文以高雄市立歷史博物館為例，說明該館與「高雄學」的關係，以及推動地方學的過程及構想，希望能藉由此案例促進博物館與地方學的攜手合作，更擴張地方學的視野。

關鍵字：博物館、地方學、高雄市立歷史博物館、高雄學

---

* 　國立高雄科技大學博雅教育中心副教授

　　臺灣的博物館，在1990年代後，如雨後春筍般在各地成立，根據統計，1995年有131家博物館，1998年快速升至232間，到2009年更暴增至645間，2011年到達最高峰的748間（劉新圍，2019），後逐步下滑，目前為486間。[1]相較於20世紀末，臺灣博物館數量成倍數成長，其數量的增加，大部分來自於地方型博物館，尤其是2002年後推動的地方文化館，使得博物館逐漸成為各地文化教育推動的窗口，這也與地方學息息相關，近幾年來，兩者互動越來越頻繁，也使得博物館有望成為地方學另一個重要的執行單位，本文就以全國唯一擁有市級專業歷史博物館的高雄市為例，來探討博物館與地方學的關連。

一　臺灣地方學與博物館的趨勢

　　地方學是以行政區域為範圍，整合討論當地的歷史人文社會各面向發展，主要是以縣市或鄉鎮區為範圍，傳統歸屬於歷史學的志書修纂。在1990年代以前，地方歷史文化在中國史當道下，並不受太多重視，1990年代的本土化、教改、社區營造，給予地方歷史研究許多養分，臺灣各地的社區大學紛紛成立，並配合臺灣史的崛起，以各地域為範圍，開始發展地方學。而當時陸續成立的各縣市文化局，也助了地方學一臂之力，各縣市文化局以地方學之名出版書籍、舉辦研討會，並與大學及民間團體合作，此為地方學發展的第一階段，社區大學為推動地方學的倡導者，但實際出力最多者是各地方縣市文化局（王御風，2011）。

　　臺灣博物館的發展，也與此類似。1990年以前的歷史類博物館，如國立故宮博物院、國立歷史博物館，其研究或典藏也都是以中國歷史為主。1990年以後，本土化運動興起，臺灣史研究開始逐步發展，1998年高雄市立歷史博物館、2007年國立臺灣歷史博物館等本土型歷史博物館陸續成立，還有許

---

[1]　目前博物館統計數量來自於中華民國博物館學會http://www.cam.org.tw/museumsint aiw an/。查閱時間：2021年11月17日。

多包含當地歷史的地方型博物館設立，如2010年蘭陽博物館、2015年桃園市立大溪木藝博物館，都可看到臺灣博物館的轉變。

與此同時，文建會於2002年開始啟動的「地方文化館」計畫，也是立足於社區營造，直接在各地區輔導建立小型地方文化展示場所，多半歸屬於博物館性質（蘇明如，2012，頁11-12），這也是當時臺灣博物館數量扶搖直上的關鍵政策。而這些地方文化館中，有許多是來自於古蹟或歷史建築的文化資產活用，根據蘇明如針對2002-2012年間466座地方文化館的統計，78座屬於此類，約占六分之一；與多元歷史文化相關館舍，更高達187座，約占總數的40.1%（蘇明如，2012，頁139）可見歷史文化是地方文化館的主軸之一，而高雄市當時共有46個地方文化館（蘇明如，2012，頁438-439）。

但無論是地方學或博物館，熱潮在2010年後開始出現疲態，社區大學雖然是地方學主力，但因欠缺專業研究人力，能量不足。地方政府的地方學也常因首長更替，而讓地方學中斷，無法延續，均使地方學熱潮受到影響（王御風，2011）。地方文物館發展也在2011年全臺博物館從高峰開始下滑後，常出現因準備不夠充分，無以為繼的情形，以2021年高雄市為例，共有45個地方文化館，雖然與2012年數量差不多，但在實際情形上，已成為許多古蹟歷史建築活化後館舍的經費來源，2012年僅有5個是由古蹟歷史建築活化之館舍，到了2021年高達21個（見附錄），幾乎是地方文化館的半數，可見其歷史文化性更為增強，但如何有效在歷史空間強化博物館，是接下來的主要課題。

2018年教育部推動USR（University Social Responsibility，大學社會責任實踐）及2019年行政院推行「地方創生」後，大學生力軍紛紛進入社區後，出現以大學為主的第二波地方學高峰。同樣的，USR跟地方創生也開始與許多地方文化館合作，地方文化館如何把握這一波契機，與地方學共融，也攸關地方文化館的未來發展。

二 呼應在地的博物館

博物館與社區間的互動並不陌生，1970年代後西方的「生態博物館」風潮對於臺灣也有所影響，「生態博物館」強調從以前的由上而下、由內而外的型態，改成由下而上、由外而內，放棄大論述，由「以物為主」改成「以人為主」，從過去導向變成現在或未來導向。在此情形下，使得博物館的展演形式，重視地方風俗及社區力量的展演（張晴雯，2020，頁139-142）。

而實際上，博物館與地方學間的互動在近幾年確實越來越密切，2019年國立臺灣歷史博物館（以下簡稱臺史博）舉辦了「共筆臺灣：地方學的新展望」研討會，文化部長鄭麗君致詞時強調「重建歷史要從重建地方學開始」（文化部，2019），可見對此的重視。臺史博立基於臺南安南，從籌備開始，就常與社區保持互動，2016年以當地為避水患，發展出能夠扛著走的特殊家屋為主題，舉辦「扛茨走溪流：臺江風土與自然」特展，到了2018年則與地方舉辦「扛茨走溪流」，重現歷史場景（陳怡菁，2018），博物館與社區間的互動，就是地方學所強調的精神。

與此同時，高雄市立歷史博物館（以下簡稱高史博）也從2018年開始，與高雄市第一社區大學（以下簡稱一社區大學）針對高史博所在地鹽埕展開合作，由第一社區大學在高史博內開設課程「地圖考古Ｘ城市偵探讀書會」，到了2019年，更加入中山大學，由高史博研究組帶領社區大學及中山大學學生，以高雄鹽埕的建築物進行考證，最後找出了九棟建築物的前世今生，並出版專書，這不僅呼應了「全民共筆」的「大眾史學」，也彰顯了地方學的精神（地圖考古Ｘ城市偵探讀書會，2019）。

與此有同樣精神的博物館還有蘭陽博物館、桃園大溪木藝博物館。北藝大博物館研究所在黃貞燕老師帶領下，與上述幾間博物館合作，探求博物館與歷史學的關係，並於2021年出版《博物館歷史學》一書，而幾間博物館所分享的案例，都與在地生活息息相關，例如蘭陽博物館討論的「宜蘭厝」、高史博的「工業史料」等，這也都是地方學的範疇。

由上可知，以社區為養分，近幾年已成為博物館的常態，這與地方學的

發展相同。且相較於地方學主要的研討會、論文形式，博物館的展示、教育方式，不僅更為活潑，也貼近民眾，可為地方學帶來更多元的發展，並協助讓更多民眾理解並親近地方學。以下就以地方學在高雄的發展為例。

三　地方學在高雄

　　地方學在高雄的發展，我們可以用「高雄學」來觀察。「高雄學」的名稱，最早是高雄市政府研究考核委員會在2002年委託高雄市地理學會出版的「高雄學專題規劃系列研究」，此研究也僅出現一次，是典型政府介入地方學後，隨著首長異動無疾而終的案例。在此前後，有民間舉辦的「高雄文化發展史學術研討會」（1992-1996）、以大學教授為主組成「高雄文化研究學會」每年舉辦的研討會，以及2010年開始，高雄市立空中大學所主辦的「城市學學術研討會」及出版「城市學學刊」，並於通識中心舉辦高雄學講座系列（王御風，2011，頁42-43）。然而高雄文化研究學會的研討會偏重通識教育，高雄市立空中大學的城市學系列並不限於高雄，因此與「高雄學」有一段距離。甚至在市政推廣時，市府更借用「高雄學」做為其經營市政的代名詞，可見第一波的「高雄學」，一如其他縣市，是以大學、市府為主，但「高雄學」之名很少出現在民間的社區大學或研討會中，反而較常出現在市府相關活動，也可說明此名詞在高雄並不活絡。真正的高雄歷史文化研究，還是落實在高雄市文化局所執行的計畫。

　　第二波的「高雄學」則是在USR推動後，許多高雄地區的大學使用「高雄學」的名稱，如中山大學社會實踐與研究發展中心的USR計畫：「高雄學／城市是一座故事館」，就直接以「高雄學」為名，後來計畫名稱雖隨期程不同有所更改，但仍有以「高雄學」為名的課程。高雄師範大學也在2018年舉辦了「高雄學學術研討會」。除此之外，高史博也從2020年開始，將「高雄學」列為年度工作目標。（高雄市專業文化機構，2019，頁42-43）

　　第二波的地方學，由於是以USR為契機，因此先行各大學引燃，但無論是大學、社區大學或是各縣市文化局，所執行的「地方學」多半是以舉辦研

討會、出版專書、論文集或課程為主，而研討會及論文專書，主要是以專業的問題做討論，比較針對學術菁英間的交流，課程也多半以大學或社區大學學生為主，且以學期為週期，缺乏了以一般大眾為主的展示，這個空缺，或許可由博物館來填補，也使得高史博提出的「高雄學」有不同的意義。

高史博的「高雄學」，最早出現在109年度的工作計畫中。當年度整體工作計畫的三大目標中，第一項就是啟動「高雄學」，多元展現高雄歷史。該項下又分為五個子目標，一是建置「大高雄歷史常設展」，多元展示高雄歷史脈絡、二是結合教育單位，全民共筆「高雄學」、三是厚植研究能量，強化「高雄學」底蘊、四是典藏暨古物資源整飭、五是無形文化研究及推廣。（高雄市專業文化機構，2019，頁42-43）這五個子目標，很明顯是將博物館的展示、研究、教育、推廣均融合在「高雄學」脈絡下，其中最重要是被列為首要工作：2020年開幕的「大高雄歷史常設展」，這個常設展將會帶動高雄地方學不同以往的發展。

四　高史博與大高雄歷史常設展

高史博成立於1998年10月25日，雖已成立22年，但仍是迄今為止，臺灣唯一的縣市級歷史博物館。2007年1月1日，與高雄市立電影館，同改屬於新成立的行政法人高雄文化專業機構，[2]也是目前唯一屬於行政法人的歷史博物館（張守真，2018）。

既然身為歷史博物館，其典藏、研究、展示、教育自然就以高雄市在地的歷史為主。但有趣的是，儘管如此，高史博並沒有針對高雄整體歷史發展，提出一套完整的論述，也就是說，高史博對於高雄歷史的詮釋，只有「點」，而沒有「面」，這也很難成為地方學的基底。

也正因為如此，近年來的高史博展覽，均以「特展」為主，也就是一檔

2　2007年8月1日，高雄市立美術館也加入行政法人高雄文化專業機構，目前是一法人下轄三機構。

檔主題不同的展覽，這些展覽雖然多半圍繞著高雄市的大小事，也經過精心設計，但缺乏高雄全貌的呈現。2020年適逢高雄改制更名一百年，高史博思考設立常設展「大高雄歷史常設展」，作為高史博對於高雄歷史的詮釋，經過為期一年的籌備，於2020年9月1日第一階段揭幕，2022年1月27日第二階段全面啟用。

　　「大高雄歷史常設展」主要建構2010年縣市合併後的大高雄歷史，臺灣各縣市對於其本身歷史，缺乏系統性整理，對高雄而言，2010年縣市合併後，更是將傳統的高雄市與高雄縣歷史合而為一，需要有嶄新的高雄史。但2010年後，除了為教師甄試，高雄市教育局出版的《高雄文明史》系列叢書，並無全盤討論高雄史的書籍或展覽，身為高雄市歷史的主要館舍，常設展有其必要性。

　　「大高雄歷史常設展」分為實體與網路的展覽，實體的展覽是在高史博一樓，共分為四個展區：概論、水系、鐵道、港口，第一個展區概論是在2020年9月開幕，第二、三、四展區則於2021年12月啟用。第一個展區是敘述縣市合併後的大高雄歷史，運用10分鐘的沉浸式動畫影片，精簡且活潑的將大高雄歷史介紹給參觀者，也希望來訪者能夠透過這個影片，快速地對大高雄歷史有一個完整的印象（莊書豪、莊建華，2020）。

　　第二、三、四展場則分別運用水系、鐵道、港口三個主題來介紹高雄歷史，每一個展覽間，選擇一個最具影響高雄發展的主題來做介紹。流經高雄的河川，以及清代所興建的曹公圳，對於高雄的農業灌溉，乃至於日後的城市居民、工業用水均非常重要，以往則鮮少對其做全面性的討論，此次則是以「水系」做全面的討論。

　　1908年的「築港設驛」，興築高雄港跟縱貫鐵路通車，奠定了近代高雄市的規模，此展覽也特別運用第三及第四展場分別以鐵道及港口來詮釋近代高雄如何發展。也希望透過這四個展場，能夠讓參觀者認識高雄由史前到近代的歷史發展軌跡。

　　除了實體展覽外，也由於高史博本身展覽空間不足，因此特別開闢可擴充的線上虛擬展場，做為「大高雄歷史常設展」的第五展場，在這個展場

中，以歷史脈絡為主，打頭陣的第五展場就是以清代高雄為主脈絡的「鳳山雙城記」。而線上空間，有其擴充的方便性，日後則可順著日治、戰後的展間，完整介紹高雄歷史，也可擴充更多的主題，如移民、工業等，讓高雄歷史的介紹更為多元且完整。

大高雄歷史常設展的設立，可說才是高雄學的基礎。以往缺乏統整的高雄歷史發展，在常設展設立後，可以讓一般民眾對於高雄歷史文化脈絡更進一步認知，以此做為基底，向各區發展紮根。而且大高雄歷史常設展運用多種視覺手法呈現，能夠讓一般民眾更樂於接近，對於地方學的推廣更有助益。

五　結語：博物館與地方學的攜手合作

關於地方學的討論，以往都聚焦於社區大學、大學、各地方政府文化局，較為忽略博物館。臺灣博物館的發展趨勢，其實與地方學相同，都受到本土化、社區總體營造運動的影響，尤其是地方文化館及地區型博物館，如蘭陽博物館、大溪木藝博物館的成立，都帶動了當地社區的研究，其成果也可說是地方學的一部分。

本文以高雄地方學「高雄學」為例，高舉高雄學旗幟的多半是大學，不論是前期的通識中心，或是近期的USR，都缺乏將高雄學統整成有系統、脈絡，且容易消化的論述。直到高史博推出的「大高雄歷史常設展」，才讓2010年合併後的大高雄「高雄學」有論述主體，可說明博物館對於地方學的重要性。

地方學的成果，以往也偏向文字的論文發表。相較之下，擅長將研究成果轉化為展示的博物館，更容易親近民眾，帶給地方學更為多元活潑的形式，且許多博物館也有研究人員，日後地方學討論應多加入地方博物館，在博物館與地方學的攜手合作下，必能擴張地方學的視野。

參考文獻

王御風，2020，從打狗到高雄：是京都還是東京造就了高雄之名？nippon. com。https://www.nippon.com/hk/japan-topics/g01040/，取用日期：2021 年7月31日。

王御風、謝雲嬌，2009。《文化館高雄學：中長程文化生活圈規劃》。高雄： 高雄市政府文化局。

王御風，2011。〈地方學的發展與挑戰〉。《思與言》49（4）：31-55。

蘇明如，2012。《多元文化時代的博物館──台灣地方文化館政策十年 （2002-2011）》（未出版之博士論文）。新北市：國立臺灣藝術大學。

高雄市專業文化機構，2019，高雄市專業文化機構109年度營運計畫。 https://pakci.khcc.gov.tw/PhotoData/PIC1090928_1.pdf，取用日期：2021 年7月31日。

高雄市立歷史博物館，2021，高雄市立歷史博物館網站。http://khm.org.tw/ tw，取用日期：2021年7月31日。

文化部，2019，關注新地方學的推動與展望　鄭麗君「在地知識是建構臺灣 文化的重要資產」。https://www.moc.gov.tw/information_250_98316.html， 取用日期：2019年4月13日。

陳怡菁，2018，與人民共構的博物館地方學。http://www.cam.org.tw/%E3%8 0%90%E5%9C%8B%E5%85%A7%E5%A4%96%E8%B3%87%E8%A8%8 A%E3%80%91%E8%88%87%E4%BA%BA%E6%B0%91%E5%85%B1% E6%A7%8B%E7%9A%84%E5%8D%9A%E7%89%A9%E9%A4%A8%E5 %9C%B0%E6%96%B9%E5%AD%B8/，取用日期：2018年。

地圖考古X城市偵探讀書會，2019，地圖考古X城市偵探：鹽埕身世。高雄 市，中山大學、高市第一社區大學、高市史博館。

劉新圓，2019，〈我國博物館概況及問題〉，https://www.npf.org.tw/2/20782， 取用日期：2019年。

莊書豪、莊建華，2020。〈開箱高史博：解構「大高雄歷史常設展」〉。《高雄文獻》10（2）：200-205。

張晴雯，2020。《新世紀的博物館？載於博物館營運新思維》。臺北：藝術家。

張守真，2018。《在地耕耘二十年。載於燃燒吧！博物館魂：高史博轉大人》。高雄市：高雄市立歷史博物館。

附錄　古蹟或歷史建築活化之地方文物館

	2012	2021
1	高雄市立歷史博物館	高雄市立歷史博物館
2	打狗英國領事館官邸	打狗英國領事館（文化園區）
3	武德殿	武德殿
4	旗山火車站	旗山車站糖鐵故事館
5	旗後砲台古蹟故事館	——
6		舊打狗驛故事館
7		逍遙園
8		北號誌樓
9		雄鎮北門
10		新濱町連棟紅磚街屋
11		舊三和銀行
12		愛國婦人會館
13		哈瑪星貿易商大樓
14		鳳儀書院
15		臺灣鳳梨工場
16		林園歷史教室
17		柯旗化故居
18		再見捌捌陸——臺灣眷村文化園區
19		醒村
20		樂群村3號（岡山眷村文化館）
21		舊鼓山國小
22		臺灣糖業博物館

（資料來源：蘇明如，2012，438-439、高雄市政府文化局。）

第四篇
大學地方學的認識論和方法論

15

如何在地

林崇熙[*]

摘　要

　　面對全球化、資本主義穿透、網路社會、教育中的普遍性知識、去脈絡化的博物館典藏等因素／現象讓「地方」逐漸弱化或消失。雖然有志之士提倡「地方學」或強調「地方感」，但「地方」的地域性帶來關係排他性與資源侷限性，皆難以改變「地方」的微弱性。解決「地方」微弱性問題在於改弦易轍地以「在地」概念重新出發。「在地」從價值驅動出發，面對「社會需求」問題，將各方社會行動者關連進議題相關的「認同領土」中，透過議題公共領域的參與體現「行動主體性」，透過廣納社會各方的資源、立論、關係、行動，將重構臺灣社會亟需之社群運作、交會與相互支持。這般「在地」觀點將於本文「從地方文化館到在地博物館」、「讓古蹟回到在地」、「新住民在地拓展」及「在地讓社區大學重要」等四個議題中探討如何經營認識論式「在地」來有效解決問題及促進全新開展。

關鍵字：在地知識、認識論、行動主體性、認同領土

---

[*]　國家教育研究院院長、國立雲林科技大學文化資產維護系教授

一 弱化或消失的「地方」

　　人們居住在一個地方，因為與地水風火、家族情感、鄰里互動、社會關係、經濟產業、文化行動等種種生命投注與連結，將產生既獨特又共享的「地方感」。然而，這般似乎理所當然的「地方感」卻在當前社會變遷下逐漸消失。「地方感」此議題重要嗎？「地方感」的重要性在於如果拔除了地方感，人們就會像飄零的浮萍，一方面可能失去必要的社會關係紐帶，使得人們的社會支持崩解；另一方面社區將無從促進人們對公共議題的參與，使得公共事務（及民主生活）難以獲得支持。「地方感」如此重要，然而，「地方」卻逐漸弱化或消失在於全球化／國際化、網路社會、教育中的普遍性知識、去脈絡化的博物館典藏與展示等因素，同時亦讓「地方」此概念愈顯過時。

　　數百年來，隨著大航海時代以來的帝國擴張、跨國公司的全球運籌、資本主義對於國境的穿透，都讓每個「地方」經常受到來自遙遠力量的影響而不自知。國際穀物期貨影響各個「地方」市場的五穀雜糧價格，某個地緣政治造成的油價漲跌影響各個「地方」產業的生產成本等，都已經是「地方」人們所無法掌握的不預期變數。而從工業革命以來飛躍式的科技發展，更是不斷地重新塑造人們的生活方式及空間關係。當我們說鐵路、高速公路或高速鐵路打造了「一日生活圈」時，就已經重新定義「地方」的範圍與邊界了。當一個人住在甲地，每天搭高鐵到乙地上班，不但帶著早餐到公司吃，連中餐和晚餐都在公司吃，加班到八、九點回到甲地住處，累得倒頭就睡，根本無暇（也無力）參與社區公共事務，甚至說不出社區長什麼樣子，也難得認識鄰居；此時，此人的「地方」是甲地（住處）還是乙地（公司）呢？[1]

　　其次來檢視教育對於「地方」消失的影響。從前現代社會之科舉考試讀四書五經，到當今錄取名額多於報名人數的大學，在教育體制、組織、知識內容、意識形態等都有著巨大改變，但是，卻有個貫穿不變的知識特質，即

---

[1] 非常類似的現象是近年一些臺灣藝人遊走海峽兩岸，當其事業重心轉移到中國後，為了不被中國政治封殺，不斷地在各種政治表態場合發表支持中國言論，生病卻又千里迢迢地跑回臺灣使用健保就醫。那麼，這些藝人的「地方」是中國還是臺灣呢？

學校課堂所授皆為普遍性知識。四書五經被設定為適用古今中外的經典自不待言，當今大學院系所依然傳授普遍性知識。工程學院及理學院的諸多理論與方程式、醫學院的生理與病理知識、社會科學院的社會學或政治學理論、……等，莫不為放諸四海皆準的普遍性知識，此即各領域學術社群基於典範（paradigm）而得以在國際間互通共享知識的基礎。然而，正是這般的普遍性知識教育及相應的世界排名與SCI要求，讓「地方」隨之消聲匿跡。縱然臺灣的解嚴後開始推動（微薄的）鄉土教育，如今又通過《國家語言發展法》將母語傳授體制化（其實就是1學分），依然難以抵擋學生處於16年教育的普遍性知識氛圍。當工程師在學校所學是普遍知識時，所設計與營造的橋梁工程就經常忽略在地脈絡條件、使用者需求、使用者習慣等必要考量，這般以普遍知識營造的橋梁工程通常是橋墩基礎遭淘空或颱風洪水而斷橋的候選者。[2]

　　在學校學到普遍性知識對於「地方感」的消除在當今的網路世界得到更進一步的強化。從網路原住民誕生開始，這個世界開始改變，因為開始有一批（及每年增加一批）的人類以數位、資訊、網路為思考方式及生活方式。[3]此改變具有革命性，在於它將由無數個「地方」組成的世界改變為「無所在」的世界。在網路世界中，每個使用者都有一個（正在使用的）IP，卻無法宣稱他住在該IP。住在何處在網路世界沒有意義。網路是個舞臺，人們扮演著鍵盤政論家、Youtuber、網紅、網路廣播者、線上募資、電商、網軍、酸民、……等角色，每個「人」都可以有無數的分身，就如同精神病院中的多重性格者（或精神分裂者），可以隨時切換成完全不同的「人」。在實體世界中，每個正常「人」都只是一個人，卻要視場合需要而帶上不同的面具，卻扮演不同的社會角色。在網路世界中，每個正常「人」都可化身為各種「帳號」而不需要帶面具，以扮演不同的社會角色。兩個世界都一樣，人們都需要躲在面具或帳號的後面。

2　相對的，參與者學歷普遍在國中上下但能夠把握地方知識的嘉邑行善團，所造四百餘座橋梁從未有斷橋的紀錄。見楊弘任（2010）。

3　相對的，在實體世界出生的人們則將網路及資訊技術當成生活工具，因而是數位移民。

在實體世界中，人與環境之間的中介是各種工具技術物。人與海的中介是船、釣竿、漁網；人與蔬菜禽畜的中介是菜刀、鍋碗與火爐。實體世界的中介技術物讓人們得以著力於在地土壤、河流、海洋；也透過中介技術物讓人們與環境相連而共構出具有在地知識的脈絡性人生。相對的，網路世界中，人與世界之間沒有中介。鍵盤、電腦、網路、App、軟體等都不足以成為中介物，因為缺乏「地方」所對應的對象。網路世界是一個「無所在」的環境，全網路世界中的行動者都用同樣功能的鍵盤、電腦、網路、App、軟體，雖然在各種平臺、社團、交友軟體中活動，卻無法發展出「地方知識」，因為沒有「地方」。網路社群缺乏「地方」連帶黏著而成員來來去去，經常出現「千人按讚，一人到場」的窘境。

當網路世界中的人們偶而離開電腦或手機螢幕而回到實體世界走進博物館時，典藏與展示各「地方」產出的文物的博物館，卻正進行著去地方化、去脈絡化的工作。以一座被博物館典藏的鹽田風車為例，博物館文物典藏只處理物件的物質性，兼之在蒐藏審議會上進行文物價值評估時需要有歷史研究佐之，然後就進恆溫恆濕的典藏庫了。縱然此技術物將來偶有機會上展場，卻不可能有陽光、風、海水、揚滷，更不可能再有製材廠、稅捐處、發明展、專利局、警察（抓盜版者）、製鹽總廠、鹽工、氣象知識、維修技術等社會行動者與社會關係網絡。當鹽田風車技術物失去了原使用脈絡場域，縱然其生產技術被紀錄了，或其物質性被修復與保存了，卻將因為失去了「地方」而無法進行生命發展所繫之「再生產」，此技術物就失去生命力了。

二 無法解決問題的本體論式「地方學」

面對全球化、資本主義穿透、網路社會、教育中的普遍性知識、去脈絡化的博物館典藏等因素與現象讓「地方」逐漸弱化或消失，有識之士近年大力提倡「地方學」或「地方知識」，例如「屏東學」、「雲林研究」、「宜蘭學」、「臺中學」、……等。「地方學」有著長遠的歷史與演變。第一類型是從前現代社會之官方「地方志」到日本時代的舊慣調查，有著權力者的統治需

求。第二類型是從日本時代《民俗臺灣》到戰後縣市政府文獻委員會之《ＸＸ文獻》，及眾多學術界或地方文史工作者的孜孜研究，大體上是對於地方文化的愛好。第三類型是1990年代社區營造風潮中出現的「大家來寫村史」運動。此有別於前兩種類型都是由知識菁英執筆，而改弦易轍地由社區居民執筆（雖然經常有人大嘆「拿筆比拿鋤頭重」），企圖從草根重建文化自覺和社區認同。[4]這是一個「典範移轉」式的改變與突破，鼓勵每個人進行自身生活與地方的歷史書寫，這般的「歷史共筆」不但打破知識菁英（與權力者）的大歷史書寫框架，也後續開啟如「國家文化記憶庫」的歷史共筆計畫。[5]第四種類型是新世代青年的刊物如《風起》、《貢丸湯》，此類型作者至少有大學學歷（因而不同於第三類型之社區常民），但又不是文史專業（因而不同於第一、二種類型之知識菁英），甚至不是「本地人」，基本上是基於某種價值理念而對於當下所在地（亦即不是家鄉，而是當下求學或工作之地）的關懷所致。

　　上述四種「地方學」類型隱然有著時代變遷趨勢：其一是書寫者從知識菁英擴及社區常民，其二是書寫權力從集中式主政者擴及分散式民眾參與。但是，這四種「地方學」依然有著共通性，即「地方」是由地理條件、行政劃分等空間概念界定，有著清楚的邊界或空間特性。因此，地方文化館或地方志就只處理該行政區域（如縣市、城鎮、社區）或地理區域內的人地事時物展示或書寫。「地方」的空間性經常塑造了「地方人處理地方事」，尤其在爭議事件中以此排拒「外人」置喙；或者，只將資源眼光放在「地方」的地理區域範圍內，從而使「地方」有著排他性與局限性。

　　以空間性為基準的「地方」的問題除了局限性與排他性外，更在於缺乏主體性。前述說「地方人處理地方事」，此雖然會造成局限性與排他性，但應該有主體性吧。事實不然。「地方」做為一個行政區域或地理區域，經常

4　見中華民國社區營造學會和臺灣省政府文化處合作規劃推動、吳密察教授主持的「大家來寫村史——民眾參與式社區史種籽村建立計畫」。並參見尤力·阿冒等（1998）。

5　此類型亦包括不同時間出現的社區層級刊物如《新港文教基金會會訊》、美濃《月光山》等地方報、或九二一震災後出現的《石岡人》等社區報。

被遠在他方的強勢「他者」所決定。以地方志為例，這是中央統治者（或行政機關）對於地方的瞭解與掌握之資，卻不是地方人們對於此地生命力的書寫。[6]更不用說地方官員都是由中央指派了。鄧津華《臺灣的想像地理：中國殖民旅遊書寫與圖像（1683-1895）》探討了清代中國文人透過旅遊書寫的原始性修辭（rhetoric of primitivism）以及匱乏性修辭（rhetoric of privation）「想像」臺灣（原住民）樣貌，反映了中國對臺灣的陌生與恐懼，這些「想像」都將影響清政府對臺的治理態度與策略。此與Edward Said《東方主義》若合符節，即「地方」的樣貌是被遠方他者所描繪、框架、指派，並透過後續的政策與軍經行動治理此「地方」。例如當代各種高污染產業都被中央分派到偏遠貧困地區（如六輕到雲林麥寮）、少數民族聚落區（例如核廢料廠到蘭嶼）等。因此，在遠方權力者的「想像治理」下，「地方」所宣稱的「地方人處理地方事」是高度侷限的。也就是說，「地方」所指涉的「侷限」有雙重意思，其一是「地方」排斥外人的局限性，其二是在中央權力決策下的「地方」局限性。[7]

中央權力對於「地方」的框限源自戰後國民黨政府的威權統治與白色恐怖，將資源集中到中央手中，弱化縣市政府的財源，使得地方政府不得不仰賴中央經費補助。影響所及，就是地方為了爭取中央補助而相當程度削弱了主體性。以社區營造政策為例，其基本精神是以「由下而上」促成居民關心家鄉事，並透過「居民參與」來營造民主紮根，除了塑造在地認同，更希望能擺脫二重侍從主義的利益交換窠臼。[8]然而，二十幾年來的社造政策施行，卻一直是由文建會（及當今文化部）「由上而下」地制訂計畫、規範、審核、訪視、輔導等。地方為了爭取經費，不得不依照每年社造計畫的方向及規範提案。如此，原本想營造地方主體性的社區營造政策卻弔詭地削弱了地方主體性。

---

6 一直到1990年代，臺灣各縣市鄉鎮要修地方志，需先呈報省文獻會審核計劃書及凡例。
7 當今的臺灣還出現遠方強勢「他者」（如中國）「指導」臺灣「地方」作為之現象。
8 關於「二重侍從主義」見若林正丈（1994）。

將思考、行動、政策、法令等定錨在「地方」，看似符應「地方自治」精神，卻凸顯「地方」概念的侷限。以文化資產指定登錄為例，《文化資產保存法》於2005年修法時將文化資產指定登錄的權限由中央下放到地方政府。此固然符合2000年來臺灣朝向民主化、自由化的社會氛圍與趨勢，卻出現甲縣市政府指定的古蹟，乙縣市政府卻否決同時代、同類型案例的古蹟指定審議。遑論有些縣市政府以土地開發為要，而漠視文化資產保存。只要某縣市政府「依法行政」地將文化資產指定登錄行政作為走過一次，就能「一切合法地做掉文化資產」。面對這般不勝枚舉的文化資產遭難事件，文化部文化資產局卻僅能丟下一句「尊重地方自治權限」而無所作為。

綜上所言，如果我們繼續過往地方學之視「地方」為固定疆界的實體空間存在，就會繼續框限在「地方」的排他性與侷限性，也將持續削弱「地方」主體性。此外，當今社會人們經常因工作、就學、婚姻等因素而跨縣市／跨國流動，這般常態不易讓人們認同每個移居的實體空間；以及在虛擬空間中，人們在網路中流動而拋開「地方」的定著點與認同感。此皆非實體「地方」概念所能應對了。

三　以「在地」取代「地方」

（一）「在地」的優先性

在談「local knowledge」時，中文翻譯經常混雜著「地方知識」及「在地知識」。此看起來僅是翻譯用語差異而已，事實上，「地方」與「在地」不一樣。如前所述，「地方」是由地理條件、行政劃分等空間概念界定，有著清楚的邊界或空間特性，因而有著排他性與侷限性。相對於「地方」的空間性，「在地」指涉著關係、關懷、認同、利益（interests）等價值性與關連性。[9]以新莊樂生療養院保存運動為例，如果以「地方」概念為之，就僅僅

9　在此使用「關連性」意指「因為關懷而連結」之意。

是新莊「地方」居民之事，而不干新莊地區之外「他人」之事。事實上，此論調正是反對樂生療養院保存者的主張。文化資產是一個歷史競逐、記憶篩選、敘事流變、知識生產、認同營造的「政治戰場」。文化資產保存領域中不存在中立第三者，[10]文資法也無法扮演「事先訂定的規範」，[11]因而文化資產保存領域就是政治戰場。[12]唯有清楚地認知到文化資產保存是個政治戰場，需要進行各式各樣的協商或戰鬥，才不會天真地期待文化部或縣市文化局能「主持公道」。[13]以「在地」的價值理念、社會關係、經濟考量、情感認同等連結性來看待樂生療養院保存作為政治戰場，就不會侷限在新莊「地方」；樂生療養院保存運動也才能以「人權」及「文化資產」等超越地域的價值訴求，吸引與涵納（或動員，enroll）諸多來自社會各界的關心者一起聚焦此「在地」事，從而「大家一起來處理在地事」。

當「大家一起來處理在地事」時，此「在地」的關連性以「廣納性」消弭了前述「地方」的空間局限性與排他性，不但得以涵納多元專業者進來關心，更使得在地事成為超越地域、領域、群域的「大家的事」。這般的「廣納性」讓眾人的關心行動以一種動態關係網絡來實踐認同，不會框限在地方人士的小圈圈，也不會任由他方權力者擺布，從而塑造出一種行動主體性，更能連結豐沛的資源來共襄盛舉。「在地」的關連性、廣納性、及行動主體性能夠超越「地方」的空間性、局限性、及排他性。此即當前地方志、地方文化館、地方政府、地方創生、社區營造、……等諸多奉「地方」之名者所需突破之處。

「在地」的特質除了「關連性」（及相應「廣納性」與「主體性」）之

---

10 縣市政府文化資產審議會成員由縣市首長指派，受到縣市首長意志太嚴重的影響。

11 文資法主要是程序法而不是實體法。

12 為何將此戰場稱為「政治戰場」呢？此如Carl Schmitt所言：「一個世界要是全然沒可能發生戰爭，一個星球要是徹底被平定了，這樣的世界將會分不出朋友與敵人，也因此，將不會有政治。」見Bruno Latour（2019：347）。

13 Carl Schmitt向我們提出的選擇很清楚：要麼你同意區分敵人與朋友，於是你便涉入政治，嚴格地定義出戰爭的真實前線。要麼你小心避開戰爭與敵人，那麼你便放棄了政治。

外，就是「社會需求性」。「在地」能夠連結跨鄉鎮／縣市／國家的行動者，在於這些行動者有著價值理念、社會關係、生理或安全、歸屬認同、生命成長等「社會需求」而採取行動。透過「社會需求」動機促成行動與連結，千里之遙皆可為「在地」。與此「在地」的「社會需求」特質有著親近性的概念是「知識」。

（二）「知識」

培根的名言「知識就是力量」大家耳熟能詳。但是，為什麼知識就是力量？我們從小到大讀了許多書、修了許多學分、學了許多知識，因而就很有力量嗎？這是個嚴重的誤解。我們讀的書或在課堂上學習的「東西」對書寫者而言可能是他的知識，對你而言卻可能僅是「（系統化）資訊」，而還不是「知識」。基本上，所謂的「知識」是「能夠解決（你的）問題的價值理念、關係運作、環境掌握、經驗美感的結構性總和，且具有時空脈絡情境下的有效性。」[14]

首先，從「能夠解決問題」破題，表示此「知識」觀點是實用主義兼實證主義取向。沒能解決問題，就不是知識，僅是無效宣稱（電視名嘴就是這個等級）。其次，知識所解決的問題，必須是「你的」問題，才會是你「需要」的知識。圖書館中百萬冊書籍如果你不去讀，就只是潛在資訊堆積處，而不是你需要的知識。如果你讀了書卻不會用，或用了卻無法解決你的問題，也僅僅是無效資訊。因此，這些書籍可能是別人的知識（即能夠解決他的問題），卻不見得會是你的知識；端視你是否能善用這些書籍的資訊去解決你的問題而成為你的「需求」。

其三，由於「解決（你的）問題」此命題具有高度的空間、時間、社會情境、文化脈絡等特異性，因而對每個人而言，「知識」必然是一種「在地

---

14 從古至今，太多哲學家、社會學家或歷史學家都曾給予「知識」各式各樣的定義或描述。

知識」。即在此時此刻面對「你的」特定情境脈絡下（此之為「在地」）的「你的」問題解方（此為「知識」）。因此，不僅「他的」知識不見得會是「你的」知識（就像「他的」藥不見得會是「你的」藥），就連曾經是「你的」知識，也不見得在時空變遷後繼續是當下「你的」知識。例如四、五年級生（泛指40、50年代出生的民眾）小時候學習「反攻大陸解救苦難大陸同胞」等忠黨愛國的「知識」（此「用」在寫作文之為問題解決的情境中）。如今何處尋「光復大陸解救苦難大陸同胞」的問題情境？在課堂上所學的資訊，基本上是面對考試之為「問題／社會需求」時的「知識」。但是，離開校園後，社會運作完全與學校考試情境無關（極少數的例外是公務員考試），也就不再是在社會奔波者的「社會需求／知識」了。

（三）「在地知識」

「在地」與「知識」透過「社會需求」此親近性而連結成「在地知識」。此「社會需求」特性反襯出前述四種「地方學」的盲點。第一種地方學種類型之官方地方志固然是官方需求，卻通常不是「地方」民眾的需求。第二種地方學類型之地方文史作品是知識菁英的愛好，不見得能對準「地方」問題需求，也不見得是「地方」民眾的需求。第三種地方學類型之「大家來寫村史」運動，固然是由「地方」民眾執筆書寫，卻通常是書寫者的歷史記憶，不見得是當前「地方」民眾解決問題所需，遑論世代差異的「社會需求」大不相同。第四種地方學類型之新世代青年刊物固然來自青年關懷地方議題所致，卻不易與「地方」居民連結，從而難以對準「地方」居民的「社會需求」，也就難以得到「地方」居民的認同與支持。這四種「地方學」的共通點之一是皆為「供給」面所為，即書寫者「供給」了這些地方學資訊／知識，卻不見得能對準各種民眾問題之解決「社會需求」。

從「社會需求」角度切入之「在地知識」是指「在特定場域脈絡中，基於理念認同與共識，人們能有效解決問題的價值理念／社會運作／環境掌握／美感品味的結構性總和與實踐，並成為文化再生產的重要內涵與動力。」

但是，重點不在於定義，而在於能給予思考靈感、對話、與解決問題的效用。

　　「在地知識」是在地人們對於價值理念、社會關係、與生命成長的共識，而以物質層次的形式來表達與實踐。例如原住民的山林知識融合著部落對於天地的價值觀、部落的集體規範、及自我安身立命的認同與行動。下圖是我的學長曾雨潤（宜蘭縣員山國中退休老師）臉書上一篇「八月半園寮前拜拜」：

曾雨潤——在宜蘭員山枕頭山．
15 小時．

八月半，園寮前拜拜。
阿母講：「一年四季攏愛款來園裡拜土地公伯仔以及好兄弟，你愛知也喔。冬至、過年、五日節、八月半、…」
「燒金，土地公愛燒福金、刈金；好兄弟愛燒緞衣、銀紙。你知也…」
八月半拜拜，愛款：平西餅，紅柿、青柿、柚仔。

午時過後，微雨田園。我來點香，燒金，…熊熊火焰，氣味，溫度，可感知不可感知，一時，念念亂流過「紙錢符號學的完滿，宇宙更新的生生不息」…

圖一　八月半，園寮前拜拜

　　拜拜（之為「儀式」）是價值層次的敬天拜地。土地公及好兄弟則是社會層次的心靈投射，透過物質層次的燒金與供品，才能讓農民有著心靈層次的安心與穩定。（順便可以促進消費振興經濟）那麼，「適切的」拜拜（包括何時拜、何地拜、拜誰、誰來拜、如何拜、為何拜、……）就是一種在地知識。以此觀之，族群（判準、內涵與邊界）、語言、文化味蕾、節慶、民俗、文化資產、產業、……等都是在地知識。

一般都將「普遍知識」與「在地知識」對立看待。顧名思義，普遍知識具有超越地域的普遍性，乃放諸四海皆準。相對的，在地知識僅局限於某個地方，跨到另一個地域就不適用。其二是將在地知識視為普遍知識的脈絡性應用，或者將普遍知識（如科學理論、法理學）視為在地知識（如身體經驗、田野觀察）的去脈絡化抽象版。[15]當知識以使用者為主體、具有時空脈絡性且能解決問題時，「普遍知識」應該是「在地知識」的一部分，而不是前述「在地知識」是「普遍知識」的具體應用而已。[16]以建築為譬喻，建築使用的建材如鋼筋、混凝土、磚塊、鋁窗等是工業量產的「普遍性建材」，但每一棟建築都應該是適切於地水風火脈絡條件及特定使用功能的「在地建築」。亦即「普遍性建材」是「在地建築」的一部分，但僅是一部分，其餘尚需法令規章（如建築法、消防法、都市計畫使用區分）、使用功能、環境條件、社會互動需求等脈絡條件一起構成。相似地，當「在地知識」面對脈絡性問題去解決時，固然可以使用「普遍知識」（如哲學、物理學、化學、數學、……等），更需綜合所處脈絡情境的價值理念、社會運作、環境掌握、及美感品味等知識，方能有效地解決（你的）問題。從「在地知識」觀點出發，則「普遍知識」不再是「在地知識」的對立面，而是可以援引利用的一種潛在能量，只要適切使用，就能成為「在地知識」不可或缺的一部分。

（四）向內聚合及向外連結的「在地」

Anderson《想像的共同體》探討近代民族主義的興起緣由，包括印刷資本主義、反殖民主義獨立運動、國家治理塑造等。Anderson對於「民族」的定義是：「它是一種想像的政治共同體，並且，它是被想像為本質上是有限

---

15 換句話說，此論點是將普遍知識加上脈絡性條件，就是在地知識。

16 文化共構性地思考，此觀點猶如討論海峽兩岸關係時，從「臺灣是中國不可分割的一部分」此政治觀點，轉向為「中國文化是臺灣文化不可或缺的一部分」（但就只是一部分，其餘尚有南島語族文化、荷蘭文化、日本文化、美國文化、東南亞文化、……等）此文化觀點。

的，同時也享有主權的共同體。」此處之「想像」並不是虛假的意識產物，而是一個社會的、心理的「社會事實」。以此而言，「臺灣民族」還是個漫長的現在進行式。[17]由於臺灣社會依然處於藍綠對決的政治情勢中，或許我們應該先跳開「民族」此規模的共同體，而從日常生活中的共同體（與相應的在地知識）來思考。

　　日常生活中散布在社會各處的大大小小共同體，如家庭、社團、機構、公司、產銷班、幫派、教會、神明會等，是各種的血緣／興趣／職業／利益／義氣／信仰共同體等。這些稱之為共同體的社會事實的共通點是：具有特定價值理念、關係網絡及相應的「認同領土」與在地知識。此「認同領土」之意不是民族國家邊界圍起來物理性空間，而是行動者基於價值認同而投射生命之網絡組構的社會運作場域（Latour 2019：368）。例如，鐵道迷的共同「認同領土」是（非他們擁有產權的）鐵道設施場域及鐵道文化再生產。教友的共同「認同領土」不在於教堂，而在於聖典所架構的價值論述及投射的生活領域。因此，「性別」是基督教要處理的「認同領土」（即反對多元成家），但「半導體」就不是他們的「認同領土」所在。[18]沒有可資治理的「（認同）領土」則無以成為共同體，因為如此將缺乏共同奮鬥捍衛之憑依。也正是「（認同）領土」的概念才能讓我們理解一些宗教的基本教義派何以發起「聖戰」之意，即該宗教聖典所投射的「（認同）領土」被侵犯了而需要捍衛戰鬥。

---

17 沒有通過反殖民獨立運動，戰後臺灣人突然被政治性地變成「中國人」，卻又為新的（中華民國）國民黨統治者視為次等的、「國語」說不好的「臺灣省人」，進入新一波的後殖民情境中。雖然歷經了數十年的民主化運動，此後殖民情境卻無法比照反殖民獨立運動般地透過對抗鮮明的敵人（即殖民者）來凝聚向心力與認同感。亦即，本來扮演後殖民情境之威權統治者的國民黨，在政黨輪替後的政黨政治中成為「民主政黨」的一員，就無法當成可資「全民對抗」的威權統治者了。正是在民主社會中可以有獨派與統派共存，而臺灣難以塑造出Anderson概念下的「想像的政治共同體」之「臺灣民族」。

18 此處若用「認同領域」一詞似乎相較於「認同領土」「溫和」一些。但是，此處刻意用「領土」來表徵行動者的生命投射的強度，也才有「共同體」的「感覺」，而不是聯誼社之類的湊合而已。

　　每個共同體治理其「認同領土」都需要特定的「在地知識」。如果是用普遍知識來治理「認同領土」，則意味著擁有相同普遍知識的其他人都可以進來治理（因為這種知識很「普遍」……），則此共同體就無法形成或容易被瓦解。相對的，在地知識的特異性與脈絡性讓共同體得以區分彼我、捍衛「認同領土」及保有主體性。臺灣文化資產領域如果要形成共同體，就要有臺灣文化資產自己的「在地知識」。如果一味地抬出國際憲章、決議文、XX文件、宣言等「普遍知識」，或保存科技宣稱放諸四海的科學檢測與修復，或動輒「國際專家」來「指導」，就無法建立「在地知識」以形構臺灣文化資產的共同體。沒有共同體，就是一盤散沙而難成志業。

　　「在地知識」除了前述能形塑共同體的內聚力與主體性，更能對外進行網絡連結來發展「在地」的生命力。當前許多具批判性的社會論點幾乎都會為弱勢者資源或權力不平等而發聲。然而，弱勢者的問題不僅在於被不公平對待，或者處於難以翻身的權力結構中，更在於缺乏能動性：包括沒有認知處境的能力及發展連結網絡的能力。這兩種能力相依相生。人無法自己生產所有資源，就必須透過對外連結來獲取資源。因此，網絡連結的廣度與深度就是關鍵。[19]每個人、組織、公司、大學、國家都應該分析自己的社會關係網絡連結樣態。臺灣如果只與中國及美國連結，就會被迫糾結於中美惡鬥中。相對的，臺灣如果與全世界200個國家都有豐富的連結，就能分散外交與貿易風險。人的生存必須與所處場域的在地知識連結，方知必須與哪些在地社會行動者連結（特別是需要拜哪些碼頭、要避免踩到什麼地雷）。可以說，「如何連結」就是生存所需的在地知識。

---

19 例如讀某科系，將能透過該專業知識連結到該就業領域；家庭背景（長輩或兄姐）的社會關係網絡有助於拓展連結方向；讀「名校」的用意不在於較能順利繼續升學，而是同學們的未來發展都是你的連結；自己的興趣喜好（及參加社團）有助於跟同好者連結；一所大學的教師們是否能連結到科技部計畫、產業界合作計畫、學術期刊、社會議題、社會運動……等，決定了此大學是否能進步優秀。

（五）競逐的「在地」

當我們稱「在地知識」是「在特定場域脈絡中，基於理念認同與共識，人們能有效解決問題的價值理念、社會運作、環境掌握、美感品味的結構性總和與實踐，並成為文化再生產的重要內涵與動力」時，是以在地行動者為主體之謂。但是，當外來權力者（例如殖民者）透過治理手段（如臺灣總督府的國語教育及修學旅行），將權力指涉（如昭和太子行啟紀念之瑞竹參拜）及各種現代化成果（博物館、公園、軍事設施、製糖株式會社）加諸於學生，以強化政治治理效果，則明治維新以來的日本文化在臺灣發生作用，使得臺灣成為日本文化的「在地」了嗎？就大方向而言，答案可以說「是」，但這是一個動態過程，並非是非題般地「是」或「不是」而已。

首先，在地知識存在競爭。面對臺灣的在地問題，臺灣人原本以自己的在地知識A來應對解決。日本政府治臺後，帶進明治維新以來的現代性社會（包括理性精神、科學管理、法治、守時、現代化知識與技術、統一貨幣、統一度量衡、西式醫療、公共衛生等），並透過警察與教育在臺灣各地「實踐」這些新的（日本人的）在地知識B。一開始臺灣人還會抗拒（例如解放纏腳、剪辮子），但當若干年後，臺灣人已經接受且熟悉殖民現代性生活之後，這些原本日本人的在地知識B就成為臺灣人的在地知識B了。反倒是原本臺灣人的在地知識A逐漸被遺忘或淘汰了。與其說是殖民統治的「壓迫」（或教化），不如說是現代性生活贏過了前現代的傳統生活。也可以說，在地知識的競爭，就是生活方式（或文化）的競爭。

其次，在地知識存在演化。日本人來臺，其建築有兩大系統，其一是官署概以歐式現代建築為之。其二是宿舍多以日式建築為之。日本人原本將日式建築照搬來臺，很快地就發現臺灣高溫潮濕環境所滋生的白蟻問題。（包括臺灣總督民政長官的宿舍被白蟻蛀空）因此，在臺日式宿舍就需因應臺灣氣候進行工法、結構、材料等各方面必要的演化，否則難以存活。當日式宿舍在臺灣適應而存活（且至今），就成了臺灣的在地知識了。而臺灣總督府引入歐式建築為官署樣式時，僅能帶入知識、技術、與樣式，卻必須在材

料、工法上進行必要的在地轉化。歐洲環境使用大量的石材，在臺灣則必須轉化為磚、木、竹、石、土的混合。同時，歐式官署建築尚須面對颱風、地震、高溫潮濕等環境風險，皆需進行在地轉化，否則無以維生。而這些日本人帶入的日式宿舍與歐式官署建築，更進一步地融合入臺灣的傳統街屋建築中。傳統街屋出現眾多歐風女兒牆、現代法治之〈家屋建築規則〉所規定的大開窗、室內則混搭日式榻榻米房間及臺式紅眠床房間、建築結構則混搭木、竹、磚、土、鋼筋混凝土等。當然，還有日本人帶進來的抽水馬桶。

此外，在地知識在演化過程中有可能發生挪移與消亡。「鄭成功」或「吳鳳」都在歷代政權中受到政治挪用，以符應當下權力者治理所需。（溫浩邦，1995）而隨著產業競爭或政策引導，日本時代的新式糖廠讓傳統糖廍消亡。戰後國民黨政府來臺後，其國語政策讓原存於臺語的在地知識大量消亡。當代社會變遷及生活方式改變，讓婚喪喜慶的眾多傳統在地知識消亡。[20]

綜上所述，在地知識是活在這塊土地上的（各族群）人們，以其文化方式進行適切的生活及解決問題之謂，從而看到在地知識有著競爭、演化、轉化、融合、挪移、消亡、新生等特質。原住民、漢人、日本人（殖民者或平民）、歐美或東南亞來臺新住民等，都可以在臺灣這塊土地上發展其文化所對應的在地知識。正是如此，才存在文化多樣性吧。

四　經營認識論式「在地」

「在地」乃基於價值認同、社會關係、利益（interests）、關懷、社會需求等作為廣納性關連與競逐的動態「認同領土」，此能超越「地方」的行政框架與疆域範圍的侷限，從而需要經營與競爭。人的一生都生活在各式各樣關係網絡中，因而需要處理各式各樣的關係。「關係」是一種動態連結，而不是靜態存在，因而處理關係必得是一種認識論思維，包括「如何建立XX

---

20 我們在社團討論中的「臺菜喪宴之開四門，酸筍炒腸應切段而不斜切」、「剪平齊頭式的水蠟（香蒲）用於喪葬」等，在現代生活的新世代已然遺忘。

關係」、「如何促進XX關係」、「如何解決XX關係間的問題」或「如何透過
XX關係去解決問題」等。

　　人一出生就開始面對與環境的關係，包括冷熱與覓食。及長，開始學習
處理社會環境關係，包括與長輩、同儕、後輩的關係。進了學校則學習他與
知識的關係（此表示某個科目是否讀得好、考得好）。但是，學校教育要義
不在於考試升學，而在於（非常受忽略的）透過各個科目知識協助學生整備
他未來生存所需處理各種關係的素養與能力，例如語言與文學在處理人際關
係的溝通及與所處文化的溝通；自然學科（數學、物理、化學、生物、地球
科學）處理人與自然環境的關係，社會學科（歷史、人文地理、公民道德）
在面對人與社會運作的關係，藝術學科（音樂、美術）在處理人與自我心靈
的關係。如果學校把握教育的要義在於「如何發揮知識的關係效用」或「知
識作為中介進行關連與解決問題」，這就是認識論式教育。相對的，忽略了
知識的關係效用與中介效用的學校教育，就會將知識當成一種本體論式的存
在，而成為考試學科而已。以下將以「從地方文化館到在地博物館」、「讓古
蹟回到在地」、「新住民在地拓展」及「在地讓社區大學重要」等四個議題來
探討如何經營認識論式「在地」。

（一）從地方文化館到「在地」博物館

　　若以「地方」規模為基準，博物館約略可區分三種類型：地方館（包括
地方文化館、縣市博物館、生態博物館、街角館、家族產業館）、國家館
（國立博物館、國立紀念園區等）、國際館（專業博物館如汽車博物館、綜
合類如奇美博物館、大英博物館等，無關乎規模大小）。一般而言，與地方
的連結度是地方館＞國家館＞國際館；與國際的連結度則反是。地方館與地
方連結（似乎）是理所當然，但是，國家館及國際館需要與地方連結嗎？或
者，需要與地方連結到什麼程度？這幾個命題都需要辯證。

　　地方文化館不管從命名（如冠上地名）、蒐藏、或展示主題來看，都與
「地方」關係密切。因此，地方館與地方連結是理所當然。但是，這正是問

題所在。地方文化館經常哀嘆的缺員額、缺經費、缺文物、缺空間等問題，就來自「地方」此空間概念的侷限性與排他性。首先，如果真能「地方人處理地方事」，地方文化館基本上可以不缺人。問題在於一則以「地方」地理空間為度的地方館沒有被當成公共領域，地方人就難以參與地方館營運，遑論「外人」的參與。二則框限在「地方」有限空間的地方人經常同質性高而缺乏多元專業性，就不易開展地方文化館業務。其次，地方文化館由於自框於「地方」地理空間而高度仰賴政府補助。許多地方文化館舉辦展覽或活動自許為文化公益，理所當然地要求政府補助人事、水電、活動經費等。只要政府政策一改變，許多地方文化館就無以為繼而責怪政府。[21]地方文化館並沒有辯證，為何奉「文化」之名，就要政府買單？為何冠上「文化」之名，就要遠離商業（或產業），以免遭到銅臭「污染」？只要繼續仰賴政府經費，地方文化館就不可能有自主活力。如果我們將社會運動（例如樂生療養院保存運動）視為文化事務，難道還要政府補助才能推動此文資保存運動嗎？樂生療養院保存運動沒有政府經費補助，何以能將此文化事務綿延十餘年至今？[22]其三，地方文化館普遍缺乏文物的問題，乃囿於「地方」的地理空間局限性與排他性，致使外部人們對於此館缺乏信任感，就難以將相關文物捐贈到此館。縱然有人捐贈文物到地方文化館，也會讓地方文化館頭痛於缺乏典藏空間及需耗費高昂電費進行恆溫恆濕保存。[23]

　　相對的，以「在地」概念能解決上述「地方」文化館缺人、缺錢、缺文物的困境；而這些問題的解決也同時在經營「在地」。首先，透過「在地」價值理念關連到社會各種樣態的關心者與認同者，使得「在地」事務成為社會各界皆能參與的公共領域，就能涵納各方多元專業者來處理「在地」事

---

21 信傳媒編輯部〈鄭麗君上台，揮刀砍向地方文化館？〉2016年6月6日，https://www.cmmedia.com.tw/home/articles/323。

22 2004年2月「青年樂生聯盟」成立。2005年3月19日「樂生保留自救會」成立。

23 過去數年文化部以「大館帶小館」計畫，讓北中南東四個國立博物館輔導29個原住民族文化館。小館習得大館文物保存的知識與技術，也建立了簡易文物典藏庫，卻經常因為缺乏電費而停擺。

務。其次，當「在地」事務營運為公共領域時，參與者是基於價值理念認同
而連結，就會帶入各種社會資源及適切的營運方式。法國一座蒸氣火車館能
夠無須政府補助而以門票收入支應營運所需，就在於號召許多喜愛蒸氣火車
的志工擔任館長、車長、修車技師、營業員等。蒸氣火車動態保存是「在
地」事務，此蒸氣火車館做為公共領域，讓認同鐵道文化的諸多志工從四面
八方來參與，不但解決了龐大人事費問題，也因為志工們的多樣行政、技
術、維修、營運等才能，讓此館得以順暢運作。[24]在此「在地」文化場域
中，人力、經費、產業營運都不再是問題。前述樂生療養院保存運動做為一
種文化「在地」事務，因為能以「人權」及「文化資產保存」等價值理念連
結到多元認同者參與，不但能帶出一波波多元抗爭手法，也無須政府經費而
得以持續此文化事務至今。再者，「在地」之為公共領域乃以價值認同來連
結支持者或參與者，則捐贈或寄藏文物所需的「信任」共構於此「在地」事
務的認同與參與中，從而讓文物來源日益寬廣與多樣。此外，基於理念認同
的支持者自家也能成為另一種「在地」的虛擬典藏庫，需要展出時再借展即
可，就無須龐大又耗電的典藏庫房了。

　　綜括上述，地方文化館囿於「地方」的地理空間局限性與排他性，導致
結構性地缺員額、缺經費、缺文物、缺空間等問題。解決這些問題的良方，
不在於政府編列更龐大的補助預算，而是以「在地」的關連性、廣納性、行
動主體性、社會需求性與認同領土性等經營公共領域，促進各種關係連結就
能廣納活力所需的多元人力、資源、文物與空間了。

（二）讓古蹟回到「在地」

　　古蹟存在於各個「地方」，卻因而經常在「地方」中逸失。[25]當前的古

---

24 搭乘蒸氣火車的門票收入用於購買維修蒸氣火車的零件及營運蒸氣火車的燃料。

25 此「逸失」之意在於許多古蹟雖然獲得法定文化資產身分，卻無法成為人們的關心所
在，也就在人們的日常生活中被忽視。

蹟修復著重在物質性處理。[26]這是以本體論式的「地方」為思考基礎所致，就會將古蹟視為某個定址的待修建築而已。這樣的古蹟修復會有什麼問題呢？近四十年來的古蹟保存經常出現令人詬病的保存爭議、天價修復、修復不當、維護不佳、無差別地再利用為咖啡簡餐等問題，都源自於上述本體論式的「地方」為思考的古蹟修復。

古蹟的生命涵括了人們的世界觀、社會觀、價值論述、科學觀、技術施作、使用（或再利用）方式、環境因素（水文變動、周遭建築增改建、空氣流動、溫溼度等）、蟲蟻、空氣污染、歷史、使用者、文化、政府政策、……等眾多「在地」行動者一起共構共生出必要的文化生態系統性，也才能成就出文化資產價值。因此，古蹟修復就需從認識論角度把握「在地」，而不是孤立式地進行硬體修復而已。

古蹟的成立在於具有歷史價值、藝術價值、或科學價值之謂。[27]因此，「在地」之古蹟修復必須從「價值」驅動（value-driven）開始，並以其價值作為修復判斷基準。此時，所謂的「原樣原貌原工法原材料」就不再是必要條件，從而某種程度減輕天價修復的問題。其次，以「價值」為驅動就有機會號召（enroll）理念相同者一起參與關心，如此將超越「地方」的空間侷限。此如嘉義市玉山旅社修復乃由洪雅書房以民間力量號召各地志同道合者有錢出錢、有力出力、有專業出專業，共襄盛舉地完成自力修復。或如前述樂生療養院保存運動以「人權」及「文化資產保存」為價值理念，成功地號召全國各地有志之士一起努力抵抗捷運局及新北市政府至今。如此可見「在地」之關連性與廣納性的成效。

再者，當古蹟修復以價值號召廣納有志之士加入時，古蹟修復場域就成

---

26 古蹟修復計畫包括史料考證、現況調查（包括環境、結構、構造與設備、損壞狀況）及破壞鑑定、原有工法調查及施工方法研究、必要的解體調查或考古調查、傳統匠師技藝及材料分析調查、文化資產價值評估、修復原則與方法之研擬、初步修復概算預估、測繪及圖說、相關法令檢討及建議、消防安全及因應計畫等，見《古蹟修復及再利用辦法》第三條「修復計畫」。

27 見《文化資產保存法》第三條對文化資產的定義。

為公共領域，而不在由圍籬圈起的黑箱作業。作為公共領域的古蹟修復一方面讓社會各界有機會親近（例如開放民眾參觀修復現場、將修復紀錄或審查記錄上網公告、讓民眾參與修復公聽會）；二方面讓社會各界有機會帶入資源與各種意見參照，特別是社會各界對於修復品質的見解；三方面有機會讓各種「行動者」參與修復，行動者包括「人」行動者（如建築師、業主、社區居民、審查委員、公部門等）與「非人」行動者（如環境條件、蟲蟻、水文、潮氣等）。

　　關於「非人」行動者參與古蹟修復，例如應該讓環境因素參與修復。舉例而言，日本時代總督府山林課興建宿舍群時，周遭大都是各單位官舍，因而通風排水並無問題。然而，當今此古蹟宿舍群四周皆是高樓大廈（包括一側是臺灣師範大學圖書館），從而讓排溼出現了障礙，此具見於此宿舍群處處青苔。那麼，修復時就不能執著於「原樣原貌原工法原材料」教條，而需將環境變遷考量進來，進行必要的排濕措施。

圖二　臺北市定古蹟總督府山林課宿舍群四周都已經是高樓大廈，
　　　造成古蹟通風排濕上的新問題。

　　關於「人」行動者參與古蹟修復，例如「使用者」。歷代使用者會形塑此建物的風格。縱然硬體大致沒有改變，但是，從增改建、環境整理、維修狀況、內部使用、整體風貌等，皆可反映使用者的樣態。可以說，建物就是使用者的鏡像。[28]這是大部分古蹟修復最難以保存之處。通常古蹟修復都將歷代使用者的痕跡抹除殆盡，以回復初建樣貌，彷彿從來沒有人使用過。[29]

　　「人」與「非人」行動者共構的「歷史」亦應參與修復。古蹟修復所需重視的「歷史」包括初建時的場所精神、歷代住戶的故事、建物（及其環境）歷年變遷（包括增改建，例如戰時增建防空洞）、建物歷年出現的問題與如何維修。這就像醫生問診需要知道病人的病史（甚至是家族病史），尤其是反覆出現的病症，必然有結構性因素（包括環境因素）存在。掌握了病史才能對症下藥有效治療。當今的古蹟修復極少調查古蹟病史，而僅僅看到損壞現況，就進行抽換式修復。難怪經常不出十數年又發生問題。

　　甚至，古蹟所在的文化亦應參與修復行動。此處「文化」之意體現在建築可謂為「場所精神」。日式宿舍的設計讓人在屋內能與庭院融為一體，這般日式宿舍的場所精神到了「中華民國美學」時期就蕩然無存了。古蹟修復時如果沒有體察日本文化的場所精神，就會將古蹟本體與庭院截然二分地進行設計與施作，斷喪了內外一體的生活氛圍。

28　相對於建物體現了使用者的性格與風格，旅館的準則就是消除每一個房客的使用性格，方能讓下一個房客能進駐一個沒有個人性格的房間（縱然此房間被設計出某種調性或風格）。

29　一般而言，大概只有紀念建築（例如名人故居）比較會將使用者的生活痕跡予以某種程度保存。

圖三　日本沖繩縣識名園。從建物內往庭院望，有內外一體之感。

　　歷經文化生態變遷後，古蹟許多關係斷裂而讓古蹟失去支持系統。因此，要讓古蹟重獲新生命，就需修復各種關係，例如「修復家族關係」，才不會有那一房堅持要賣其持分給外人或建商；「修復住戶與環境的關係」，包括去除增改建導致的通風、排水問題；建立「住戶與古蹟的關係」，如日常管理維護的落實、及不會再隨意增改建等；改善「古蹟與環境的關係」，如附近高樓大廈增生後造成排水排濕問題而需改善；改善「古蹟與社會的關係」，例如以古蹟保存區消除土地徵收威脅等；也需要從認識論問：如何斷絕「白蟻與古蹟的關係」，從而需透過通風、陽光以去除高溫高濕等。

　　綜上所述，古蹟修復必須回到「在地」。透過價值驅動將古蹟的環境變遷、歷史堆疊、使用樣態、文化精神、多元關係等「在地知識」重新設計進古蹟修復之為公共領域中；透過各種關連與廣納「人」與「非人」行動者參與，並符應各行動者的「社會需求」，讓古蹟成為各行動者的「認同領土」，才能讓古蹟鑲嵌進必要的「在地」文化生態中而能夠俯仰自如。

（三）新住民「在地」拓展

　　臺灣一直是個移民社會，卻又無法像美國那般吸引全世界人才。[30]甚至

---

30 作為一個絕大多數人口都是由移民建立的國家，美國有更多的產業與工作機會是由各

還有許多錯誤觀念，認為移民是來搶本地人工作，而產生排外情緒或法規障礙。殊不知，移民經常帶來開創新事業的人才、技術、資本與經濟貢獻。[31]（ThomasSowell, 2020：544）近三十年來的重要人口移動現象是新住民。[32]截至2019年統計，新住民已經取得本國國籍及身分證的人口超過65萬人，早就超越臺灣原住民族（57萬人），而成為臺灣第五大族群。[33]然而，許多新住民（尤其是來自東南亞各國）的移入是來自婚姻，其專業、技術、能力並不是重點，甚至相當被忽視；連帶的，其可帶來的母國文化也被忽視（遑論移工僅被當成補充人力，更不會重視其母國文化）。

政府對於新住民有諸多協助，例如生活適應輔導、醫療生育保健、保障就業權益、提升教育文化、協助子女教養、人身安全保護（尤其是家暴救援與扶助）、健全法令制度、落實觀念宣導等。[34]由於新住民政策在於同化與融入，以及早年新住民婚姻在主流論述中常常被矮化為「買賣」來臺作為延續子嗣的工具，甚至被談成新住民教育程度（及中文程度）是造成新臺灣之子「發展遲緩」的社會問題。[35]因而各縣市普遍開設新住民中文識字班或補習教育。

近年因為新南向政策，才開始重視東南亞語言教學，也有新住民成為國

種移民團體建立或主導，包括二次大戰時許多受到納粹迫害的歐洲猶太人移民到美國，帶來許多菁英科學家與企業家。

31 例如德國移民將啤酒廠、鋼琴製造等帶到美國，法國胡格諾教派移民將製錶技術帶到瑞士與英國。日本人則將新式糖廠、煉鋁、煉銅等近代工業帶到臺灣。

32 「新住民」泛指源自跨國婚姻抑或其他原因取得中華民國國籍者的統稱。在內政部移民署的統計資料呈現的稱呼上，〈外籍與大陸配偶照顧輔導措施104年7至12月辦理情形〉與〈新住民住照顧服務措施105年1至6月辦理情形〉這兩份文件標誌了官方以「新住民」取代「外籍與大陸配偶」的轉換大約在2016年民進黨政府再度執政之際。

33 此外，尚有外籍勞工及外籍專業人員合計77萬人。

34 見內政部移民署〈中央各部會　109年7至12月新住民照顧服務措施辦理情形彙整表〉。

35 因此，內政部於2003年研議是否規範外籍與大陸配偶入籍我國前應具備之基本學歷要求及應強制接受教育內容。其後雖然決議婚姻歸化者無須具備基本學歷要求，但需具備我國基本語言能力及國民權利義務基本常識。見內政部移民署〈外籍與大陸配偶照顧輔導措施92年1至12月辦理情形〉及2016年修訂之《國籍法》第3條。

會議員或國策顧問，此時已經是新住民來臺三十餘年了。近年文化部基於「文化平權」理念補助辦理新住民相關計畫或文化活動，大多是邀請新住民參與藝文活動，或以新住民文化為內容的創作等，但新住民文化依然僅是某個活動中的奇異展示而已。雖然新住民已經是臺灣第五大族群，但新住民文化在臺灣的可見度甚低，除了各國料理外，我們極少有機會看到新住民文化之文學、音樂、美術、戲劇、電影、展覽、民俗、節慶、神話、歷史、哲學、……等。

　　日本治理臺灣時的皇民化政策要將臺灣人同化於日本文化中，或者國民黨政府以「中國化」政策禁止學童在校園內說臺語，都被批判為「文化抹除」。如今我們要將新住民同化於臺灣文化中，不也是一種文化抹除嗎？新住民歸化為臺灣國籍，並不意味著他們需要放棄自己的文化。如果社會氛圍讓他們的文化難以出聲，縱然「日久他鄉是故鄉」，還是會讓他們成為身在臺灣的異鄉人。從國家治理的角度希望新住民能融入臺灣社會，但「融入」不等於「同化」，更無須放棄新住民文化，而是讓新住民文化成為臺灣「在地」文化的一環，才能讓新住民成為臺灣「在地」人。

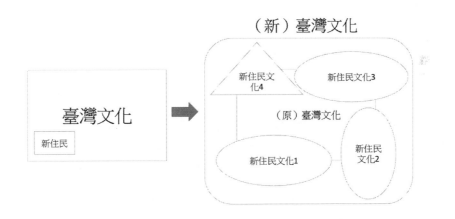

圖四　新住民文化成為臺灣「在地」文化的一環後，將拓展臺灣社會文化的寬度與深度

　　讓新住民成為臺灣「在地」人首先是「文化多樣性」的價值驅動。以「文化多樣性」價值尊重各族群文化，才有可能進行後續必要的連結，也才有可能廣納各方資源進來。其次要以「關連」作為策略與行動。讓新住民文化作為介面，將其母國與臺灣之社會／文化／產業連結起來，則其母國社會的思考或行動將跨海到臺灣，而臺灣的眼光與行動也將擴展到新住民母國。那麼，彼此的「在地」都將為之寬廣。其三是以「廣納」作為策略與行動。臺灣社會宜能鼓勵新住民將其母國文化帶入臺灣，則新住民將不再是「融入」臺灣社會，而是透過其母國文化拓展了臺灣社會文化的寬度與深度（如前圖四）。當文化多樣性愈能在日常生活中習見，則臺灣社會接受／激發創新的機會就愈益增加。其四是以「社會需求」作為策略與行動。新住民母國文化各有其食衣住行育樂等各方面的智慧，若能引入其母國文化智慧來解決臺灣社會問題，讓其母國文化成為臺灣社會的「需要」時，臺灣文化與新住民母國文化的「在地」將相互延伸。綜上而言，要讓新住民成為臺灣「在地」人，不在於同化，而在透過文化多樣性的包容，讓新住民文化拓展臺灣文化，並使新住民能在臺灣「在地」適性適才適所發展。當新住民得到尊重，以及新住民文化成為臺灣社會的需要而豐富了臺灣文化，則新住民自然就成為「在地」人了。

（四）「在地」讓社區大學重要

　　1990年代的臺灣剛剛要掙脫威權統治社會氛圍，社區大學以「知識解放」為號召而出現。時至今日在民主化、自由化及網路資訊蓬勃的社會氛圍中，社區大學需動態調整定位與方向。《社區大學發展條例》（2018）第三條對於「社區大學」的定義羅列了「提昇現代公民素養」、「提昇公共事務參與能力」、「推動地方公共事務」、「強化在地認同」、「地方創生」、「培育地方人才」、「發展地方文化」、「地方知識學」、「促進社區永續發展」等九項旨趣，其中「地方」一詞為關鍵要項。顯現社區大學的「地方性」（locality）相對於一般大學的「普遍性」（generality）非常不同。《社區大學發展條例》讓社

區大學接地氣本是好事，卻因為「地方」概念而框限了社區大學的能量、眼界、行動與資源，也使得社區大學一直難以掙脫二十年來的幾個困境，困境一是框限在「地方」小區域範圍內，困境二是經費受限於公部門，困境三是大量藝能課程常被譏為「救國團化」，困境四是教師與學員年齡逐漸老化而少有年輕新血。這些困境的癥結在於「地方」概念與框架。

　　突破社區大學困境的策略不在於解除「地方」（招生）範圍限制，而在於改弦易轍地以「在地」來重構社區大學思考與運作。首先，每一所社區大學都需動態地辯證自己存在的價值立論，再以此價值立論為驅動力來實踐《社區大學發展條例》第三條揭櫫之九項旨趣所對應出來的在地問題。理想與現況的落差就是社會問題所在。社區大學如果能基於價值驅動及透過「在地知識」揭露／探討／解決問題，社區大學就會是重要的在地力量，從而裨益於社區大學的在地鑲嵌、融入及被社會需要。然而，如果已有現成的在地知識可解決問題，就不存在問題了。因此，解決在地問題所需的在地知識，經常不是社區大學教師既有提供，而是社區大學教師帶領學員一起探討脈絡適切的解決方案，甚至需要廣納來自各地的各種專家學者或達人來一起面對問題。如此「在地」的關連性與廣納性作為，將能夠凝聚社區大學學員對於社區大學的凝聚力及在地認同感，此在人際疏離的都會地區尤其重要。此外，這般發展在地知識的關連性與廣納性，亦能將四方資源引到在地，從而豐富了社區大學的資源能量。

　　當社區大學的在地知識由教師及學員在解決問題的過程中共構生產，就會激發與培育由下而上的草根力量，強化了在地的行動主體性與能動性。特別是在面對全球化的快速同質化時，此草根力量是很重要的社會抵抗。此草根力量／在地知識既是應對在地問題的彈性回應，就能生產出有別於學校普遍知識及產業全球化市場的另類方案，因而能夠促進文化多樣性。文化多樣性一方面裨益於各種行動主體發揮能動性，另一方面也讓社區大學爭取到不可或缺的社會角色。

　　社區大學在地知識的形構固然由價值驅動與在地問題所激發，還需在地社群／社團作為行動主體。戰後國民黨政府的威權統治下，任何有可能對抗

威權統治的社群力量不是被禁止或消滅（例如《自由中國》雜誌），就是在「脫動員統合主義」之下被控制（若林正丈，1994）。[36]因而歐美日本非常興盛的NGO或NPO，在臺灣卻非常貧弱，以致於單一公民在缺乏社群中介的情況下，需直接面對強大的政府而難以抵抗。社區大學若能以價值（如生態、環保、文化資產保存等）驅動社群形構，再透過在地議題之為公共領域，爭取各地團體、民意代表、大學老師、非營利組織、地方達人、社區居民、……等諸多社會行動者的支持與結盟行動，就能基於「認同領土」而關連起跨越地域的強大力量，引入諸多結盟者貢獻各自相關的知識、技術、人脈、關係等，一起解決各地方都可能碰到的在地問題。例如鐵道文化社群對於鐵道文化的興趣，讓各地鐵道成為他們關注的「認同領土」。此時，他們所挖掘與建構的鐵道文化知識就是他們的「在地知識」。如果某地有座木構老車站遇到保存問題，車站所在「地方」的人們不見得了解此老車站，但各地鐵道迷們就具備關於這座車站的「在地知識」而可被引用為文化保存之需。各地鐵道迷們也經常跨地域／跨國聲援某車站保存。

　　社區大學的社群形構與在地問題解決還能解決藝能課程「救國團化」的困境。如果社區大學能將藝能性課程以「問題導向的社群實踐方案」（problem + practice + project）概念來構想與行動，就有可能產生公共行動及相應的在地知識。例如高雄「打狗文史再興會社」起於對新濱老街廓保存的價值動機。除了藉由歷史調查、史料挖掘、口述訪談、導覽等活動建構文化保存所需的在地知識，具有建築背景的成員成立木工班，讓學員在學習木工技術時，同時也參與修復（或改造）街區的日式老建築，強化了學員對於此街廓的文化保存感情。[37]在這個案例中，木工班是一個藝能性課程。但此課程將木工技藝延伸應用到老建築保存修復，從而促進了具有公共性的文化

---

36 「脫動員統合主義」意指國民黨政府透過法令限制每個縣市／鄉鎮只能成立一個（由國民黨控制的）農會、漁會、婦女會、老人會、工會，藉此統合農民、漁民、婦女、老人、工人等群體，以避免被敵對勢力動員。

37 〈初訪高雄的起點　高雄文史再興會社〉http://www.lulutaipei.com/more/2017/1006/index.php

保存行動，也吸引了新世代青年的加入。

　　類似這般的藝能課程公共化取向，還能扮演世代傳承的平臺功能。許多年長者（尤其是老師傅）有豐富的產業技能經驗，但缺乏面對當代社會潮流的對應能力。相對的，有許多年輕人有面對當代社會潮流的設計能力，卻缺乏產業基礎而難以發揮。因此，若有機會讓長者與年輕人的能力互補共創，就有可能產生新的轉譯機會。在這個過程，長者的經驗將被挖掘出來，年輕人的能力將有機會實踐，從而共創出新的在地知識。[38]

　　從上述「在地」取向的社區大學經營，社區大學將基於價值驅動進行各方關連以廣納多元行動者與資源來解決在地問題，在此解決問題過程中，各方行動者在「認同領土」的公共領域中共構生產了必要的在地知識，也同時解決了社區大學框限於「地方」、資源有限、藝能課程「救國團化」、及年齡老化等困境，更讓社區大學成為社會需要的重要力量。

五　結語

　　在「普遍／地方」（或「全球／地方」）二元論述中，「地方」是微小、侷限、匱乏的形象，以致於政府要推動「雙語國家」政策以讓人民「面向國際」。縱然國民基本教育因應《國家語言發展法》而明訂1學分本土語文課程，卻遠遠不及眾多具有普遍性知識意涵的國英數理化課程。「地方」概念的微弱性不只存在於論述或意象中，更具體表現於地方志、地方文化館、地方政府、地方創生、社區營造、鄉土教育、地方知識、社區大學、……等諸多奉「地方」之名者的微弱性。縱然我們能論述「地方感」對於地方認同、社會支持系統、公共事務參與等著有貢獻，卻無法拯救「地方」的微弱性。這些微弱性的根源在於「地方」此概念。

　　因此我們必須捨棄地著於行政地域框架的「地方」，改弦易轍地以「在

---

38 康育萍〈「不要等到消失再來救……」黑手媳婦搶救凋零老工廠，全球創客都來了〉《天下雜誌》2019年4月17日。https://www.cw.com.tw/article/article.action?id=5094785。

地」來解決前述微弱性問題。「在地」緣於價值的驅動力，將諸多理念認同者關連進來，因而能廣納各方行動者的資源、思考、知識、關係、策略等，解決了「地方」的資源微弱性。「在地」將社會四方的認同者關連進議題的「認同領土」中，使得關懷議題成為「公共領域」，裨益於多元立場／觀點／行動主體的交會與互動，從而能促進文化多樣性開展，解決了「地方」的侷限性與排他性困境。更進一步地，「在地」能促使有志之士基於價值聚合成網網相連的社群，對於在地議題進行在地知識建構與問題解決，重新建構臺灣社會亟需的社群運作，以作為國家與人民之間的中介與協商平臺，將對於臺灣民主社會發展有著積極的意義。

參考文獻

Anderson, Benedict, 吳叡人譯，2010，《想像的共同體：民族主義的起源與散布》，臺北市：時報文化。

Latour, Bruno，2019，陳榮泰等譯，《面對蓋婭》，臺北市：群學。

Said, Edward，1999，王志弘等譯，《東方主義》，臺北市，立緒。

尤　力、阿冒等，1998，《大家來寫村史：民眾參與式社區史操作手冊》（臺北市：唐山）。

若林正丈，1994，《臺灣──分裂國家與民主化》（臺北市：月旦）。

康育萍〈「不要等到消失再來救……」黑手媳婦搶救凋零老工廠，全球創客都來了〉《天下雜誌》2019年4月17日，https://www.cw.com.tw/article/article.action?id=5094785。

楊弘任，2010，〈專家系統下的地方知識：嘉邑行善團的造橋實作〉《科技、醫療與社會》第10期，頁129-189。

溫浩邦，1995，《歷史的流變與多聲──義人吳鳳與莎韻之鐘的人類學分析》，臺大考古人類學研究所碩士論文。

鄧津華，2018，《臺灣的想像地理：中國殖民旅遊書寫與圖像(1683-1895)》，臺北市：國立臺灣大學出版中心。

16

智慧之愛對地方之愛：

哲學與地方學的對話

賀瑞麟[*]

摘　要

　　本文乃〈論哲學與地方學的關聯：以屏東學為例的地方哲學建構芻議〉之續篇：嘗試處理該文尚待釐清的議題，如「地方感」或「地方之愛」。在這篇論文中，作者先說明一個完整的地方哲學體系應具有的基本架構，再探究地方之愛與智慧之愛之間的關聯；然後再論述黑格爾哲學的「安若家居」與波蘭尼的「寓居」對地方哲學的重要意義；最後，則透過康德的四個提問，藉由哲學和地方學的對話，來建構地方哲學的雛形。

關鍵字：地方學、地方哲學、地方之愛、黑格爾、波蘭尼

---

* 　國立屏東大學文化創意產業學系教授兼代理系主任。

一　導論：本文論旨、架構與進行方式

以下分就本文論旨、架構與進行方式略加說明。

（一）本文論旨

本文乃〈論哲學與地方學的關聯：以屏東學為例的地方哲學建構芻議〉[1]之續篇：該文試圖形構一個「地方學之樹」，將哲學和地方議題的斷裂接合起來；然而該文只是從「知識」和「意志」的架構來處理問題，尚有「情感」層面未及討論，因此仍有相關的問題需要進行釐清，如「地方感」或「地方之愛」的議題；本文即針對此議題進行探究。

在這篇論文中，我們將透過黑格爾（Georg Wilhelm Friedrich Hegel, 1770-1831）的「安若家居」或「在家」（zu Hause sein, being-at-home）[2]和波蘭尼（Michael Polanyi, 1891-1976）的「寓居」（Dwelling in; Indwelling[3]）來討論「地方感」，使地方哲學的結構更為完整。再者，本文亦嘗試敘明：如果「哲學」的原意是「愛智慧」（philosophia）[4]，而智慧涉及到某種形式的自我認識，這樣一來，如果「地方性」屬於某種自我認識的必要環節，那麼「愛智慧」就必然要「愛地方」（topophilia）[5]。

1　原發表於研討會，後收於李錦旭主編（2021：17-48），《地方理論與社會人文對話：第一屆屏東學學術研討會論文集》（屏東：國立屏東大學）。

2　詳見下文的說明。

3　關於此二詞語，波蘭尼有時會以動詞形式「dwell in」或動名詞形式「dwelling in」，有時會使用名詞形式「Indwelling」表示同樣的意思；本文一律譯為「寓居」，必要時會附上原文。

4　「哲學」原意為「愛智慧」（φιλοσοφία，可以拆為「φιλος〔愛〕」和「σοφία〔智慧〕」），羅馬拼音為「philosophia」。本文依文脈之不同，會分別使用「愛智慧」或「智慧之愛」。

5　關於「Topophilia」（地方之愛）一詞之意義和起源，請參見下文「二、地方哲學的基本架構與基本議題」。

（二）本文架構與進行方式

　　首先，本文先說明一個完整的地方哲學體系之基本架構，討論從亞里斯多德首創而在康德哲學中再次具主導地方「知─情─意」三分結構，並探討相應的「地方知識」、「地方感」和「地方實踐」在此架構中之位置與意義。其次，從「地方感」之二義，論述「地方感」對「自我感」，進而對認識自我、追求智慧之意義，探究地方之愛與智慧之愛之間的關聯。復次，本文說明黑格爾哲學所要處理的基本問題是「在家」、「安若家居」：在純思想、自然和人文社會各種「他在性」的形式中保持「在家」、「在自己那裡」，並說明「在家」和地方議題之相關性，進而附帶討論黑格爾和地方哲學中幾個值得注意的議題。之後，則論述波蘭尼的「個人知識」（默會理論）與地方學的聯結，特別是透過「寄託」、「個人參與」來連結「主觀」與「客觀」、「特殊與普遍」；並強調「寓居」對地方哲學的重要意義。最後，透過康德的四個提問，藉由哲學和地方學的對話，來建構地方哲學的雛形。

二　地方哲學的基本架構與基本議題

　　本文之前篇〈論哲學與地方學的關聯：以屏東學為例的地方哲學建構芻議〉形構一個「地方學之樹」，將哲學和地方議題的斷裂接合起來；然而該文只是從「知識」（**理論**）和「意志」（**實踐**）的架構來處理問題，因篇幅所限，沒有處理「情感」（**美感**）[6]層面的問題，因此在此本中有必要對此議題進行探究，使得論述更為完整。

6　在亞里斯多德那裡是「創造」，而在康德那裡是「美感」，不過，「創造」和「藝術創造」有關，因此，就廣義來說與「美感」並不衝突；在 Tatarkiewicz（1980：6-10）中，Tatarkiewicz 明列「美」（beauty）、「藝術」（art）、「美感經驗」（the aesthetic experience）、「創造性」（creativity）、「模仿」（mimesis）和「形式」（form）為西方美學的六大主要議題。因此，不論是「藝術」或「創造」都是「美學」的一部分，彼此具有密切的關聯。

　　一個完整的哲學體系，其架構似乎應該包含：「理論」、「實踐」和「情感」三個層面，這樣才能全面處理相應的活動（**知、意、情**）和價值（**真、善、美**）；因此，一個完整的「地方哲學」的體系應該具有三個部分：理論（**地方知識**）、實踐（**地方實務**）和情感（**地方感或地方之愛**）。由於前兩項在本文前篇〈論哲學與地方學的關聯：以屏東學為例的地方哲學建構芻議〉已有所處理，故不重覆論述；本文聚焦在最後一項「情感」。

　　這樣的三分架構所對應的最高價值：**真**（truth）、**善**（good）、**美**（beauty），早在柏拉圖（Plato，約427-347 B.C.）的《費德魯斯》（*Phaedrus*）已經出現，之後不斷出現在歐洲的思想中；中世紀時期，也以拉丁文的形式（verum〔真〕、bonum〔善〕、pulchrum〔美〕）出現，但也經過了一些變化和修正；直到近代又被重新列為主要的價值，特別是19世紀初被庫桑（Vitor Cousin, 1867-1972）如此看待。而與此三種最高價值相應的活動分類，則是理論（theory）、行動（action）與創造（creation）。這種區分在亞里斯多德（Aristotle, 384-322 B.C.）的著作中就已出現，一般認為是由他構想出來的[7]。羅馬時期的昆因提連（Marcus Fabius Quintilianus, 約35-100年）用它們來三分藝術，而中世紀時期的士林哲學家們，也認為這樣的分類很自然，而它也在許多現代人的思想方式中存在。康德（Immanuel Kant, 1724-1804）的「三大批判」重新出現了亞里斯多德式的三分法：《純粹理性批判》（*Kritik der reinen Vernunft*, 1781）、《實踐理性批判》（*Kritik der praktischen Vernunft*, 1788）和《判斷力批判》（*Kritik der Urteilskraft*, 1790）分別對應與並處理「知識」（**真**）、「意志」（**善**）和「情感」（**美**）的問題。19世紀的康德學派的學者，則將學科區分為邏輯學、倫理學和美學，其實也是同種一分類的不同說法而已（此外也還有另外一種相似的分類：科學、道德和藝術）。而在哲學之外的學科，如心理學，也同樣區分「思想－意志－感情」，這分法既相應於「邏輯學－倫理學－美學」的分法，也相應於「科學－倫理－藝術」

7　不過，嚴格來說，亞里斯多德的三分與近現代的三分略有一些差異，他的三分是：「theoria」（觀看、理論）、「poiesis」（製造）和「praxis」（做、實踐）。

的分法。總之，這樣的分法之所以在歐洲盛行，主要是由於亞里斯多德的哲學，而在亞里斯多德的哲學式微之後，仍然在後來的歐洲思想中發揮影響力；至於重新恢復其氣勢，則是由於康德，不論是康德的追隨者或反對者，都同樣採用這樣的三分架構。[8]

在上述的三分架構中，第三項在亞里斯德那裡是「創造」，而相應的能力則是「情感」（**或「感情」**），對應的學科是「美學」（**或藝術**）；這乍見之下，這兩者有些對應不起來。然而，實際上不論是「創造」或「藝術」，都是西方美學的主要議題，彼此關聯甚深[9]；「美學」、「創造」和「藝術」三者都和「情感」相關聯，並沒有違反上述三分的對應邏輯。

當然，除了這三分架構之外，歐洲思想也現一種較為簡略的二分架構：理論與實踐（行動）[10]；本文之前篇，也是主要從這兩個方面切入。但如前文所述，這明顯忽略了「情感」。康德在寫完前兩大批判之後，就是設法透過第三批判，來調節前兩大批判（相應於**理論**和**行動**）之關的對立和衝突。席勒（Johann Christoph Friedrich〔von〕Schiller, 1788-1805）更是直接以情感（美感）來作為實現康德式自由的方式。[11]

本文所建構的地方哲學架構當然無法忽視「情感」的重要性。因此，採用了三分的架構，保留了「情感」的地位。

這裡有一個重要的名詞必須先行解釋。在地方哲學的三分架構中，「情感」的部分對應是的「地方感」或「地方之愛」。關於「地方之愛」，稍後會進行討論，此處先行討論「地方感」。

如同馬帕斯（Jeff Malpas, 1958-）在《地方與經驗：一個哲學的地形學》

8　關於這個三分架構起源和演變，我參考的是：Tatarkiewicz（1980：1-2）；中譯為劉文潭（譯）（1989：xii-xiv），我重新翻譯了部分的內容（包含譯名和文字）。

9　詳見註6。

10　Tatarkiewicz（1980：2）。

11　依席勒，這種情感（美感）表現為「遊戲衝動」（Spieltrieb）；透過這種「遊戲衝動」人才能調和感性和理性，才能成為完整的人，達到自由。在這裡，他說出了那句名言：「只有當人是完全意義上的人，他才遊戲；只有當人遊戲時，他才是完整的人。」馮至、范大燦（譯）（2015：208）。

（*Place and Experience: A Philosophical Topography*）一書中所論：

> 「地方感」（sense of place）這個片語的使用本身就值得評論，特別
> 是因為這個片語——我在之前的討論中很少提及——在地方和人與地
> 方的關係的討論中出現得如此頻繁。「地方感」既可以指賦予其獨特
> 特徵的地方的感覺品質（指「被感覺之物」〔sensed〕中的「感覺」
> 〔sense〕），也可以指將地方視為獨特地方的觀念，因此，作為包含
> 它作為一個地方的同一性（指「意義」，因為它意味著「意義」
> 〔meaning〕）」[12]

引文的意義是，簡單地說，在英語的用法中「sense of place」有兩個涵義：
因為「sense」具有兩個意思——「感覺」和「意義」——所以「sense of
place」可以理解為「對地方的感覺」，也可以理解為「地方的意義」；本文
所採用的是第一個意義：「對地方的感覺」，簡稱為「地方感」。基本上這個
感覺包含了對地方的感情和認同（identity[13]）。

其次，關於「地方之愛」（topophia），這個詞是在段義孚在1974年出版
的*Topophilia: A Study of Environmental Perception, Attitudes and Values*[14]書中
之後被廣泛應用的。段義孚對於「地方之愛」的定義如下：

> 「Topophilia」（地方之愛）是人與地方或環境之間的情感紐帶。[15]

> 「Topophilia」（地方之愛）這個詞是一個新詞，它的用處在於它可以

---

12 Malpas（2018：108）。

13 「Identity」一字依文脈之不同，所對應的中文亦不同，可以是「認同」、「同一性」和
「身分」；在本文較常使用前兩者，未曾使用後者。

14 中譯本為志丞、劉蘇（譯）（2018）。段義孚（Yi-fu Tuan）原著。《戀地情結》。北京：
商務，2018。

15 Tuan（1974：4）。

被廣義地定義為包括人類與物質環境的所有情感聯繫。它們在強度、
微妙和表達模式上有很大不同。對環境的反應可以主要是美感的：它
可以是一個人從風景中獲得的轉瞬即逝的快樂，也可以是同樣短暫乍
現但更強烈的美感。〔對環境的〕這種反應也可以是觸覺的，一種對
空氣、水、泥土感覺的愉悅。〔對環境的這種反應〕更持久、更不易
表達的是人們對一個地方的情感，因為它是家、記憶的場所和謀生的
資產。[16]

這種「地方之愛」可以是一種對風景之美的感動，也可以是對四根
（**地、水、火、風**）的直接觸感，當然也可以是一種更難以言論更深沉的
「地方感」，由於它和人的存有、記憶和生存緊密相聯，是我們棲居於其上
「家」，所以是最為強烈的，這也讓我們連結到下文黑格爾的以「在家」和
「安若家居」來切入的「地方感」。

在上述引文中，段義孚說這是一個「新詞」，但這是否代表他認為這個
詞是他創的，當然不得而知。[17]不過，在此之前已有人使用過此詞。第一次
使用似乎是在1947年，詩人奧登（W. H. Auden），提到「愛地方的人」
（Topophil）和「地方之愛」（Topophilia）兩個詞。幾年後，法國現象學家
巴舍拉（Gaston Bachelard, 1884-1962）在《空間詩學》（*La poétique de
l'espace*）中用此詞指稱他對「幸福空間」的詩意意象的研究。[18]

巴舍拉的「家屋」（maison）描述的不只是一物理空間和居所而已，更
多是從「現象學」來描述這個「家屋」對人存在的意義。他認為巴黎的沒有
「家屋」，因為家屋需要有縱深的私密感，也需要有宇宙感，而這都是巴黎

---

16 Tuan（1974：93）。
17 Relph（2015）認為段義孚有這個意思（即認為此詞是由他所新創），因為在他之前已
有人使用，但段義孚未提到這人。Relph也說，關於「方地之愛」，段義孚對「愛」
之描述超過對「地方」之描述。「地方」這個詞既不出現在索引中，也不出現在任何章
節標題或章節標題中。事實上，只有兩章深入討論了「topophilia」。
18 參見Relph（2015）。

的房子沒有的。[19]這個私密感和宇宙感都與自我感有關，對比下文要討論的
黑格爾：「在家」（zu Hause sein, being-at-home）就是「在自己那裡」、「和自
己在一起」（Beisichsein, being-with-oneself）；我們可以清楚地看到，黑格爾
明確地把「自我感」（**在自己那裡**）和「地方感」（**在家**）連繫在一起。巴舍
拉也表現出這種聯繫：「房間裡的私密感，變成我們的私密感……。這個房
間深深的就是我們的房間，它就在我們的裡面。我們不再**看見**它，它不再局
限我們，因為我們就處於它靜息的終極深處，就在它給予我們的這份靜息之
中。我們在此之前的房間，都在這個房間裡彼此接合在一起。萬事萬物變得
多麼單純。」[20]

　　Malpas也指出巴舍拉這種「自我─地方」的相關性：

> 「自我是要透過對自我所居的地方之探究來發現的」這樣的一種觀
> 念，是巴舍拉的《空間詩學》之中心思想；而巴舍拉談到了「地方之
> 愛」──「topophilia」──和「對地方的探究」──「topoanalysis」
> （地方分析）──這兩者是作為對任何記憶、自我和心靈的現象學的
> ／精神分析的研究之基本觀念。（Malpas, 2018：5-6）

　　他也引用梅洛・龐帝（Maurice Merleau-Ponty, 1908-1961）和普魯斯特
（Marcel Proust, 1871-1922）來印證這種相關性，並揭示出「對地方的探
究」與「地方之愛」的連結：

> 在這方面，梅洛・龐蒂似乎表達了在巴舍拉那裡以及他自己的作品中
> 發現的一個想法，他寫道「世界完全在裡面，我完全在我自己之
> 外」，他同時暗示了這個被召喚出來的〔內／外〕二分法之崩潰。因
> 此，我們的「內在」生命的形形色色必須在我們所居住外在的空間或

---

19 Bachelard（1961：42）；龔卓軍、王靜慧（譯）（2003：92）。
20 Bachelard（1961：203）；龔卓軍、王靜慧（譯）（2003：329）。

地方找到，而這些相同的空間和地方本身就併入了我們「裡面」。普
魯斯特的《追憶似水年華》可以看作是探索這些地方的一種特殊練
習，因此也可以看作是一種類似於巴舍拉所描述的「對地方的探究」
練習——儘管它是一種對地方的分析，但它看起來不僅是對櫥櫃、房
間和家的封閉空間的親密關係之分析，也包括對花園、村莊、城市、
平原、海洋和天空的更大空間的分析。而且，像巴舍勒一樣，普魯斯
特將這種「對地方的探究」作為對我們自己的探索以及通過對地方的
探索來探索愛——在普魯斯特身上，我們發現大寫的「對地方的
愛」。（Malpas，2018：6）

　　我們可以說，梅洛·龐帝的名句「世界完全在裡面而我完全在我自己外
面」（Le monde est tout au dedans et je suis tout hors de moi）[21]所體現的就是
這種「自我」和〔其寓居的〕「地方」（**至小可以是身體、居所，至大可以是**
世界）的交互滲透。在這種交互滲透之下，「認識自我」和「認識地方」就
成了同一件事；如果說，認識自我是「愛智慧」的「必要條件」（**對黑格爾**
來說應該是「充要條件」）；那麼認識地方既然等同於認識自我，就同樣也是
愛智慧的「必要條件」（甚至是「充要條件」）。而且，正如馬帕斯所說，「像
巴舍拉一樣，普魯斯特將這種『對地方的探究』作為對我們自己的探索以及
通過對地方的探索來探索愛——在普魯斯特身上，我們發現大寫的『對地方
的愛』」；這樣一來，認識地方、探索地方，就等於認識自我、探索自我，也
同樣會等於愛自我和愛地方。而這種地方感和自我感的交互滲透，也正是黑
格爾哲學的核心議題。

三　黑格爾的「安若家居」和地方哲學的相關性

　　這個核心議題一直貫穿著黑格爾的著作，從他第一本出版的《精神現象

---

21 Merleau-Ponty（1945：467）

學》（*Phänomenologie des Geistes*, 1807）[22]到最後出版的《法哲學原理》（*Grundlinien der Philosophie des Rechts*,1819）[23]，那就是「安若家居」（或「在家」：zu Hause sein、being-at-home）或「自在」、「在自己那裡」（Beisichsein、Beisichselbstsein；being-with-oneself）[24]，這是他設想「自由」（Freiheit）的方式，其哲學就是透過「和解」（Versöhnung, reconcileation），保持在純粹思想中、自然中、精神（人文社會）中的種種「他在性」（Anderssein、otherness）中，還能維持自我的同一性。（見下圖一）

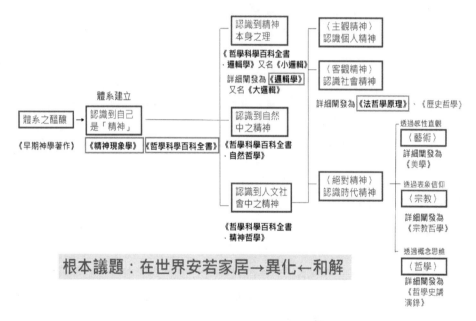

圖一　黑格爾體系與著作簡圖[25]

22　中譯本可參見，賀麟、王玖興（譯）（1983），或更新的譯本：先剛（譯）（2013）。

23　中譯本可參見，范揚、張企泰（譯）（1961）。

24　當然也有直接將兩者結合，稱之為「在家自得」（Being-at-home-with-oneself），見 Lumsden（2015：8）。《精神現象學》中的「在家」的形式不完全相同，是以「他在性中的同一性」呈現，見下文。

25　本圖乃根據賀瑞麟（2015：108）之原圖補充修正而成。

　　其實，在黑格爾的早期著作中，就已經先以不同的形式思想這個「安若家居的問題」。在他的早期著作中，就提出了一個「民族宗教」（Volksreligion）的概念，討論的問題就是：基督教作為一個外來宗教，如何接地氣地讓歐洲人有一種在家的感覺？[26]（當時尚未提出「安若家居」的概念」）。之後的著作也不外是針對宗教的問題、「同一性」的問題進行反思。直到《精神現象學》以後才明顯地作為其哲學的終極任務而呈現。（如下圖二）

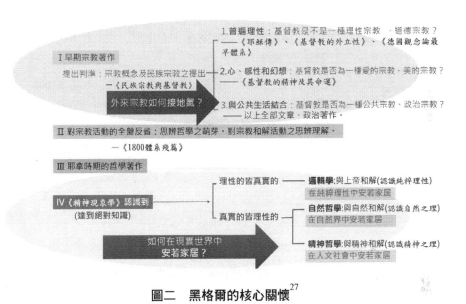

圖二　黑格爾的核心關懷[27]

　　主要的關懷就是在一個「異己」的、疏離的世界，如何有一種「回家」的感覺。在早期著作中，表現的主要關懷就是一種類似在地感、地方感議題的探討（雖然他未用這個詞）：而在《精神現象學》中則是「他在性中的同一性」，在後來的體系《哲學科學百科全書》（Enzyclopädie der philosophischen Wissenschaften）中則是「在家」或「安若家居」、「在自己那裡」；不論黑格爾怎麼描述，就是針對同一個問題。誠如Lumsden所說：

26　這一部分可以參見，賀麟（譯）（1988）。
27　此圖乃根據賀瑞麟（1994：5）重新繪製而成。

《法哲學原理》中發展的自由概念涉及「內在」要素（反思性思想和意志），但也具體體現在復雜的制度、社會關係和我們自己的性格中。關鍵問題是這些元素被納入自我，它們是我們自我關係的特徵，而不是可以被認為是完全外在於我們的對象，我們可能會與之疏離：「意志的活動在於消除主體性和客觀性之間的矛盾，將意志的目的從主觀決定轉化為客觀決定，同時在客觀性中保持自身〔bei sich〕（在自己那裡）。」這句話在某種意義上是對《法哲學》整個軌蹟的完整概括。如果我們認為整體被轉錄到我們自己身上並且我們就在整體中，那麼我們就是自由的。當主體將整體視為其自由的具體表達時，主體可以在此處社會的規範和制度中安家（at home），也就是說，在客觀精神中安家。習慣和文化發展對此至關重要，因為它們使我們能夠在他在性（otherness）看到自己，從而使我們在社會關係和傾向中感受到自己。[28]

《法哲學》是《哲學科學百科全書》中對「客觀精神」的詳細闡發，在這裡，黑格爾將自由描述為「在他在性中與自己在一起」（being-with-oneself-in-otherness）。當然，把「在家」、「安若家居」等同於「在自己那裡」、「自在」、「和自己在一起」，似乎有「獨我論」之嫌，不過，黑格爾這個「自己」可是遍歷了「抽象思想」（邏輯學）、「主體性」（主觀性）、「主體際性」（客觀精神）各種他在性的形式中而達到的自我同一（「絕對精神」）。這個在他在性中保持的自我同一，並不是像笛卡兒的「我思」（cogito）那樣抽離一切內容的抽象主體[29]，而是一種落實在與自然（環境）和歷史文化的辯證活動中的具體自我認同。

黑格爾與地方哲學連結的地方就在於這種「居家感」「自在」、「在自己那裡」、在他在性中的自我同一，它面的是一種失去家鄉的、離家的，以及

---

28 Lumsden（2015：13）。

29 Malpas（2018：81-101）對這種抽象的主體進行詳細討論並加以批評。

對回家的渴望。[30]問題是，黑格爾始終沒有離開過「物理的」家？要回到哪個家？就在這裡和「地方感」、「地方之愛」連結了起來。你始終沒有離開過家，但家卻變得陌生，那是因為你失去了自己，「精神」跑到別的地方；「他在性」（otherness）在這裡可解釋成「他者性」，一種異於自己的性質；也可以延伸解釋為「在其他的地方」，而與地方學連結；由於自己是在其他地方，所以要重新對自己進行精神之旅，回家精神的之家。

附帶一提，黑格爾哲學與地方學連結的地方還有兩處：其一為，「歷史的地理基礎」，這點在黑格爾的《歷史哲學》（Vorlesungen ueber die Philosophie der Geschichte）有所論述，這點也反應在和辻哲郎的《風土》上[31]；其二為：「真實的」、「具體的」知識是個體（別）性的知識，這部已在前篇論述，也將在波蘭尼的部分繼續討論。

四　波蘭尼的「寓居」和地方哲學的相關性

波蘭尼的「默會知識」（或「個人知識」）與地方哲學議題之相關性在於：**地方知識**的默會性格及**地方知識**的個人性格。也就是說，我們可以從「默會」（tacit）和「個人」（personal）來切入地方議題。我曾經透過四點來簡要論述波蘭尼的「默會知識」，分別是：1.「知」之明言與默會、2. 輔助意識與焦點意識、3. From-to、4. 可逆與不可逆[32]。與本論文「地方議題」直接相關者，主要為第2點的一部分和第3點的全部。為避免重覆，以下僅就2和3做討論。

30　「回家」可能出現的問題，Malpas（2018：197）在第8章的註22中有討論並加以反駁。

31　和辻哲郎將「風土」分為「季風型」、「沙漠型」、「牧場型」，在《風土》裡也有專節論述黑格爾的「精神風土學」（第五章第四節），就是以黑格爾《歷史哲學》裡的論述為基礎，見陳力衛（譯）（2018）。

32　參見賀瑞麟（2017b：143-152）。

（一）波蘭尼與地方議題之關聯：默會、寄託與寓居

　　首先，要了解波蘭尼「默會知識」的理論，就必須先理解波蘭尼提出來的一組概念——「焦點意識」（focus awareness）與「輔助意識」（subsidiary awareness）：以釘釘子為例，當我們使用錘子釘釘子，將釘子釘入木板時，我們既意識到我們手握著錘子，也同時意識錘子擊打釘子，但卻是**以不同的方式**意識到兩者。當我們擊下錘子，碰在釘子上時，我們**同時**意識到握著錘子的手掌和手指的感覺，我們**也**注意到透過錘子把釘子釘入木板的感覺。釘子是注意力的目標，而手掌握著錘子則是我們注意力的工具。我們對握著錘子的手掌的感覺有著「輔助意識」，而對著被釘入的釘子具有「焦點意識」。[33]

　　在使用錘子擊打釘子的行動中，我們的「焦點意識」的對象是「釘子」，它是這個行動的目的；而我們「輔助意識」的對象則是所有在釘釘子活動中被我們「工具化」、「身體化」或「內化」為我們自己的一部分的所有事物，比如說：手、手中握著的錘子及釘釘子時手中震動的感覺。這個「輔助意識」是很奇妙的，它不是這個行動的**目的**，反而是我們在這行個行動中我們藉以注意釘子的**工具**。或者，我們可以這樣說，以波蘭尼其他地方的用語來說：我們「寓居」[34]在錘子上來釘釘子。以圖三為例：

33　Polanyi（1958a：55）。

34　見註3。

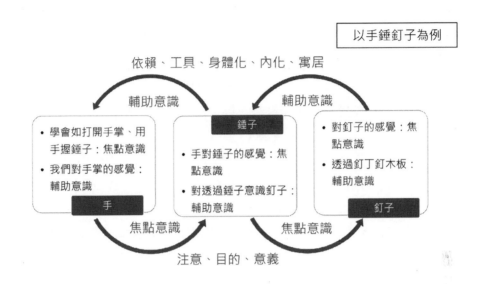

圖三　焦點意識與輔助意識

　　波蘭尼又舉了「盲人以手杖探路」的例子來說明：盲人透過手杖去探知到的外物，這是「焦點意識」所在；而對握著手杖由於碰觸外物進而回傳到手上所受到的反應之意識，則是一種「輔助意識」。在探路的過程中，這個手杖被盲人工具化、身體化、內化為他自己的一部分，把手杖探知後回傳的反應轉化為對外物的意識。他「寓居」在這個手杖上，並藉以感知外物。[35]在下文中，我們將透過「寓居」的概念來連結地方哲學的議題。

　　在「焦點意識」和「輔助意識」的基礎上，我們可以進一步來談論波蘭尼的「From-to」（轉悟結構、近項—遠項）概念[36]，並說明它和地方哲學的關聯。波蘭尼常以「讀信」為例來說明這個「From-to」的概念：波蘭尼本身能說多國語言，他經常在早餐的時候讀信，但當他讀完一封信，想把信交給他兒子讀時，就必須再看一看該信是用何種語言所寫的，因而他兒子只

35　Polanyi（1958a: 56）。

36　另譯為「轉悟結構」，參見彭懷棟（譯）（1984：42）。波蘭尼有時也會稱這種關係為「近項—遠項」的關係，見彭懷棟（譯）（1989：176）。

懂英文。[37]

我們可以透過「焦點意識」和「輔助意識」在解釋這個例子：波蘭尼在讀信時，他信中的「語言」究是德文、法文還是英文，只是**輔助意識**的對象而已，他的**焦點意識**是專注在該語言（不論是德文、法文或英文）所表達的「意義」之上。他同時有兩種意識，既意識到信中的**語言**（這是**輔助意識**），也意識到該語言所表達的**意義**（這是**焦點意識**）。他能讀懂信中的意思（這是**焦點意識**），卻又沒有注意到那封信是用什麼語言寫的，那就代表他是透過「輔助意識」的方式去附帶地覺知這個語言，而不是把「焦點」放在這是什麼語言上。等到他要將信遞給他兒子時，他的「焦點意識」才轉到信中的語言，進而辨視出信中所用的語言倒底是德文、法文還是英文。我在別處曾論述論過：輔助意識的這種附帶地覺知的方式，類似禪宗與莊子所謂的「得意忘言」、「見月忘指」、「得魚忘荃」、「得兔忘蹄」。此處的「忘」不是「不知」，而是成為一種輔助意識，完全內化在行動之中，從而「無法完全明說」。[38]

不論是在我們的理論活動或實踐活動中，我們都可以透過「From-to」（遠項—近項、轉悟結構）和「焦點—輔助」這兩組概念的辯證關係來理解。以上述的「盲人以手杖探路」為例，盲人學習握著手杖探知路面的狀況，一開始「近項」（From）是盲人的手，而「遠項」（to）則是手杖；他要學習手握手杖，熟悉如何使用手杖。在這裡，輔助意識是「近項」，而焦點意識是「遠項」。盲人依賴近項，以注意「遠項」。所有的行動，不論是理論性的或實踐性的是「從」（from）「近項」轉換「到」（to）「遠項」。[39]然而等到，我們嫻熟了或學會了焦點意識所注意的對象（「遠項」、to）以後，它又被轉變我的「近項」（from），做為我達「遠項」（to）所依賴的工具或基礎。（參見圖四）

---

37 Polanyi（1958a：57）。

38 參見賀瑞麟（2017b）。

39 Polanyi（1975：34）。

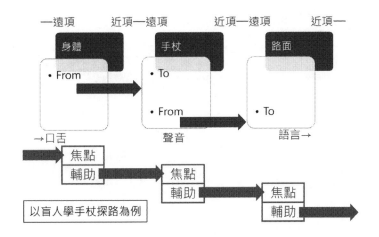

圖四　近項─遠項

　　波蘭尼使用各種不用的詞語來表達這種「From-to」（轉悟結構、近項─遠項）的「依賴」─「轉換」關係，比如上文提到「寓居」、身體化、內外或工具化等等。就理論活動（知識）來說，我們是透過各種的「遠項─近項」，層層的「寓居」，來成就我們的理論（認知）活動的，在這過程中，身體、工具、語言、概念、科學理論或價值系統，是依序被依賴、轉換、寓居、工具化乃至身體化而在有所「承擔」或「寄託」（commitment）的種種東西。[40]不僅理論（認知）活動是如此，實踐（技術）活動也是如此，例如圖五：

40　Polanyi（1958a：57-65）。

圖五　知識與技藝之轉悟結構示意圖

　　我們可以再以語言教育為例，來說明「遠項—近項」的層層寓居關係。以我們能寫一篇論文來說明自己論點的為例，這當中預設了許多活動。我們要預設一套理論（不論自己是否意識到這預設），才能提出我們的論點，就這意義來說「理論」是焦點意點，而「論點」則是「輔助意義」，但這個層面，我們先略而不談，我們從「論點」開始。論點是我們整篇文章的「焦點意識」，我們的整篇文章只是輔助意識。但是在前一個層次，文章是焦點意識，而句字則是輔助意識。同樣地，如果句子是焦點意識，字彙則是輔助意識。再往下一層，如果字彙是焦點意識，發音則是輔助意識；在第一層中，發音是輔助焦點，身體（口舌唇齒）則是輔助意識。整個轉悟結構、近項遠項的辯證關係是這樣的：

　　　遠項（理論）→近項（論點）；遠項（論點）→近項（文章）；

　　　遠項（文章）→近項（句子）；遠項（句子）→近項（字彙）；

　　　遠項（字彙）→近項（發音）；遠項（發音）→近項（身體）。

　　我們現在把順序反過來說，如「盲人探杖」一樣，盲人要先學會用手使用手杖，才能以手杖探路，學會以手杖探路之後，還要能從他（她）的居

所，到達上班的公司，如此一整個詳細的序列。整個轉悟結構、遠項近項的
辯證關係是：近項（身體〔手〕）→遠項（手杖）；近項（手杖）→遠項（路
面）；近項（家裡手杖）→遠項（路面）；近項（居所的路況）→遠項（公車
站）……→遠項（公司）。

　　盲人先「寓居」在身體（手），等到熟悉了整個身體；再「寓居」在手
杖上，用手杖探路；等到人杖一體時，再「寓居」在「路面」上，……。回
到語文教育上，不論是在論述或口說，我們每個人都經歷了這類似的過程：
在論述活動上，我學習用手握筆，再用筆寫字，再寫文章，再寫論文，再出
書，表達自己的思想、理念和價值觀。在口說活動上，如下圖所示，先寓居
在身體（口舌唇齒），然後學習發音（前者是近項，後者是遠項；前者是輔助
意識，後者是焦點意識，以下皆同），再寓居在發音，學習字彙；然後寓居在
字彙，學習造句子；之後寓居在句子，學習寫文章；進而寓居在文章，嘗試
提出論點；最後寓在論點，表達自己的價值觀（或理念）。這就是透過語言
教育所表現出來的整個轉悟結構、近項遠項的辯證關係。（見圖六）

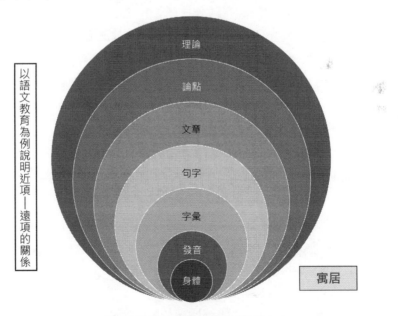

圖六　層層寓居的辯證過程

　　波蘭尼這種層層寓居的辯證過程對地方哲學的意義，我們可以透過如下的事例來說明：Clifford Geertz（1992）在一篇回應文章〈「地方知識」及其限制：一些附帶意見〉（"Local Knowledge" and Its Limits: Some Obiter Dicta）中，也刻意以誇飾的比喻說明，「地方」（local）很明顯是個相對性的術語，「在太陽系之中，地球是地方；在銀河系之中，太陽系是地方；在宇宙之中，銀河系是地方。對高能物理學家而言，粒子的世界即是全世界，而粒子即是地方。」[41]這可以用來說明波蘭尼的層層「寓居」，也可以印證馬帕斯所說的「地方」的層層「嵌套」：

> 地方的特徵作為有界的，同時也是——透過地方嵌套（embedded）或嵌入（nested）在其他地方（甚至反過來，能嵌套其他地方和事物）的方式，作為被包含和能包含的，這〔特徵〕單單就獨足以構成一個複雜的結構；而這是一種超越那種與地方連結的複雜性——當它包含了主體性和客觀性、維度和活動的差異化結構時。地方總是開放以揭示其中的其他地方——因為每棟房子都有它的角落和縫隙，以及它的房間，就像每個花園都有斑點和角落，就像每個國家都有自己的地點和場所，就像每個城鎮都有自己的街道和鄰里一樣。同樣，從任何特定的地方，人們總是可以向外看去，發現自己置身於一個更大的廣闊空間——就像人們可以從一個人坐的房間看到一個人居住的房子，從那裡看到所屬區域的城鎮或其他地方一樣。[42]

（二）寄託作為主觀客觀、特殊與普遍之連結

　　此外，波蘭尼與地方哲學議題的相關之處，還有如下兩點。1.地方知識之個人性格（**連結主觀與客觀**）；2.個人（嵌套）與寓居（**連結特殊與普遍**）。茲分述於下：

41　關於Clifford Geertz（1992）之資料，引自楊弘任（2018）。

42　Malpas（2018：172）

1. 波蘭尼與地方哲學議題的另一關聯是：個人參與。任何知識都是一種「個人」知識；但「個人」不等於「主觀」，反而是一種指向「客觀」的知識。

「個人知識」是連通主觀和客觀，而達到普遍性的認識。「寄託」（committment）是波蘭尼用以連結「個人」和「普遍」，主觀和「客觀」的概念。換個方式說：是**個人參與**讓抽象而普遍的知識（**特別是科學知識**）而變成具體的知識。他說：「在此意義下，寄託是切入普遍地有效的東西之唯一進路」（Commitment is in this sense the only path for approaching the universally valid.）[43]此外，「寄託」也是一種個人的一種「承擔」，一種指向客觀性的「承諾」，就此而言，它不是主觀的。但也不是**非個人的**，是個人以信託的形式做成的知識保證，波蘭尼說：「寄託」一詞將在此處以特定的意義使用，這將通過其用法而建立，此詞的運用也應有助於認可我對寄託的存在和其證成的信念（The word 'commitment' will be used here in a particular sense which will be established by its usage, the practice of which should also serve to accredit my belief in the existence and justification of commitment.）[44]

同樣地，波蘭尼也說：這樣〔寄託〕可以讓他的主張變成完全無個人性的「客觀」，而不只是純個人的主張。（Polanyi, 1958a：316）。這說明了個人參與透過「寄託」而達客觀性（**非主觀性**）和普遍性（透過**主體際性**）。

2. 個人參與的情感面向：此外，和我們的「地方哲學」架構相關聯的一點是，波蘭尼所說「求知熱情」（intellectual passions）（Polanyi, 1958a：140ff），所提到的「求知美」（intellectual beauty）（Polanyi, 1958a：143）可以放在地方哲學的「情感」架構中，讓整個論述更為完整。

是這種熱情連結了特殊的主觀情感和普遍的知識。類似席勒的美感，連結了主觀情感和理性個命令，而達到自由。波蘭尼的「求知美」也扮演同樣的角色；求知美、地方感、地方之愛等等可以充實地方哲學的「情感」面向。

---

43 Polanyi（1958a：319）

44 Polanyi（1958a：319）

　　值得一提的是：在火炬書（Torchbook）版本的《個人知識・序言》中，波蘭尼特別講到「寓居」就是海德格的「在世存有（Being-in-the-world）」。他說：「寓居就是在世存有。每一個默會知識都會改變我們的存在，重新定向、承包著我們在世界中的參與。（Indwelling is being-in-the-world. Every act of tacit knowing shifts our existences, redirecting, contracting our participation in the world.）」[45]這也引導我們去思考波蘭尼的「寓居」和海德格的「寓居」之關係，同樣也也可以思考黑格爾的「在家」和海德格的「在家」之關係。當然，這又是另外一個新的議題了。

五　代結論：關於地方哲學架構的幾個問題

　　康德在《純粹理性批判》中曾經針對這個三分結構，分別提出三個問題，並認為所有哲學最終都在回答這些問題，即（一）我能知道什麼？（Was kann ich wissen? What can I know?）（二）我應該做什麼？（Was soll ich tun? What ought I do?）（三）我可以希望什麼？（Was darf ich hoffen? What may I hope?）[46]；這三個問題，分別是在康德的三大批判中得到了回答。第一批判《純粹理性批判》回答了「我能知道什麼」的問題；這個問題表面上是知識論實際上卻是形上學的問題。第二批判《實踐理性批判》回答了「我應該做什麼？」的問題；這個問題是屬於倫理學的問題；第三批判《判斷力批判》則回答了「我可以希望什麼？」的問題；這個問題屬於「宗教／美學」的問題[47]。這三個問題綜合起來。就是在《邏輯學講義》中加上

---

45 Polanyi（1964：xi）

46 沈清松（1987：163）。

47 雖然康德本人將第三個問題歸於「宗教」，但依照狄斯（Christian Thies）的說法，他認為康德的第三個問題「我可以希望什麼？」主要是在他的《判斷力批判》中討論。最後，他得出的結論是，雖然康德試圖回答第三個問題，但沒有一個答案是完全令人信服的。參見，Thies（2007）。

的第四個的問題：「人是什麼？」（Was ist der Mensch? What is man？）[48]這是哲學本身的問題。圖示如下：

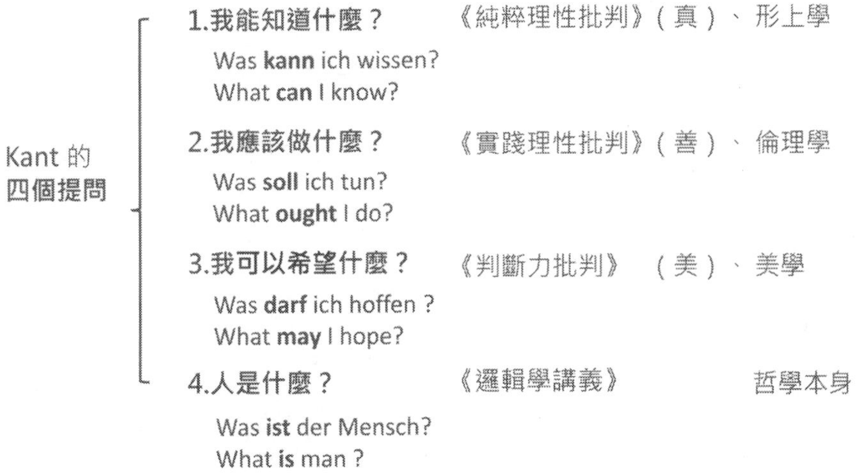

Kant 的
四個提問

1. 我能知道什麼？ 　　《純粹理性批判》（真）、形上學
Was **kann** ich wissen?
What **can** I know?

2. 我應該做什麼？ 　　《實踐理性批判》（善）、倫理學
Was **soll** ich tun?
What **ought** I do?

3. 我可以希望什麼？ 　　《判斷力批判》　（美）、美學
Was **darf** ich hoffen？
What **may** I hope?

4. 人是什麼？ 　　　　　《邏輯學講義》　　　　哲學本身
Was **ist** der Mensch?
What **is** man？

圖七　康德的4個提問

從地方學的角度來看：這四個問題可以轉化為（雖然未必完全一致）：1.關於地方，人能知道什麼？2.關於地方，人應該做什麼？3.關於地方，人可以想望什麼？[49] 4.地方，對人而言，是什麼[50]？如下頁圖八：

---

48 沈清松（1987：164）。

49 我在這裡把希望改成「想望」意指「想像和渴望」，這樣透過「想像」連結「感性」，透過和「渴望」連結「情感」，這樣可以和「地方感」、「地方之愛」對應的更緊密，可以更切進美學的領域。

50 馬帕斯的書主要論旨即在於此。

1. 關於地方，人能知道什麼？

　　地方知識：知識論、形上學（真）

2. 關於地方，人應該做什麼？

　　地方實踐、實務：倫理學（善）

3. 關於地方。人可以想望什麼？

　　地方感、地方之愛：美學（美）

四個關於
地方哲學
的提問

4. 地方是什麼？

　　地方對於人本身的意義：地方哲學本身

圖八　地方哲學的4個提問

　　問題1涉及到地方知識的可能性問題，相應的是地方的知識論和形上學；問題2則涉及地方的實踐及實務議題，相應的是地方的倫理學（或道德哲學）；問題3則涉及地方感和地方之愛，到美學的問題；最後一個問題，則涉及到地方對於人本身的意義，相應的「地方哲學」的整體。

　　最後，我們可以透過馬帕斯在分析華茲華斯（William Wordsworth, 1770-1850）時，引用希尼（Seamus Heaney, 1939-2013）的文字為本論文做一總結：「這個湖區不是無生命的石頭而是活躍的自然──這自然同時是被人化的和能人化的（humanized and humanizing）」[51]。人存在於地方之中，不是一個孤立的主體，地方承載人的存有，也不自外於人；人化地方，地方化人，透過彼此的對話，相的互滲透，於是「地方在我之內，我在自己之外」（套用梅洛・龐帝語）。這樣一來，認識自己所處的地方，就是認識自己。人寓居在地方中，地方透過人而展現。愛地方，就是就是愛自己。在家，就是在自己那裡。

---

51 Malpas（2018：3）。

參考文獻

一　中文

王造時（譯）（1999）。Hegel, G.W.F.著，《歷史哲學》，上海：上海書店，
　　1999。

先　剛（譯）（2013）。Hegel, G.W.F.著，《精神現象學》，北京：人民出版
　　社，2013。

志　丞、劉蘇（譯）（2018）。段義孚（Yi-fuTuan）原著。《戀地情結》。北
　　京：商務印書館，2018。

李錦旭主編（2021）。《地方理論與社會人文對話：第一屆屏東學學術研討會
　　論文集》。屏東：國立屏東大學，2021。

范　揚、張企泰（譯）（1961）。Hegel, G.W.F.著，《法哲學原理》。北京：商
　　務印書館，1961。

沈清松（1987）。《物理之後：形上學的發展》。臺北：牛頓，1987。

陳力衛（譯）（2018）。和辻哲郎原著。《風土》。北京：商務印書館，2018。

彭懷棟（譯）（1984）。Polanyi, M.、Porsch H原著（1975）。彭懷棟譯，《意
　　義》，臺北：聯經出版事業公司，1984。

彭懷棟（譯）（1989）Polanyi, M.原著（1985），《博蘭尼演講集》，臺北：聯
　　經出版事業公司，1989。

賀瑞麟（1994），《理性與實相：黑格爾哲學中的和解活動研究》，臺北：國
　　立臺灣大學哲學研究所博士論文，1994年5月。

賀瑞麟（2015），《今天學美學了沒》，臺北：商周文化事業公司：2015。

賀瑞麟（2017a），《辯證、默會與創意——美學與哲學教育論文集》，高雄：
　　瑋晟世界資訊公司，2017。

賀瑞麟（2017b）。〈「忘」與輔助意識——從默會知識的觀點論《莊子》中的
　　技藝活動〉，收於賀瑞麟（2017a：139-180）

賀瑞麟（2018）。〈論哲學與地方學的關聯：以屏東學為例的地方哲學建構芻議〉，收於李錦旭主編（2021：17-48）。

賀　　麟（譯）1988。Hegel, G.W.F.著，《黑格爾早期神學著作》，北京：商務印書館，1988。

賀　　麟、王玖興（譯）（1983），Hegel, G. W. F.著，《精神現象學》，上海：上海人民出版社，2013。

馮　　至、范大燦（譯）2015。Schiller, F.著，〈第十五封信〉，《審美教育書簡》，收於范大燦等譯、范大燦注《席勒經典美學文集論》，北京：生活・讀書・新知三聯書店，2015。

楊弘任（2018）。〈何謂在地性？從地方知識與在地範疇出發〉。https://eyesonplace.net/2018/06/15/8259/（2018年6月15日）。

劉文潭（譯）（1989）。W. Tatarkiewicz原著（1970）。西洋美學六大理念史。臺北：聯經。

龔卓軍、王靜慧（譯）（2003）。Gaston Bachelard原著（1961）。《空間詩學》。臺北：張老師文化，2003。

二　外文

Bachelard (1961), Gaston. *La Poétique de l'espace.* Paris: Presses universitaires de France, 1961.

Malpas, Jeff. *Place and Experience: A Philosophical Topography*, New York: Routledge, 2018.

Merleau-Ponty (1945), M. *Phénoménologie de la Perception*, Paris: Gallimard, 1945.

Polanyi (1958a), M. *Personal Knowledge: Towards a Post-Critical Philosophy*, The University of Chicago Press, Chicago , 1958.

Polanyi (1958b), M. *The Study of Man*, The University of Chicago Press, Chicago, 1958。

Polanyi (1964), M. *Personal Knowledge: Towards a Post-Critical Philosophy*,The Happer Torchbook edition, New York: Happer & Row, 1964.

Polanyi (1975), M. *Meaning*, The University of Chicago Press, Chicago, 1975.

Relph (2015), Edward (Ted)。"Topophilia and Topophils", in *PLACENESS, PLACE, PLACELESSNESS*; https://www.placeness.com/topophilia-and-topop hils/ (2015/10/30)

Lumsden (2015), Simon。"At Home with Hegel and Heidegger", in *Philosophy Today*, Volume 59, Issue 1 (Winter 2015), PP. 7-21.

Tatarkiewicz (1980), Władysław. *A History of Six Ideas: an Essay in Aesthetics*. Translated from the Polish by Christopher Kasparek, The Hague: Martinus Nijhoff, 1980.

Thies (2007), Christian. "Was darf ich hoffen? Kants »dritte Frage« in seiner dritten Kritik." In: W*as ist uns was sein soll. Natur und Freiheit bei Immanuel Kant*. Hg. v. Udo Kern. Berlin, New York: Walter de Gruyter 2007.

Tuan (1974), Yi-Fu, *Topophilia: A Study of Environmental Perception, Attitudes and Values,* New York: Columbia University Press, 1974。

Yu Zhenhua: Two Cultures Revisited: Michael Polanyi on the Continuity Between the Natural Sciences and the Study of Man, in *Tradition and Discovery* 28(3): 6-19 (2001)

17

理論化地方書寫之方法論：

以《重修屏東縣志（緒論篇、文化篇）》與《虎尾鎮志》為中心的討論

李謁政[*]

摘　要

　　本篇論文主要的主旨在於探討地方研究書寫的方法論，理論化地方書寫就在於探討這方法論的知識基礎，藉由這樣的探討彰顯當代視野對地方的認識具有重要的意涵。主要來自於人文地理學對地方、地景的空間社會認知的取向，另一方面來自於人類學對地方田野調查觀看的角度。地方在這樣的研究取向上從「地理山川」的角度，進入到「地方社會」的地方建構，從時空文化累積的歷程疊加出「空間社會」的生活世界。

　　本論文首先一開始對地方研究的反思是透過「地方」與「日常經驗」的關聯，說明我們如何形成對地方的態度：「中心」與「邊緣」的看法。也揭露了地方的支配力量如何建構地方（也是書寫地方），藉由對地方的認識、書寫以此來作為認識地方生活世界的方法，主要藉由《重修屏東縣志（緒論篇、文化篇）》與《虎尾鎮志》的地方書寫經驗來討論。其次藉由地方的時空架構來研究地方空間社會的文化積累，有3項條目討論：1.線性時間的結構順序。2.時間與地理的對應結構。3.具當代性田野的紀錄與對照。

　　第三部分是地方的空間社會積累必然積累出地方知識的系統，以臺灣的

---

*　國立雲林科技大學人文與科學學院院長。

地方研究一直存在著：1. 傳統志書的書寫系統。2. 自然史與博物學的系統。3. 文化全球化論述（語境）下的對地方的影響。第四部分是由地方的空間社會探討下，歸納了生活曾經經歷的整體圖像。有三個主軸十個面向來整理「地方的紀錄」。三個主軸分別是：結構延綿—時空歷程、流動切面—集體再現、主題系統—有限整體。可以歸納十個面向是：歷史時空歷程、聚落定居、遭遇現代性、社會生活、心靈模式、生產依賴、自然審美、人觀、神聖領域、故鄉營造。

在這樣的研討架構下希望對地方的空間社會的書寫、研究，是以著地方研究的「文化詮釋和敘事的美學化進程」作為伽達瑪（Gadamer）人文詮釋學美學最終的目標，但是篇幅與時間的關係並不能達成這樣的目標，只能算在論述的過程當中偶爾浮現的研究觀點。

關鍵字：地方、書寫、空間社會、時空架構、總體圖像、文化詮釋與敘事

一　反思地方研究

（一）地方與日常經驗的關聯

　　地方研究的取向中，人文地理學的視野帶領我們探索空間經驗意涵。段義孚（Yi-Fu Tuan）[1]於《經驗透視中的空間和地方》指出空間（Space）與地方（place）是我們的生活世界的基本要素。空間常是抽象和數字化，地方則充滿著意義，是歷史和社會實踐的產物。有時空間會轉換成地方，如學校區位會轉換成學區、大學城區。像屏東大學外形成之飲食商圈、屏東中山公園周邊中華路形成之農產市集等等，是城市社會生活的一部分，亦是城市歷史的一部分。這之間存在著動態情境。經驗地方是直接的、體會的；也能是間接和概念性的，即由符號傳遞而來。大致上可以有三種地方場所類型的經驗作為討論，居住者和熟悉路徑的計程車司機，以及研究城市結構的地理學家，會有三種不同觀點經驗。人類經驗中複雜世界，由人文主義的取向做經驗解析，詮釋和知識的建立。地方的認識須透過經驗體會進行文化詮釋，地方意義及其深度由此建立。

對地方的態度：中心邊緣以及文化共生及其多樣性

　　伊能嘉矩所著《臺灣文化志》中柳田國男序文，留下一段對地方研究的期許對話紀錄。「在遠野（伊能氏家鄉）旅館二樓窗間，夕陽將要西下，而指著周圍的山野縱談今昔故事，尤其自己欲找尋者，係此地方學問的由來，什麼機緣為當代之文運際會，在此山間的一盆地產生如伊能氏這種稀有之篤學者，實不解其為何種道理，在內心只是驚愕不已。柳田氏對於地方學問的由來，認定其因有避世者安住之故。或失意流離，甘心埋沒之輩，偶爾將其餘生經營於邊隅之故。」[2]就其有經營於邊隅之故，地方學的研究由歷史的

1　Tuan, Yi-fu. (1977) p1.

2　伊能嘉矩（1985）p11.

視野開啟，更轉換地方作為邊陲的文化困境。

「地方學」的名稱，於臺灣遲至1990年代才開始。它的內涵包括民俗、辟邪、俗諺、聚落、歲時節慶、祖曆、民間傳說和族群發展。地方學被視為甘心埋沒之輩，將其餘生經營，係因中心、邊緣的發展觀造成的，將地方視為落後無發展機會，甚且是文化風采不足之處。地方文化研究應該有人文地理學的視野，始能拓展對地方文化認同的場域，增益地方形構過程之認知。提姆・克雷斯韋爾（Tim Cresswell）在 *Place* 一書中[3]，將地方不僅視作世間事物，還是認識世界的一種方式。我們把世界視為含括各種地方的世界時，就會看見不同的事物。我們會看見人與地方之間的情感依附和關聯，會看見意義和經驗！因此人文地理學討論的地方概念有其系譜（genealogy）可以溯源。

屏東作為國境之南的地方，地表地域的常識性經驗差異，成為研究的主要對象。地方是充滿有意義的區位（a meaningful location），地方場所的特質即常識、經驗、認知的文化內涵，屬於在地生活場域的一環，並由地方的日常生活實踐勾勒出地方知識的積累[4]。地方感來自以人文為中心的情緒、記憶、想像和認同交織出來的地方辨識之特質，東港燒王船的祭祀儀式為地方帶來明顯的辨識標誌，除了地方日常之實踐，亦於非日常時機創造出地方儀典的特殊氛圍。另外山區、山腳丘陵、平原、沿海、離島之聚落的形成，各有不同地方立地條件，也因族群生活而有不同文化發展。如六堆客家聚落，就帶有這些屬性和特徵。地方是社會、歷史過程中在空間積累下來的成果產物，地方能有其獨特性（idiographic）係由其地理空間、人文實踐、地方社會、宗教信仰、人間藝能所積累形構的，但是地方也會面臨相當危機！

3　Cresswell, Tim (2004) p5

4　Tim Cresswell, 2004 p:10-12

（二）地方的日常實踐及其脈絡

　　如哈維（David Harvey）主張，地方在彈性積累（flexible accumulation）的生產模式、後現代情境和時空壓縮（time-space compression）的狀況下，地方的重要性提升了。[5]主因是地方處於各式各樣的威脅之中，全球層次的經濟空間關係處於再結構過程，生產、資本、商務及行銷與日俱增的移動性，為了競爭，越來越有必要區分出不同條件與特徵的地方。[6]尤其是這些地方是如何在資本主義、父權體制、後殖民主義中、以及一大堆其他結構條件下，則屬於更一般性的地方建構（文化建構）過程的實例。無論外觀如何的地方，都跟空間和時間一樣，是社會建構的產物，Harvey聲稱地方為社會所建構是指向物質性構成也是社會產物。[7]建築，公園植栽景觀，實際興建的道路，餐廳等都是。[8]考量「地方的文化形態」（重修屏東縣志文化篇主要的主題）是在這地方社會建構過程中被建立起來，理應理解這社會形構的過程，才有足夠的脈絡資訊去理解文化形態回歸於地方日常生活中所形成的意義。

二　地方的時空架構

　　對地方時空架構的設想大致上有三個部分；「從線性的時間結構」開始理解到「時間與地理的對應結構」，這中間需要以「當代田野的紀錄與書寫」來作為對照。這樣的書寫時空架構其實只停留在過去或者是在已被記錄下來的文獻或者是口語流傳當中，或者殘存的地理痕跡。當代的田野就是最重要的對照與補充的資料來源，可以用身體涉入的田野經驗獲得在時間與空間當中日漸消失的行動與意識。最後因為在現代之後，「時空壓縮的趨勢」

5　David Harvey, 1990 p:147-197, 240-242

6　Tim Cresswell, 2004 p:26 , 51

7　David Harvey, 1996 p:261

8　Tim Cresswell, 2004 p: 30

越來越緊迫，對於地方的時空架構影響越來越緊縮，而且變遷劇烈，並可作為討論未來人文景觀書寫的可能性。

（一）線性時間的結構順序

地方的歷史時空相對於世界史和民族國家史，可運用的歷史書寫材料都較為有限，尤其在時間和空間的資料交錯重疊上，為可辨識的極為珍稀。以較具結構觀點看待歷史時間，時間和空間架構成兩種常見形態：並時性（synchronic）與貫時性（diachronic）。可以替地方架構出完整圖像。考古並發掘時間內容物，更能了解地方時空架構的貫穿與並置，考古文化層無疑是最佳解釋對象，並且作為時空歷程的演示呈現。時空歷程由其地方過程的社會生活、權力建構和人群活動留存與記錄成現場及其文化影像再現。地方在時空歷程中最佳見證即是聚落本身，聚落形態的涵義反映了文化的自然環境，建設者的作業技術水平以及文化所維持的、社會相互影響和制約的各種制度。輔助利用由各時代地圖、圖像、照片、物件、人像、檔案、文件和文書。可以構成較有完整而且看得見的地方圖像。並且建立起這地方歷史時空的詮釋基礎，明確的文化主體性詮釋參考架構。然而地方研究所呈現的地方時空架構很有可能一開始就是一個片段而已。

當研究主題是一個事件或一個地點發生的特定時間的人事物，在時空的架構當中它當然就是一個片段。比如對於屏東春吶音樂會的研究書寫與分析討論，可以放在臺灣的音樂節的時空當中理解，也可以是屏東脈絡中的音樂節，更可以是墾丁在地的音樂節，不管如何在時空架構的理解下他就是個片段狀態。從志書的傳統到重修縣志的地方書寫，或多或少都有著在地的田野調查為基礎，書寫與記錄的方式雖然迥異，都預設了一個簡單的線性發展的時空架構，以為線性發展是連續的，但研究的證據顯示每個事件都只是個片段，只是被想像成連續，所以這是創造性的線性連續想像的時空架構。

原初社會記錄著原住民和平埔族的社會，似乎在一個階段當中被荷蘭治理時期所取代，之後又被鄭成功的治理時代所取代，依序下來是清帝國治理

的時代、日本治理的時代和國民政府治理的時代。由於原住民與平埔族從原初社會到現代當代，貫穿了每個時代。他／她的線性連續性就特別的明顯，而且可以觀察其變遷的文化結構。這一類型的時空架構就顯得特別重要，因為從這線性變遷可以看出支配權力的作用與被支配的反抗與生存。

因此時空架構當中的前中後期，不同階段的對照成了一件有趣的地方理解。在重修屏東縣志文化志的編撰當中，「文學中的日常生活、歲時與節慶」章的小結，從〈東番記〉對於鳳山八社的紀錄，並排比對了《熱蘭遮城日誌》與《稗海遊記》對於平埔族人的紀錄書寫，成了絕佳的稜鏡可以來作為對照，書寫者的心態以及獵奇的眼光。在文學上有鍾理和在日治時期的觀看紀錄，國民政府時期的陳冠學鄉土文學的田園書寫，一直到民主解嚴後曾貴海的對殖民與後殖民意識覺醒的詩篇，不同時代的日常生活凝視與反思書寫，創造不同時空架構當中的變遷與立場心態。[9]這是架構在時空當中的詮釋地方的不同立場與心態，觀看的方式決定了地方被再現與記錄的方式，作為詮釋性質的地方書寫也就建構了地方的社會性存在而有的獨特的詮釋美學系統。

（二）時間與地理的對應結構

「地名」是理解時間跟空間相對應最好的項目，也常常會帶來錯誤的理解或者是糾結與混亂的局面。《鳳山縣採訪冊》載明了鳳山縣全邑溪流總共有47條，只有一條是垂直南北向的所謂的經溪，名稱為淡水溪，其他46條都是緯溪。雖然描述詳細使用的文字也精準，在數百年後就難以閱讀跟理解。採訪冊中地輿中的諸溪有淡水溪的記載：「淡水溪（亦名西溪），在港東西、觀音、小竹四里交界，縣東十里，源受南雅仙山泉，南行遞納十溪、九溝、八圳、旁注一圳、一塘、兩溪，迄東港入海，長七十里。縣治諸溪當以此為

9　李謁政，2014 p: 98,99

最。……」，[10] 這所謂的淡水溪之後稱為下淡水溪，在當代已改為高屏溪，地理名稱的改變是常態，如果這些的敘述有相關的地輿圖資的製作，輔助說明，應該可以更完整以及明確的交代地理空間結構。如（附圖一）為重修屏東縣志地方知識建構史篇中，利用臺灣堡圖重新繪製溪流與聚落之間的地理結構圖。

地方的研究應該傳達時間與空間地理位置上的對應關係，這是在建立線性時空架構當中，需要同時建立的輔助圖資。地圖是理解地方以記錄與書寫的最基本形態，能夠建立起對於地方的歷史時間所具有的空間觀念，對於地方的描述和記錄以及觀察，會進入另一層次的細膩與完整的資訊。也就是比較精確的理解地方，避免剩餘文字記載的模糊性。

在當代對於地景景觀的認知需求，更甚於其他的時代，建立起圖資的繪製工具以及能力，引進當代強而有力的GIS（Geography Information System）系統，時空架構當中的資訊，在整合上就變成容易許多。這樣的圖資可以細膩到聚落與聚落裡頭的家屋空間，當代的地方研究就不再是過往的文史研究的意義了，充滿了對富有人文意義的地景景觀進行各種領域研究的詮釋系統的建立。

（三）具當代性田野的紀錄與對照

根據1772年朱景英撰寫的《海東札記》，舊有鳳山縣境內的原住民計有110社：「其生番，鳳山縣則有山豬毛五社、傀儡山二十七社、瑯嶠十八社、卑南覓六十五社。」只能從這項紀錄裡頭約略看到清領時期屏東山區原住民已可分成山豬毛、傀儡山、瑯嶠、卑南覓（臺東卑南族遷徙到恆春半島最近卑南排灣化稱為斯卡羅的社群）。[11] 既使是後來的日本時代調查也缺乏社群的聚落資料，以致於只能用文字來理解空間地理上的文化景觀與社群活動的

---

10 盧德嘉，1960 p: 49,50
11 轉引自李謁政，2014 p: 45

狀態。在屏東縣市文化志第三章〈多元族群的聚落型態與建築特色〉中，引用2006-2007年有關筏灣和好茶舊社的石板屋群聚落圖的測繪，才首度呈現了原住民在山區聚落的實際居住生活的樣貌。當代的田野調查運用新的調查工具與關切的領域，可以適當的補充過往資料的片段與殘缺，更可以真實性的記錄與再現日常生活實踐當中的居住狀態。

在〈南國之藝〉關於民俗藝術的部分，特別記錄了當代民俗藝陣上的現狀。田野調查所記錄的影像，具有明顯的當代性，因為在服飾上面或者是器具、法器等的使用，替換的週期比較短，所以當代的紀錄呈現的當代物質文化使用上的基本條件。也因為經濟的關係，使得物質運用更精緻化與多樣化。甚至於藝陣的規模更趨龐大，以增加熱鬧和盛大的場面。相關的田野調查才能揭露這樣的當代性與民俗的價值觀。相對的有些可能在信仰上或群體組織上的經營出了問題而日漸衰敗，其規模與運作的方式以及物質面的器具服飾的更新，也都在相關的田調及影像紀錄上可以更貼近的紀錄書寫。

其他的案例比如在第七章〈原住民工藝與歌舞〉當中，在田野當中記錄了德文村盧忠福先生家中的擺飾，這時2011年具體的生活景觀面貌，木構所形成的層架，放置了電視機、錄放影機和錄音帶的迴轉盤、照片相框、現在酒和紀念品。並置著傳統陶壺與現代的瓷器，已經是一幅「遭遇現代性」進入現代世界的生活景象。當代的生活傾向也參雜著文化表演的趨勢，在當代的田野當中可以更適當的揭露，在青葉部落藝術家以神話故事為藍本的牆面創作，提供社區人說故事的景觀，是原民部落日漸受全球化影響下的文化展演。

三　地方知識的系統

（一）傳統志書的書寫系統

方志的地方書寫與文化概念之視野可見於康熙24年（1685）首任臺灣知

府蔣毓英編輯的《臺灣府志》，[12]是清代修纂臺灣第一本方志。書中對於管轄之土地，所屬的山脈河川、人民族群、風俗習慣和物產器物等資料，進行記錄、書寫並詮釋評價。這種體例，據陳捷先（1996）研究，係採用「圖經變體」，也就是清朝政府「通令體例」。其特色為分條析目、項目內容淑世教、美風俗的宗旨躍然標題。

方志的書寫內容以現代理解，明顯首重空間地理、山川物產，其次為風俗部分以「土番」風俗為記錄對象。不僅條目，文中亦多有歧視語言，如「番」則是指稱原住民或平埔族人。此外記載事項不問文化緣由，直接以漢人文字優勢加以貶抑，如「男女應婚娶之時，女集廟中，諸男吹口琴於外，意之所欲，女出與野合，擇其當意者，始告於父母⋯⋯無納幣送妝之禮。」文中以文教、稅賦、祀典、官制、勳臣、古蹟、武備、要塞等為主要的紀錄內容。[13]

對於臺灣地方形成仍然存在著片斷記錄為主，而詳細記載者主要為官方制度和觀點，實無助於後世者對當時地方文化之理解，遑論認同，然「重修」、「續修」、「重纂」均有差異。[14]歷史書寫可以為不同的書寫人，會因時代立場、族群認知、階層衝突而有不同見解。只是須有歷史辯証以折射出不同敘事者之面向。方志研究主要在針對地方的記錄、書寫與再現進行文化意

---

12 據蔣毓英，《臺灣府志》全書可分十卷二十五目如下：卷一：沿革、分野、氣候、風信、封隅（附坊里）；卷二：敘山；卷三：敘川（附海道、潮汐、水道、水利）；卷四：物產；卷五：風俗（附「土番」風俗）；卷六：歲時、規制（城郭）；卷七：戶口、田土、賦稅（田賦稅、鹽稅、陸稅、水稅、雜稅、存留經費）、祀典；卷八：官制武、衛（附陸師汛地、水師汛地）；卷九：人物（開拓勳臣、勝國遺裔、勳封、遇艱難縉、縉紳流寓、節烈女貞）；卷十：古跡、災祥（附兵亂）扼塞、險隘（有目無文字）。

13 陳捷先，1996。

14 回顧有關《臺灣府志》其編纂歷程如下：（1）清朝康熙二十四年（1685），蔣毓英著手開始編志俗稱「蔣志」。（2）康熙三十五年（1696），高拱乾編修第一本官方出版，《臺灣府志》。（3）康熙五十一年（1712），周元文，《重修臺灣府志》。（4）乾隆五年（1740），劉良璧《重修福建臺灣府志》。（5）乾隆九年（1744），范咸與六十七兩人又《重修臺灣府志》。（6）乾隆二十七年（1762），余文儀再《續修臺灣府志》。（7）道光十五年（1835），陳壽祺、魏敬中重纂《福建通志臺灣府志》。

義的詮釋。「最古之史，實為方志」為梁啟超於〈清代學者整理舊學之總成績〉文中對方志的地位所定下結論。歷史敘述須以事實為基礎輔以歷史場景與事件的脈絡分析。縱使史觀宏大亦不能忽視既存，惟以歷史文化詮釋逕行表達對歷史場景與事件的脈絡分析是書寫目的，於各時代的反思中仍接受公評。史志對比，或可見其長短處，惟地方志在中心邊緣的思想體制中，仍處於邊緣地位。雖有其重要性，實際書寫卻明顯僵化也失卻了與居住土地互動共生之彩。地方書寫若能以地方人的生命、生活經驗為主，才有可能出現深刻動人的篇章。如社造和社規師的愛土地行動，同空間、影像、協力互助之記錄過程等，可以是精彩的篇章。又如精彩的祭典有其不同類型與不同功能，以東港燒王船慶典為例，它是地方信仰凝聚力的形成。另外祭孔則是一項複雜文化操控的建構，以繁複禮儀讓執行者有特殊榮耀，不同位階各司其職，讓參與者獲得文化的資本與他人區別的本錢，是祭典在文化視域中特有的功能。反觀地方文化志的書寫不能不清楚文化節慶所指涉的內容與對象，值得拓展對大眾的發現，進而促成往後地方與大眾文化（Popular Culture）的討論。

（二）自然史與博物學的系統

　　陳其南老師對於屏東地方知識的書寫擘畫了四個部分構成一、志書的知識；二、地質地形；三、本草博物；四、原初社會。開頭「誌書知識」卷以屏東的志書知識傳統為中心，探討志書作為一種知識類型和書寫形式的歷史發展脈絡，同時也討論影響過去屏東知識文獻累積的幾個重要歷史階段和事件。

　　接續的三卷「地質地形」、「本草博物」、和「原初社會」，而這三個領域剛好是構成向來被稱為「自然史」和「博物學」（natural history）的主要部門。這三卷的主題扣連了現代學科科學發展的成果，地質科學的研究，為土地的基礎帶來認識的深刻向度。本草博物對植物的生長生態，直接就勾連著土地的因素。原初社會利用人類學對於原住民的田野調查與紀錄方法與認

識，形成了真正知識面向的地方系統，這三個部分在屏東地區擁有最多文獻資料和研究出版的領域，可以作為呈現地域特色的指標。

這篇即針對前人在不同歷史階段與此三領域中所累積之成果加以解讀、分析、整理和重組，一方面環繞在屏東地質、植被和初民社會之事實，重建此區之自然人文景觀特色，另一方面則藉此探索這些領域從清代誌書時期以致當代的知識建構歷程與典範轉移，即地方知識類型的轉變軌跡。這也是這篇主題「地方知識建構史」的意旨所在[15]（詳細內容請見《重修屏東縣志緒論篇》上下冊，在此不詳加引用贅述）。

（三）文化全球化論述（語境）的對地方的影響

全球化的地方挑戰，在於地方面對現代生活，越來越快速流動的日常情境，加速屏東地方文化生活面貌的變遷。從生活景觀開始改變，變得越來越商業化和現代農業生產占據屏東土地的地景，不僅僅傾向於商品化發展邏輯，更帶引經濟想像，益發形成符號消費的文化地景。全球化的文化認知時常認定「發展」永遠是進步的或時尚的！卻不容易理解即使像屏東這樣的地方有發展也是不均等的發展！交通要道易於到達的地方，快速都市化像屏東市和各鄉鎮的都市化街市，其在地文化的消逝，更進入流離狀態，被媒體文化取代在地文化活動、被性別消費主義挑起的消費欲望，都決定屏東文化地景的當代形構的感知結構（feeling structure）。

排灣頭目演唱家林廣財，在出版《百年排灣——風華再現，一個頭目吟唱的生命史》中呈現希望榮耀家族的願望。他成長的生命過程，見證頭目文化的榮耀與式微。十六歲離開瑪家鄉佳義村，到平地都市成為工人，歷經搬運工、綁鐵仔工、跑船，也進入林班工作。被都市化抹除族群文化的標誌，排灣古調和老部落的石板屋可能消逝，以及成為文化資產的可能。吟唱中的另一個生命情狀的主題：流浪者之歌。來自流離於土地部落的情境，林班歌

---

15 陳其南，2014 p:13

〈珍重〉一曲由「別了故鄉。別了情人。今宵別後多珍重，當妳明晨醒過來。我已流浪在臺北」開始，〈涼山情歌〉接著把思念之深表述出來，「自從和妳相識了以來。好像妳在我的身邊永遠永遠不分離，青青的高山茫茫的大海。愛妳像大海那樣深」，歌唱以解愁並非浪漫視生命流離狀，對母親的文化體的依戀直接表現。[16]

「瘋春吶」能否認定為屏東文化？或應認定為全球化的身體狂歡取向，影響了地方非日常地景，讓地方日常生活因快感消費的事件（event）舉辦，快速集結人潮，改變屏東日常情境，也悄悄改變屏東在地心態。在最高紀錄中兩百多個地下樂團飆歌，將次文化青年創造力釋放於屏東，透過民間自主參與和主流媒體共謀運作！其他又如年輕女性著比基尼逛大街，對地方面對性別的裸露之心態和媒體偷窺等，成為屏東南國之境升起議題焦點的風旗。如何討論受全球化影響下地方文化的轉變，混合著迷幻、樂音、酒精和青春肉是值得探討。春吶並非對世局的不滿的次文化宣泄，反倒是追逐刺激狂歡的世代，自我認同的快感勝似生活的現實，一年一度的解放而非革命解放之謂的快感自由。必定越過界限，挑戰既有局限。[17]

四　生活曾經經歷的整體圖像

在虎尾鎮志的編撰中主持了地方總體圖像的設想，包括三個主軸十個面向來整理有關虎尾日常生活曾經有過的紀錄與資料。

（一）結構延綿—時空歷程

這是在討論時代和歷史階段的形塑過程，地方結構的延綿討論和針對時空架構歷程的討論。

16　李謁政，2014 p: 157,158
17　李謁政，2014 p: 21

（二）流動切面─集體再現

主要是針對「文化積累的圖像」，還有文化樣貌的可辨識與文化積累所形成的效益。

（三）主題系統─有限整體

對於積累效益形成可以辨識的主題系統，提出來一個系統，一個系統的整理。由於這些系統是有限的數量的整理，所以可能可以「完全再現」。

三個主軸之外就是編輯十個面向來整理，這一些有關存留「地方的紀錄」[18]（附圖二）。

1 歷史時空歷程

在這裡利用了地圖、航照圖的解讀來理解虎尾時空的片斷以及它的連續性。比如利用荷蘭時期的〈福爾摩沙南部海圖〉、優漢尼斯‧萬‧奎連得海圖、彼得‧萬迪亞繪製的臺灣西海岸海圖研究虎尾最早被記錄在地圖上的地方名稱以及相關位置脈絡的資訊。配合《熱蘭遮城日誌》的記錄可以指出，這裡的居民是使用華武壠（Favorlang）語系，聚落分布周圍有數調和到可能是分新舊之前的虎尾溪，並且用Favorlang來註明溪名。用這個方式來看地方是一個最早看待的方式，所以地圖的紀錄有著無比重要的資訊以及觀看的揭露。可以對照出時空當中的片段以及是否有連續的現象。依序排比了荷蘭、清代、日治以及戰後的航照、地圖等作為具有時空延綿的圖像。

2 聚落定居

在《清乾隆中葉台灣番界圖》以及《乾隆中葉台灣輿圖》當中可以看到當時原住民聚落的分布，西螺社、猫兒干社、南社、他里霧社、斗六門、柴

---

18 李謁政，2018 p: 43-140

裡社，和虎尾比較有關的可能是猫兒干社和南社，也可能因為1614年荷蘭華武壠等社之役，又加上虎尾溪頻頻改道，造成聚落遷徙、合併和消失的情形。清代大量出現移墾的聚落，各種血緣族群漳泉閩粵，形成的聚落定居在開墾的土地勢力範圍中。虎尾街是在日治時期，因為糖廠的設置經濟的發展轉為市街和工業生產，由都市計畫圖記錄了相關的市街聚落發展情形。確實可以進入聚落的日常生活再現的地方研究。

3　遭遇現代性

遭遇現代性，所指的是當「傳統」遭遇現代之後，對生活甚至是整個大環境的影響。當傳統的製糖糖廍，轉變成為現代化的製塘工場，原先取自於河流、地下水的水資源模式轉變成為自來水設施，人力、獸力轉變為機械化生產，改變了人們的生活也改變了歷史的發展與脈絡。[19]日治時期將虎尾市街帶入了稱之為「遭遇現代性」的時代情境當中。因為政治的因素促成計劃經濟的形成，以及相關的生產模式所帶來的地方榮景，和前一個世代的地景地貌完全不同，也彰顯了快速的時空環境變遷，由於生產的模式和交通運輸的加速，時代的氛圍比前一個世代的變得有效率又加快了腳步，連帶了居住者的心靈模式也有了不同的轉變。

4　社會生活

同樣的事物、項目、生活方式在不同時代會有不同的呈現與運用方式，以米食文化為例，在數代人之間米飯食用的方式可能發生變化但不大，可是炊煮米飯的設備可能變化場景，如傳統爐灶變為瓦斯爐、電鍋。因此相對地，在各個時代感知不同的生活意象，使其成為流動性的切面形，成各個時代可觀察的圖像，就是集體再現的精神。在日本時代出現的現代科學與現代教育體系，在目前可能有新的教育與科學體系。當時代產生集體行為或成為習慣風俗，就顯現為不同時代的文化樣貌。

19　《虎尾鎮志》p: 72

因此在社會生活圖像安排了虎尾生活記憶的圖像：有舊街景、人力車、文具行、還有流動攤販等。虎尾市場的印象利用日本時代建設的藍圖來配合當時的舊照片影像在線那個時代的主要氛圍。由於製糖工場的關係，虎尾的娛樂圖像就跟當時代有經濟發展的地方一樣，生活娛樂出現了電影院、酒家、朝鮮樓等等。

5　心靈模式

心靈是抽象的概念，但卻又無時無刻在生活現象中。從現實生活的層面具現，甚至影響一整個地方的發展。隨著不同時代、不同地區、不同文化，心靈所呈現者是多元的，難以捉摸的現象。但在某些時候在特定族群、特定地區，又會有相同的呈現。據此劃分出三部分：「族群認同」比如惠來厝萬禪堂萬善爺和埒內三姓公廟的三姓公形成過程。在日本時代進入二次大戰之後，形成的從軍紀念、一起從軍合影留念。一直到戰後又形成了「慶祝台灣重歸祖國懷抱」的紀念布條，糖廠的禮堂變成中山堂等，認同心理的鑄造以及轉變相當微妙，從《懷念的虎尾》一書當中截取出來的兩首詩歌，關於「台灣之趣」和「舊友之歌」更顯出這心靈的幽微深處，地方認同和政治國族的認同的差別。其他心靈模式根據田野調查的圖像資料、文字、物件、老照片等還有像「文化涵養」與「祈求吉慶」兩類型由於篇幅的關係就不再贅述。

6　生產依賴

地方的發展以及建造的過程是受到經濟因素的影響甚鉅的。利用依賴理論的觀念轉換對生產工具與過程的地方影響，更能理解經濟生產帶來的地景地貌改變，尤其從農業轉向工業的時代過程。生產依賴為進行生產過程的所需，一方面為器具，另一方面為系統與融資結構。在現代化的製糖工廠進入虎尾之前，虎尾地區仍是以傳統農業或是舊式糖廍的產業型態為主，至今農業仍在虎尾占有相當重要的一部分。

虎尾是一座「因糖而興，因糖而盛」的街市，而製糖過程需要大量原料

甘蔗，所以糖廠周圍許多田地都為種植甘蔗所用，農業也就顯得相當重要，其中進行農業灌溉所需的水，除了來自固有的河川外，虎尾也在嘉南大圳的灌溉範圍內。虎尾獨立設庄後，原先埤圳管理自土庫獨立，嘉南大圳完工後，虎尾成為嘉南大圳的灌溉範圍之一，便將埤塘與大圳的管理整合，改制為「公共埤圳嘉南大圳組合虎尾郡部」。而在農民與地主的權益保障方面，大正十二年（1923）成立「虎尾信用購買販賣利用組合」，以保障農民之權益，相當於虎尾農會的前身。[20]

隨著虎尾地區的繁榮，也帶動相關產業的進駐與發展。除了糖廠的生產外，如甘蔗種植、運送與成品通路。除了糖業外，虎尾也是農業淵源深厚的地帶，種植物產豐富多樣，生產的產品直至今日，在臺灣仍占有舉足輕重的地位。新式糖廠設廠之前，糖業生產是以「糖廍」為主要生產空間，構造上以木或竹為骨架。上蓋茅草或甘蔗葉，內部則進行榨糖、煮糖等生產作業，雲林地區在清代時就已是糖業生產重鎮。

在這面向當中整理出了「糖業生產」、「農業生產」、「生產融資」以及「生產運輸」四大項目的地方生活圖像。生產融資當中收集到〈貯金通帳〉的內文還，有〈虎尾信用購買販賣利用組合的出資證券〉，成為商業經濟資本的地方明證，和可以典藏的記憶。

7　自然審美

文化的累積會形成各種可以辨識的主題與系統。集體和系統性的文化累積依循著經濟、社會行動、信仰心靈和政治權力等方向作為運作原則。在不同時空、不同面向與不同場合，將這些繁雜的文化現象依循各種方式去作系統性的分析、分類，重新敘述再現，便是有限整體的核心。因此對有限數量圖像的整理和完全再現，更是總體圖像的基本實踐。這部分面向的精神便是在虎尾歷史發展所積存的各種圖像中，重新用系統性的方式整理並敘述。自然審美本旨在探討「人」與「自然」的關係。

20　楊彥騏，《虎尾的大代誌》，p: 46,48

　　面對自然環境人類求取生存之外，向自然求取智慧，可以創造人文世界。自然環境不僅止於資源供給角色，仍扮演著循環周期，時間分明季節。人文即在於有審美能力辨別自然變動，其顏色、形態、外貌甚至是生死自然作為「生態系」被認知、自然有其能源形式可以作為「生產食物」、自然表現成「景觀」，以上都在人文自然詮釋中進行意義及自然規律的審美。不管是在都市聚落或農業聚落（自然村落），和自然共生應該融入日常生活，成為規律循環的一環，或者在共生理念，進行「里山、里河、里海」永續土地，產生特殊節慶展現成生活的儀式、嗜好，就愈能增加豐富的文化內涵。地方在地人作為審美主體，是否有對自然美進行奠基式審美行動和創作，是基礎中的奠基石。針對自然流動變化，直觀讚嘆、想像幻思，產生對自然之物的情緒、感知到愛切。諸審美創造行動發展成神話想像、植物動物之凝視觀賞、泥土礦物粹煉後的輝耀、人間居所的安定與自然共韻。諸項種種終究成就地方人文最深厚的魅力。但是從資料上面顯示，虎尾在這方面的歷史資料或者是圖像資料比較缺乏，這或許也可以作為地方研究中研判地方集體意識對於關切的面向與否重視的判斷。

8　人觀

　　這裡所要探討的是虎尾生活的「人」，人所扮演的角色以及人所呈現的故事。有土斯有人，有人就會有土地上的故事，在眾多故事交錯之下，加深了虎尾的深度以及涵養。糖廠的工作機會吸引四面八方的人前來，這些人有的獲得成就後榮歸故里，有些則將虎尾作為自己的故鄉。而人在自我形象的建立也涉及到我群的認同建構。一方面來自種族，一方面來自族裔血緣。社會變遷也隨著改變認同的內涵，國族式的認同影響極為深遠，因著工業化、都市化而疏離的社會關係，社區共同體的認同崩潰，土地及市民社會的身分認同成為地方自我形象的觀照重點。記憶中的人群、家族、人物、名人、地方頭面等，談論和記錄的方式通常反映了地方社會、團體或個人的價值觀念。地方在地人的自我和「個體—社會生活」的開展有關，有時候是家庭生活教育，有時候是學校的正規教育，有時候是社會生活的風尚所形塑影響。

除了在田野調查中獲知，口述歷史訪談也很關鍵。田野資料分析出「社會關係」、「虎尾人生活群像」、「虎尾社群的群像」、「日治台籍虎尾仕紳群像」等。在未來的地方研究這個區塊應該可以有非常多的地方故事可以展現人與地方的面貌。

9　神聖領域

對於信奉某一宗教的信徒而言，神聖領域所構成的信仰空間，既是抽象的概念卻又是真實被架構出的氛圍。以質來說，空間的某些部分與其他部分是不同的。聖地是一個強烈而有意義的空間，也因為這些神聖的顯現，使得神聖空間被明確的架構出來。[21]「神聖空間」與「心靈空間」相應，具有「外在」的實質空間與「內在」的心靈空間之雙重互動關係；神聖空間是人與神、宇宙或內在神性溝通的「媒介」空間，常具「象徵性」，而「神聖」與「世俗」有別，可透過空間、儀式或各種聖化行為等三種模式加以界定其神聖的空間領域；神聖空間場域之建構模式，必須經由各種感官（包括視覺、聽覺、嗅覺、觸覺與運動覺）共同界定與感受神聖的領域，其空間性特質往往具有不同層次的中心性與神聖焦點，所形成的神聖軸線與定向，神聖氛圍的包被，象徵理想的聖境。[22]

這些神聖領域透過不同宗教其儀式、傳說、物品、空間等不斷被闡述，虎尾的宗教具有相當多樣化的風貌，除了和民族所帶來的民間信仰以及佛、道二教之外，外國宗教也在糖業發展蓬勃時在虎尾建立傳教重心，同時糖廠內也興建神社，透過神道信仰成為日籍員工的心靈依歸。虎尾的宗教信仰絢麗而繽紛。這面向在田野中所得到的資料做大致的分類，會有「虎尾的民間信仰」、「虎尾的西方宗教」、「虎尾的神道信仰」、「虎尾的佛教信仰」，在田野當中顯示非常龐大的資料，而且系統非常的多元，顯示地方對於宗教神聖領域的建構非常的有興趣，投入非常多的資源。

21　伊利亞德（Mircea Eliade），2000 p:71-72.

22　汪碧芬、何明泉，2012 p: 21

10 故鄉營造

虎尾地區社區營造在臺灣已有相當深厚之淵源，從民國八十六年
（1997）舉辦全國文藝季「虎溪躍渡大崙腳」後，虎尾郡役所獲得保存，許
多地方文史組織與社區發展協會也隨後設立。雖然虎尾糖廠吸引了許多外地
人前來尋求工作機會，但無形之中這些來自四面八方的人群也對虎尾產生認
同，將之視為自己的故鄉。民國九十九年（2010）6月8日於虎尾合同廳舍正
式揭幕成立「虎尾鎮社區總體營造中心」以鎮公所為主軸，做為虎尾鎮社區
總體營造的策動中心。虎尾合同廳舍於一○二年（2013）5月15日起已移由
雲林縣政府代管，故虎尾社造中心目前遷移至虎尾鎮多功能活動中心。故鄉
營造不僅僅是對於生活場域的營造，也是認同感的營造、歸屬感的營造，故
鄉營造的最終目的，不僅僅是透過營造改變環境，而是逐漸營造出對於在地
的認同。

故鄉營造這個面向整理了五個範疇領域，「台日的虎尾故鄉認同」、「社
區營造」、「文化節慶」、「在地關懷」、「台灣燈會在虎尾」可以有效地整理地
方相關活動，在時間上可能是一次性或者是很流動片段，在未來的研究需要
以主題性跟大量的資訊被記錄下來才有可能窺視全貌。因此在這面向上開啟
針對過於片段與流動的節慶活動有效地記錄，在收集資料當中有一份名為
〈懷念的虎尾〉是臺日同學在懷念以往時寫下來的，裡面充滿了對虎尾故鄉
認同的情懷，好像高唱著「虎尾街歌」聲音響亮至今仍然可以聽得見。[23]

五　地方研究的文化詮釋與敘事的美學化進程

地方能形成清晰辨識的自明性，源自於土地居住經驗積累的記憶、想像
與認同，這些具主體性特質的經驗，均作為地方人文美學開展基礎。勞動於
海岸的捕撈、水圳稻田的耕作或山陵狩獵的身影，即使只是記憶中的片斷，
都值得進行詮釋，確認地方的獨特事實。地方的傳說即使只是口語的流傳，

---

23 李謁政，2018 p: 43-140

亦有其當代文化心態可以分析。處於地方情境而進行創作的，是直接的文化審美。從其「事實」（facts）到「文化表徵及其再現」（representation），解讀文化形態的建構與心態作為理解「地方文化及其美學」（aesthetics）的內容，於創造領域中審視源自地方的靈光和深邃的經驗感受。

「地方文化美學的詮釋」是地方自明性的語意，由居住於土地的身影到土地空間景觀結合著文化書寫與表徵，一方面彰顯了地方性（placeness），另一方面也建立起自我的世界觀，依此可以測度與全球世界進程的關聯。屏東作為一個地方的文化考察對象，亦有其階級、性別、族群因素須考量在內，尤其在社會矛盾與利益衝突的土地開發的歷史中。「殖民」與「被殖民」的歷史過程，是理解不同族群的處境和權力的關係，是批判性詮釋的重要基礎。藉由此基礎解開屏東日常生活的場域下相關權力的文化形塑與建構。地方處於經濟空間的重組再結構，生產、資本、消費等快速流動的情境，造成地方大矛盾，文化也成了全球化的工具，地方性在觀光消費中被全球化了。對地方的文化過程之理解依循空間社會的發展，由自然地景景觀所架構的自然凝視與審美的引發，進入農的世界之村落與鄉村，亦是文化審美的另一階段，在現代性的全球促動下，都市化情境是文化生活的大轉變，心態的轉變亦是地方意義轉變的重要因素。

文化志的功能，即記錄地方文史、風俗、人物，更重要的目的在於「文化解釋的權力」之書寫。對於地方文化的記錄，存在著文化的歧視、殖民和特定族群觀點，以致於形成「中心—邊緣」的文化心態，臺北是中心，屏東是偏遠地方。從荷蘭時代和清帝國對原住民的稱呼，到國民政府時代充斥著大中國漢人沙文主義。以致於地方文化原來應該展開的文化生活世界，深具吸引力的魅力特質和地方人情感回歸的連繫，卻在地方社會的進程中逐漸破碎。地方研究地方文化的建構過程，面對文化多樣性存在的事實，也得理解文化存在的現實意義。進一步言；當代文化多樣性的認知，應奠基於公民文化權利的公平，才足以談論多元的包容、自由和尊重。表現文化平等的文化書寫，多樣性共生是由土地延伸的文化邏輯！

參考文獻

Cresswell, Tim (2004) Place: A Short Introduction Oxiford: Blackwell Publishing Ltd.

David Harvey (1990) The Condition of Postmodernity Blackwell Publishers, Cambridge, MA:

David Harvey (1996) Justice, Nature and the Geography of Difference (Blackwell Publishers). Cambridge, MA:

Tuan, Yi-fu. (1977) Space and Place: The Perspective of Experience, the University of Minnesota

Tuan, Yi-fu. (1975) "Place: An Experiential Perspective." Geographical Review 65:2, pp:151-165。

Crang, Mike著，王志弘、余佳玲、方淑惠譯，〈文學地景：書寫與地理學〉，《文化地理學》（Cultural Geography），臺北：巨流圖書，2004。

伊利亞德（Mircea Eliade）著、楊素娥譯，《聖與俗：宗教的本質》，臺北：桂冠出版社，2000年，頁71-72。

伊能嘉矩《台灣文化志》（中譯本），臺中：臺灣省文獻委員會，1985

臺南市文化局，《熱蘭遮城日誌》，第一～四冊，江樹生譯註，臺南：臺南市政府

朱景英，《海東札記》，臺灣文獻叢刊·第19種（卷四），臺北：臺灣銀行經濟研究室。

郁永河，《裨海記遊》，臺北市：臺灣銀行，臺灣文獻叢刊，臺北：臺灣銀行經濟研，1959。

陳捷先，《清代臺灣方志研究》，臺北：臺灣學生書局，1996。

陳第，〈東番記〉，《閩海贈言》，臺灣文獻叢刊第56種，臺北：臺灣銀行經濟研究室，1959。

陳冠學，《田園之秋》，臺北：草根出版公司，1994。

陳其南，《重修屏東縣志緒論篇》，上下冊，屏東：屏東縣政府，2014

李謁政，《重修屏東縣志文化篇》，屏東：屏東縣政府，2014

李謁政，《虎尾鎮志》，雲林：虎尾鎮公所，2018

盧德嘉，《鳳山縣采訪冊》，臺灣文獻叢刊，臺北：臺灣銀行經濟研究室，
　　1960。

楊彥騏，《虎尾的大代誌》，雲林：虎尾鎮公所

汪碧芬、何明泉，〈建構空間中神聖場域設計之基礎模式〉，《設計學報》，17
　　卷4期（2012年12月），頁21。

附錄

老濃溪埔

十八份溪埔
大埔溪埔
九塊厝溪埔

阿拔泉溪埔

南勢溪埔
崇蘭溪埔
隘寮溪埔
東溪埔

西勢溪埔

東港中洲溪埔
南岸溪埔

石見光原野
東港溪埔

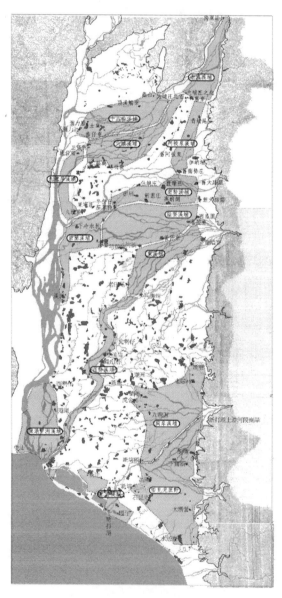

圖一　屏東平原河流與溪埔

總體圖像三大主軸

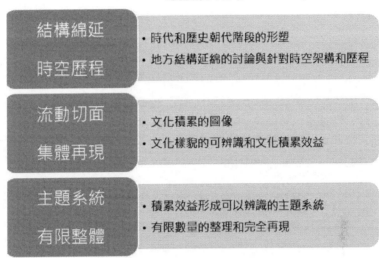

- 結構綿延 時空歷程
  - 時代和歷史朝代階段的形塑
  - 地方結構延綿的討論與針對時空架構和歷程
- 流動切面 集體再現
  - 文化積累的圖像
  - 文化樣貌的可辨識和文化積累效益
- 主題系統 有限整體
  - 積累效益形成可以辨識的主題系統
  - 有限數量的整理和完全再現

總體圖像主軸與對應面向

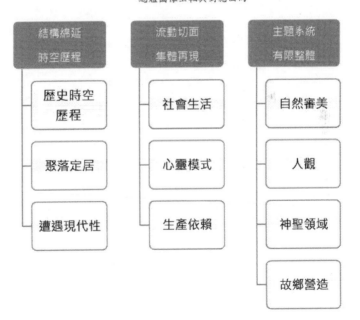

結構綿延 時空歷程	流動切面 集體再現	主題系統 有限整體
歷史時空歷程	社會生活	自然審美
聚落定居	心靈模式	人觀
遭遇現代性	生產依賴	神聖領域
		故鄉營造

圖二　地方研究總體圖像

大學地方學的形塑與發展：
2021年第二屆屏東學學術研討會議程表

日期：2021年12月3日（週五）
地點：民生校區五育樓4樓國際會議廳

08:40～09:10　報　到	
09:10 ｜ 09:20	開幕典禮 古源光校長（國立屏東大學）致詞
09:20 ｜ 10:20	主題演講 題　目：談「地方學」的基礎建設 主講者：吳密察院長（國立故宮博物院） 主持人：簡光明院長（國立屏東大學人文社會學院）
10:20～10:30　茶　敘	

	論文發表（一） （民生校區五育樓4樓第三會議室）	論文發表（二） （民生校區五育樓4樓第四會議室）
10:30 ｜ 11:50	主持人：陳玉女 （國立成功大學歷史學系教授兼副校長、文學院院長）	主持人：邱毓斌 （國立屏東大學社會發展學系副教授兼系主任）
	題　目：從臺北學到新北學 發表人： 洪健榮（國立臺北大學歷史學系教授兼海山學研究中心主任）	題　目：大人小孩一起學北投的「北投無邊界學校」 發表人： 謝國清（臺北市北投社區大學校長）
	題　目：埔博網絡與水沙連學之建構 發表人： 江大樹（國立暨南國際大學公共行政與政策學系教授兼通識教育中心、水沙連人文創新與社會實踐研究中心	題　目：論地方學與在地文化之發展： 　　　　以國立聯合大學苗栗學研究中心為例 發表人： 劉煥雲（國立聯合大學客家研究學院文化

	主任） 李瑞源（國立暨南國際大學水沙連人文創新與社會實踐研究中心博士後研究員） 張力亞（國立暨南國際大學通識教育中心助理教授兼社會組組長、水沙連人文創新與社會實踐研究中心協力治理組組長）	觀光產業學系副教授兼系主任、苗栗學研究中心主任）
	題　目：澎湖・群島：從舢舨漁業初步考察的一些反思 發表人： 林寶安（國立澎湖科技大學通識教育中心教授兼研究發展處研發長）	題　目：我在「民雄學」學民雄：從課程到在地知識與網絡的建構 發表人： 管中祥（國立中正大學傳播學系暨電訊傳播研究所教授）
	題　目：建構地方學測量途徑之初探：以屏東學微學分實施成效為例 發表人： 葉晉嘉（國立屏東大學文化創意產業學系教授兼系主任） 黃芃尋（國立屏東大學文化創意產業學系碩士生）	題　目：理論化地方書寫之方法論：以《重修屏東縣志（緒論篇、文化篇）》與《虎尾鎮志》為中心的討論 發表人： 李謁政（國立雲林科技大學文化資產維護系教授兼人文與科學學院院長）
	11:50～13:30　　午　　餐	
13:30 ｜ 14:50	論文發表（三） （民生校區五育樓4樓第三會議室）	論文發表（四） （民生校區五育樓4樓第四會議室）
	主持人：戴文鋒 （國立臺南大學文化與自然資源學系教授兼臺南學研究中心主任）	主持人：廖振富 （國立中興大學臺灣文學與跨國文化研究所榮譽特聘教授）
	題　目：國立中央大學的桃園學研究：兼論地方學的發展與期待 發表人： 鄭政誠（國立中央大學歷史研究所教授兼桃園學研究中心主任）	題　目：關於花蓮民間文學的采錄與研究 發表人： 彭衍綸（國立東華大學中國語文學系教授兼系主任）
	題　目：如何在地 發表人： 林崇熙（國立雲林科技大學文化資產維護系教授／國家教育研究院院長）	題　目：再議大船下水禮：蘭嶼舟船文化與地方學新異 發表人： 簡齊儒（國立臺東大學華語文學系副教授）

	題　　目：霧峰學的教學實踐與創新： 　　　　　天然酵母烘焙文化之初探 發表人： 廖淑娟（亞洲大學社會工作學系副教授 　　　　圖書館館長）	題　　目：考棚的歷史地景及其文化脈絡 　　　　　——以新竹南門區域文教考學聚 落為觀察中心 發表人： 陳惠齡（國立清華大學臺灣文學研究所教 　　　　授）
	題　　目：智慧之愛對地方之愛：哲學與 　　　　　地方學的對話 發表人： 賀瑞麟（國立屏東大學文化創意產業學 　　　　系教授）	題　　目：將地方聯結他方：東南亞家鄉記憶 　　　　　在屏東的調查與應用 發表人： 黃文車（國立屏東大學中國語文學系副教授 　　　　兼系主任）

14:50～15:10　茶　　敘

15:10 ｜ 16:40	**座談會** 主　　題：地方學的形塑與發展（淡水學／彰化學／高雄學／金門學／屏東學） 主持人：陳益源（國立成功大學中國文學系特聘教授） 與談人： 薛曉華（淡江大學教育與未來設計學系副教授） 　　　議　題：在世界的在地中：整體性知識論與世界觀之大學新圖像 林明德（國立彰化師範大學臺灣文學研究所退休教授／中華民俗藝術基金會董事長） 　　　議　題：建構地方學的一些思考：以彰化學為例 王御風（國立高雄科技大學博雅教育中心副教授） 　　　議　題：博物館與地方學：以高雄市為例 劉燈鐘（國立金門大學海洋與邊境管理學系副教授兼新聞中心主任） 　　　議　題：從大學社會責任談金門大學推動金門學的現況與展望 李錦旭（國立屏東大學社會發展學系副教授） 　　　議　題：大學如何推動地方學的機制研究

16:40～17:00　閉幕典禮

【議事規則】

1. 論文發表：主持人5分鐘，發表人15分鐘，綜合討論15分鐘。
2. 座　談　會：主持人5分鐘，與談人15分鐘，綜合討論10分鐘。

學術論文集叢書 1500025

大學地方學的形塑與發展：從發展史到認識論
——2021 年第二屆屏東學學術研討會論文集

主　　編　李錦旭

責任編輯　林以邠

特約校對　宋亦勤

發 行 人　林慶彰

總 經 理　梁錦興

總 編 輯　張晏瑞

編 輯 所　萬卷樓圖書股份有限公司

　　　　　臺北市羅斯福路二段 41 號 6 樓之 3

　　　　　電話 (02)23216565

　　　　　傳真 (02)23218698

發　　行　萬卷樓圖書股份有限公司

　　　　　臺北市羅斯福路二段 41 號 6 樓之 3

　　　　　電話 (02)23216565

　　　　　傳真 (02)23218698

　　　　　電郵 SERVICE@WANJUAN.COM.TW

香港經銷　香港聯合書刊物流有限公司

　　　　　電話 (852)21502100

　　　　　傳真 (852)23560735

ISBN 978-986-478-695-4

2022 年 7 月初版一刷

定價：新臺幣 800 元

如何購買本書：

1. 劃撥購書，請透過以下郵政劃撥帳號：

　　帳號：15624015

　　戶名：萬卷樓圖書股份有限公司

2. 轉帳購書，請透過以下帳戶

　　合作金庫銀行 古亭分行

　　戶名：萬卷樓圖書股份有限公司

　　帳號：0877717092596

3. 網路購書，請透過萬卷樓網站

　　網址 WWW.WANJUAN.COM.TW

大量購書，請直接聯繫我們，將有專人為

您服務。客服：(02)23216565 分機 610

如有缺頁、破損或裝訂錯誤，請寄回更換

國家圖書館出版品預行編目資料

大學地方學的形塑與發展：從發展史到認識
論：2021 年第二屆屏東學學術研討會論文集/
李錦旭主編.-- 初版.-- 臺北市：萬卷樓圖書股
份有限公司, 2022.07

　面；　公分.-- (學術論文集叢書；1500025)

ISBN 978-986-478-695-4(平裝)

1.CST: 區域研究　2.CST: 教學研究　3.CST: 文集

4.CST: 臺灣

733.07　　　　　　　　　　　　　111008719